LOUIS DE WOHL
LICHT ÜBER AQUINO

LOUIS DE WOHL
LICHT ÜBER AQUINO
THOMAS VON AQUIN

ROMAN

WALTER-VERLAG
OLTEN UND FREIBURG IM BREISGAU

SONDERAUSGABE 1978
ALLE RECHTE VORBEHALTEN
© WALTER-VERLAG AG OLTEN, 1950
GESAMTHERSTELLUNG IN DEN GRAFISCHEN BETRIEBEN
DES WALTER-VERLAGS
PRINTED IN SWITZERLAND

ISBN 3-530-95233-8

ERSTES BUCH

I

BRUDER VINZENZ LAS SEIN BREVIER. ES WAR AM frühen Nachmittag; er fühlte sich noch frisch und ließ sich daher nicht so leicht ablenken. Er war allein im Garten, und der Garten blühte und pries Gott, angetan mit Blumengewändern, vor denen König Salomo in all seiner Pracht hätte verblassen müssen.

Da geschah es. Das erste, was Bruder Vinzenz auffiel, war der ungewöhnliche Schatten der Mauer vor ihm, der eine langgestreckte, ebenmäßige Fläche hätte werfen sollen. Aber es entstand da so etwas wie ein Auswuchs, der die Ebenmäßigkeit störte. Über den Rand seines Breviers hinweg schielend, bemerkte er bei längerem Hinsehen, daß der Auswuchs eine geradezu groteske Form annahm, fast wie der Kopf eines Ziegenbocks, mit Hörnern und Ohren und sogar mit einem Bart. Also gut, ein Ziegenbock!

Aber – seit wann konnte ein Ziegenbock an einer senkrechten, über neun Fuß hohen Mauer emporklettern?

Bruder Vinzenz war sich durchaus bewußt, daß er sich auf sein Brevier konzentrieren sollte. Irgendwo in den tieferen Gründen seines Bewußtseins hörte er so etwas wie eine Alarmglocke: Bleib bei deinem Brevier und kümmere dich nicht um Schatten, Auswüchse und Ziegenböcke! Er gehorchte und las noch die ganze nächste Zeile. Dann erwies sich die Versuchung, doch noch einen – einen einzigen – Blick auf den Schatten zu werfen, als zu stark.

Er sah wirklich den Kopf eines Ziegenbocks – oder doch etwas Ähnliches. Und – es bewegte sich...

Bruder Vinzenz fuhr herum.

Das Ding war wirklich da, auf der Mauer. Und es lebte – es bewegte sich. Doch das war kein Ziegenbock. Was um's Himmels willen war es nur?

Es hatte ein langgezogenes, melancholisches Gesicht von gelblicher Farbe, mit spitzen Ohren und, jawohl, Hörnern, kurzen, geraden Hörnern, die sich am Ende knopfartig verdickten. Die Augen waren halb geschlossen unter müden, schweren Lidern. Aber das schrecklichste war, daß das Wesen immer weiter und weiter wuchs. Schon ragte der Kopf zwei Fuß

über die Mauer – nein, es war nicht das ganze Wesen, das wuchs, nur sein Hals, ein endloser gelblicher Hals mit seltsamen braunen Zeichen.
Bruder Vinzenz stand da und starrte wie gebannt hinauf. Mit dem bleiernen, lähmenden Entsetzen eines Träumenden sah er den scheußlichen Hals länger und länger werden; er wuchs über alles für Mensch und Tier erlaubte Maß hinaus. Was er sah, schien ein bösartiger Ziegenkopf auf dem Leib einer ungeheuren Schlange zu sein, die sich höher und höher über ihm aufbäumte.
Plötzlich erschienen ein Paar schwarze Hände auf der Mauer, und im nächsten Augenblick stand da ein kleiner schwarzer Mann mit weißem Turban, weißem Kleid und sehr weißen Zähnen, die er grinsend entblößte. Er zeigte auf die gräßliche Erscheinung, deren Hals noch immer weiter wuchs, und sagte mit quäkender Stimme: »Giraffe! Giraffe!«
Das Rätselding selbst stieß nicht den geringsten Laut aus.
Es glotzte gleichgültig über die Mauer.
Mit einem langen, tiefen, zitternden Atemzug gewann Bruder Vinzenz die Herrschaft über sein Gehirn zurück.
»Apage«, stieß er hervor. »Apage, Satanas!« Und er machte das Zeichen des Kreuzes. Dies schien weder auf die Erscheinung noch auf den kleinen schwarzen Mann den geringsten Eindruck zu machen, aber es verhalf Bruder Vinzenz nun doch zum Vollbesitz seiner körperlichen Fähigkeiten. Er machte einen Sprung beiseite, drehte sich um und floh, so rasch ihn seine siebzigjährigen Beine trugen, dem Klostereingang zu.
»Hochwürdigster Herr Abt... hochwürdigster Herr Abt...«
Francesco Tecchini, Abt von Santa Justina, überprüfte gerade ein sehr schönes Exemplar des »Organon« von Aristoteles. Es war natürlich die Übersetzung des Boetius und nicht etwa die maurische mit den Fußnoten des Averroes, die in letzter Zeit in gewissen modernistischen Kreisen sich solcher Beliebtheit erfreute. Diese Mischung von aristotelischer Wahrheit und averroistischer Ketzerei drohte den guten Namen des Stagiriten noch in Verruf zu bringen. Wenn nur einer diesen Augiasstall gehörig ausmisten wollte! Einer, der diesen glatten, selbstsicheren Moslemphilosophen bewiese,

daß Aristoteles, wenn er noch am Leben wäre, sich über ihre fatalistischen Auslegungen nur lustig machen würde...
»Hochwürdigster Herr Abt...«
»Der hochwürdigste Herr ist jetzt nicht zu sprechen, er arbeitet an...«
»Ich *muß* ihn aber sprechen...«
»Laß Bruder Vinzenz hereinkommen, Bruder Leo«, sagte der Abt laut, und der alte Mann taumelte in die Zelle.
»Hochwürdigster Herr Abt – der Teufel – – ich – ich habe den Teufel gesehen.«
»Den Teufel auch«, sagte der Abt ärgerlich. »Was ist das nun wieder für ein Unfug?« Erst vor einem halben Jahr hatte er einen seiner Mönche in die Krankenstube sperren und Tag und Nacht bewachen lassen müssen, weil er sich ständig vom Teufel bedrängt fühlte. Schließlich mußte sogar noch der Exorzist eines anderen Klosters beigezogen werden, der den Mann untersuchte und riet, er solle für ein paar Monate das Fasten lassen und statt dessen jeden Tag ein paar Stunden kräftig im Garten arbeiten. »Und das ist alles?« – »Das ist alles, was hier nötig ist, hochwürdigster Herr. In drei Wochen ist er wieder so gut wie hergestellt.« Und das traf auch zu. Es war wirklich ärgerlich, daß man sich dafür hatte einen fremden Exorzisten kommen lassen müssen. – Und nun Bruder Vinzenz! Aber hier mußte der Fall doch irgendwie anders liegen. Bruder Vinzenz war ein vernünftiger, nüchterner Mann und alles andere als ein Nervenbündel. Daß sich der üble Höllenwirt gerade ihn ausgesucht hatte – rätselhaft! Freilich, man konnte nie wissen – immerhin eins war gewiß: es hatte keinen Zweck, Bruder Vinzenz Gartenarbeit zu verschreiben. Denn Bruder Vinzenz war Klostergärtner.
»Es muß der Teufel gewesen sein«, beharrte Bruder Vinzenz.
»Er hatte einen kleinen schwarzen Dämon bei sich, und der sagte: „Dies ist ein Seraph!" Das war aber gelogen. Das und ein Seraph! Das Scheußlichste und Häßlichste, was ich je gesehen habe – und ein Seraph!« Bruder Vinzenz schnaubte vor Zorn.
»Und wo hat sich das alles abgespielt?« fragte der Abt.
»Bei den Rosen«, erklärte Bruder Vinzenz. »Das heißt: hinter der Mauer, hinter den Rosen.«

»Die natürliche Topographie des Gärtners«, dachte der Abt. »Aber wo haben wir Rosen? Immerhin – es beweist, daß der Gute nicht den Verstand verloren hat.« Dann erst fiel ihm das Unglaubliche an der Erklärung auf.
»Hinter der Mauer? Wie konnte man ihn – oder es – denn dann sehen? Die Mauer ist doch neuneinhalb Fuß hoch?«
»Der kleine schwarze Kerl ist hinaufgeklettert«, sagte Bruder Vinzenz. »Und der andere sah einfach darüber weg – mit Kopf und Hals.«
»Muß ein ziemlich langer Teufel sein«, murmelte der Abt. Nun erst stand er auf, ein bißchen behäbig. »Also – sehen wir's uns an, in Gottes Namen!«
Draußen hatten sich etwa ein Dutzend Mönche versammelt.
»Es scheint wirklich zu stimmen, Bruder Vinzenz«, sagte der Abt ironisch. »Es muß wohl der Teufel sein. Wenn man sieht, wie viel gottgefälliges Tun er schon verhindert hat – – –« Die Mönche stoben auseinander, und er fügte hinzu: »Vorwärts – zu den Rosen, Bruder Vinzenz!«
Sie erreichten den Ort in wenigen Minuten. Aber die Mauer hinter der roten Pracht war leer.
»War es auch bestimmt hier, Bruder Vinzenz?«
»Ganz bestimmt, hochwürdigster Herr.«
»Schade«, sagte der Abt trocken. »Also gut – jetzt muß ich zurück an die Arbeit. Und wenn sich wieder etwas zeigen sollte – –« Ein heiserer Aufschrei des Bruders unterbrach ihn.
»Da – – da, hochwürdigster Herr – –«, und er deutete auf das Tor. Da – ja, da kam wirklich etwas; und der Bruder Pförtner flüchtete so rasch er konnte nach dem Hauptgebäude – er schrie dabei aus Leibeskräften, aber der Ton seiner Stimme ging in einem ohrenbetäubenden Trompetengeschmetter unter. War das Bruder Vinzenz' Teufel? Es schien da draußen vor dem Tor ein fürchterliches Durcheinander zu herrschen. Und was war das Ding da, dieses riesengroße, gelbbraune Lebewesen, von einem kleinen schwarzhäutigen Mann geführt.
»Da ist er, hochwürdigster Herr«, schrie Bruder Vinzenz. »Da ist er – mitsamt dem Dämon! Hab' ich's nicht gesagt?«
Das Tor war zwölf Fuß hoch, und trotzdem mußte das Geschöpf den Nacken beugen, um durchzukommen. Herunter

kam der schreckliche Hals, wie zu einem ehrfürchtigen Gruß, und erhob sich sofort wieder zu voller Höhe. Für einen Augenblick dachte der Abt allen Ernstes, daß Bruder Vinzenz recht hatte. Aber dann sah er eine graue, unförmige Masse erscheinen, Riesenohren, einen langen Rüssel – kein Zweifel, das war das Tier Elephas, er hatte es abgebildet gesehen, ein seltsames, furchtbares Tier, aber doch ein Tier – also war das andere Wesen wahrscheinlich auch ein Tier. »Wenn man das einmal gesehen hat«, dachte der Abt, »dann ist es auch nicht mehr schwer, an die Existenz des Einhorns zu glauben, oder an Salamander, die im Feuer leben – aber was, warum, woher – – –« Vielleicht war es nur ein Alpdruck, und im nächsten Augenblick wachte man auf. Mönche strömten jetzt aus allen Toren und starrten entsetzt auf die seltsamen Eindringlinge. Das Tier Elephas trompetete abermals, als es sich nicht ohne Mühe durch das Tor zwängte. Es hatte ebenfalls einen kleinen schwarzen Dämon bei sich, einen dunkelhäutigen Heiden, in Turban und weißem Gewand, der den Rüssel hielt. Und dann kamen noch andere Tiere – Luchse und Panther, mindestens ein halbes Dutzend, alle mit Maulkörben und von Männern mit Turban am Zügel geführt, und hinter denen schritt eine Herde von Kamelen, manche mit einem, manche mit zwei Höckern.

»Heilige Mutter Gottes«, stöhnte Bruder Vinzenz. »Was ist das nur, hochwürdigster Herr? Ist die ganze Hölle ausgebrochen?«

Der Abt antwortete nicht. Er starrte nach dem Tor, wo jetzt hinter den Kamelen andere Figuren auftauchten – menschliche Figuren, in prächtigen, halb durchsichtigen Gewändern in allen Farben des Regenbogens. Hübsche Gesichter, stark geschminkt: Weiber! Auch sie hatten ihre Dämonen – unförmliche, mißgestaltete Geschöpfe in langwallenden Gewändern, Eunuchen. Tanzmädchen und Eunuchen! Plötzlich begriff der Abt. Er wurde sehr bleich. »Ja, Bruder Vinzenz, die Hölle ist ausgebrochen – aber die Hölle auf Erden. Es ist eine Beleidigung, eine Schmach, ähnlich der, wie sie Unserem Herrn angetan wurde – und mit der gleichen Absicht. Ah, da kommt's!«

Ein Ritter in voller Rüstung, auf einem mächtigen Gaul, ritt in den Hof, von Pagen und Knappen gefolgt, ein riesiger, metallisch funkelnder Käfer, von Ameisen umgeben. Er blickte um sich und ritt dann weiter, geradewegs auf den Abt zu. Vor dem hielt er sein Pferd an.

»Seid Ihr der Abt hier?«

»Ich bin Don Francesco Tecchini, Abt von Santa Justina. Was bedeutet das Eindringen dieser ungebührlichen und unziemlichen – Prozession, Herr?«

»Graf von Caserta«, sagte der Ritter. »Euer Diener, Hochwürdigster. Was Ihr eine ungebührliche und unziemliche Prozession zu nennen beliebt, ist ein Teil des Hofstaates der kaiserlichen Majestät, deren Untertan Ihr genau so seid wie ich – Untertan und Diener, Hochwürdigster – wie auch alle diese hier Diener und Dienerinnen des Kaisers sind, ob zweifüßig oder vierfüßig, bleibt sich gleich.«

»Ein Kind könnte Euch den Unterschied beweisen, Herr Graf. Dies ist geweihter Boden und...«

»Ich bin nicht hierher gekommen, um mich auf theologische Spitzfindigkeiten einzulassen«, unterbrach der Ritter, »sondern um die bevorstehende Ankunft meines kaiserlichen Herrn anzukündigen, der geruht hat, Euer Kloster zu seinem zeitweiligen Hauptquartier auszuwählen.«

»Unmöglich!« entfuhr es dem Abt. Die Lippen des alten Mannes zitterten. »Der Kaiser und seine Edlen sind natürlich willkommen – aber falls sein Besuch alles *das* mit einschließt – –«

»Ich bedaure, Eure schöne Rede abermals unterbrechen zu müssen, aber nichts ist unmöglich, wenn es mein kaiserlicher Herr befiehlt. Er hat volles Verständnis dafür, daß Mönche und das schöne Geschlecht nicht zueinander passen. Ihr und Eure Mönche werden deshalb Santa Justina unverzüglich verlassen – in Eurem eigenen Interesse!« Der dünne, sarkastische Mund unter der breiten, sinnlichen Nase verzog sich ein wenig. Die scharfen, dunklen Augen glänzten vor Mutwillen.

»Santa Justina verlassen –«, flüsterte der Abt entgeistert. »Ich – ich kann nicht glauben, daß der Kaiser –«

»Hochwürdigster! Euer Alter und Kleid verbieten es mir, Euch zu antworten, was ich jedem anderen antworten würde,

der die Wahrheit meiner Worte anzuzweifeln wagt. Und selbst Euch muß ich –«
»Ich will lieber Euch beleidigen«, unterbrach ihn der Abt, »indem ich Euch der Lüge zeihe, als den Kaiser, indem ich Eure Worte als wahr hinnehme.«
»Das genügt«, fuhr ihn der Ritter an. »Ich gebe Euch genau eine halbe Stunde. Wenn ich dann noch einen Mönch hier antreffe, ergeht es ihm schlecht. Ich habe Befehl, diesen Ort zu säubern, damit er meines Herrn würdig wird. Das sind des Kaisers eigene Worte.«
»Ich verstehe!« sagte der Abt, nun plötzlich wieder ganz ruhig. »Wenn Santa Justina Eures Herrn würdig sein soll, dann kann er nicht mehr *meines* Herrn würdig sein. Wir werden es verlassen.«
Er schritt an dem sprachlosen Ritter vorbei dem Eingang zu, vor dem sich jetzt ein halbes Hundert Mönche, stumm vor Furcht und Entrüstung, angesammelt hatten. »Das Allerheiligste«, dachte er. »Die Altargefäße und Meßgewänder – und ein paar Bücher und Manuskripte. Gott sei Dank für das Armutsgelübde! In Monte Cassino finden wir Zuflucht. Da ist Platz genug für uns.« Es war ja kein Abschied für immer. Kaiser Friedrich blieb nie lange am gleichen Ort. Seit seiner Exkommunikation hatte er sein Hauptquartier jedes Jahr mehrmals gewechselt; es schien, als ob ihm der Boden unter den Füßen brenne. Vielleicht war das auch wirklich der Fall...
»Hochwürdigster Herr – –«
»Ja, Bruder Vinzenz?«
»Wer wird sich denn nun um meine Blumen kümmern – –?«
»*Unsere* Blumen, Bruder Vinzenz.«
»Unsere Blumen, hochwürdigster Herr. Viele müssen jeden Tag dreimal begossen werden und – «
»Ich weiß es nicht – aber ich fürchte, wir werden wieder ganz von vorn anfangen müssen, wenn wir zurückkommen.« Mit einem schmerzlichen Lächeln fügte er hinzu: »Du hast recht und doch unrecht gehabt, Bruder Vinzenz. Unrecht – denn was du gesehen hast, war nicht der Teufel. Und recht – denn es war des Teufels Herold.« Eine silberstimmige Glocke begann zu klingen. Der gute, alte, ahnungslose Bruder Philipp

läutete zur Vesper – zu einer Vesper, die nie gesungen werden sollte.

Mit Entsetzen sah Bruder Vinzenz, wie sich das Gesicht seines Abtes zu lautlosem Weinen verzog. Und die Glocke läutete weiter.

*

Fünf Stunden später kam der Kaiser an – mit einem Gefolge von etwa sechzig Edlen und mehreren hundert Dienern. Es war bereits dunkel – aber nicht im Klosterhof. Der Graf von Caserta hatte seine Vorbereitungen beendet. Fackeln brannten in regelmäßigen Abständen an den Mauern entlang. Alle Glocken läuteten gleichzeitig. Caserta selbst, nun in pelzbesetztem Samtrock, ohne Rüstung, verbeugte sich tief und ehrerbietig, küßte den Steigbügel des Kaisers und half ihm beim Absteigen.

Friedrich zögerte ein wenig. »Lebendige Fackeln«, sagte er. »Beim Barte des Propheten, das ist hübsch.« Jede Fackel war auf dem Kopf eines Tanzmädchens befestigt und beleuchtete reizvoll Glieder, deren ausschließliche Bekleidung in weiten orientalischen Hosen und glitzernden Juwelenketten bestand. »Dein Geschmack hat sich sehr verfeinert, Caserta. Aber laß sie nicht zu lange im Hof stehen. Die Nacht ist kühl, und wenn sie sich einen Schnupfen holen, stecken sie alle meine Freunde an. Wie das kommt, weiß ich nicht, aber so ist es nun einmal.«

Er quittierte das respektvolle Lachen der Edlen mit dem Lächeln, das allen Hohenstaufen gemeinsam war – ein Lächeln, an dem die Augen keinen Anteil hatten.

»Caserta ist ein Zauberkünstler«, lachte der Markgraf Pallavicini. »Wie hast du's nur fertiggebracht, die Mönche so zu verwandeln, Freund? Und welches ist denn der Abt? Stell mir bitte den Abt vor. *Den* Wunsch hab' ich auch noch nie gehabt.«

»Die Mönche?« fragte Friedrich kurz.

Caserta zuckte die Achseln. »Sie traben durch die Nacht – südwärts.«

»Wer läutet die Glocken?«

»Ah, ja, die Glocken, Herr«, lächelte Caserta. »Vielleicht wollt Ihr selbst sehen, wie sie geläutet werden – –«

»Sehen wir's uns an«, nickte Friedrich und stieg nun endlich ab. »Komm, Vetter Cornwall – und du, Habsburg. Pallavicini? Eccelino? Wollen uns Casertas Glocken ansehen. Bei der Kaaba von Mekka, ich glaube, das wird lustig werden.« Die Edlen, die er aufgerufen hatte, stiegen ebenfalls ab und folgten ihm nach dem Glockenturm.
»Und ich, Vater?« rief eine Mädchenstimme.
»Wie ich Caserta kenne, ist das nichts für einen so jungen Mann wie dich, Selvaggia!« lachte Friedrich, ohne den Kopf zu wenden. Alles lachte. Prinzessin Selvaggia hatte sich für den Ritt als Mann gekleidet. Sie war schlank, sehr jung, und die Kleidung stand ihr gut. Nur ihr Gesicht war ausgesprochen weiblich, mit üppigem, brennend rotem Mund, hochmütiger kleiner Nase und den etwas schrägen, grauen Augen ihrer Mutter.
Eccelino wandte sich nach ihr um und warf ihr eine Kußhand zu. Sie streckte ihm die Zunge heraus wie ein Gassenjunge, und er lachte laut auf.
Ein noch sehr junger Ritter im Gefolge des Earls von Cornwall konnte nicht umhin, den Kopf zu schütteln.
»Ihr braucht keinen Anstoß zu nehmen, Herr Ritter«, flüsterte eine spöttische Stimme. »Die beiden heiraten noch diese Woche.« Der junge Engländer sah auf. Er erblickte einen Mann ungefähr seines eigenen Alters – höchstens zwanzig – von gutem Wuchs und – für einen Italiener – respektabler Größe. Er hatte eine hohe Stirn, dunkle, lachende Augen und einen kleinen, lebensfrohen Mund: die Art Mann, der man nicht lange böse sein konnte und die Piers Rudde immer ein wenig beneidet hatte. In Italien – und auch in Frankreich – gab es sie ziemlich häufig, elegante, leichtherzige Herren, von so gewandten Umgangsformen, daß sie es sich leisten konnten, selbst einem gekrönten Haupt gegenüber unverschämt zu werden. Oft genug trug solchen Leuten ihre Frechheit oder ihr großes Maul auch noch eine goldene Kette ein. Piers hatte eine hochmütige Antwort geben wollen. Statt dessen sagte er: »Mir ist ganz wirr im Kopf.«
Der junge Italiener lachte hell auf. »Das will ich gern glauben. In England kommt so etwas wohl nie vor, wie?«
»Allerdings nicht«, sagte Piers Rudde steif. »Aber erklärt mir

bitte, bei wem oder was hab' ich den Kaiser schwören hören? Welchen Propheten hat er gemeint?«
»Oh, das – – –« Der junge Italiener zuckte die Achseln. »Beim Barte des Propheten, wie? Mohammed natürlich. Freilich, die anderen Propheten haben wohl alle auch Bärte gehabt – scheint eine notwendige Vorbedingung zu sein. Je länger der Bart, desto besser die Prophezeiung. Aber er meinte Mohammed. Habt Ihr nicht gehört, wie er sagte, bei der Kaaba von Mekka?«
»Ja – aber, was ist das?«
»Ein großer, schwarzer Stein im Herzen der heiligen Stadt der Moslems. Es soll der Stein sein, auf dem Abraham seinen Sohn Isaak opfern wollte. Der Erzengel Gabriel hat den Brocken liebenswürdigerweise nach Mekka verpflanzt.«
»Und das glaubt der Kaiser?« fragte der Engländer verblüfft. »Ist es denn wahr, was die Priester sagen, daß er selber Moslem geworden ist?«
»Nicht so laut, Herr Ritter«, flüsterte der Italiener. »Nein, ich glaube nicht, daß das stimmt. Erst neulich sagte er: „Ich habe mich nicht von einer Kette losgemacht, um mich von einer anderen fesseln zu lassen." Aber es ist Mode, bei mohammedanischen Symbolen zu schwören, und *das* hat der Kaiser allerdings eingeführt.«
»Vielleicht ist es ganz gut so«, sagte Piers Rudde kalt. »Wenigstens läßt er dann die heiligen Namen in Ruhe. Das ist ein Kloster hier, nicht?«
»Bis vor wenigen Stunden war es wenigstens eins«, lautete die unbekümmerte Antwort. »Möchte wohl wissen, was sich die Mönche gedacht haben, als die kaiserliche Menagerie hier ihren Einzug hielt. Das war sein höchsteigener Einfall. Es macht ihm Vergnügen, ihnen Streiche zu spielen, seit – – «
Er brach ab. Es gehörte nicht zum guten Ton, die Exkommunikation des Kaisers zu erwähnen.
»Welche Menagerie? Diese – jungen Weiber?«
Der junge Italiener lachte herzlich. »Ausgezeichnet, ausgezeichnet, Herr Ritter – und dabei sagt man, daß Ihr in Eurem Nebelland nicht zu lachen versteht.« Aber er brach ab, als er das verständnislose Erstaunen des Engländers sah. »Bei den gesegneten Kalifen und allen Heiligen – ich glaube,

es war Euch wirklich Ernst mit Eurer Frage. Verzeiht meine Heiterkeit, aber es war wirklich eine sehr witzige Frage. Nein, ich meinte die wirklichen Tiere, all die Vierfüßler, die sich der Kaiser aus allen Weltteilen gesammelt hat. Es sind große Seltenheiten darunter. Er reist nie, ohne sie mitzunehmen. Wieso wißt Ihr nicht, daß er sie mit Caserta vorausgeschickt hat? Ah so, Ihr seid ja erst heute nachmittag zu uns gestoßen, da konntet Ihr's freilich nicht wissen. Kein Wunder, daß Euch etwas wirr zumute ist. Bei uns geht es nun einmal etwas wirr zu.«
»Allerdings«, war die kurze Antwort.
»Aber es ist schön so«, versicherte der Italiener. »Es ist – es ist wirklich beinahe ein Götterleben. Wir ziehen durch eine herrliche Welt, die uns gehört. Wo immer wir hinkommen, verbreiten wir Freude und Furcht, Hoffnung und Verzweiflung, Liebe und Haß. Ist das nicht die Art der Götter? Ein Wort des Kaisers – und eine Stadt wird dem Erdboden gleichgemacht. Ein anderes – und eine neue Stadt erhebt sich aus der Asche. Die weisen Sultane und Emire des Ostens senden uns Gold, Weihrauch und Myrrhen – –«
»Das ist eine gotteslästerliche Rede, Herr Ritter!« schalt Piers Rudde.
»Nein, es ist gotteslästerliche Poesie.« Der junge Italiener seufzte: »Ihr sprecht beinahe wie meine Mutter. O mamma mia! Wie oft hat sie mir gesagt, daß es noch einmal ein böses Ende mit mir nehmen werde. Auch Mama versteht den Unterschied zwischen Dichtung und Prosa nicht. Was habt Ihr wohl sonst miteinander gemeinsam? Sie ist groß und dunkel und feurig, wie eine Statue der Göttermutter Juno – und Ihr seid blond und blauäugig und wahrscheinlich bärenstark – kein Apollo, denn dann hättet Ihr mehr Verständnis für Poesie. Ihr seid wahrscheinlich einer von den germanischen Göttern, deren bloßer Name eine italienische Zunge verrenkt. Ihr und Mama könntet gar nicht verschiedener sein – und dabei habt Ihr die gleiche Meinung von mir armem Poeten. Wenn mir's nun noch ein Dritter sagt, glaub' ich's am Ende selbst. Aber da kommen die Herren zurück – offenbar haben sie etwas Unterhaltendes erlebt. Möchte wissen, was Caserta mit den Glocken gemacht hat. Hätte nie gedacht, daß der Mann auch nur eine Spur von Phantasie hat – –«

Die kleine Gruppe näherte sich. Der Kaiser schien vergnügt; Eccelino und Pallavicini grinsten breit. Der Graf von Habsburg sah aus, als wisse er nicht recht, ob er lachen oder weinen sollte, und der Earl von Cornwall blickte wie gewöhnlich gelangweilt drein. Caserta strahlte.
»Großartig, dieser Caserta«, rief Eccelino. »Die graziösesten Glöckner, die ich je gesehen habe – schwebten durch die Luft wie Schmetterlinge.«
»Hoffentlich hat er ebenso gut für Essen und Trinken gesorgt«, sagte der Kaiser.
»Das Abendessen erwartet den göttlichen Augustus«, beeilte sich Caserta zu sagen. »Wir mußten das Refektorium gründlich überholen – diese Mönche« – er schauderte – »ich glaube, sie haben ihr Armutsgelübde wirklich ernst genommen.«
»Mönche nehmen alles ernst«, sagte der Kaiser, »und glauben alles, wenn man's ihnen nur eindringlich genug vorredet. Wo ist Mouska?«
Der kleine schwarze Mann erschien wie aus dem Nichts hervorgezaubert und warf sich demütig zu Boden.
»Meine lieben Tiere, Mouska?«
»Sie sind alle gut versorgt, unbesiegte Sonne!«
»Gut. Ich werde sie morgen besuchen. – Zum Essen, Freunde!«
Das Refektorium sah wirklich verändert aus. Orientalische Teppiche bedeckten den Steinboden und ein purpurfarbenes Tischtuch den riesigen, kreuzförmigen Tisch. Das Kruzifix über dem schweren Sessel des Abts hatten die Mönche mitgenommen. Caserta hatte dafür die kaiserliche Standarte aufgepflanzt – einen schwarzen Adler auf Goldgrund. Eine Musikkapelle spielte in einer Ecke, und Jokko, des Kaisers Hofnarr, tanzte herum und stiftete Verwirrung unter den Edlen, die nach ihren Plätzen suchten. Für jeden hatte er einen Spitznamen, der einen kleinen bitteren Wahrheitstropfen in sich barg – nicht zuviel des Bitteren natürlich –; jeder Hofnarr wußte, daß es höchst unklug war, sich allzusehr gehenzulassen, bevor die Herren gegessen und getrunken hatten. Er war ein kleiner Buckliger mit einer lächerlich langen Nase zwischen unaufhörlich hin und her blinkenden schwarzen Augen. Seine Mißgestalt wirkte um so grotesker, als er halb in Rot, halb in Rosa gekleidet war.

Daß er Eccelino »Ecce homo« nannte, machte den Kaiser lachen. Es war die Art von Scherz, die er selbst zu machen liebte. Aber als Jokko den Grafen von Habsburg mit »saurer Onkel« anredete, erschien eine steile Falte auf der kaiserlichen Stirn. »Verzeihung«, sagte Jokko sofort. »Mein Herr ist nicht meiner Meinung, und da er viel größer ist als ich, darf ich auch nicht meiner Meinung sein. Ich nehme also den Titel „saurer Onkel" wieder zurück und verleihe ihn hiermit dem großen englischen Edelmann. Du hast recht wie immer, Bruder Kaiser, er verdient ihn viel mehr als Onkel Unterlippe.«
Als das Gelächter verebbte, hörte Piers eine Stimme sagen: »Sehr gut!«
Aufblickend sah er, daß sein Nachbar der junge italienische Ritter war, mit dem er sich vorhin unterhalten hatte. »Was meint Ihr, Herr?«
»Sehr gute Taktik. Wenn man einen einzigen Mann beleidigt, wird er zornig. Wenn man aber zwei oder mehr gleichzeitig beleidigt, lachen sie alle. Ehre und Würde sind Sache des Individuums – einsame Göttinnen.«
Habsburg hatte wirklich gelächelt, mit der hängenden Unterlippe. Der Graf von Cornwall aber saß mit steinernem Gesicht da, als hätte er nichts gehört.
Pagen in der kaiserlichen Livree trugen die ersten Gerichte auf.
»Halt!« schrie Jokko. »Aber edle Herren, edle Herren – Ihr vergeßt, wo Ihr seid. Will denn niemand das Gebet sprechen? Dann werd' ich's selber tun.«
Er wandte sich nach dem Kaiser um, hob die plumpen Hände wie in Anbetung und »betete«: »Großer und göttlicher Herr aller Tiere, wir danken dir für unser täglich Brot. Kamele haben es auf dem Buckel hergetragen – also ist es nur recht und billig, daß andere Kamele es im Bauch wieder wegtragen. Aaa-men.«
Piers fand, daß er den Narren nicht leiden mochte. Es war eines Narren Amt, sich über alles lustig zu machen, aber dieser Narr war unausstehlich. Der Earl schien ihn auch nicht zu mögen. Da rief Eccelino: »He, Jokko – du redest so viel von Kamelen, und dabei bist du der einzige hier, der einen Buckel hat.«

Der Narr grinste breit. »Wahr gesprochen, edler Herr. Als das Erbteil des Kamels verteilt wurde, kam ich zuletzt dran und erhielt den Buckel. Ich kenne eine hochadlige Familie, die immer sehr rasch bei der Hand ist, wenn es ans Verteilen geht, und die bekam höchstwahrscheinlich das Gehirn. Wie der weise Plato sagt – –«

»Zur Jehenna mit Plato und allen Philosophen«, grollte Eccelino erbost. »Ich will nicht denken und philosophieren, ich will essen.«

»Glücklicher Mann«, seufzte Jokko: »Er kennt seine Grenzen!«

»Genug, Jokko«, sagte der Kaiser verweisend. Der Narr taumelte zurück, als hätte er einen Schlag gekommen, fiel auf die Knie und kroch unter den Tisch.

»Narren darf man nie ernst nehmen, Vetter Cornwall. Aber sie haben ihren Zweck; denn, was ist Narrheit anderes als die Zusammenfassung von Dingen, die nicht zusammengehören – und gerade das zeigt uns, was wirklich zusammengehört: durch Eliminierung.«

»Ihr seid darin ungemein konsequent, mein Kaiser«, sagte der Earl mit dem Anflug eines Lächelns, »denn Ihr habt den Narren selbst eliminiert.«

Selvaggia neben ihm klatschte Beifall. »Siehst du, Vater – man weiß nie, woran man ist mit diesen Inselbewohnern. Er hat also doch Sinn für Humor.«

»Und Sinn für Schönheit, Gott sei Dank«, sagte der Earl mit einer leichten Verbeugung.

»Unser Narr ernannte mich zum Herrn aller Tiere«, fuhr der Kaiser fort. »Es läßt sich so manches dafür sagen. Nur wenige Menschen erreichen die anmutig-kraftvolle Schönheit des Falken, und kein Mensch konnte je fliegen – außer Daedalus und seinem Sohn. Morgen muß ich dir meinen Elefanten zeigen, Vetter Cornwall. Ein königliches Tier. Sultan Al Kamil hat ihn mir geschenkt. Er war fest überzeugt, daß ich ihm nichts Gleichwertiges schenken könnte. Aber ich bewies ihm das Gegenteil, indem ich ihm einen Eisbären gab – du hast vielleicht von dem Tier gehört, es lebt hoch oben im Norden, wo die Sonne nur wenige Monate im Jahr scheint – –«

»Ich dachte, Britannien sei das Land des Nebels«, sagte der Earl trocken.
»Es handelt sich nicht um Nebel, Vetter Cornwall. Dort oben ist es aus einem anderen Grunde sonnenlos, wie mir meine Gelehrten versichern. Um auf meine Geschichte zurückzukommen – meine sarazenischen Freunde schienen von meinem Eisbären sehr wenig beeindruckt zu sein. Ich begriff das nicht, bis ich herausfand, daß die Bären in Kurdistan bei hohem Alter manchmal ein schmutzig weißes Fell haben. Aber daß *mein* weißer Bär nur Fische fressen wollte, das verblüffte sie. Masch' Allah, masch' Allah – das war ihnen unbegreiflich. Der Sultan selbst hob die Hände gen Himmel, und mit ihnen einen Diamanten, wie ich nie vorher einen gesehen hatte. Ah ja, El Kamil, mein alter, guter Freund – –«
»Freund?« fragte der Earl. »Ein armer, unwissender Heide – und der Freund des Kaisers? Ihr sprecht nicht im Ernst!«
»Sultan Al Kamil ist weder arm noch unwissend noch Heide, Vetter! Er ist reicher als alle christlichen Monarchen zusammen; er ist ein sehr gelehrter Herr. Und was, beim Koran, nennst du einen Heiden? Für mich ist ein Heide, und obendrein ein unwissender Heide jeder, der nichts von Fortschritt und Wissenschaft wissen will; der ein unnatürliches Leben führt, indem er sich vom Weibe fernhält; der an magische Beschwörungen glaubt, die über einem Stückchen Brot, einem Schluck Wein oder einem Tropfen Öl ausgesprochen werden – und der auf jede wißbegierige Frage des denkenden Menschen nur mit der hirnlähmenden Formel antwortet: „Credo"!«
»Credo«, sagte der Graf von Habsburg gelassen, und der Earl nickte ihm zu.
Friedrich lachte ärgerlich. »Meinungsverschiedenheiten über solche Dinge lassen sich schwer vermeiden, Vettern und Freunde! Aber wenn ihr so viel priesterliche Habgier, Selbstsucht und hartnäckigen Eigensinn erlebt hättet wie ich in diesem schönen Lande – mein sehr geliebter Freund, Gregor der Neunte, allen voran –, dann würdet ihr mir beistimmen. Nein? Ach so – ich habe vergessen, daß ihr ja noch immer seine lieben Schäflein seid – und nicht ein schwarzes Schaf wie ich. Euch hat er noch nicht aus der Gemeinschaft der

Heiligen ausgeschlossen. Ich mache mir nun aber einmal nichts aus Schafen, schwarzen oder weißen. Ich ziehe die Rolle des Löwen vor.« Er trank, prüfte den schönen Becher aus getriebenem Golde mit dem Blick des Kenners und fuhr fort: »Aber selbst unter diesen Umständen konnte ich nie verstehen, was der oberste Schafhirt des christlichen Gottes gegen mich hat. Ich erinnerte ihn daran, daß es einmal eine Zeit gab, in der Löwe und Lamm friedlich nebeneinander lagen – soll sogar eine besonders schöne Zeit gewesen sein. Aber Papst Gregor wollte nun einmal nichts von mir wissen. Schafe wollte er, weiter nichts. Ich habe fast alle Hoffnung aufgegeben, daß er sich je zu meiner Meinung bekehrt.«
Der Habsburger sah rasch auf, einen Strahl von Hoffnung auf dem häßlichen, intelligenten Gesicht. War es möglich, daß Friedrich sich schließlich doch eines Besseren besann? Aber dann sah er im Gesicht des Kaisers einen Ausdruck, den er nur zu gut kannte, und er trank einen tiefen Schluck, um seine Enttäuschung zu verbergen. Ja, der Heilige Vater konnte wohl manchmal eigensinnig sein. Aber das war nicht der wahre Grund des Konflikts. Der wahre Grund des Konflikts war, daß das Papsttum nun einmal für den Stier Friedrich das rote Tuch bildete – gleichviel, was der Papst tat.
»Ich glaube, er wird schon noch nachgeben«, fuhr Friedrich fort. »Früher oder später muß er merken, daß ein exkommunizierter Kaiser kein gutes Geschäft für ihn ist. Außerdem dürfte er bald schlechte Nachrichten bekommen.«
»Er gibt nicht nach«, sagte Eccelino. »Das einzige, worauf es ihm ankommt, ist Rom und – –«
»Aber Rom ist vielleicht nicht ganz so päpstlich, wie er denkt«, unterbrach ihn Friedrich. »Wir haben sehr interessante Nachrichten aus Rom.«
»Ihr denkt doch nicht am Ende daran, Rom selbst anzugreifen?« entfuhr es dem entsetzten Habsburger.
»Es wird vielleicht gar nicht nötig sein, mein frommer Freund.«
Selvaggia lehnte sich vor. »Das kommt Euch wohl alles recht seltsam vor«, sagte sie leise.
Piers Rudde sah auf. War es möglich, daß die Tochter des Kaisers ihn angeredet hatte, ihn, den geringsten der ganzen

Tafelrunde? Die schrägen Augen leuchteten seltsam, ein leises, spöttisches Lächeln zuckte um die vollen, roten Lippen. Seine Gedanken taumelten schon lange wirr durcheinander. Was war das nur für ein Land, in dem sich Papst und Kaiser bekriegten! Und der Kaiser war nicht nur König von Sizilien, sondern Oberlehnsherr des gesamten Heiligen Römischen Reiches Deutscher Nation, von dem Italien lediglich ein Teil war. Er war der Bruder, Schwager, Onkel oder Neffe fast aller lebenden christlichen Monarchen – und dabei rühmte er sich, selbst kein Christ zu sein, verspottete alles Christliche, trug halborientalische Gewänder, schwor beim Koran – er, der oberste weltliche Herrscher der Christenheit, von dem es hieß, daß ihm höchstens ein halbes Dutzend Männer an Intelligenz und Gelehrsamkeit gleichkamen. Piers hatte an das Fest Mariä Himmelfahrt denken müssen – im letzten Jahr, als er im Gefolge des Earls auf den Befehl König Heinrichs nach Walsingham wallfahrtete: dreitausend geweihte Kerzen brannten vor dem Bild der Mutter Gottes –, daran mußte man denken, wenn einem Zweifel kamen, wenn Gott Dinge zuließ, die der letzte christliche Ritter nicht zulassen würde, wenn er sie verhindern konnte. Und Gott war doch allmächtig. Es tat gut, in solchen Augenblicken an Walsingham zu denken. So viel Schönheit konnte nur auf Wahrheit beruhen. Hier aber – – –
In diese Gedanken hinein fuhr die leise, spöttische Stimme der Kaiserstochter, und sie verschwanden wie Geister, wenn ihre Stunde um ist. Er hörte sich sagen: »Ja, freilich, vieledle Herrin – ich weiß nicht recht, ob ich wache oder träume.«
»Ihr seid im Lande der Wunder«, sagte Selvaggia langsam. »Hier ist alles möglich – besonders das Unmögliche.«
Elfen und Kobolde tanzten in ihren Augen und um ihre Mundwinkel. Piers spürte, wie er rot wurde, und war wütend auf sich selbst. Sie mußte ihn für einen Tolpatsch halten. Er nahm sich zusammen. »Da gibt es eben nur eins, vieledle Herrin – auf das Unmögliche gefaßt sein.«
»Ich glaube, ich mag Euch gut leiden«, sagte Selvaggia. Sie betrachtete ihn, als wäre er ein seltenes Tier aus der Menagerie ihres Vaters. »Vielleicht werde ich Euren Lehnsherrn bitten, Euch mir auf eine Weile zu überlassen. Ich habe meine

eigene Leibwache, und sie ist so hübsch gekleidet – es würde Euch gut stehen, bei Eurem blonden Haar. Die andern sind alle dunkel. Nehmt von diesen Pfirsichen in Muskateller –«
Die letzten Worte sprach sie mit erhobener Stimme.
»Eßt«, wisperte ihm jemand zu. »Seht nicht auf – eßt.«
Er gehorchte mechanisch. Er wußte, es war sein neuer italienischer Freund, der ihm das zugeflüstert hatte. »Aber – – was ist denn?« flüsterte er zurück. »Was hab' ich denn getan?«
»Heilige Venus«, knurrte der Italiener. »Ich wußte nicht, daß Ihr so rasch sterben wollt. Was er gemacht hat, fragt er! Habt Ihr die Augen von Eccelino nicht gesehen, als die Prinzessin mit Euch sprach? Eurem Lehnsherrn ist es jedenfalls nicht entgangen. Saure Trauben für Euch, Freund, und keine Pfirsiche in Muskateller. Wenn Ihr –«
Er brach ab. Der Kaiser hatte wieder zu sprechen begonnen. Es war nicht nur höfische Sitte, die ihn zuhören ließ. Dieser Kaiser, dieses Ungeheuer, Luzifer, Augustus und Justinian in einer Person, war der faszinierendste Mensch, den der junge Dichter je gesehen hatte; und daß dies genau der Eindruck war, den Friedrich auf seine Umgebung machen *wollte*, wirkte in keiner Weise abschwächend.
»Nein, nein, Pallavicini«, sagte Friedrich. »Ich habe meine Wachen draußen im Dorf gelassen. Dort können sie ihren Spaß mit den Mädchen haben, und hier brauche ich sie nicht. *Ihr* werdet mich kaum ermorden wollen, oder? Der alte Gregor würde sich zwar sicherlich sehr freuen, aber ich glaube, ihr wißt, daß ihr an mir einen besseren Herrn habt als an ihm. Ernstlich gesprochen – wo sollte ich sicherer sein als in eurer Mitte, Freunde? Außerdem sind Mouska und Marzukh hier, meine zwei kleinen Ebenholzstatuen. Sie schlafen auf meiner Schwelle. Die können mit Elefanten und Tigern umgehen – und erst recht mit einem menschlichen Eindringling.«
»Sind ihre kleinen Dolche wirklich vergiftet, Vater?«
Friedrich lächelte seiner Tochter zu. »Du mußt nicht so neugierig sein, Selvaggia. Wie sagen die Geschorenen? ,,Die erste Neugier des ersten Weibes hat die ganze Welt ruiniert; und als sie zum erstenmal empfing, gebar sie einen Mörder." Aber Gift oder nicht – heute nacht sterbe ich noch nicht, soviel ist sicher!«

»Hat Euch das Euer Astrologe prophezeit?« fragte Eccelino interessiert.
»Nein, es war nicht Bonatti – es war sein Vorgänger, Michael Scotus – er kam aus deinem Lande, Vetter Cornwall.«
»Ich bedaure, widersprechen zu müssen«, sagte der Earl steif. »Der Mann war Schotte, nicht Engländer.«
»Von deiner Insel kam er immerhin. Aber er war nicht nur Astrologe. Er hatte mehr als Astrologie in Toledo gelernt.«

»Toledo – die Zitadelle der schwarzen Kunst – –«
»Die Zitadelle der Gelehrsamkeit, meinst du wohl, Habsburg? Das Okkulte ist nur für den Unwissenden dunkel – für junge Seelen, die noch nicht reif für die Mysterien des Universums sind. Ich bitte dich, Freund, spiele nicht den Dorfpfarrer. Du bist ein geborener Herrscher. Wir müssen auch von denen lernen, die anderen Glaubens sind als wir. Halte vom Koran, was du willst – aber Mathematik, Algebra, Astronomie und die okkulte Kunst der symbolischen Zahlen sind gewaltige Bereicherungen der Wissenschaft. Mein getreuer Leonardo Fibonacci von Pisa hat auf meinen Befehl die arabischen Zahlen eingeführt, und sie werden nun in vielen meiner Schulen gelehrt. Unter ihnen befindet sich ein ganz wundervolles kleines Ding, so unbedeutend und doch so mächtig – –«
»Meinst du mich, Bruder Kaiser?« fragte Jokko, unter dem Tisch hervorkriechend.
»In gewissem Sinn hast du nicht unrecht, Narr. Ich meine die Null – ein Ding von unberechenbarem Wert für die Beamten meiner Schatzhäuser. Es ist an sich nichts – aber stell es hinter eine beliebige andere Zahl, und ihr Wert ist sofort verzehnfacht – stelle zwei solche Nichtse hinter eine Zahl und ihr Wert ist verhundertfacht. Jede Art Rechnung und Berechnung wird klarer und einfacher. Und dabei ist es selbst völlig ohne Wert, ein Nichts! Wahrhaft ein metaphysischer Wert.« »Ich hab's«, strahlte Jokko. »Hier liegt deine Unsterblichkeit, Bruder Kaiser – das ist es, woran sich alle zukünftigen Generationen erinnern werden, wenn dein Name fällt. Das ist dein Ruhm, deine Großtat, das höchste deiner Verdienste. Null, null, null. Lang lebe Kaiser Null!«

»Tut mir leid«, sagte der Earl von Cornwall. »Aber wenn meine Beamten anfangen, metaphysische Zahlen in meine Bücher einzutragen, werde ich ganz gewiß betrogen.«
»Unmöglicher Mensch!« lachte Friedrich. »In zwanzig Jahren wird niemand mehr das alte System benutzen, glaube mir. Das arabische System stützt sich auf die Zehn und nicht auf die Zwölf. Das Zehnersystem ist für den Menschen vorbestimmt. Zehn Finger, Vetter Cornwall – zehn Zehen.«
»Bei mir zulande wird es nie angenommen werden«, versicherte der Earl. »Weil es ausländisch ist.«
»Das ist das Christentum auch«, lachte der Kaiser. »Ein jüdisches System – ein echt jüdisches. Und trotzdem habt ihr's in England angenommen und haltet weiter daran fest.«
»Allerdings, Gott sei Lob und Dank«, erwiderte der Earl trocken. »Mein Griechisch war nie viel wert, aber soweit ich mich erinnern kann, bedeutet das Wort katholisch „universal" oder „allgemein" und nicht „ausländisch".«
»Das Christentum ist aber nicht universal«, widersprach Friedrich mit verächtlichem Achselzucken. »Geh nach Afrika – geh nach Ägypten und Indien und weiter und frag, ob man dort je davon gehört hat. Ja, in Ägypten vielleicht – aber die, die davon gehört haben, spucken aus, wenn das Wort fällt. In Indien spucken sie noch nicht einmal. Der komische kleine Franz von Assisi war einer der wenigen, die wirklich versucht haben, es zu verbreiten. Er wollte sogar den großen Saladin bekehren. Dafür ist er mir auch beinahe sympathisch – und er wäre es ganz, wenn er uns nicht seine unerträgliche Brut hinterlassen hätte, die ihren Weg durchs Leben bettelt und auch sonst eine Landplage ist – genau wie die Kinder des heiligen Dominik. Aber selbst der große kleine Franziskus kam nicht weit. Hat eine hübsche Predigt gehalten und dem Sultan schließlich ein Ultimatum gestellt: „Bekehr dich, oder verbrenn mich!" Sehr schlau! Entweder der Sultan wurde Christ und Bruder Franziskus triumphierte – oder der Sultan ließ ihn verbrennen und Bruder Franziskus fuhr stracks in den Himmel und triumphierte da als Märtyrer. Kopf oder Schrift – die Kirche gewann auf alle Fälle. So macht sie's immer. Aber der Sultan war auch nicht dumm. Er sah die Falle, machte dem kleinen Mönch sein Kompli-

ment für seine schöne Rede und schickte ihn gesund und heil wieder nach Hause. Von Saladin kann man viel lernen.«
»Da pflichte ich Euch bei, Herr«, sagte der Habsburger mit Nachdruck. »Er war ein edler Mensch und erkannte die Größe eines andern an, selbst wenn er im feindlichen Lager stand. Ist es nicht wahr, daß er Befehl gab, den Franziskanern auf alle Zeit die Ehrenwache am Heiligen Grabe anzuvertrauen?«
Friedrich zuckte die Achseln. »Es wird viel zuviel vom Heiligen Lande geredet, Habsburg, glaubt es mir. Ich war dort. Ich bin in Jerusalem eingeritten und habe mich in der Kirche des Heiligen Grabes selbst gekrönt.«
»Eine weltenkühne Tat«, schrie Eccelino. »Ich wette, dem Papst ist es schwül geworden, als er's hörte.«
Habsburg lächelte dünn. Er dachte an den großen Gottfried von Bouillon, den ersten christlichen Eroberer Jerusalems, der sich geweigert hatte, in der Nähe des heiligen Erlösergrabes auch nur einen schmalen goldenen Reifen zu tragen.
»Das sogenannte Heilige Land«, sagte Friedrich, »ist solcher Anstrengungen wirklich nicht wert. Jehova kann nie mein Apulien, meine Terra Laboris oder mein Sizilien gesehen haben, sonst hätte er Palästina nicht zum Zentrum seiner Aktivität erwählt. Es ist maßlos überschätzt.«
Eccelino und Pallavicini krähten vor Entzücken, und viele der Edlen stimmten ein. Habsburg und der Earl von Cornwall wechselten einen hilflosen Blick. »Wenn nur Hermann von Salza nicht gestorben wäre«, dachte Habsburg. »Des Kaisers guter Engel – der einzige, auf den er – manchmal – hörte, wenn er für den Frieden sprach.« Der Tod des großen Mannes, an dem verhängnisvollen Palmsonntag vor zwei Jahren, war zur gleichen Stunde erfolgt wie die Ankunft der furchtbaren Nachricht von des Kaisers Exkommunikation. Die Gründe, die der Papst dafür anführte, waren äußerst stichhaltig – ja, es war erstaunlich, daß der Blitz nicht schon viel früher eingeschlagen hatte. Der Kaiser hatte mitten im Herzen Italiens, bei Lucera, eine moslemitische Kolonie gegründet. Vierzehntausend Sarazenen hatte er dorthin geschickt, und er, der in seinem ganzen Leben nicht eine einzige Kirche gebaut hatte, ließ ihnen Moscheen erbauen. Bedrückung der Kirche und des Klerus – Priester hingerichtet,

ertränkt, gehängt –: es war eine lange, lange Liste. Die Antwort des Kaisers war grimmig gewesen: er ließ alle Verwandten des Papstes, deren er habhaft werden konnte, kurzerhand aufhängen. »Ich hasse die ganze Brut – und wird es nicht von uns verlangt, daß wir den Willen desjenigen erfüllen, der gesagt hat: Ich will die Sünden der Väter heimsuchen an ihren Kindern?« Er hatte Benevent zerstört – in diesem Jahr –, weil es dem Papste treu geblieben war. Und überall machten es ihm die Eccelinos und Pallavicinis und viele andere der großen Adeligen nach. Eine neue Ära hemmungsloser Wildheit schien zu beginnen. In den östlichen Ländern war ein neuer Attila aufgetaucht, ein Mongolenkhan, der selbst Dschinghis-Khan nicht an Schrecklichkeit nachstand – Batu hieß er. Seine Reiter schlachteten friedliche Menschen zu Zehntausenden ab. Aber freilich, das war ein Heide, ein Barbar wie sein hunnischer Vorfahre. Friedrich betrachtete sich zwar auch nicht als Christen, aber er war getauft und nicht nur ein Ritter, sondern das Oberhaupt aller christlichen Ritterschaft und Kaiser der christlichen Welt Europas. Was sollte aus Europa werden – unter einem solchen Herrscher? Der Kaiser flüsterte jetzt mit Caserta. Wieder das furchtbare, bleiche Lächeln. Habsburg sehnte sich nach seinem Österreich, weit weg von diesem Hof der Vipern und Ottern, sehnte sich nach der klaren Luft der Berge und des Glaubens. Caserta verließ den Raum.
»Scotus«, sagte Friedrich. »Wir sind ganz von Michael Scotus abgekommen. Entweder durch eine Vision oder ein geheimes Experiment wußte er, wie er sterben würde: durch einen Stein, der ihm auf den Kopf fallen sollte. Seitdem trug er ständig eine Eisenkappe. Aber als wir nach Deutschland hinaufzogen, überraschte uns eine Steinlawine, und ein Felsblock fiel dem armen Scotus auf den Kopf und preßte ihm die Eisenkappe tief ins gelehrte Gehirn. Zwingendes Schicksal, Freunde – die Göttin Ananke, die über allen Göttern schwebt! Die „Notwendigkeit", Vetter Cornwall, falls dein Griechisch nicht ausreicht. Ihr seht also, ich habe guten Grund zu glauben, daß auch mein Geschick sich erfüllen wird, wenn meine Stunde kommt. Aber noch ist sie nicht da.«
Er stand auf. »Gute Nacht, Freunde!« Alles erhob sich und

verbeugte sich tief, als er den Raum verließ. Mit einem Satz sprang Jokko auf den kaiserlichen Stuhl. »Trinkt weiter, gute Untertanen«, rief er. »Und möge euch nie ein Stein auf den Schädel fallen. Muß sagen – mir ist meine Narrenkappe lieber als die Eisenkappe des hochgelahrten Scotus.«
Aber die meisten der Edlen zogen sich nun ebenfalls zurück. Auch Piers machte sich auf den Weg. Es drängte ihn danach, allein zu sein. Zu viele Dinge waren auf ihn eingestürmt. Dieser Kaiser war bei all seinen gotteslästerlichen Reden eine unerhörte Persönlichkeit. Es hieß, daß seine Leute für ihn durchs Feuer gingen – daß sie ihr Leben wagten, nur für ein anerkennendes Lächeln. So war's wohl auch. Seltsame Augen hatte er. Nicht nur, daß sie nie mitlächelten. Sie zwinkerten auch nie. Sie hatten einen stetigen, scharfen Blick, wie die eines Adlers oder Falken. Allein sein... Aber zuerst mußte er sehen, daß der Earl gut untergebracht war – und da stand er, im Gespräch mit dem Grafen von Caserta. Piers trat näher.
»Ihr seid ein guter Beobachter, Herr«, sagte Caserta gerade. »Es ist richtig, der Kaiser hat mir einen wichtigen Befehl gegeben. Ich brauche keine Geheimniskrämerei zu treiben. Selbst wenn es Verräter unter uns gäbe – nichts kann diesen Befehl aufhalten. Ich ziehe noch heute nacht ab – mit hundert Rittern und zweitausend Mann zu Fuß, eine Feste zu zerstören, die mein gnädiger Kaiser aus dem Wege haben will. „Caserta", hat er gesagt, „reiß mir die Mauern zu Boden, aber gründlich! Daß sie sich nie wieder erheben." Ist ein Kloster, natürlich!«
»Wieder ein Kloster«, sagte der Earl.
»Ja – es sollen eine Menge päpstliche Spione dort sein. Und der Abt hält es mit dem Papst. Und der Kaiser glaubt, daß die Mönche, die wir von hier vertrieben haben, dorthin unterwegs sind; ich glaube, es macht ihm Spaß, sie ein bißchen länger laufen zu lassen.«
»Wie heißt das Kloster, das sich nie wieder erheben soll?«
»Monte Cassino, Herr.«
»Ach, da bist du ja, Piers«, sagte der Earl. »Graf Caserta, dies ist Sir Piers Rudde, einer meiner jungen Ritter. Er verspricht Gutes, braucht aber noch etwas mehr Kriegserfahrung. Wollt Ihr ihn auf Eure Expedition mitnehmen?«

Er hatte Piers beim Arm genommen, als er ihn vorstellte. Nun verstärkte sich der Druck seiner Hand, und Piers merkte, daß Schweigen geboten war. Freilich, er hätte auch ohne dies nichts gesagt – dazu war er viel zu verblüfft.
Caserta warf ihm einen forschenden Blick zu. »Gern, Herr, wenn es Euer Wunsch ist. Aber wir werden wohl ziemlich lange wegbleiben – –«
»Das schadet nichts. Mein Gefolge ist auch so groß genug. Und Sir Piers hat nur einen Gefolgsmann bei sich – seinen Knappen.«
»Wir sind zahlreich genug für die Geschorenen von Cassino«, lachte Caserta. Dann, zu Piers gewandt: »Seid in einer halben Stunde marschbereit, am Haupttor. Ich erwarte Euch dort.«
»Zu Euren Diensten, Herr«, sagte Piers. Caserta nickte ihm freundlich zu, verneigte sich vor dem Earl und ging weiter.
»Still, Piers«, murmelte der Earl. »Kein Wort, bis er außer Hörweite ist. Wir müssen vorsichtig sein, hier spioniert immer einer hinter dem anderen her. Ich hab' das in deinem eigensten Interesse vorgeschlagen, mein lieber Junge. Die junge Prinzessin war ein wenig – unvorsichtig, und ich fürchte, es hat ihm nicht gepaßt.«
»Wem? Eccelino?«
»Was dem paßt oder nicht paßt, ist mir sehr gleichgültig. Nein. Dem Kaiser! Dem Mädel schadet das nichts. Er braucht sie, um sich Eccelinos Loyalität zu sichern. Aber dich braucht er nicht. Also könnte dir nur zu leicht etwas zustoßen – ein Unfall vermutlich. Mir sprechen sie dann alle ihr tiefgefühltes Bedauern aus, aber das macht dich nicht wieder lebendig. Darum ist's am besten, du verschwindest auf eine Weile. Ich bin nicht böse auf dich, mein lieber Junge, ich weiß, du hast keine Schuld. Aber die junge Dame war wirklich etwas zu – eifrig. Also weg mit dir – und laß dir ruhig Zeit. Ich erwarte dich nicht so rasch wieder zurück, selbst wenn diese sogenannte Expedition bald vorbei ist. Du bist jung – reise ein wenig im Land herum. Kannst viel lernen dabei – und meistens wohl das Falsche. Das einzige, worauf es ankommt, ist, dem Kaiser auszuweichen. Hast du Geld?«
»Nicht viel, Herr.«
»Nimm das – das hält dich auf ein paar Monate über Wasser.

Ich fahre dann wieder zurück nach England: komm nach, wann du willst. Keine Eile. Tut mir leid, all das. Ist auch nicht die Art Expedition, auf der ein englischer Ritter Kriegserfahrung gewinnen kann. Kann's aber nicht ändern. Gott segne dich, mein lieber Junge.«
»Ich dank' Euch herzlich, Herr – für Eure Güte.«
Der Earl reichte ihm die Hand, und Piers küßte sie. Damit trennten sie sich, und Piers begab sich nach den Ställen, um nach seinem Knappen und den Pferden zu sehen.
Plötzlich erschien ein schlanker Schatten hinter ihm, und er fuhr herum, die Finger am Dolchgriff.
»Bringt mich lieber nicht um, Freund«, sagte der junge italienische Dichter. »Von mir droht Euch bestimmt keine Gefahr. Habt Ihr einen Augenblick Zeit für mich? Ich weiß, Ihr habt es eilig, aber es handelt sich wirklich nur um einen Augenblick. Ihr verlaßt uns, nicht wahr? Geht Ihr mit auf die Expedition gegen Monte Cassino?«
»Hier scheinen sich die Dinge rasch herumzusprechen«, sagte Piers vorsichtig.
Der Italiener lachte. »Caserta hat eine Stimme wie eine Trompete. Selbst die Gäule im Stall müssen's nun schon wissen. Freund, Ihr könntet mir einen großen Gefallen tun. Mein jüngstes Brüderchen lebt in Monte Cassino – er ist erst fünfzehn, steckt aber schon an die zehn Jahre bei den Benediktinern. Wenn ihr das Kloster zerstört – wollt Ihr ein wenig nach ihm Umschau halten, damit ihm nichts zustößt?«
»Natürlich – gern – wenn ich kann«, sagte Piers warm. »Aber wie – woran soll ich ihn erkennen?«
Der junge Dichter lachte wieder. »Ihr könnt ihn gar nicht verfehlen – er ist der dickste Junge im Kloster. Ja so, Ihr wißt seinen Namen nicht – ich hab' mich Euch noch nicht vorgestellt. Ich bin Graf Rainald von Aquin, und mein kleiner Bruder heißt Thomas von Aquin.«

II

»NIEDER MIT dem Turm!« brüllte Caserta. »Laßt die Rinder in Ruhe, ihr Lauskerle, laßt sie verbrennen, ich sorg' schon dafür, daß ihr später den Bauch voll bekommt, alle Mann an den Turm – rammt ihn, Leute, rammt ihn, ihr Gesindel, oder ich lasse euch die Ohren abschneiden – Ohren ab, wer nicht auf meinen Befehl hört. Rammen, sag' ich – so ist's gut. Herunter damit.«

Aber der Turm stand fest. Alles Holzwerk brannte lustig, ein paar hochgewölbte Steinbogen krachten zu Boden, dicker, schwarzer Rauch füllte die zahllosen Treppengänge, aber der Turm und die Hauptgebäude standen noch immer.

»Gut gebaut haben sie, die verdammten Schermäuse. Ich werd's dem Kaiser sagen, er soll sich in Zukunft seine Festungen von ihnen bauen lassen. Können sich nützlich machen, statt nur den ganzen Tag Gebete zu murmeln.«

Piers, der zu Roß neben dem Grafen hielt, gab keine Antwort. Es war nicht das erste Mal, daß er etwas brennen sah, und Kampf war ritterliche Arbeit, ob in friedlichem Turnier oder im Krieg. Aber Monte Cassino war nicht die trutzige Feste eines aufsässigen Barons oder Herzogs. Die Garnison wehrte sich nicht. Kein Pfeilhagel kam und kein Steinhagel, niemand schüttete brennendes Pech und Öl auf die Angreifer herab. Es war ein einseitiger Krieg, und ein einseitiger Krieg war überhaupt kein Krieg. Er hatte ein paar Mönche fliehen sehen – mehrere waren von fallendem Gebälk erschlagen worden oder erstickten und verbrannten in den wild züngelnden Flammen. Aber keiner von ihnen leistete Widerstand. Der Earl hatte recht: es war nicht die Art Expedition, in der ein englischer Ritter Kriegserfahrung sammeln konnte.

Caserta warf ihm einen raschen Blick zu und lachte. »Mir hat's auch zuerst nicht viel Spaß gemacht«, sagte er, nicht ohne Gutmütigkeit. »Hat aber keinen Sinn, zwei Herren zu dienen. Man kann sich nur einmal verkaufen. Und der Kaiser hat ganz recht: wir können nicht dulden, daß die päpstlichen Spione das Kloster als Schlupfwinkel benutzen. Ihr gewöhnt Euch auch noch daran, genau so wie ich.«

»Mit Verlaub, Herr«, sagte Piers mit harter Stimme, »ich möchte mir das alles etwas näher ansehen.« Er stieg ab, seine Rüstung klirrte.

»Wartet lieber noch eine Weile«, riet Caserta. »Ist verdammt

heiß da drinnen. Wenn's Euch nicht nach geröstetem Mönch gelüstet – –«
»Hab' ich Eure Erlaubnis, Herr?«
Caserta zuckte die Achseln. »Wie Ihr wollt. Aber jammert mir nicht die Ohren voll, wenn Ihr Brandblasen habt, junger Teufel.«
Piers warf seinem Knappen die Zügel hin und schritt auf die brennenden Gebäude zu. Robin, der Knappe, fragte unruhig: »Darf ich nicht mit Euch kommen, Herr?«
»Du bleibst hier«, war die kurze Antwort.
Robin brummte verdrießlich. Immer mit dem Kopf voran und oft genug mit dem Kopf durch die Mauer, der junge Herr. Ungesunde Gegend. Und eine üble Geschichte, das jetzt. Freilich, was konnte man auch anderes von diesen Ausländern erwarten. Ein schönes Land, ja, aber was hatte man davon, wenn es darin nur so wimmelte von Leuten, die weder englisch noch normannisch sprachen – nicht einmal gälisch. Klöster verbrennen war ein schlechter Sport. Darauf sollte man sich gar nicht erst einlassen. Gut, daß Lady Elfleda nicht mehr am Leben war. Es hätte ihr keineswegs gepaßt, ihren Sohn bei einem solchen Unternehmen zu sehen. Sie hätte *ihn* dafür verantwortlich gemacht. Das hatte sie ihm klar genug zu verstehen gegeben, als die Nachricht kam, daß der junge Sir Piers im Gefolge des Earls von Cornwall in fremde Lande gehen mußte. »Robin«, hatte sie gesagt, »du begleitest meinen Sohn, und ich mache dich für ihn verantwortlich. Du hast lange genug in meinem Dienst gestanden – du weißt, was du tun darfst und was nicht. Du wirst dich um ihn kümmern. Er ist dein Herr – aber er ist noch sehr jung. Du mußt wissen, was du zu tun hast. Du bist verantwortlich. Das ist alles.«
Das hatte die Mutter gesagt. Und er hatte erwidert: »Jawohl, edle Herrin« und nicht ein Wort mehr. Vielleicht war es das, was ihr starkes Herz gebrochen hatte – daß der Sohn auf lange Zeit in die Fremde zog. Drei Wochen nach seiner Abreise war sie gestorben. Gott geb' ihr die Ruhe. Und nun war Robin Cherrywoode verantwortlich, und bis jetzt hatte die alte Dame noch nicht viel Grund gehabt, ihn vom Himmel herab zu schelten – denn im Himmel war sie sicherlich,

nachdem sie ihr Leben lang so viele Arme durchgefüttert hatte. Er hatte sich um den jungen Herrn wacker gekümmert. Es gab immer ein paar Möglichkeiten, unnötiges Unheil zu verhüten, ohne daß man deshalb den Stolz des jungen Herrn zu verletzen brauchte. Nicht einmal lügen mußte man dabei. Oder doch nicht zu oft.
Bleib, wo du bist, hatte er gesagt. Also mußte man hier bleiben, bis er außer Sicht war. Und jetzt war er außer Sicht.
Robin stieg ab. »He, du – halt die Gäule eine Weile, ja?«
Der Söldner, den er angeredet hatte, sah zu dem riesigen Engländer auf – Arme und Schultern wie ein Bär –, schluckte das Schimpfwort herunter, das er schon auf der Zunge hatte, legte seine Armbrust nieder und nahm die Zügel der Pferde. Robin nickte ihm freundlich zu. »Behandle sie gut, mein Lieber. Sie sind erheblich mehr wert als du!«
Und er stieg seinem Herrn mit langen Schritten nach.
Piers hatte inzwischen das Hauptgebäude erreicht. Ein paarmal hatte er Deckung nehmen müssen, um nicht von fallenden Steinen getroffen zu werden. Der Sturmbock donnerte immer noch – sie suchten also unbedingt den Turm niederzurammen.
Wo mochte der Junge stecken? Es war eine hoffnungslose Aufgabe, jemand in diesem Riesengebäude zu finden – besonders wenn er bestimmt sein Bestes tat, sich nicht finden zu lassen. Vielleicht war er gar nicht mehr da – viele Mönche waren geflohen, bevor der Angriff begonnen hatte. Caserta beabsichtigte, ihnen die Hunde nachzuschicken. »Wer flieht, wenn des Kaisers Leute kommen, hat ein schlechtes Gewissen und ist wahrscheinlich ein Spion.« Als ob nicht jedermann mit gesundem Menschenverstand Casertas Leuten im Bogen aus dem Wege ginge. Wo zum Henker steckte der Junge?
Hier ging's nicht weiter – das Refektorium war der reine brennende Ofen. Die Treppe nach dem oberen Stockwerk stand auch schon in Flammen. Was war das? Ein Mönch, ein alter Mann. Erstickt. Tot. Gott gebe ihm die ewige Ruhe.
Piers bekreuzigte sich. Es war eine hohe Ehre, Kaiser zu sein, aber er blieb lieber Sir Piers Rudde – von allen Rittern Englands der jüngste und ärmste. Ob der Kaiser ein Gewissen hatte? Ob er wohl nachts schlafen konnte? Da lag wieder

einer – auch tot. Wenn man nicht bald machte, daß man wieder an die frische Luft kam, konnte man sich dazulegen. Piers, mein Sohn, das kommt davon, wenn man Fremden ein Versprechen gibt. Er wandte sich um. Hinter ihm gab es nicht weniger als vier verschiedene Gänge. Dieses Haus war ein Labyrinth. Woher war er gekommen? Die Gänge sahen alle gleich aus. Er entschied sich für den Gang, der am wenigsten mit Rauch gefüllt schien. Heilige Mutter Gottes, wie heiß es war! Die verwünschte Rüstung – wenn das so weiterging, wurde sie noch rotglühend, und er briet darin wie der heilige Laurentius. Hilf mir hier heraus, heiliger Laurentius – du weißt, wie's tut. Ah – da, ein Treppengang, von dem ein kühlerer Luftzug heraufkam – Dank, heiliger Laurentius, wenn du das warst – aha, da geht es hinunter, wie? Hinunter oder hinauf, zuerst kommt das liebe Atmen – – –
Er stieg die Stufen hinab. Es wurde wirklich etwas kühler. Stimmen. Jawohl, Stimmen! Von da unten. Diese Treppe schien überhaupt nicht mehr enden zu wollen. Da ertönte plötzlich eine Stimme hinter ihm und rief seinen Namen.
»Sir Piers – – Sir Piers – wo seid Ihr? Wo seid Ihr?«
Robin. Man hätte sich's denken können, daß der Bursche hinterher geflattert kam wie eine Henne hinter dem Küchlein.
»Hier bin ich, Robin.«
Trapp, trapp, trapp – da war er, schwarz wie der Teufel vom Rauch und mit halb versengten Hosen.
»Ich hab' dir doch befohlen, zu bleiben, wo du warst«, sagte Piers unwillig.
»Gewiß, Herr, das habt Ihr getan – aber die Pferde sind sehr gut aufgehoben und in Sicherheit, was mehr ist, als man von Euch sagen konnte, und da dachte ich mir – –«
»Schweig jetzt – ich habe Stimmen da unten gehört.«
Sie lauschten, aber alles blieb still.
»Ich hab' mich nicht getäuscht«, beharrte Piers. »Und ich muß den Jungen finden. Ich hab's versprochen. Und wenn das ganze Haus einstürzt – «
»Das kann leicht geschehen«, sagte Robin und kratzte sich den Kopf.
»Es hat dich niemand gebeten, hierher zu kommen. He! Jemand hier?«

35

Keine Antwort.

»Die glauben, wir gehören zu dem Gesindel da oben«, sagte Robin. »Kein Wunder, daß sie nicht antworten.«

Piers verbiß sich ein Lächeln. Es war eine Frechheit, des Kaisers Söldner Gesindel zu nennen – aber wenigstens eine *zutreffende* Frechheit. Es war nicht leicht, Robin davon zu überzeugen, daß »ausländisch« und »zu nichts nütze« nicht notwendigerweise gleichbedeutend waren. Casertas Leute schienen auch nicht geeignet, Robin von seiner Meinung abzubringen.

»Wir müssen weiter hinunter. Diese Treppe wird doch irgendwo ein Ende haben.« Er machte sich wieder auf den Weg. Es war dunkel hier – selbst der Feuerschein drang nicht bis hierher. Schlüpfrig war es auch noch.

»Vorsicht – –«

»Ich sehe Licht, Herr.«

»Wirklich? Ja, wahrhaftig, du hast recht. Mach leise, du mit deinen Riesenfüßen.«

Sie stiegen weiter hinab.

»Das Licht kommt von da drüben, Herr«, flüsterte Robin. »Da muß eine Tür sein – es kommt unter der Tür hervor. Euer Schwert, Herr – vielleicht stoßen wir auf Widerstand –«

»Still.«

Robin schüttelte den Kopf. Die Leute, die sich hier verborgen hielten, hatten natürlich Angst – und Angst, die sich entdeckt sieht, kämpft oft mit dem Mut der Verzweiflung. Oder vielleicht waren hier die Klosterschätze aufgestapelt – unter Bewachung. Er hatte den Schild seines Herrn mitgenommen. Nun zückte er einen langen, verläßlichen Dolch.

Piers sah es nicht. Vorsichtig näherte er sich der Tür, unter der der Lichtschein hervordrang. Plötzlich warf er sich dagegen, und sie gab so leicht nach, daß er fast zu Boden gefallen wäre. Aber er hatte das Gleichgewicht schon zurückgewonnen, als Robin den Schild vor ihn schwang.

Ein kleiner Raum, völlig kahl. Ein alter Mann saß, mit dem Rücken an die Mauer gelehnt – er hatte eine blutige Binde um die Stirn. Etwa ein Dutzend Mönche jeden Alters standen rechts und links von ihm, blaß und verängstigt. Der Schein einer alten Öllampe beleuchtete die Szene. Niemand

sprach ein Wort. Denn auch Piers wußte nicht, was er sagen sollte. Endlich erklang die zitternde Stimme des verwundeten alten Mannes:
»Wenn Ihr Befehl habt, mich zu töten, Herr Ritter – ich bin's, den Ihr sucht. Laßt darum diese gehen.«
Piers erschauerte. Er wußte, er hatte diese Worte schon einmal gehört, aber wo? Plötzlich erinnerte er sich. Das Evangelium – das Evangelium am Karfreitag. Father Thorney las es, der alte Schloßkaplan seiner Mutter. Es waren die Worte Christi, als die Häscher nach Gethsemane kamen, ihn gefangenzunehmen. Als er sie zum ersten Male hörte, war er ganz außer sich gewesen, daß die Apostel ihren Herrn nicht besser verteidigten – ein einziger Hieb mit dem Schwert, und selbst der kostete nur ein Ohr. Es war jämmerlich! Wenn Vater dabeigewesen wäre, oder er selber, oder noch besser Vater *und* er – es wäre der Bande nie gelungen, den Herrn gefangenzunehmen. Das hatte er dem alten Schloßkaplan denn auch gesagt, später, beim Frühstück, und Father Thorney hatte ihm freundlich den Kopf gestreichelt. »Weißt du denn nicht, daß unser lieber Herr gekreuzigt werden mußte, damit du und ich und wir alle das Himmelstor offen finden, wenn unsere Stunde kommt?« Er hatte lange darüber nachgedacht. Und nun hielten diese Männer ihn für einen der erbärmlichen Häscher – glaubten, daß er Befehl habe, einen Mann zu töten, der jeden Tag den Heiland am Altar vertrat. Die schrecklichen Worte waren gegen ihn gerichtet.
Er stieß entrüstet hervor: »Ich habe keinerlei Befehl. Ich – ich bin gegen die ganze Sache. Ich – ich – – ich bin Engländer.«
»Das höre ich«, sagte der alte Mönch mit schwachem Lächeln. »Es ist lange her, daß ich Euer schönes Land besuchte – vor fast einem halben Jahrhundert. Sie begannen gerade mit dem Bau der Kathedrale von Canterbury...«
»Der Bau wächst«, sagte Piers. »Aber das Kirchenschiff ist noch nicht begonnen.«
»Zum Bauen braucht man viel Zeit«, sagte der alte Mönch traurig. »Zum Zerstören nur sehr wenig. Sankt Benedikt hat dieses Haus gegründet – Sankt Anselm hat hier gewohnt und Sankt Bernhard – und nun muß uns das geschehen.« Er

unterdrückte ein Stöhnen und biß sich auf die Lippen. Er schien große Schmerzen zu haben.
»Ihr solltet nicht sprechen, Vater«, murmelte einer der Mönche, besorgt zum Abt gewendet.
Der Abt – natürlich! Er trug ja das Brustkreuz. Der Abt von Monte Cassino! Abt des ältesten Klosters der Christenheit.
Ein Zucken ging durch den hageren Leib des alten Mannes, und er rang nach Atem. »Keine – – Furcht – – lieber Bruder – – der Herr – – will mich noch nicht – – scheint es.«
Dann zu Piers: »Was tut Ihr hier, mein Sohn? Wenn Ihr dieses Geschehen mißbilligt, wie Ihr sagt – –«
»Ich suche einen Knaben, hochwürdigster Herr. Sein Bruder, Graf Rainald von Aquin, hat mich gebeten, nach ihm zu sehen und darauf zu achten, daß ihm nichts geschieht.«
Die Mönche blickten einander an.
»Wenn ich ihn in Eure Obhut gebe«, sagte der Abt langsam, »werdet Ihr ihn unversehrt heimbringen? Das Schloß seiner Familie ist nicht weit von hier.«
»Ich verspreche es, hochwürdigster Herr.«
»Hier ist er«, sagte der alte Mönch. »Komm zu mir, Thomas!« Der stämmige Junge hatte im Hintergrund gestanden – auch er trug eine schwarze Mönchskutte unter dem blassen Knabengesicht. Jetzt näherte er sich dem Abt und kniete an seiner Seite nieder.
»Thomas, mein Sohn, dies ist das Ende deiner Studien hier – aber nichts außer dem Tod endet unsere Gebete für dich. Es ist mein Wunsch, daß du heimkehrst und auf eine Weile im Hause deiner guten Mutter bleibst.«
Der Junge neigte schweigend den Kopf.
Der alte Mönch lächelte ihm zu. »Ich weiß nicht, ob und wann wir uns in dieser Welt wiedersehen werden, mein Sohn. Erinnerst du dich an deine erste Frage, als du zu uns kamst – fünf Jahre alt? „Was ist Gott?" Immer wieder und wieder hast du das gefragt. Vielleicht will Unser Vater im Himmel, daß du die Antwort auf deine Frage auf eine Weise findest, die von vielen, vielen Menschen verstanden werden wird. Leb wohl, mein lieber Sohn, Benedicat te omnipotens Deus, Pater, et Filius et Spiritus Sanctus. Divinum auxilium maneat semper tecum. Amen.«

Die Schultern des Jungen zuckten, als die Hand des Abts das Zeichen des Kreuzes über ihn machte.
Ein furchtbares Krachen unterbrach die feierliche Stille, und ein feuriger Atem schien in den Raum zu dringen. Die Mönche erschraken.
Piers fuhr herum.
»Schlimm, Herr«, sagte Robin gelassen. »Ein Teil des Gebäudes ist eingestürzt – hört Ihr's? Da fallen noch immer Trümmer.«
»Das bedeutet?«
»Ich weiß nicht, wie wir hier wieder herauskommen sollen, Herr. Auf jeden Fall nicht auf dem Weg, auf dem wir hereingekommen sind.«
»Sieh nach, Robin – vielleicht ist es nicht so schlimm, wie du denkst.«
Der Knappe gehorchte. Aber er hatte kaum den Fuß vor die Tür gesetzt, als er auch schon wieder zurücksprang. Ein dumpfes Rollen – und wieder ein Krachen.
»Bleib hier, Robin. Du scheinst recht zu haben.«
Da sagte der Abt: »Herr Ritter, ich zeige Euch einen Weg.«
Aufblickend sah Piers, wie sich eine schmale Tür auf der entgegengesetzten Seite des Raums langsam öffnete. Ein Geheimweg, offensichtlich.
»Wir werden den gleichen Weg benutzen, sobald ich wieder gehen kann«, sagte der alte Mann. »Ihr kommt hinter dem Südwall heraus – das Gelände ist buschig, und man wird Euch wahrscheinlich nicht sehen.«
Piers konnte der Frage nicht widerstehen: »Befürchtet Ihr nicht, daß ich es denen da draußen verrate?«
»Furcht ist ein schlechter Ratgeber, mein Sohn! Ihr müßt tun, wie Euch Euer Wille und Euer Gewissen befehlen. Geht jetzt. Wir werden für Euch beten.«
Der Knabe Thomas küßte die Hand des alten Mannes, erhob sich und – schritt kaltblütig durch die Geheimtür. Piers verneigte sich vor dem Abt und folgte. Ein dunkler Gang, dessen Steinboden nach oben zu führen schien. Nach einer Weile wurde er ziemlich steil.
»Bist du da, Robin?«
»Ja, Herr. Könnt Ihr den Jungen vor Euch sehen?«

»Nein.«
Robin murmelte etwas Unverständliches. Der alte Mann sah
ehrlich genug aus, aber mit Ausländern war man nie so ganz
sicher, und wenn dies eine Falle war, verschwand der Junge
einfach, und man fiel in einen Graben oder ein Verließ.
Immer höher und höher führte der Weg. Es war nicht leicht
für einen Mann, in voller Rüstung in stockfinsterer Nacht
eine eigentliche Bergbesteigung vorzunehmen, und von Zeit
zu Zeit mußte Piers innehalten und sich ein, zwei Minuten
lang ausruhen. Endlich lichtete sich die Dunkelheit ein wenig – von irgendwoher kam Licht. Plötzlich führte der Gang
scharf zur Rechten, und mit einem Seufzer der Erleichterung
sah Piers das Blätterdach eines Baumes – nein, es waren Büsche, Oleander und Lorbeerbüsche, und Luft gab es – frische
Luft, obwohl es noch immer nach Brand roch.
Und hier war denn auch der Junge – er schien Deckung genommen zu haben – nein, er lag auf den Knien und betete.
Armes Kind – es war ein schlimmes Erlebnis für ihn – ein
Erlebnis, für das ihn das ruhige, gesicherte Leben in einem
Kloster wohl kaum vorbereitet hatte.
Piers trat an ihn heran. Weit draußen sah er eine dicke
Rauchwolke über dem Riesenbau hängen. Eine Abteilung
von Armbrustschützen hielt auf der Kuppe eines Hügels, und
eine andere Abteilung marschierte dem Dorf zu, dessen flache Dächer man gerade noch im Tal erkennen konnte. In der
Tat – die Expedition richtete sich nicht nur gegen das Kloster. Monte Cassino war ein kleines Reich für sich – das Kloster war lediglich die Zitadelle. Der Junge betete immer noch,
schien Piers' Gegenwart gar nicht bemerkt zu haben. Sein
Bruder, der Dichter, hatte ihn schon richtig beschrieben: er
war ein ziemlich robuster Junge – mit einem blassen, feinen
Gesicht. Der kahlgeschorene Schädel war von einem Kranz
glänzender dunkelbrauner Haare umgeben. Ein kleiner
Mönch, wenn er auch noch nicht alt genug war für die Gelübde. Die Eltern legten in solchen Fällen eine Art Versprechen für ihn ab, wenn sie ihn ins Kloster brachten, aber das
band nicht auf Lebenszeit. Die eigenen Gelübde folgten später, wenn er erwachsen war. Warum hatten sie das nur getan? Es war grausam, ein Kind dem asketischen Leben zu

überantworten, das nur die Ideale Armut, Keuschheit und Gehorsam kannte. Zwar stand es dem Jungen später jederzeit frei, das Kloster zu verlassen – aber wie sollte er dann etwas von der Welt wissen, wenn er sein Lebtag nichts anderes gekannt hatte als das Klosterleben? Vielleicht war diese unfreiwillige Rückkehr zu seiner Familie und zum Leben in der Freiheit sehr gut für ihn! Wie alt war er? Fünfzehn, höchstens sechzehn. Er hatte wohl noch nie in ein Mädchengesicht geschaut. Was wußte er von den Freuden der Jagd, von der fröhlichen Falkenbeize am hellen Morgen, von lustiger Kumpanei, von dem überwältigenden Gefühl der eigenen Kraft und Macht, wie es den Mann überkommt, der mit herabgelassenem Visier und eingelegter Lanze auf den Feind einreitet. Alles, was er kannte, war Beten und Fasten und alte Bücher studieren. Das heutige Erlebnis, so schrecklich es war, konnte ihm ein freudiges Ritterleben eintragen.
Er berührte die Schulter des Jungen: »Du hast genug gebetet. Komm jetzt, mein Junge!«
Thomas hielt den Kopf gesenkt.
Piers schüttelte Thomas ein wenig. »He – was ist mit dir?«
Da öffnete der Junge die Augen und machte das Zeichen des Kreuzes, langsam und feierlich. Erst dann sah er Piers an, stand auf und sagte mit einem überraschend anmutigen Nikken: »Zu Euren Diensten, Herr Ritter!«
»Also komm – wir müssen fort von hier.«
Sie brauchten fast eine Viertelstunde, um den Ort zu erreichen, wo Robin die Pferde gelassen hatte. Piers sah mit leichtem Stirnrunzeln, daß Caserta noch immer da war und weiter Befehle brüllte. Sie hatten den Turm wirklich zum Einsturz gebracht. Das Hauptgebäude brannte immer noch. Caserta erblickte ihn. »Heiliger Mohammed – Ihr lebt also noch? Ich hatte mir schon überlegt, wie ich's Mylord Cornwall beibringe, daß er seinen jüngsten Ritter verloren hat. Wo habt Ihr denn gesteckt? Ich habe das verdammte Kloster gründlich satt. Die Geschorenen leisten keinen Widerstand, aber ich verlor mindestens ein Dutzend meiner besten Leute, als der Turm endlich herunter kam, dreimal so viele haben schlimme Brandwunden. Der Feldscher hat alle Hände voll zu tun. Was habt Ihr denn da – einen Gefangenen?«

»Wie man's nimmt, Herr. Das ist der Bruder des Grafen Rainald von Aquin – er bat mich, nach ihm zu sehen. Noch ein Kind, wie Ihr seht. Ich bringe ihn nach Hause, zu seiner Mutter.«

»Zweifelhaftes Vergnügen. Wartet lieber noch eine Weile – wir sind hier bald fertig, und da unten gibt es ein paar Dörfer, wo eine besonders gute Sorte Mädchen wächst – und ein guter Wein dazu. Wollen beides genießen.«

Piers schüttelte den Kopf. »Die Pflicht zuerst, Herr. Kann ich ein Maultier für den Jungen haben?«

Caserta lachte. »Nun, wenn Ihr lieber die Kindsmagd spielt, statt einer Magd zu einem Kind zu verhelfen – ich will Euch gewiß nicht aufhalten. Ein Maultier für das geschorene Kind, ihr da! Wünschte, Ihr hättet statt dessen den Abt gefangen. Habt Ihr den nicht irgendwo gesehen?«

»Ich habe nur nach dem Jungen gesucht«, sagte Piers kalt, und Robin hinter ihm begann das eine Ende seines dicken, gelben Schnurrbarts zu kauen. Der junge Herr lernte rasch!

»Und du, Mönchlein?« fragte Caserta. »Wo steckt dein Abt? Komm, sag die Wahrheit, brauchst dich nicht zu fürchten. Wo steckt er?«

»Er ist in Gottes Hand!« sagte der Junge.

»Was, tot? Oder meinst du's anders? Bist du ein gerissener kleiner Fuchs, oder nur ein Einfaltspinsel?«

»Ich bin ein Oblat des heiligen Benedikt«, sagte der Junge einfach.

Caserta lachte abermals. »Bringt Euren Säugling nach Hause, Herr Ritter. Ich habe hier noch Arbeit.«

Robin hatte die Pferde geholt, ein Söldner brachte das Maultier.

»Hilf dem Jungen aufsteigen, Robin.«

Aber Robin ließ es sich nicht nehmen, erst seinem Herrn in den Sattel zu helfen. Als er sich nach dem Jungen umdrehte, fand er ihn bereits auf dem Rücken des Maultiers. – Jetzt bestieg auch er seinen Gaul – ein mächtiges, starkknochiges Tier, das nicht nur einen schweren Mann zu tragen hatte, sondern auch das Gepäck. Nun hatte Piers zwar nicht viel von zu Hause mitgenommen – aber es war doch reichlich für einen Gaul, der bereits Robin Cherrywoode trug.

»Kennst du den Weg, mein Junge?« fragte Piers.
»Ja, Herr Ritter. Meine Mutter ist jetzt auf Roccasicca – nicht in Aquino.«
»Gehört das auch deiner Familie?«
»Ja, Herr.«
»Und deine Mutter zieht Roccasicca im Winter vor?«
»Roccasicca oder das Kastell von San Giovanni.«
Drei Schlösser. Die Aquinos schienen eine wohlhabende Dynastie zu sein. Die Antworten des Jungen kamen rasch und in sehr höflichem Ton, aber sie klangen mechanisch. In Gedanken war er wohl noch in Monte Cassino. Man sah's ihm auch an. Schatten lagen in den Augenwinkeln und um den jungen Mund.
»Hast dem Grafen von Caserta eine sehr hübsche Antwort gegeben, als er dich nach dem Abt fragte.«
»Eine wahre Antwort«, sagte der Junge ernsthaft. »Und die Eure war auch wahr.« Plötzlich wandte er Piers das Gesicht zu und lächelte – es war ein Lächeln, warm und rund wie die Sonne. Die Freude an allem Guten lag darin, ein Sprühfeuer von Intelligenz – und es ernannte einen zum fröhlichen Mitwisser eines freudigen Geheimnisses.
Zu seiner Verblüffung spürte Piers, wie er rot wurde, als hätte ihm eine schöne junge Frau oder ein rangüberlegener Mann ein ehrendes Kompliment gemacht. Dabei hatte der Junge durchaus nichts Mädchenhaftes an sich, und er tat auch nicht im geringsten überlegen. Er war einfach ein netter Junge, weiter nichts.
Sie ritten jetzt durch die schönste Gegend, die Piers je gesehen hatte. Orangen- und Zitronenbäume, Oleander, Lorbeer und Blumen von einem Farbenrausch, daß einem schwindelte. Fast, daß man die Prahlerei des Kaisers verstehen konnte. Das Paradies selbst konnte nicht viel schöner sein. Daß man in Rüstung und Waffen durch so ein Land reiten mußte! Sie waren hier fehl am Ort.
»Es ist eine schöne Welt«, sagte er. »Du solltest dich freuen, sie auf eine Weile wieder zu sehen.«
»Das tue ich auch«, sagte der Junge. »Gott will es so haben.«
Piers dachte an die Worte des Abts. Er räusperte sich.
»Glaubst du, daß du die Antwort auf die Frage „Was ist

Gott?" finden wirst?« Aber schon während er das sagte, fiel ihm ein, daß der Junge wahrscheinlich antworten würde: »Ja, wenn Gott es so haben will.«
Thomas lächelte ihm wieder zu – es schien fast, als wüßte er, was Piers gerade gedacht hatte.
Piers hob das Kinn. »Manchmal ist es schwer zu begreifen, nicht?« Seine Stimme klang etwas ungeduldig. »Ein guter, ein allgütiger Gott – und was wir heute mitansehen mußten?«
Der Junge runzelte die Stirn. Nach einigem Zögern sagte er: »Wenn der Lehrer eine mathematische Formel aufschreibt und Ihr versteht sie nicht, muß sie darum sinnlos sein?«
»Von mathematischen Formeln verstehe ich nichts«, gestand Piers ehrlich ein. »Aber ich würde ihn einfach bitten, mir die Sache zu erklären.«
»Ja, warum tut Ihr's denn dann nicht?« fragte der Junge überrascht. »Es kann natürlich auch sein, daß Ihr die Erklärung nicht versteht.«
»An Gott kann man keine Fragen stellen«, sagte Piers achselzuckend.
»Aber freilich kann man«, erwiderte der seltsame Junge. »Im Gebet. Man muß natürlich die richtigen Fragen stellen – und wir stellen meistens die falschen. Die erste Frage, die wir an Gott gestellt haben, war „Bin ich meines Bruders Hüter?" – wenigstens«, fügte er rasch hinzu, »ist das die erste Frage, von der wir wissen. Hiob hat auch Fragen gestellt und die Propheten und die Apostel – und Unsere Liebe Frau auch. Man muß natürlich nicht so fragen wie die Pharisäer«, schloß er ungemein würdevoll.
Piers fand ihn ergötzlich. »Und du? Hast du auch Fragen gestellt?«
»O ja. Oft.«
»Und Gott hat geantwortet?«
»Immer.«
Piers grinste vergnügt. »Dann hast du also immer die rechte Frage gestellt.«
»Nein, nein – längst nicht immer.«
»Du hast aber doch behauptet, daß Er nur die richtigen Fragen beantwortet!«
»Ich habe nur gesagt, daß man die rechte Frage stellen soll.

Antworten tut Er immer. Auf eine falsche Frage kann Er schweigen. Daran kann man erkennen, daß man falsch gefragt hat.«
»Wie kannst du so bestimmt wissen, was Gott tut oder nicht tut?«
Der Junge rieb sich das runde Kinn. »Alles Gute kommt von Gott – nicht wahr?«
»Ich nehme an, ja«, sagte Piers nach kurzem Zögern.
»Also«, erklärte Thomas, »wenn wir eine vernünftige Frage stellen – in aller Bescheidenheit und im Dienste Gottes –, ist das etwas Gutes?«
»Wird wohl gut sein.«
»Dann muß die Frage selbst aber auch von Gott kommen, der die Quelle alles Guten ist. Also hat Er selbst die Frage in uns gestellt. Wie könnte Er aber eine Frage nicht beantworten, die wir auf Seinen eigenen Antrieb an Ihn richten?«
Piers starrte den Jungen an, öffnete den Mund und schloß ihn wieder. Hinter ihm erklang ein leises, langes Pfeifen. Sich im Sattel wendend, sah Piers Robins durchtrieben unschuldiges Gesicht. Er wandte sich wieder zurück. »Scheint, daß man euch im Kloster Dialektik beibringt«, sagte er etwas heiser.
»Dialektik gehört mit zum Pensum«, erklärte Thomas seelenvergnügt.
Piers räusperte sich. Er dachte scharf nach, so scharf, daß er zu schwitzen begann. Das durfte man dem kleinen Kerl nicht so einfach durchgehen lassen. Und plötzlich fand er, was er suchte. Es stimmte ihn so heiter, daß er lachen mußte.
»Deine Theorie ist zwar sehr schön, sie hat aber ein Loch«, verkündete er. »Dein Abt hat gesagt, du hättest immer gefragt: „Was ist Gott?" Und dann fuhr er fort, er hoffe, daß du einmal die Antwort darauf finden würdest. Mit anderen Worten, du hast sie noch nicht gefunden. Es ist aber eine *gute* Frage, und ich bin überzeugt, du hast sie in aller Bescheidenheit gestellt, und ja, und im Dienste Gottes. Trotzdem blieb Er dir die Antwort schuldig. Was sagst du dazu?«
Er atmete schwer. Dieser Denksport war mindestens so ermüdend wie ernsthafte Schwertarbeit. Aber diesmal saß der kleine Satan in der Falle.

Der hatte höflich zugehört. Jetzt antwortete er: »Ich war noch ein ganz kleines Kind, als ich das zum erstenmal fragte – aber Gott hat seitdem ununterbrochen geantwortet. Einen Teil der Antwort hat Er mir auf der Schule erteilt: daß Er der ist, welcher *ist*, und daß Er Drei Personen ist und doch nur ein Gott – und alles, was Er von sich gesagt hat, als Er auf Erden wandelte. Die Antwort liegt auch in den Bäumen und Blumen und Wolken und vielen anderen Dingen – weil sie *schön* sind. Aber die beste Antwort bekam ich, als ich zum erstenmal zur heiligen Kommunion gehen durfte.«
Piers schwieg. Es pfiff diesmal auch niemand hinter ihm.
Der Junge aber fuhr fröhlich fort: »Und er antwortet immer weiter, indem er mein Denkvermögen steigert. Der hochwürdigste Herr Abt wollte nicht sagen, daß ich bis jetzt keine Antwort bekommen habe. Was er meinte, war, daß ich später klüger werde und Ihn darum besser verstehen lerne.«
»So, so«, sagte Piers. Er begann die Kettenpanzerung seines linken Arms zu reiben – sie war glanzlos. Der Rauch hatte der Rüstung nicht gerade gut getan. »Du bist wirklich ein kleiner Mönch«, sagte er so trocken wie möglich. »Gibt es noch viele deines Schlages auf Monte Cassino?«
»Siebzehn«, war die naive Antwort. Dann wieder das leuchtende Lächeln, warm und rund wie die Sonne. »Ihr seid sehr gut zu mir, Herr, daß Ihr mich so viel reden laßt.«
»Unsinn, Unsinn«, sagte Piers verlegen. Aber es tat ihm gut. Statt eines jämmerlich besiegten Dialektikers war er nun plötzlich ein warmherziger Erwachsener, der sich gütig dazu herabgelassen hatte, einen Jungen zum Reden zu bringen, damit er vergaß, was er durchgemacht hatte. Die Verwandlung tat ihm wohl. Schließlich und endlich – er hatte den Jungen zum Reden gebracht. Ein anderer Mann hätte sich vielleicht nicht weiter um ihn gekümmert oder hätte ihm unpassende Geschichten erzählt... während er dem Jungen die Gelegenheit bot, sich über etwas zu unterhalten, das offensichtlich sein Lieblingsthema war. Vielleicht war es das, was einen Mann zum Mönch machte – daß Gott sein Lieblingsthema war.
Er setzte sich im Sattel zurecht. Es war keine so üble Welt. Er fühlte sich zufrieden, ohne so recht zu wissen warum.

Dieser junge Aquin war ein netter kleiner Kerl. »He, Robin! Was hältst du von unserem kleinen Theologen hier?«
Robin Cherrywoode hob die buschigen, gelben Augenbrauen. »Der wird noch einmal Erzbischof, wenn er nicht vorsichtig ist.«
Der Junge wurde feuerrot.
»Ernstlich, junger Herr«, sagte Robin gutmütig. »Es war kein Spaß!«
Thomas schüttelte heftig den Kopf.
»Was ist denn?« erkundigte sich Piers lächelnd. »Willst du kein Erzbischof werden?«
»Nein – – nein – – nie.«
»Warum denn nicht?« Das Mönchlein war eben doch noch ein Kind. Es tat gut, sich wieder als Erwachsener fühlen zu können.
»Erzbischöfe haben immer so viel andere Arbeit – sie haben keine Zeit zum *Denken*.«
»Nun, du hast noch viel Zeit, dir das zu überlegen«, versicherte Piers. Zu seiner Verblüffung ritt Robin zu ihm heran und reichte ihm den Schild. Er ergriff ihn mechanisch, mit den Augen bereits den Horizont absuchend. Etwas Schimmerndes kam da drüben von den Lorbeerhügeln. Reiter, gepanzerte Reiter, und sie ritten sehr rasch. Fünf, zehn, zwanzig und mehr. Er faßte die Lanze fester. Casertas Leute konnten das nicht sein, sie kamen aus der entgegengesetzten Richtung. Hilfe für Monte Cassino? Dazu waren sie nicht zahlreich genug. Schon konnte er den Hufschlag der Gäule hören.
»Zurück, mein Junge – hinter mich.«
Thomas sah auf. »Das sind Leute von Aquin, Herr Ritter. Ich kann die Standarte sehen.« Aber er gehorchte. »Mein Bruder Landulf führt sie«, fügte er gleich darauf hinzu.
Piers drehte die Lanze herum und stieß sie mit der Spitze in den Boden. Er hörte den Führer der Truppe einen Befehl rufen. Im nächsten Augenblick waren sie umringt.
»Da bist du ja, Bruder Mönch«, sagte Graf Landulf fröhlich. Er war ein kräftig gebauter junger Mann von etwa fünfundzwanzig Jahren. »Hat euch der Kaiser ausgeräuchert? Geschieht dir recht, Bücherwurm. Wir haben den Rauch gesehen, und Mutter wurde ängstlich; also beschlossen wir, uns

die Sache anzusehen, ich von dieser Seite und Mutter von der anderen. He, Tonio! Reite hinüber zur Gräfin und sag ihr, wir haben ihn heil und gesund wieder, sie braucht nicht mehr zu weinen. Weg mit dir! Mit wem hab' ich die Ehre, Herr Ritter?«

»Ich bin Sir Piers Rudde vom Gefolge Seiner Hoheit des Earls von Cornwall«, sagte Piers. »Euer Bruder, Graf Rainald, bat mich, mich um den jungen Herrn hier zu kümmern, als er hörte, daß ich mit Graf Caserta nach Monte Cassino ziehen sollte.«

Landulf brüllte vor Lachen. »Rainald? – War der auch mit dabei? Die ganze Familie hat versucht, dein kostbares Leben zu retten, Bruder Mönch! Bist du so viel Mühe auch wert? Euer Diener, Herr Ritter. Möchte wohl wissen, warum Ihr Euch Caserta angeschlossen habt. Würde mich lieber allein gegen ein halbes Dutzend Bauerntrampel mit Mistgabeln schlagen, als unter dem widerlichen Kerl in den Krieg ziehen – bitte sehr um Entschuldigung, falls er Euer Freund sein sollte. Gut von Euch, daß Ihr Euch um das Kind gekümmert habt. Wollt Ihr uns in Roccasicca die Ehre geben? Mutter würde mir nie verzeihen, wenn ich Euch gehen ließe, also habt Erbarmen und kommt. Der Ritt dauert nur eine halbe Stunde.«

Piers dankte höflich für die Einladung, und die Kavalkade setzte sich in Bewegung. Der kleine Thomas hatte seit der Ankunft Graf Landulfs kein einziges Wort gesprochen – freilich hatte er auch keine Gelegenheit dazu gehabt. Wie verschieden die Brüder voneinander waren, alle drei: der Dichter, der Mönch und der Kriegsmann! Landulf ritt jetzt an seiner Seite und schwatzte ununterbrochen. »Wenn Caserta den Befehl hat, wird wohl von Monte Cassino nicht viel übrigbleiben. Ich mag den Kerl nicht leiden, aber das muß man ihm lassen: was er tut, tut er gründlich.«

»Ich nehme an, er muß des Kaisers Befehl ausführen«, murmelte Piers.

»Ja, natürlich, natürlich, das müssen wir alle. Ich hoffe, Ihr habt mich da nicht mißverstanden. Wenn der Kaiser Monte Cassino zerstört haben will, dann wird es eben zerstört. Ich bin ein einfacher Soldat – es fiele mir nicht einmal im Traum

ein, die Befehle des größten Genies unserer Zeit anzuzweifeln. Hätte er's mir befohlen, hätt' ich's genau so gemacht wie Caserta. Es ist nicht zum erstenmal, daß das geschieht. Vor elf Jahren hat der Kaiser meinem eigenen Vater befohlen, Monte Cassino zu zerstören, und er gehorchte natürlich auch. Hat aber Skrupeln dabei gehabt, der arme Papa –« Landulf hob die breiten Schultern und grinste. »Er schlief nachher sehr schlecht. Darum hat er den kleinen Thomas den Benediktinern gegeben, sobald sie wieder aufbauten – alte Leute haben manchmal komische Gedanken. Aber dem kleinen Thomas schien es sehr zu passen. Ich nehme an, er hat auf dem ganzen Ritt nicht einmal den Mund aufgemacht, wie?«
»Im Gegenteil. Wir haben uns sehr lebhaft unterhalten.« Landulf sah ihn erstaunt an. »Sprecht Ihr im Ernst? Er redet sonst so gut wie überhaupt nicht. Mutter sagt oft: Den brauchen sie nicht erst zum Mönch zu machen – er ist schon einer. Der geborene Mönch. Ich fürchte, sie hat recht. Sie hat überhaupt oft recht. Mir ist's gleich. Die Schwarzkutten werden den alten Steinhaufen schon wieder aufbauen, darauf könnt Ihr Euch verlassen. Und in zehn Jahren wird Mutter den Papst darum ersuchen, Thomas zum Abt zu ernennen. Ist gar keine schlechte Position. Vater hat das natürlich von Anfang an im Auge gehabt.«
»Zum Abt«, wiederholte Piers. Mit leisem Lächeln fragte er: »Hat ein Abt Zeit zum Denken?«
»Zum Denken?« Landulf machte große Augen. »Was hat denn das damit zu tun? Woher soll ich das wissen? Ah – da ist das Schloß.«
Piers betrachtete es prüfend. Doppelwälle. Die Türme gut gebaut und modern. Ein einziger Felspfad zum Tor hinauf. Leicht gegen fünf-, ja zehnfache Übermacht zu verteidigen und groß genug für eine Garnison von dreihundert Mann – vielleicht mehr. Roccasicca war das Schloß eines Herrschers, nicht das eines einfachen Ritters. Foregay, sein eigenes Schloß, war ein Maulwurfshügel im Vergleich zu Roccasicca.
Als sie sich näherten, begann die Zugbrücke herabzusinken. Etwa fünfzig Mann mit Pike und Armbrust erwiesen dem

heimkehrenden jungen Herrn die Ehrenbezeugung. Weitere fünfzig standen in Formierung auf dem zweiten Wall. Roccasicca machte den Eindruck soldatischer Bereitschaft.
»Willkommen in unserem Hause, Sir Piers«, sagte Graf Landulf freundlich. »Nicolo! Führe unseren Gast in das grüne Zimmer, bereite ein Bad und lege Kleider aus, wie sie sich für seinen Rang geziemen. Wir treffen uns in einer halben Stunde in der großen Halle, wenn's Euch gefällig ist, Sir Piers. Mit Verlaub, Herr Ritter – –«
Der Badekübel war aus glänzend poliertem Kupfer; der Kaiser selbst konnte keinen schöneren haben. Die beiden kräftigen Mägde, die Piers abrieben, legten abwechselnd heiße und kalte Kompressen auf sein Gesicht und massierten ihm die Füße. Sie waren fleißig, emsig und derb, wie es gute Bademägde sein müssen. Es war wunderbar, sich wohlig zurückzulehnen und alles Nicolo zu überlassen, einem grauhaarigen Sizilianer mit den graziösen Bewegungen einer Katze. Robin und die Pferde waren bestimmt auch gut versorgt. Und Nicolo brachte ein prachtvolles Gewand aus französischem Camelot – Seide und Wolle miteinander verwoben – und ein Obergewand, ärmellos, aus blauer Tiretaine; Nicolo legte ihm das Haar, kämmte es, parfümierte es; Nicolo brachte einen Becher roten Weins – es war sizilianischer Wein von einer Sorte, die einen Toten wieder zum Leben erwecken konnte. Frei von der schweren Rüstung, sauber und sehr elegant gekleidet, schlenderte Piers die Treppe hinab in die große, kühle Halle.
Ein junges Mädchen stand dort, den Rücken gegen ihn gewendet – sie trug ein langes, honigfarbenes Kleid. Als er näher trat, sah er, daß sie durch eines der schmalen Fenster auf den Hof hinab blickte. Mit leisem Lachen sagte sie: »Nun, Landulf, wo ist dein Gast? Marotta und Adelasia stecken beim kleinen Thomas, und zwei sind genug. Ich bin schrecklich neugierig, wen du uns da gebracht hast, Landulf – ist er sehr alt und häßlich?«
Wäre Piers fünf Jahre älter gewesen – er hätte den Augenblick gründlich genossen. So aber wußte er einfach nicht, was er machen sollte.
Da wandte sie sich um, und er erblickte das Gesicht, das sein

Schicksal wurde, ein kleines, elfenbeinfarbenes Oval, von glänzend dunkelbraunen Locken umrahmt. Er sah nicht gleich – noch lange nicht – alle Schätze im Spiegel dieses Ovals: daß die schwarzen Augen einen Sonnenschimmer hatten wie edelster Wein – er sah nicht den hochmütigen Stolz der kleinen Nase mit den lebhaften Nüstern – die vollendete Ziselierung des Mundes, die eigenwillige Rundung des festen kleinen Kinns – die samtene Zartheit der Haut, die weder Puder noch Schminke brauchte. Was er sah, übertraf das Ideal der Schönheit selbst. Es war, was die Dichter besingen. Er stand und starrte. Er hörte sie sprechen, aber er verstand kein Wort von dem, was sie sagte. Nie, bis zum Ende seines Lebens, wußte er, was ihre ersten Worte an ihn gewesen waren. Erst als ihm das Wort »taubstumm« zu Ohren drang, gelang es ihm, den Zauber zu bewältigen. Er verneigte sich mit hochrotem Gesicht und sagte mit seltsamer heiserer Stimme: »Ich bitt' Euch um Verzeihung, edle Dame. Wär' ich ein besserer Christ, als ich bin, es täte mir leid um jeder Mutter Sohn, der nicht das Glück hat, das mir vergönnt ist – Euch sehen zu dürfen.«

Das war erlaubte Huldigung in einer schönheitverehrenden Zeit, und die junge Dame erwiderte mit einer anmutigen Verneigung: »Ihr sprecht nicht schlecht – für einen Taubstummen.« Dann lachte sie. »Ihr seid ein Engländer, Herr Ritter, nicht wahr? Man sagt, daß bei Euch zulande nur Ernst und Schwerfälligkeit gelten. Müßte ich in England ernst und schwerfällig werden, Herr Ritter?«

»Ja, vieledle Dame«, sagte Piers, »es sei denn, daß Ihr das ganze Land zu Euren Füßen haben wolltet, indem Ihr lächelt wie jetzt.«

Wieder eine anmutige Verneigung. Aber ihr Ausdruck und Ton war ein anderer, als sie sagte: »Ich weiß, Ihr seid sehr gütig zu meinem kleinen Bruder Thomas gewesen. Es ist das Vorrecht seiner Mutter, Euch dafür zu danken, aber Ihr sollt wissen, daß Ihr Euch auch die Dankbarkeit seiner Schwester gewonnen habt.«

Etwas wie eine unsichtbare Schranke stand plötzlich zwischen ihnen – eine Schranke, die nur die Überraschung des ersten Augenblicks übersehen konnte. Die Schranke des Ran-

ges. Mindestens achtzig Ritter vom Range Sir Piers Ruddes dienten den Herrschern von Aquin.
»Ein großes Geschenk für ein kleines Verdienst«, sagte Piers mit höflicher Verbeugung.
Ein paar Minuten später hatte er Gelegenheit, diese Worte zu wiederholen.
Die Gräfin war zum Schloß zurückgekehrt – mit nicht weniger als hundert Bewaffneten zu Pferde. Sie war eine hochgewachsene, schlanke Dame von fünfundvierzig Jahren – noch immer schön auf ihre eigene, gebieterische Weise. Ihre Bewegungen waren rasch und energisch, ihre Stimme oft um eine Schattierung zu laut. Sie ließ wenig Zweifel daran, daß ihr stets gehorcht wurde.
»Ich danke Euch, Herr Ritter«, sagte sie, »und damit danke ich gleichzeitig dem Kaiser, meinem gnädigen Lehnsherrn, daß er Euch gesandt hat, meinen Sohn zu schützen. Es tut wohl, zu wissen, daß er seine Freunde und die Kinder seiner Freunde nicht vergißt, selbst wenn er ihren Wohnsitz zerstören muß.«
»Mit Verlaub, vieledle Dame«, warf Piers ein, »es war nicht der Kaiser, der mich ausgesandt hat, den Grafen Thomas zu schützen. Der Kaiser weiß nichts davon. Es war Graf Rainald, den ich im kaiserlichen Hauptquartier kennenlernte.«
Die Gräfin biß sich auf die Lippen. »Also *das* ist der Hergang. Rainald ist ein guter Sohn und ein guter Bruder. Ich hoffe, die Gesellschaft meines jüngsten Sohnes hat Euch nicht zu sehr gelangweilt. Ah, da kommen sie alle. Nicolo! schau nach, wo das Abendessen bleibt. Ich bin hungrig.«
Vor höchstens einer halben Stunde hat sie erst gehört, daß Thomas in Sicherheit ist, dachte Piers. »Sag ihr, sie braucht nicht mehr zu weinen«, hatte Landulf dem Boten aufgetragen. Erst jetzt begriff er, daß das ironisch gemeint war. Die Gräfin sah durchaus nicht aus, als ob sie geweint hätte – es war schwer, sich vorzustellen, daß sie überhaupt jemals weinen konnte.
Landulf kam mit Thomas und zwei jungen Mädchen, beide in honigfarbenen Gewändern, wie die Erscheinung, von der er sich noch längst nicht erholt hatte. Ihre Schwestern also. Landulf besorgte die Vorstellung auf seine eigene Weise: »Sir

Piers Rudde – ein englischer Ritter, der Brüderchen Mönch eben aus der Bratpfanne geholt hat –, meine Schwestern Marotta und Adelasia – Theodora habt Ihr ja wohl bereits kennengelernt, die jüngste und frechste. Du brauchst mich deshalb nicht mit den Augen aufzufressen, mein Schönes – Sir Piers, Ihr schuldet uns noch die Geschichte, wie Ihr es fertiggebracht habt, Bruder Thomas aus Cassino herauszukriegen.«
»Da ist nichts zu erzählen«, sagte der junge Engländer. »Ich ging hinein und holte ihn heraus.«
»Ihr vergeßt zu erwähnen, daß das Gebäude in Flammen stand«, sagte Thomas, und zum dritten Male sah Piers sein unglaublich warmes Lächeln – es erinnerte ihn seltsam an seine jüngste Schwester – nein, doch nicht – es war das gleiche und doch nicht das gleiche. Es war wie – wie das gleiche Gewand umgekehrt getragen – so ein dummer Vergleich! Aber er wußte, was er meinte.
»Herr Ritter«, sagte die Gräfin mit unerwarteter Wärme, »ich will mich nicht an meiner eigenen Tafel niedersetzen, bevor ich Euch nicht belohnt habe. Wählt Eure eigene Belohnung, und seid mir nicht bescheiden.«
»Aber, vieledle Dame –«
»Ihr habt Euer Leben eingesetzt – für einen Fremden. Aber er war ein Aquino. Bei Unserer Lieben Frau, man soll nicht von uns sagen, daß wir unsere Schulden nicht zu bezahlen wissen.«
Piers schluckte schwer. Es war eine Tollheit, eine hoffnungslose – es bedeutete für ihn die Qualen der Verdammnis. Aber er tat's. »Vieledle Dame – da Ihr denn darauf besteht: mein Lehnsherr, der Earl von Cornwall, hat mir unbeschränkten Urlaub gewährt. Wollt Ihr mir gestatten, als Ritter in Eure Dienste zu treten?«
Die Gräfin war zu überrascht, als daß sie sofort hätte antworten können.
Landulf lachte. »Eine gute Idee, Mutter. Er sieht aus, als ob er nützlich sein könnte, wenn es zum Schlagen kommt.«
Piers vermied es krampfhaft, Theodora anzusehen, so schwer ihm das fiel. Es war die erste der zahllosen Schwierigkeiten, die nun kommen mußten. „Ich bin wirklich vollständig verrückt", dachte er.

Jetzt hatte die Gräfin ihre Entscheidung getroffen. Sie hatte den Gedanken, daß dieser junge Mann sich vor jemand oder etwas hinter der Flagge von Aquin verbergen wollte, als unwürdig verworfen. Sir Piers sah nicht danach aus, selbst wenn man in diesen Zeiten nie so recht wissen konnte...
»Mein Haus ist erfreut und geehrt«, sagte sie höflich. »Habt Ihr Euer Gefolge mitgebracht?«
»Nur einen Knappen, Robin Cherrywoode, einen treuen, verläßlichen Mann.«
»Ihr werdet zwei weitere erhalten, wie alle unsere Ritter. Alles andere hat Zeit. Morgen werdet Ihr eingeschworen.«
»Ich freue mich«, sagte der kleine Thomas herzlich. Piers lachte ihm zu.
»Geringer Lohn für großes Verdienst«, lachte Landulf. »Mein kleiner Bruder Mönch wurde geboren, als Papst Honorius starb – und Sankt Franziskus – und Dschinghis-Khan. Vielleicht wurde er geboren, um einen von ihnen zu ersetzen. Welcher soll's sein, Mönchbruder?«
»Dein Scherz ist von schlechtem Geschmack, Landulf«, sagte die Gräfin streng. »Ein Aquino kann weder ein Heide noch ein Bettler sein – auch nicht ein heiliger Bettler.«
Nicolo erschien.
»Das Abendessen ist angerichtet, edle Frau Gräfin.«

III

ÜBERALL STANDEN die Bäume in Blüte. Die Erde selbst schien wollüstig zu atmen. Vom Ringwall Roccasiccas konnte man mitten ins Paradies sehen, weiß und rosa und flammrot und alle Schattierungen von Grün. Jedes Bauernmädchen, das mit dem Wasserkrug auf der Schulter den engen Felspfad herauf kam, glich einer griechischen Statue. Es war heiß, aber angenehm heiß, und der Wind vermischte die Frische der Seeluft mit dem Duft von Millionen von Blumen. Die kleinen grünen Eidechsen schwärmten herum und Schmetterlinge in allen Farben des Regenbogens.
»Zwei Jahre«, sagte Piers.
»Zwei Jahre, einen Monat und elf Tage, Herr«, sagte Robin

Cherrywoode grimmig. »Das heißt – seit unserer Ankunft auf diesem verwunschenen Schloß. Fast drei Jahre, seit wir England verlassen haben!«
»Worüber hast du dich zu beklagen?« fragte Piers stirnrunzelnd.
»Über gar nichts, Herr! Hab' mich an das Zeug gewöhnt, das man hier Essen nennt. Wenn ich je wieder nach Hause komme, bin ich selber beinahe ein Ausländer.«
»Nein, guter Robin«, lachte Piers. »Du würdest so englisch bleiben wie die Kreidefelsen unserer Küste, selbst wenn du hier dein ganzes Leben zubrächtest.«
»Der Himmel verhüt' es!«
»Du bist undankbar, Robin. Gib zu, daß es dir nie besser ergangen ist. Wir dienen einem großen Namen, wir haben ritterliche Turniere hier und gute Gesellschaft, lustige Sänger kommen hierher und geistreiche Troubadours – an Essen und Trinken ist kein Mangel – was willst du noch mehr?« Und Piers seufzte tief auf.
»Jawohl, Herr! Alles ganz richtig, Herr.«
Eine Pause entstand.
Gibt's denn keine hübschen Mädchen in England, dachte Robin. Muß es denn unbedingt die kleine Teufelin sein, die er nicht bekommen kann, und wenn er noch weitere zwanzig Jahre wartet? Warum nicht gleich des Kaisers Tochter – oder des Sultans? Da – wenn man den Teufel an die Wand malt...
Die drei jungen Gräfinnen kamen aus der Halle geflattert und begannen ein Ballspiel im Hof.
Piers schien sie nicht zu beachten. Er hatte die Wache auf dem Nordwall.
Zwei Jahre – über zwei Jahre seit dem Tag, an dem er vor der Gräfin niedergekniet, die gepanzerte Faust auf der blauen Flagge von Aquin. Auf ein Jahr hatte er damals geschworen – und seitdem hatte er den Eid zweimal erneuert. Viel war inzwischen geschehen – und nichts. Viermal hatte Theodora einen Antrag abgelehnt, den selbst eine Dame ihres Ranges als Ehrung empfinden mußte. Es hieß, daß sie ihrer Mutter erklärt habe, sie würde wohl niemals heiraten. Die Nachricht hatte ihn gleichzeitig erfreut und geschmerzt. Selbst der junge

Tiepolo, der Sohn des Dogen von Venedig, wurde abgewiesen. Die Gräfin hatte sie anscheinend nie zu beeinflussen versucht. Es hieß, sie hielte nicht viel von allzu frühen Heiraten, und Theodora war die jüngste der drei Töchter. Darum drängte die Gräfin auch nicht auf einen Entscheid.
Aber wozu an all das denken? Was kümmerte es ihn, ob Theodora einen Bewerber abwies oder annahm? Er selbst konnte ja niemals ein Bewerber sein – nicht einmal, wenn er eine Tat vollbrachte, die ihm höheren Rang eintrug. Auch schenkte sie ihm durchaus keine Beachtung. Er war einfach einer von den vielen Rittern von Aquin. Sie unterhielt sich mit ihm gelegentlich – sie war freundlich und gütig. Aber das war auch alles, und es war alles, was er erwarten konnte. Sie hatte sein Gesuch, sie als »seine Dame« zu betrachten, gnädig angenommen, als er das große Turnier gewann, vor anderthalb Jahren. Damit war es ihm gestattet, »ihr sein Herz und den Ruhm seiner Taten« zu widmen. Der geringste aller Ritter war befugt, die ranghöchste Dame des Landes zu »seiner Dame« zu erwählen – es war ein geheiligter Brauch.
Mehr als einmal hatte er mit der Idee gespielt, nach England zurückzukehren. Der Earl von Cornwall war natürlich längst wieder zu Hause. Und doch vermochte er sich nicht zur Abreise zu entschließen. Er hatte von Anfang an gewußt, daß er leiden würde. Schon sie nur anzublicken, war eine wonnevolle Marter. Aber sie nicht mehr sehen zu dürfen – das war eine Unmöglichkeit.
»Ein Ritter mit Gefolge, Herr«, sagte Robin.
Piers blickte hinab. »Stoß ins Horn!« befahl er, und der Mann in dem kleinen Wachtturm neben ihm gehorchte. Aus dem Leutehaus strömten die Gepanzerten und stiegen waffenklirrend die steilen Stufen zur Mauer hinauf.
Die drei jungen Mädchen brachen ihr Spiel ab, und Adelasia rief herauf:
»Was gibt es, Herr Ritter?«
»Ein Besucher, edle Dame. Ich kann seine Farben noch nicht sehen.«
Die drei kamen nun auch herauf, raschelnd in Seide. Es war ein Anblick, der alle Leiden der Mühe wert erscheinen ließ.
»Wo ist er? Wo ist er?«

Sie starrten und kicherten und rieten, bis Marotta ausrief:
»Es ist Rainald – heilige Mutter Gottes, es ist Rainald!«
Tief unten im Tal winkte der Ritter mit der Hand.
»Wir müssen es Landulf sagen – –«
»Ja, und Mutter – –«
Sie stürmten hinunter.
Selbst Piers freute sich ein wenig, obwohl seine Dame ihm nicht einen einzigen Blick geschenkt hatte, als sie so nahe neben ihm stand. Besser Rainald als wieder einer der unvermeidlichen Verehrer Theodoras. Zudem mochte er Rainald gut leiden. Wenn der da war, wurde das Leben im Schloß weniger förmlich, und er brachte stets Nachrichten über die Dinge, die in der weiten Welt vor sich gingen. Nur wenn er etwas zuviel getrunken hatte, konnte er – manchmal – etwas über die Stränge schlagen. Aber das kam nicht allzuoft vor. Und er war ein besserer Gesellschafter als Landulf, der sich gern als Herr von ganz Aquin aufspielte, wenn seine Mutter nicht anwesend war. Nichts ist so unerträglich wie die Herablassung eines grobschlächtigen Gesellen.
Der einzige, der es nie zu fühlen schien, war der junge Thomas, wenn man ihn noch immer als »Jungen« bezeichnen konnte – er war immerhin über siebzehn. Landulf ließ sich nie eine Gelegenheit entgehen, über Mönche, Priester und Klöster im allgemeinen und seinen »Mönchsbruder« im besonderen Witze zu reißen… Und Thomas ließ sich *jede* Gelegenheit entgehen, es ihm zurückzuzahlen. Er saß einfach da und sagte kein Wort. Manchmal schien er zu schlafen. War er am Ende doch indolent? Oder litt er immer noch unter dem Schreck, sein Mauseloch in Monte Cassino verloren zu haben? Auf alle Fälle war es ganz gut, daß ihn die Gräfin nach Neapel geschickt hatte, wo er studierte, was man eben so an der Universität von Neapel studierte – er war unter jungen Leuten seines eigenen Alters und sah etwas von der Welt. Tat ihm sicher gut.
Robin hatte von der alten Maddalena, seiner früheren Amme, eine seltsame Geschichte über ihn gehört. Die Gräfin hatte sieben Kinder gehabt, und eines Tages spielte Thomas in dem Zimmer, in dem Maddalena mit dem neugeborenen Mädelchen, Maria, auf dem Schoß saß. Ein Gewitter tobte

gerade am Himmel, und plötzlich schlug der Blitz mitten in das Zimmer ein. Als Maddalena wieder zu sich kam, fand sie, daß sie ihren linken Arm nicht bewegen konnte – er war gelähmt. Die kleine Maria lag tot in ihrem Schoß. Thomas war völlig unversehrt geblieben. Es hatte Jahre gebraucht, bevor Maddalena den Gebrauch ihres linken Arms wieder gewonnen hatte. Konnte dieses Geschehnis den Charakter des Jungen beeinflußt haben? Vielleicht war Thomas darum so verschieden von seinen Brüdern. Vielleicht hatte seine frühe Bekanntschaft mit dem Tode eine Beziehung zu seinen religiösen Neigungen. Vielleicht war es das, was ihn in der Gegenwart von fröhlich lärmenden Menschen so scheu, still und ungeschickt werden ließ. Die Universität war bestimmt gut für ihn.
Und da kam Rainald mit seinem Gefolge – alle drei Mädchen um ihn herum, natürlich – und Landulf und selbst die Gräfin. Eine halbe Stunde später saßen alle in der Halle und tranken. Piers und ein halbes Dutzend anderer Ritter mit ihren Damen durften mit dabei sein – Rainald hatte darauf bestanden. »Sie alle wollen wissen, was es Neues in der Welt gibt, Mutter.« Er brauchte nun einmal eine Zuhörerschaft.
»Leih mir deine Laute, Homer«, begann er, »auf daß Ulysses der Vielgewanderte berichten kann, was er gesehen und erduldet hat. Aber einer fehlt – ach ja, unser kleiner Mönch. Letztes Mal war er doch hier? So, so, auf der Universität – das wird ihm vollends den Garaus machen. Wenn er damit durch ist, ist er weder Mönch noch Ritter. Die Juristen werden ihm beibringen, wie man die großen Diebe laufen läßt und die kleinen hängt, die Ärzte werden ihn ihre Wissenschaft lehren, deren Endresultat unweigerlich der Tod ist, und sein Rhetoriklehrer wird an allgemeiner Erschöpfung zugrunde gehen. Stellt euch Thomas als Redner vor! Während meines letzten Besuchs sprach er dreiundzwanzig Worte in zweieinhalb Tagen. Ich hab' mitgezählt. Wenn er...«
»Laß uns mit Thomas in Ruhe«, unterbrach die Gräfin ungeduldig. »Thomas ist unwichtig. Die Neuigkeiten, Rainald!« Der junge Dichter blickte sich um. »Es geht gegen alle Gesetze der dramatischen Kunst«, sagte er, »aber ich will euch das große Geheimnis sofort verraten: habemus papam!«

Mindestens ein halbes Dutzend Stimmen riefen durcheinander. »Endlich!« – »Gott sei Lob und Dank.« – »Santa Madonna...«
Die Gräfin fragte scharf:
»Wer ist es? Wer?«
»Kardinal Sinibald Fiesco.«
»Sehr gute Familie«, sagte die Gräfin. »Und er steht gut mit dem Kaiser, soviel ich weiß.«
Rainald lachte. »Darauf würde ich nicht zu fest bauen, Mutter. Weißt du, was der Kaiser gesagt hat, als er es hörte? Ich war selbst dabei: „Ich habe einen Freund an dem Kardinal verloren – aber dafür hab' ich einen Feind an dem Papst gewonnen." Und Fiesco hat den Namen Innozenz IV. gewählt. Das ist kein gutes Vorzeichen, wie? Innozenz III. war des Kaisers größter Feind.«
Die Gräfin preßte die Lippen zusammen. »Friedrich macht gern einen Witz«, sagte sie. »Genau wie du, Rainald. Ich glaube, es wird alles sehr gut gehen. Sinibald Fiesco war immer ein sehr vernünftiger Mann. Und es ist auch an der Zeit, der päpstliche Thron war viel zu lange verwaist. Wenn man bedenkt, was inzwischen für Mißstände eingerissen haben: überall wimmelt es von Bettelmönchen – und alle halten Predigten, als wenn der Jüngste Tag vor der Tür stände. Es ist geradezu ekelhaft, wie diese vulgären, schwitzenden Mönche die Leute auf den Marktplätzen anschreien. Ich hoffe, der Papst wird Ordnung schaffen.«
»Schlimmer als unter Gregor kann es auf keinen Fall werden«, sagte Rainald. »Ich glaube, der Kaiser hat nie einen Menschen so gehaßt wie den. Weißt du noch, wie wir Rom angreifen wollten? Oder vielmehr, wie wir es besetzen wollten, denn zum Angriff hätte es gar nicht erst zu kommen brauchen. Der Kaiser hatte so viel Geld in der Stadt verteilen lassen, daß fast jeder einzelne Bürger bestochen war. Unsere Agenten berichteten uns, daß sie zu Tausenden ganz offen die kaiserlichen Farben trugen – in den Straßen, überall. Und der alte Gregor? Macht eine Prozession durch die ganze Stadt, mit den Reliquien von Sankt Peter und Sankt Paul und erklärt auf der Piazza, daß er ihnen den Schutz Roms anvertrauen muß, da die Bürger die heilige Sache im Stich

gelassen haben. Es muß wirklich ein großartiges Schauspiel gewesen sein – das Schauspiel eines großen Dichters. Die kaiserlichen Farben verschwanden wie weggeblasen, die Bürger bemannten die Wälle, wir erfuhren die Nachricht von dem Umschwung – und griffen nicht an. Das nächste Mal bereitete der Kaiser alles noch viel sorgfältiger vor – unsere Propaganda richtete sich gegen die Person des Papstes, Gregor wurde für alles verantwortlich gemacht, für den Beginn der Streitigkeiten, für den Krieg, für das Elend in Italien. Und dann rückten wir vor. Es war wirklich meisterhaft vorbereitet. Und der alte Gregor? Legt sich einfach hin und stirbt uns weg. Fertig. Und da standen wir nun mit unserer schönen Propaganda – ohne Ziel. Es war uns jeder Vorwand genommen, Rom in den Sack zu stecken. Der Kaiser war außer sich. „Erst hat er mich im Leben betrogen und nun durch seinen Tod", schrie er.« Rainald lachte herzlich. »Der alte Papst, der sein Rom verteidigt – wie Leo I. gegen Attila!«
»Rainald!« Die Gräfin war ernstlich böse. »Ich verbiete dir, in diesem Hause den Kaiser mit Attila zu vergleichen.«
»Verzeihung, Mutter« – Rainald verneigte sich. »Dichter sind unverantwortliche Wirrköpfe, wie du weißt. Bin aber durchaus nicht sicher, ob der Kaiser sich nicht über den Vergleich freuen würde.«
Nun lachten alle. Man konnte mit Rainald nie lange böse sein.
»Gebt mir meine Laute – ich möchte euch viel lieber vorsingen, was ich gedichtet habe, als Hofnachrichten zu erzählen. *Meine* Musik ist bei weitem die bessere – danke, Marotta – –«
Er begann zu spielen und zu singen – er hatte eine hübsche Tenorstimme.
»Du warst für diesen Augenblick geschaffen – du Göttin mit den Sternenaugen –«
»Laß den Unsinn«, sagte die Gräfin. »Dazu hast du noch den ganzen Abend Zeit. Ich muß wissen, was geschehen ist.«
Rainald seufzte, spielte einen letzten Akkord und schüttelte den Kopf.
»Du weißt eben nicht, was gut ist, Mutter. Also schön – du willst es nicht anders haben. Der junge Tiepolo ist tot.«
»Pietro Tiepolo?« fragte die Gräfin entsetzt. »Vor ein paar

Monaten war er doch noch völlig gesund? Und so jung und kräftig –«
»Ja, ja«, sagte Rainald mit einem raschen Blick auf Theodora. Sie hatte den jungen Tiepolo abgewiesen, aber bei einem Mädchen konnte man nie so recht wissen... Doch Theodora schien nicht mehr erregt als ihre Schwestern, und er fuhr mit dem Finger quer über die Lautenstränge und fügte kaltblütig hinzu: »Der Kaiser hat ihn aufhängen lassen.«
»Aufhängen? Den Sohn des Dogen? Einen Tiepolo?« Die Gräfin zwang sich zur Ruhe. Ihre Stimme klang fast gleichgültig, als sie fragte: »Und warum?«
»Della Vigna hat gewisse Briefe aufgefangen, heißt es. Der Doge hat mit dem Papst verhandelt – noch mit Gregor. Es war – eine Art von Vergeltungsmaßnahme.«
»Della Vigna – ich hätte es mir denken können. Das ist der böse Geist des Kaisers.«
»Della Vigna hat nicht den Befehl gegeben, Tiepolo zu hängen«, sagte Rainald achselzuckend.
Der hätte nun Theodoras Gatte werden können, dachte die Gräfin. Sie war durchaus für den jungen Tiepolo gewesen, hatte sich auch für ihn eingesetzt – aber das Mädel wollte nun einmal nicht. Armer Pietro...
»Gut, daß du ihn nicht geheiratet hast, Kleines«, meinte Landulf. Natürlich bekam er keine Antwort.
»Mein guter Landulf –« Rainald lächelte ironisch. »Für dich habe ich übrigens eine besondere Nachricht. Wir müssen beide morgen früh fort. Wie du siehst, bleibt nicht viel Zeit für meine neuen Kompositionen, Mutter. Irgendwie bleibt *nie* viel Zeit dafür. Der Kaiser braucht uns beide. Es braut sich da etwas zusammen, keine Ahnung was. Ich nehme an, wir werden nach Genua reisen müssen.«
Für einen Augenblick hatte die Gräfin den Atem angehalten. Dann lächelte sie über ihr eigenes Erschrecken. Der Kaiser war hart, fürchterlich hart gegen seine Feinde. Aber die von Aquin waren ihm während seiner ganzen Regierungszeit immer treu geblieben. Es gab keine Gefahr.
»Wieviel Leute nehmen wir mit?« fragte Landulf einfach. Die Reise kam ihm gelegen. Er hatte sich in Roccasicca gelangweilt.

»Jeder fünfzig. Ich habe keine Befehle darüber.«
»Dann nehme ich de Braccio mit und Euch, Sir Piers«, sagte Landulf.
»Laß unseren englischen Freund lieber zu Hause«, riet Rainald. »Die kleine Geschichte von Santa Justina ist vielleicht noch nicht vergessen.«
»Was für eine kleine Geschichte?« fragte die Gräfin.
»Hat er dir das nie erzählt?« Rainald lachte. »Es war an dem Tag, als ich seine Bekanntschaft machte. Prinzessin Selvaggia hatte ihm Augen gemacht –, sie wollte ihn für ihre Leibwache haben. Eccelino wurde blau vor Eifersucht, und der Kaiser war nicht zufrieden – er braucht Eccelino. Heiliger Mohammed, es ist über zwei Jahre her und wahrscheinlich längst vergessen. Aber bei solchen Dingen kann man's nie so genau wissen. Und der Kaiser hat ein so verdammt gutes Gedächtnis.«
»Es hat keine ‚kleine Geschichte' gegeben«, sagte Piers fest. Rainald zuckte die Achseln. »Lieber Freund, ich weiß, es war nicht Eure Schuld. Kein Mensch kann dafür, daß ihm Prinzessin Selvaggia Augen macht. Es hätte ebensogut ich selber sein können. Glücklicherweise war ich's aber nicht. Ihr habt mir's zwar nie recht erzählt, aber ich wette, daß Ihr Euch deshalb dem Feldzug gegen Monte Cassino angeschlossen habt. Der Earl von Cornwall ist nicht nur ein hoher Herr – er ist auch ein Mann, der die Augen offen zu halten versteht. Es war eine ausgezeichnete Gelegenheit, allem Unheil aus dem Wege zu gehen – und besonders ausgezeichnet, weil sie uns zusammengeführt hat. Trinken wir eins darauf!«
»Es hat nie eine ‚kleine Geschichte' gegeben«, wiederholte Piers eisig.
»Auf alle Fälle bleibt Ihr besser hier«, sagte Landulf.
Rainald klimperte wieder auf der Laute. »Du warst für diesen Augenblick geschaffen – du Göttin mit den Sternenaugen – das Versprechen deiner süßen Lippen – – was ist denn, Theodora?«
»Gar nichts!«
»Gar nichts – und dabei siehst du aus, als wenn du im nächsten Augenblick ausbrechen könntest wie der Vesuv. Hör dir mein Lied an, Schöne! Sie singen's schon überall, in Parma,

Siena und Florenz. Ich finde an sich gar nicht, daß es mein bestes Lied ist, aber es ist nun mal beliebt. Das Versprechen deiner süßen Lippen – – –«
Theodora erhob sich jäh und verließ die Halle.
»Was hab' ich denn getan?« fragte Rainald verblüfft.
»Sie macht sich scheinbar nicht viel aus deinem Lied«, sagte Landulf.
»Narren«, sagte die Gräfin. »Alle beide. Ich muß mit euch allein sprechen.«
»Du mußt mir dein Lied später vorspielen«, sagte Marotta freundlich. Adelasia lachte und zog ihre Schwester mit sich fort.
»Dichter und Prophet gelten nicht viel zu Hause«, sagte Rainald gekränkt. »Ich weiß immer noch nicht, was ich getan haben soll.«
Die Gräfin wartete kalt, bis alle Ritter und Damen die Halle verlassen hatten. Piers war sehr blaß, und seine Schritte klangen hart.
Als sich die schwere Tür hinter ihnen geschlossen hatte, sagte sie sehr ernst: »Wenn du wieder einmal schwerwiegende Nachrichten bringst, möchte ich sie erst allein hören. In diesen Zeiten kann man sich sogar auf die nächsten Angehörigen nicht verlassen.«
»Gut, Mutter«, sagte Rainald. »Aber, was hat das mit dem Kind zu tun?«
»Santa Madonna«, fuhr die Gräfin auf. »Was kümmern dich die Launen eines Mädchens? Sir Piers hat sie zu seiner Dame erwählt, und sie hielt es für richtig, ihr Mißfallen über die Geschichte mit Prinzessin Selvaggia zu bezeugen, das ist alles.«
Er lachte laut auf. »Wie dumm von mir. Aber er sieht verdammt gut aus. Vielleicht macht sie sich ernstlich etwas aus ihm!«
Seine Mutter stand auf, ihre Augen schossen Blitze. »Dein Leben an einem verderbten Hof scheint nicht ohne Folgen geblieben zu sein. Es besteht hoffentlich ein Unterschied zwischen den Sitten dort und bei uns in Aquin. Wir hier vergessen nicht so leicht, wer wir sind. Wenn es der Prinzessin Selvaggia gefällt, sich mit einem kleinen Ritter ohne Rang und Namen einzulassen, dann ist das ihre Sache. Theodora

ist ein eigenwilliges Mädchen, aber sie wird niemals vergessen, was sie ihrem Namen schuldig ist... und Sir Piers ebenfalls nicht, wie ich hoffe. Er hat das Recht, sie zu seiner Dame zu wählen, und sie hat ihn als ihren Ritter anerkannt. Das ist alles! Ich verbiete jedes weitere lose Gerede!«
Sie schritt erregt auf und ab. Die Brüder lachten einander verlegen an.
»Ich habe wirklich nicht viel Glück mit meinen Söhnen«, fuhr die Gräfin fort. »Ein Einfaltspinsel von einem Soldaten, ein Verseschmied und Schürzenjäger, und ein stummer Mönch. Aber Thomas wird wenigstens in ein paar Jahren Abt von Monte Cassino sein. Das kann ich für ihn erreichen. Ihr dagegen – mit den Della Vignas und Eccelinos kann ich mich nicht einlassen. Ihr müßt euren Weg selbst machen. Inzwischen ist der Kaiser von Schlangen und Skorpionen umgeben, und es geschehen Dinge, daß man sich geradezu schämen muß, kaisertreu zu sein.«
»Du bist prachtvoll, Mutter«, sagte Rainald begeistert. »Bei allen Houris und Heiligen, du bist schöner als alle Frauen am Hof.
Sie blieb stehen. »Nichts als Unfug im Kopf!« tadelte sie. Aber sie lächelte dabei. Sie wußte, daß das Kompliment ihres Sohnes der Wahrheit entsprach. »Ich bin eine zänkische alte Frau. Aber ihr kennt den Kaiser nicht, wie ich ihn kenne. Schließlich ist er doch mein eigener Vetter. Ich habe ihn aufsteigen sehen – von den frühen Tagen in Palermo an, als er sich noch das Brot für sein Frühstück erbetteln mußte – von Fremden. Niemand wollte etwas von den Hohenstaufen wissen, sein Erbteil war verloren – bis sich Innozenz III. seiner annahm. Ich habe seinen Aufstieg miterlebt – bis zu seiner Krönung in Jerusalem. Ich habe noch gehört, wie Papst Gregor ihn den geliebten Zögling der Kirche nannte. Er war der herrlichste, der eleganteste und bei weitem der klügste junge Mann seiner Zeit. Wenn er eintrat, schien sich der ganze Saal zu erhellen. Er war der ergebene Freund der Königin Elisabeth von Ungarn – einer Heiligen, wenn es je eine gab. Er wollte aufbauen, nicht zerstören. Das Königreich von Sizilien ist unter ihm rasch aufgeblüht. Kein anderer hätte die deutschen Fürsten einigen können wie er. Und er ist immer noch

das lebendige Herz Europas und der Welt. Er ist, was Cäsar war und Augustus und Justinian: der Herrscher der Welt. Und er ist, was keiner von den anderen war: das Haupt des Adels seiner Zeit. Damit hat er ein Anrecht auf unsere Treue. Der Edelmann, der sich gegen ihn wendet, zerbricht damit das eigene Wappenschild. Daran müßten wir denken, wenn wir von schrecklichen Taten hören, die er vollführt haben soll. Solche Dinge sind nicht in seiner eigenen Seele gewachsen – das glaub' ich keinen Augenblick. Das kommt von den Della Vignas, den Eccelinos und anderen Emporkömmlingen. Es ist traurig – sehr traurig –, daß er beständig mit dem Heiligen Vater in Fehde liegt. Hoffen wir, daß es nun besser wird – nun, da Fiesco Papst geworden ist. Aber unser Platz ist an der Seite unseres kaiserlichen Vetters. Wir haben keine Wahl. Ein Aquino hat keine Wahl.«
Sie setzte sich erschöpft: »Wein, Landulf – danke! So, das waren *meine* Neuigkeiten – und die Neuigkeiten einer alten Frau sind so grau wie ihr Haar. Wo ist deine Laute, Rainald?«
»Nein, Mutter« – Rainald seufzte ein wenig. »Nach deinem Heldenepos würde meine arme Lyrik nicht gut klingen. Du bist aus härterem Holz geschnitzt als wir. Ich sehe nicht alle Dinge, wie du sie siehst – ich sehe sie wie ein Mann, der ein Buch liest oder einem Lied zuhört. Es ist nicht des Lesers Schuld, wenn der Held ein Verbrechen begeht – und er kann ihn auch nicht daran hindern. Er liest einfach weiter. Aber ich dachte nie daran, dem Kaiser die Treue zu brechen. Brauchst keine Sorge zu haben. Mich werden sie nicht hängen wie den armen kleinen Pietro Tiepolo – und Landulf auch nicht – – –«
»Schweig, Rainald!«
Zum Erstaunen der Söhne brach die Gräfin in Tränen aus.

*

»Was hat denn Sir Piers nur?« fragte Adelasia. Sie platzte fast vor Neugierde. »Er hat den ganzen Tag kein Wort gesprochen.«
Theodora lachte kurz. »Ich habe mich nicht mit ihm unterhalten.«
»Aber warum denn nicht? Was hat er getan?«

»Er? Nichts. Wenn er der Selvaggia Augen machen will – mir kann's recht sein.«
»Aber das hat er doch gar nicht getan. Sie war es doch, die *ihm* –«
»Was spielt es für eine Rolle, wer damit angefangen hat? Mir ist es vollständig gleichgültig. Aber er tut immer so – so gesittet und so – so englisch. Er langweilt mich.«
»Er sieht sehr gut aus«, sagte Adelasia.
»Findest du?« Theodora gähnte zierlich wie ein Kätzchen.
In der gleichen Nacht entschloß sich Piers, nach England zurückzukehren, sobald das Jahr abgelaufen wäre.

*

Die kaiserliche Universität von Neapel war in mehr als einem Sinne ein Symbol ihrer Zeit. Sie war so etwas wie ein Mikrokosmos Europas. Hier konnte der junge Scholar Medizin studieren – unter Lehrern, die eine Zierde von Toledo und Salamanca gewesen waren; hier konnte er die vieltausendfachen Schlupfwinkel und Paragraphen der Rechtsprechung kennenlernen – seine Lehrer hatten freilich etwas Mühe, mit den zahlreichen neuen Gesetzen Schritt zu halten, die der Kaiser nur so aus dem Ärmel zu schütteln schien. Sie konnten die Kunst der Rhetorik erlernen, unter Walter von Ascoli, der an einer etymologischen Enzyklopädie arbeitete. Roffredo von Benevent las Zivilrecht, Bartholomeo Pignatelli kanonisches Recht, Meister Terrisius von Atina las über die Künste, und Peter von Irland hatte Naturwissenschaften unter sich. In Neapel wurde einfach alles gelehrt. Es war die Antwort des Kaisers an Rom, wo lediglich Theologie doziert wurde, und an Bologna, das den Ruf erworben hatte, »freidenkerisch« zu sein.
In Neapel konnte man studieren, ob man gläubig war oder nicht. Und da nicht der geringste Versuch zu einer Synthese gemacht wurde, tanzten den Scholaren ein halbes Dutzend völlig verschiedener und einander widersprechender Ansichten fröhlich in den Köpfen herum.
»Schadet nichts«, sagte Friedrich, als Della Vigna ihm darüber Vorhaltungen machte. »Wer zuviel im Kopf hat, legt sich nicht so leicht auf eine einzige Meinung fest.«

Della Vigna lächelte bewundernd. Bisher waren alle Universitäten von der Kirche gegründet worden, und das gesamte Lehrpersonal hatte aus Priestern bestanden. Es war ein Akt höchster Weisheit des Kaisers, in Wettbewerb mit der Kirche zu treten – ja, es war ganz einfach lebensnotwendig, wenn man den Typ des Mannes finden wollte, der dem Reiche wirklich nützlich werden konnte. Aber wozu dann kanonisches Recht lehren? Warum Lehrer wie Pignatelli oder Peter von Irland? Warum nicht eine Zitadelle des freien Denkens, kompromißloser als Bologna?
Friedrich lächelte fein, und Della Vigna begriff plötzlich.
»Mein großer Kaiser, wie töricht von mir! Wie töricht wir alle sind, in Eurer Gegenwart. Neapel soll natürlich ein Zentrum der besten intellektuellen Kräfte werden, und Ihr wolltet niemand abschrecken. Ihr wollt nicht die Überzeugten überzeugen. Frisches Blut, unverdorbene Gehirne – und niemand darf in der Lage sein, einem frommen Vater oder einer bigotten Mutter zu sagen, daß Neapel gottlos ist.«
»Das ist nur ein Teil meines Gedankens«, sagte der Kaiser. »Außerdem kann man solche Dinge nicht überstürzen. Glaubst du, es hätte mir nicht Vergnügen gemacht, meine Freunde in Syrien, Tunis und Ägypten um ein paar ihrer besten Köpfe für meine Universität zu bitten, damit sie die Weisheit des Ostens bei uns lehren? Aber auch dort gibt es bigotte, engstirnige Fanatiker, und sie würden wahrscheinlich damit anfangen, mit dem phantastischen Wirrwarr aufzuräumen, den man bei uns Theologie nennt. Das allererste, was sie tun würden, wäre, darauf hinzuweisen, daß das Christentum eine polytheistische Religion ist. Den Spaß müssen wir vorläufig noch etwas verschieben – hoffentlich nicht auf lange. Neapel ist ein Anfang. Auf etwas mehr oder weniger Konfusion kommt es wirklich nicht an. Ist sogar ganz gut so. Niemand braucht sich festzulegen. Bis auf weiteres kann also die Dreieinigkeit ruhig schlafen...«
Und Neapel wuchs. Wie auch auf allen anderen Universitäten wurde niemand seiner Nationalität, Rasse oder Geburt wegen abgelehnt. Die Sprößlinge berühmter und reicher Familien saßen neben unterernährten Jungen, die nichts mitbrachten als ihren Wissensdurst. Nach jedem Vortrag fanden

Diskussionen statt, und die Studenten mußten analysieren, was sie gehört hatten, und ihren eigenen Kommentar dazu liefern.

Pignatelli hatte über die Gedanken Sankt Augustins gesprochen. Der große Vortragssaal schwirrte von jungen Stimmen. Pignatelli verstand es meisterhaft, das Alte in neuer Form vorzutragen, und nun tauschten seine Hörer ihre Meinungen aus, bis der Referent einen von ihnen aufrief, um seine Worte zu kommentieren.

»Das hat natürlich alles gar nichts mit kanonischem Recht zu tun.«

»Natürlich nicht. Aber kanonisches Recht fußt oft genug auf den Gedankengängen des alten Augustin. Die Kirchenväter – –«

»Du kannst sagen, was du willst – das ist einfach Pignatellis gerissene Art, Theologie einzuführen.«

»Ich hoffe nur, er ruft mich nicht auf. Ich wüßte wirklich nicht, was ich sagen sollte.«

»Da geht's nicht dir allein so – sieh dir den da an.«

»Wen? Ach *den* – du, so was wie den hab' ich überhaupt noch nicht gesehen. Ich beobachte ihn nun schon seit Monaten. Er macht einfach nie den Mund auf. Sitzt da und glotzt. Er ist ein Aquino, nicht?«

»Ja, der jüngste Sohn. Sie konnten ihn nicht gut zum Soldaten erziehen – stell dir den auf einem Gaul vor, wie er in voller Rüstung auf die Ungläubigen einsprengt – ein Bild für Götter. Arma virumque cano – – –«

»Ist auch etwas schwach im Kopf. Und langsam – er braucht eine halbe Stunde, um sich hinzusetzen, und eine weitere, um wieder aufzustehen.«

»Warum haben sie ihn hierher geschickt? Er ist doch ein Benediktineroblat – trägt die Benediktinerkutte. Warum haben sie ihn nicht in seinem Kloster gelassen?«

»Weißt du das nicht? Er war in Cassino. Nun, das wird ja jetzt wieder aufgebaut. Da kann er später zurückgehen und den Heiligen spielen.«

»Sancta simplicitas! Er ist doch ein Aquino! Der hat's nicht nötig, heilig zu werden. Bevor du und ich unser erstes Goldstück im Gerichtshof eingestrichen haben, ist er der hoch-

würdigste Herr Abt – darauf kannst du dich verlassen. Da – jetzt schreibt er etwas. Hab' ihn noch nie schreiben sehen. Ich war auch gar nicht so sicher, ob er überhaupt schreiben könnte. Sieh – Tolomeo setzt sich neben ihn.«
»– – ja, und erklärt etwas. Armer Tolomeo – bis das in *den* Dickschädel dringt. Das kommt davon, wenn man gutmütig ist.«
»Tolomeo und gutmütig! Mit seinem Wissen will er glänzen, das ist alles.«
»Es ist gar nicht so schwer, wie es aussieht«, sagte Tolomeo d'Andrea. »Ich hab' gesehen, wie du Notizen gemacht hast. Logischer Schluß: du *möchtest* verstehen. Also werd' ich's dir erklären.« Thomas öffnete den Mund, um zu sprechen; aber der junge Tolomeo segelte bereits in seine Erklärungen hinein. »Es handelt sich darum, daß der gute alte Augustin die platonische Philosophie – in der plotinischen Neudeutung – als den vollendeten Typus rationalen Denkens betrachtete. Nun versuchte er, sie neu auszulegen – oder vielmehr er versuchte, die christliche Offenbarung mit platonischem Denken zu deuten. Hast du das verstanden? Du brauchst nur zu nicken, ich weiß, du bist nicht gerade redselig. Schön. Also das Hauptprinzip war folgendes: der beste Weg, der Wahrheit auf den Grund zu kommen, geht nicht von der Vernunft aus und führt dann über intellektuelle Gewißheit zum Glauben, sondern genau anders herum – man beginnt mit dem Glauben, geht von da zur Offenbarung und von da zur Vernunft. Oder, so wie es Augustinus selbst ausgedrückt hat: das Verstehen ist – – äh – – – das Verstehen ist – – –«
»Das Verstehen ist der Lohn des Glaubens«, sagte Thomas freundlich, »darum versuche nicht zu verstehen, damit du glaubst, sondern glaube, damit du verstehst. Sehr schön – aber mir gefällt besonders die Beweisführung: Wenn Glauben und Verstehen nicht zweierlei wäre und wenn wir nicht zuerst die große göttliche Wahrheit zu glauben brauchten, die wir verstehen wollen, dann wäre das Wort des Propheten müßig: „wenn ihr nicht glaubt, werdet ihr nicht verstehen!"«
»Großer Gott«, entfuhr es dem verblüfften Tolomeo d'Andrea. Thomas hatte es nicht gehört. Ein leises Rot der Erregung im Gesicht, fuhr er fort zu zitieren, langsam und mit

Betonung, wie man ein besonders geliebtes Gedicht vorträgt: »Auch unser Herr selbst ermahnte jene, die er retten wollte, mit Wort und Tat, zuerst einmal zu glauben. Nachher aber, als Er von dem Lohn sprach, den Er den Gläubigen geben würde, sagte Er nicht: ,,Dies ist das ewige Leben, auf daß ihr glaubet", sondern ,,Dies ist das ewige Leben – daß sie Dich *kennen*, den einzig wahren Gott und Jesum Christum, den Du gesandt hast."«

»Grundgütiger Himmel«, sagte Tolomeo d'Andrea entgeistert. Aber nun schien Thomas alles um ihn herum vergessen zu haben. Die prachtvollen Sätze des alten Meisters brachen nur so aus ihm heraus: »Zudem sagte Er zu denen, die bereits glaubten: ,,Suchet und ihr werdet finden"; denn das, was für unbekannt gehalten wird, kann nicht gefunden werden – und niemand ist fähig, Gott zu finden, wenn er nicht zuerst glaubt, daß er ihn schließlich finden wird. Vielleicht heißt das den platonischen Rahmen sprengen«, setzte Thomas fröhlich hinzu. »Genau wie das Wort des heiligen Johannes den Logos Platos sprengt.« Nun erst wandte er sich Tolomeo zu. Der junge Mann starrte ihn an wie einen Geist. Das Feuer in den großen, dunklen Augen erlosch.

»Ich bitte sehr um Verzeihung«, sagte Thomas sanft. »Ich fürchte, ich habe dich unterbrochen.«

Tolomeo sah ihn scharf an. Nein – nicht das geringste Anzeichen von Ironie. Er machte den Mund auf, schloß ihn wieder und meinte schließlich: »O bitte, bitte«, dabei schielte er nach rechts und links, um zu sehen, ob irgend jemand etwa zugehört hatte. Er war ungemein erleichtert, als er niemand lachen sah.

Da ging es plötzlich wie eine Welle heiterer Erregung durch den Saal.

Was war geschehen? Auch Thomas hatte es nicht bemerkt, und erst als Pignatelli seinen Namen wiederholte, wußte er, daß er aufgerufen war, den Vortrag zu analysieren und zu kommentieren.

Gehorsam stand er auf. Ein paar Stimmen kicherten. Er schien es nicht zu hören.

»He, Tolomeo«, wisperte eine Stimme. »Hast du's ihm eingetrichtert?«

Tolomeo lachte heiser. Dann zitierte er Sankt Paul, aber umgekehrt: »Indem er vorgab, ein Narr zu sein, wurde er ein Weiser.«
»Was hat er gesagt? Was hat er gesagt?«
»Hab's nicht ganz verstanden. Nannte Thomas einen Narren, glaub' ich.«
»Was ist er denn sonst? Aber er wird Abt, verlaß dich darauf.«
»Schschsch... ich muß mir den Spaß anhören.«
Das wollten sie alle.
Die erste Überraschung war der klare, metallische und doch warme Tonfall der Stimme. Sie schien mit der etwas plumpen, ungelenken Gestalt des Redners nichts gemein zu haben. Nach dem dritten Satz wurde der Saal still – unheimlich still. Innerhalb einer knappen Viertelstunde gab Thomas eine Zusammenfassung des ganzen, über einstündigen Vortrags Pignatellis, so klar und so vollständig, daß der Lehrer sich fragte, warum er selber eigentlich länger gebraucht hatte. Von Plato zu Plotin – von Plotin zu Augustin, von Augustin zu Anselm von Canterbury, der das augustinische Prinzip auf die einfache Formel »Credo ut intelligam« gebracht hatte. Und von Anselm und seinem ontologischen Gottesbeweis bis zum heutigen Tag: mit der vollständigen Spaltung von Glauben und Vernunft. Die beiden waren nun wie Parallelen in der Mathematik. Die einzige Möglichkeit für christliche Philosophen, den offenen Bruch mit der Theologie zu vermeiden, bestand darin, zu konstatieren, daß ihre – philosophischen – Schlüsse zwar notwendig wären, aber nicht notwendigerweise wahr! Das machte natürlich den Begriff der Wahrheit einfach sinnlos. Also mußte man hoffen, daß Vernunft und Offenbarung eines Tages von ihrer Einseitigkeit abkommen würden – und daß in einer neuen Ordnung der Dinge die Synthese dieser beiden großen Gaben Gottes gefunden werden konnte. Aber es blieb das unsterbliche Verdienst Sankt Augustins, als erster Plato in die orthodoxe Theologie eingeführt zu haben. Die Philosophen waren die vollendetsten Naturen des Altertums. Diese Tatsache an sich gab bereits Grund zu der Hoffnung, daß die Spaltung zwischen Glauben und Vernunft keine bleibende sein würde; denn in Christus

war eine höhere Welt geboren worden, und das Höhere schloß stets die Vollendung des Niederen in sich ein.
Thomas verbeugte sich respektvoll und setzte sich nieder.
Pignatellis feines altes Gesicht zuckte erregt. »Das war nicht die Art und Weise eines Schülers«, sagte er fast heftig. »So spricht man als Meister.«
Thomas stand ungelenk wieder auf:
»Es tut mir sehr leid«, sagte er hilflos, »aber ich weiß keine andere Art, das Problem zu behandeln.«
Pignatelli warf ihm einen durchbohrenden Blick zu. Dann schmunzelte er. Einmal, ein einziges Mal hatte er, der nie lobte, ein Lob gespendet – und es wurde für Tadel gehalten. Noch immer schmunzelnd und kopfschüttelnd verließ er den Hörsaal. Erstaunlich. Ganz erstaunlich. Man kannte den Typ, natürlich, sitzt da und regt sich nicht, aber saugt dabei alles in sich hinein wie ein Schwamm. Aber das ist nicht alles. Wie alt ist der Bursche? Siebzehn, achtzehn? Erstaunlich! Das mit der möglichen Synthese von Glauben und Vernunft war natürlich Unsinn. Versuch's nur mal, und bevor du weißt, was geschehen ist, bist du ein Ketzer. Averroes hatte es versucht, und sogar seine eigenen Moslems stempelten ihn zum Ketzer. Maimonides hatte es versucht und war ebenfalls in die Patsche geraten. Nein, das Problem war wohl kaum zu lösen. Aber es war lustig, daß dieser feste, junge Cherub so ernsthaft und kategorisch eine Lösung *verlangte*. Das Beste, was das Altertum hervorgebracht hatte, war der Philosoph. Vollständig richtig! Nun leben wir in einer höheren, der christlichen Welt. Also müßte unsere Welt die Philosophie in sich einschließen – als das vollendetste Ding der niedrigeren Welt. ,,Das Höhere schließt stets die Vollendung des Niedrigeren in sich ein." Wo hatte der Junge das her?
Da lief ihm Meister Peter über den Weg, Petrus Hibernicus. »Meister Peter – gerade der Mann, den ich brauche.« Er legte ihm den Satz zur Begutachtung vor. Stimmte das vom naturwissenschaftlichen Standpunkt?
Meister Peter dachte nach. »Da ist was dran«, sagte er. »Pflanzen stehen höher als Minerale, aber sie enthalten Minerale. Tiere stehen höher als beide – enthalten aber Bestandteile von beiden. Und der Mensch? Unsere Knochen sind

Mineral, unser Haar ist eine Pflanze, und vom Animalischen in uns brauch' ich wohl nicht erst zu reden. Aber auch in der Mathematik: ein Würfel ist ein dreidimensionales Ding – und trägt in sich die geraden Linien der ersten und die Quadrate der zweiten Dimension. In der Metaphysik bin ich nicht so sicher, daß es stimmt – oder doch? Engel stehen höher als Menschen. Aber schließt ihre Natur die Vollendung der menschlichen Natur in sich ein?«
»Reiner Intellekt und reiner Wille – –«
»Das ist mehr, als sich von uns sagen läßt – –«
»Es ist die Vollendung des Besten im Menschen. Ich glaube, der Junge hat tatsächlich recht.«
»Welcher Junge?«
Pignatelli erzählte, und Meister Peter machte große Augen.
»Der Tropf von Aquin – unmöglich!«
»Warum Tropf?«
»Er sitzt nur da und schaut, fragt nichts, macht keine Notizen.«
»Darauf bin ich auch hereingefallen. Versucht's einmal und bringt ihn zum Sprechen. Werdet schon sehen, was geschieht.«
Der »Tropf von Aquin« hatte inzwischen den Hörsaal und die Universität verlassen. Er war tief in Gedanken – denen Meister Peters nicht unähnlich –, und er sah die vielen neugierigen Blicke nicht, die ihm folgten – erst auf den Gängen, dann auf der Piazza. Wie gewöhnlich schlüpfte er in die Dominikanerkirche neben dem Kloster des Ordens, um eine Weile zu beten. Er endete stets mit seinem eigenen kleinen Gebet, das er schon auf Monte Cassino niedergeschrieben hatte – es war ein integraler Teil seiner täglichen Andacht geworden und blieb es bis zum Ende seines Lebens. »Gewähre mir, o barmherziger Gott, ich flehe Dich an, daß ich heiß begehre, klug studiere, richtig verstehe und in vollendeter Weise ausführe, was Dir gefällt, zum Preis und Ruhm Deines Namens.«
Als er sich erhob, sah er, daß Bruder Johannes neben ihm stand und lächelte. Er verneigte sich vor ihm, und sie verließen zusammen die Kirche und betraten das Kloster und Bruder Johannes' Zelle. Sie war verhältnismäßig geräumig und enthielt einen schweren Schreibtisch, zwei solide Stühle,

ein Strohlager und, als einzigen Schmuck, ein Kruzifix an der Wand, dem Schreibtisch gerade gegenüber. Sie setzten sich. Und auf eine Weile saßen sie, ohne zu sprechen, wie es Fremde tun oder intime Freunde. Sie waren beides.
Plötzlich lächelte Bruder Johannes wieder. »Ich muß daran denken, wie wir uns zum erstenmal getroffen haben, wir beide – – –« Nun lächelte auch Thomas. Er war von Roccasicca nach Neapel geritten, hoch zu Maultier und von drei Söldnern zu Pferde gefolgt – seine Mutter hatte auf der Eskorte bestanden. Da sah er einen Mönch im Kleide der Dominikaner, von Straßenjungen umringt, die um ihn herumtanzten und aus Leibeskräften kreischten: »Elster! Elster! Fangt die Elster!« Der Mönch ging ruhig weiter. Da begannen sie mit Abfall nach ihm zu werfen, und Thomas wurde so zornig, daß er seinem Maultier die Sporen gab. Das kam dem Tier völlig unverhofft – solche Behandlung war es von diesem Herrn nicht gewöhnt –, und es machte einen wilden Satz vorwärts. Die Folge war, daß die Straßenjungen hastig davonliefen und daß Thomas die Steigbügel und Zügel verlor und sich krampfhaft an den Hals des Tieres klammern mußte, um nicht herunterzufallen. Aus dieser unbequemen Situation befreite ihn dann der Mönch, den er hatte von seinen Quälgeistern befreien wollen. Darüber hatten sie beide ein bißchen lachen müssen. Aber dann sagte der Mönch: »Es ist kein gutes Zeichen für ein christliches Land, wenn die Kinder Bettler und Priester nicht leiden können. Wenn es aber nun schon einmal so ist, dann ist es auch ganz logisch, daß sie erst recht keinen Priester leiden können, der ein Bettler ist.« Thomas bot dem ermüdeten, nicht mehr jungen Manne sein Maultier an, aber er lehnte höflich ab – es sei gegen die Ordensregel. Worauf Thomas ebenfalls abstieg und neben dem Mönch her ging, der auch nach Neapel wollte. Es war der erste Dominikaner, der ihm je begegnet war, und diese Gelegenheit wollte er sich nicht entgehen lassen. So kam es, daß ihre erste Unterhaltung vier volle Stunden dauerte. Die Söldner der Eskorte ritten sehr übellaunig im Schritt hinter den beiden her.
Seitdem hatten sie sich ziemlich oft gesehen. Das Dominikanerkloster lag dicht neben der Universität, an der mehrere

der Brüder als Lehrer tätig waren, und ein paarmal hatte Thomas Bruder Johannes' grauen Kopf auch im Hörsaal erblickt. Bruder Johannes war grau – das heißt, der dünne Kranz von Haar, den der monastische Haarschnitt übrigließ, war grau – und sein Gesicht war faltig und runzelig, aber so lebendig, so geistvoll, daß man ihn nicht als alt und schon gar nicht als greisenhaft bezeichnen konnte. Fünfundfünfzig? Fünfundsechzig? Es schien unmöglich, sein Alter zu bestimmen. Die energischen adlerartigen Gesichtszüge waren eher die eines römischen Offiziers als die eines Mönchs. Aber die Augen waren blau wie ein Bergsee.

»Ja, unsere erste Begegnung«, sagte Bruder Johannes. »Wir haben einen weiten Weg zurückgelegt, seitdem.«
»Aber nur einen Teil des Weges, mein Vater.«
»Immer nur einen Teil des Weges, lieber Sohn. Ich zweifle sehr, ob unser Weg je ein Ende hat.«
»Aber der Tod endet alle Aktivität – wie wir sie kennen.«
»So wie wir sie kennen. Zu keiner Zeit können wir in diesem Leben so aktiv sein wie im nächsten. Nichts ist so aktiv wie die Kontemplation. Schon in diesem Leben nicht. Und der gewaltige Befehl unseres Ordens lautet: contemplata aliis tradere. Wir dürfen das Ergebnis unserer Arbeit nicht für uns behalten. Wir müssen es anderen mitteilen. Allzulange haben wir uns in den Klöstern verborgen gehalten. Die Zeit ist reif, überreif; denn die Feinde Gottes haben Wissen erworben – und sie haben damit getan, wie es ihrer Natur entspricht: sie haben es verdreht und gefälscht, bis es zu ihren Zwecken zu passen schien. Wir müssen ihnen mit der Wahrheit antworten.« Das runzelige Gesicht wurde förmlich jungenhaft im Lächeln. »Kein Wunder, daß wir ihnen herzlich unbequem sind. Mit Gottes Hilfe werden wir ihnen noch viel unbequemer werden.«

Thomas holte tief Atem. »Mein Vater, glaubt Ihr, daß ich Eurem Orden nützlich sein könnte?«
Bruder Johannes schloß für einen Moment die Augen. Dann sagte er, recht trocken: »Freilich, warum nicht?« Mit einem humorvollen Zwinkern fügte er hinzu: »Wie wäre es mit der Lösung des Problems der Synthese zwischen Glauben und Philosophie?«

Der junge Mann wurde rot. »Ihr wißt davon, Vater?«
»Ich war im Hörsaal.«
»Vater – Ihr habt gesagt, ich könnte – der Orden könnte mich nützlich finden – – –«
Bruder Johannes hob die buschigen Brauen. »Es ist ein hartes Leben, Thomas. Viel härter als bei den Benediktinern. Unser Fasten dauert vom Tag der Kreuzerhöhung im September bis zum Karsamstag. Ein einziges Mahl im Tag während dieser ganzen Zeit! Überallhin gehen wir zu Fuß. Und wir sind Bettler. Das Leben eines Bettlermönchs ist nicht für jeden.«
»Wollt Ihr die Güte haben, mich dem Vater Prior vorzuschlagen?« fragte Thomas einfach.
Bruder Johannes schien es nicht gehört zu haben. »Die Kirche ist universal«, sagte er wie zu sich selbst. »Alles findet Raum in ihr – Kardinäle, Erzbischöfe, Fürstäbte – Zitadellen des Gebets und Schlösser und Festungen des Lernens, feierliche Hochämter und das stille Gebet des Eremiten. Alles hat seinen Platz und alles ist gut. Aber Sankt Dominik – ja, und Sankt Franziskus auch: die haben wieder Urchristentum geschaffen. Es ist keine Reform: es ist, als wenn man einen losen Faden wieder aufnähme, einen sehr, sehr kostbaren Faden. Es ist wie eine Beschleunigung des Blutkreislaufs im mystischen Leibe Christi, der die Kirche ist. Creasti nos, Domine ad te – *zu Dir hin* hast Du uns geschaffen, o Herr. Zu Dir hin – nicht für Dich. Es ist die Stützung des senkrechten Stammes des Kreuzes. Und auf den senkrechten Stamm kommt es an; denn der waagrechte wird von ihm getragen.«
Er stand auf und begann in der Zelle auf und ab zu gehen. »Unsere besten Köpfe arbeiten an dem Problem, das du heute erwähnt hast, Thomas. Sie hungern und dürsten nach Wissen und Erkenntnis; aber nicht wie die Dilettanten am Kaiserhof, die sich aus Skeptizismus und morgenländischer Mystik eine moderne Mixtur zusammenbrauen. Denn wir wissen, daß es die Aufgabe der Wissenschaft ist, den Willen Gottes in der Natur zu sehen.«
Nun stand auch Thomas auf.
»Ich bin bereit, Vater«, sagte er. »Sagt mir nur, an wen ich mich wenden darf, um das Ordenskleid zu erbitten.«
Bruder Johannes blieb stehen. Sein Gesicht war sehr ernst.

»Du bist jung, Thomas – fast noch ein Knabe. Jetzt bist du voller Begeisterung – aber nach ein paar Jahren der Arbeit, wie wir sie verrichten, kannst du sie völlig verloren haben. Du weißt nicht, du kannst nicht wissen, um was du bittest. Und dann: du bist der Träger eines großen Namens, des Namens einer Herrscherfamilie. Wenn du dem Dominikanerorden beitrittst, kann es sehr leicht geschehen, daß sich deine Familie von dir lossagt. Ich bin sogar fast sicher, daß es dazu kommen würde. Es wäre ein schwerer Schlag und ein großer Kummer für deine Mutter. Sie hat dich nicht zu einem Bettler Gottes erzogen. Es ist ein offenes Geheimnis, daß ein sehr hohes, und wie ich an allererster Stelle einräumen muß, ein hochheiliges Amt in Monte Cassino auf dich wartet. Sankt Benedikt hat das ältere Anrecht auf dich. Viele Seelen werden dir dort unterstehen, und du wirst große Macht ausüben. Es ist ein Amt, in dem du unendlich viel Gutes tun kannst. Warum, frage ich, sollst du unwiderruflich und auf immer mit deiner ganzen Vergangenheit brechen? Wenn du es tust, wirst du wahrscheinlich ein Flüchtling werden müssen; denn in Roccasicca wird man es nicht so ohne weiteres hinnehmen, und der Arm der weltlichen Gewalt ist lang und stark. Nein, mein Sohn, ich glaube nicht, daß das Kleid unseres Ordens für dich das rechte ist.«
Thomas war sehr blaß geworden. Seine Hände zitterten. Aber ohne jedes weitere Zögern verneigte er sich tief und schritt zur Tür.
Da rief Bruder Johannes: »Thomas, mein Sohn. Willst du zugeben, daß meine Beweisgründe triftig sind und dich überzeugt haben?«
Der junge Mann wandte sich um. »Nein, mein Vater«, sagte er sanft.
Der Dominikaner machte einen Schritt vorwärts.
»Willst du wenigstens zugeben, daß sie zu stark sind, um sie nicht eine Weile zu überdenken. Sagen wir, eine Woche? Nein? Einen Tag also?«
»Nein, mein Vater«, sagte Thomas, so sanft wie zuvor.
Bruder Johannes' Augen verengten sich.
»Und worauf, wenn man fragen darf, stützest du diese Ansicht?«

»Auf die Worte unseres Herrn«, sagte Thomas, völlig uneingeschüchtert: »,,Ich bin gekommen, Zwiespalt zu bringen. Der Vater wird mit dem Sohn in Zwiespalt sein, und der Sohn mit dem Vater, die Mutter mit der Tochter, und die Tochter mit der Mutter –" und: ,,Wer Vater oder Mutter mehr liebt als Mich, der ist Meiner nicht wert."«
»Und warum«, donnerte Bruder Johannes, »hast du das nicht gesagt, als ich dich fragte, ob dich meine Beweisgründe überzeugt hätten?«
»Weil Ihr mich nicht nach meinen Gründen gefragt habt, mein Vater.«
Bruder Johannes' Augen schossen Blitze.
»Bruder Thomas – Du erhältst das Ordenskleid noch heute.«
»Ihr – Ihr wollt mich dem Vater Prior empfehlen?« stieß Thomas mit strahlenden Augen hervor.
»Das ist nicht mehr nötig«, sagte Bruder Johannes gleichmütig. »Ich bin der Generalmeister des Ordens.«

IV

»NICOLO! ZWANZIG Mann sollen aufsitzen! Ein Pferd für mich und für Sir Piers. Wir brechen sofort auf.«
»Jawohl, edle Frau Gräfin.«
»Weg mit dir. Und das muß jetzt geschehen, wenn weder Landulf noch Rainald da sind. Sie sind nie da, wenn man sie braucht, aber stets, wenn man sie nicht braucht. Steht nicht herum wie eine antike Statue, wenn ich bitten darf, Sir Piers – macht Euch fertig. Wir nehmen keinen Proviant mit, alles, was wir brauchen, finden wir unterwegs.«
Der junge Engländer verschwand wortlos, aber an der Tür mußte er beiseite treten. Die drei Schwestern kamen hereingestürzt.
»Was ist geschehen, Mutter?«
»Ich habe keine Zeit zum Erklären. Wo ist Nina? Wo ist Eugenia? Kein Mensch ist da, wenn man ihn braucht. Ich muß mich umkleiden. Ich reite aus.«
»Wir helfen dir, Mama.«
»Wir machen's besser als die Mägde – –«

»– aber du mußt uns sagen, was geschehen ist.«
»Das Kleid ist da drüben in der schwarzen Truhe – – nein, nicht das, das blaue Reitkleid mit dem blaugrünen Mantel, ja, *das* – hilf mir aus diesem Seidenfetzen heraus, Adelasia.«
»Mama, bitte! Was ist? Schlechte Nachrichten von Rainald?«
»Rainald? Nein! Thomas, dieser Narr – –«
»Hat der Kaiser die Universität niederbrennen lassen?« Theodora hatte von jeher Sinn für Konsequenz. Wenn der Kaiser nun einmal darauf aus war, Thomas das Dach über dem Kopf anzuzünden...
»Ich wollte, er hätt's getan. Nein. Ja. Ist mir völlig gleichgültig, was der Kaiser niederbrennen läßt. Er hat gar nichts mit der Sache zu tun. Es ist Thomas, hast du's denn nicht gehört, Thomas! Dieser Narr! Dieser armselige Narr. Aber ich wußte, daß er uns noch einmal Dummheiten machen wird. Nur das – das hab' ich denn doch nicht erwartet. Ich bin nur froh, daß es sein Vater nicht mehr erleben mußte.«
»Aber was hat er denn nur getan, Mama?« Sie hatten sie nun endlich vom schweren Kleid befreit, und so, mit blitzenden Augen, glich sie einer sehr schönen, sehr zornigen heidnischen Göttin.
»Was er getan hat? Entehrt hat er uns! Lachen wird man, wenn der Name von Aquin genannt wird – vom einen Ende des Königreichs zum andern. Den Bettelmönchen ist er beigetreten!«
»Nein!«
»Steht nicht da und glotzt mich an, helft mir in das Reitkleid. Halt es fester, Marotta, und um Himmels willen zupf nicht an mir herum. Ja. Ein Bettelmönch. Bei den Dominikanern ist er eingetreten. Er ist ein Narr und rückständig und ungeschickt und was sonst noch – aber er ist ein Aquino, und ein Aquino ist kein Bettler, auch nicht in der Mönchskutte. Alles hat seine Grenzen! Ein Aquino, der durch die Straßen zieht und um Almosen bettelt! Ein Aquino, der vor dem Abschaum der Städte vulgäre Bußpredigten hält! Großer Gott, was hab' ich nur getan, daß ich das verdient habe. Siehst du denn nicht, daß der Knopf höher oben ist, Marotta? Höher, höher, nicht tiefer! Das Mädel weiß noch nicht einmal, was

höher und tiefer ist! Ein Bettelmönch! In einem schwarz-weißen Bauernkittel. Es ist unerträglich. Aber ich werd's ihnen zeigen!«

»Aber, Mama, wie konnte er denn das tun? Er ist doch ein Benediktiner!«

»Nur ein Oblat. Aber jetzt hat er die Gelübde abgelegt. Wenigstens sieht es danach aus. Carlo ist aus Neapel zurückgekommen, er hat dort für mich Einkäufe gemacht und dabei mit eigenen Augen alles gesehen. Ich wollte, ich wäre mit ihm nach Neapel gegangen. Ein förmliches Fest haben sie daraus gemacht, seine Bettelbrüder. Nun, das kann ich ihnen nicht verdenken. Einen Aquino fängt man sich nicht jeden Tag. Die Geschichte ging natürlich sofort wie ein Lauffeuer durch ganz Neapel. Sie haben ihn in ihre elende, kleine Kirche geführt, Bettler rechts und Bettler links, und dort gaben sie ihm – was war's gleich? – die Abzeichen der Buße und Unterwerfung und ihr vermaledeites Ordenskleid. Hübsch, nicht? Für einen Jungen mit kaiserlichem Blut in den Adern? Buße und Unterwerfung und einen Bettlerkittel. Carlo hat alles mit angesehen. Er konnte es natürlich nicht verhindern – er war allein und hatte keine Instruktionen. Aber er war wenigstens so vernünftig, noch eine Weile an Ort und Stelle zu bleiben und ein bißchen zu beobachten. Dabei hat er herausgefunden, daß sie Thomas nach Rom bringen wollen.«

»Nach Rom? Warum?«

»Spatzenhirn! Warum! Weil sie ganz genau wissen, daß ich mir das nicht gefallen lasse, und Neapel ist ihnen nicht sicher genug. Aber keine Angst, ich finde ihn auch in Rom. Ich finde ihn. Und denen werd' ich's zeigen. Ich – –«

»Die Leute stehen bereit, edle Frau Gräfin.«

»Gut! Meine Reitpeitsche! Spätestens in drei Tagen bin ich wieder zurück.«

Sie stürmte aus dem Zimmer.

Die drei Mädchen sahen sich entsetzt an.

»Ich hätte nicht gedacht, daß Thomas *so* dumm sein könnte«, sagte Adelasia.

»Männer sind merkwürdige Geschöpfe«, sagte Theodora. »Man weiß nie, woran man mit ihnen ist.«

*

Sie legten die sechzig Meilen nach Rom in etwas über vier Stunden zurück. Als sie durch Terracina brausten, mußte eine Dorfprozession nach allen Seiten auseinander stieben, und in Anagni überritten sie zwei Hunde und beinahe auch noch einen alten Mann. An der römischen Stadtmauer bestanden die päpstlichen Wachen darauf, die Leute von Aquin zu entwaffnen, bevor sie ihnen den Eintritt gestatteten. Nur Piers allein, als von ritterlichem Rang, durfte sein Schwert behalten. Die Stimmung der Gräfin wurde darüber nicht besser. Sie vergaß den Plan, den sie sich während des Rittes zurechtgelegt hatte: sich mit ihrem Vetter Paolo Orsini in Verbindung zu setzen und durch ihn, der ein Mann von denkbar größtem Einfluß war, an die dominikanischen Autoritäten heranzutreten. Statt dessen befahl sie: »Zum Kloster von Santa Sabina!« Es war das erste Dominikanerkloster der Stadt, unweit der Kirche Sankt Sixtus' II. Die Hochburg des Ordens! Da und nirgendwo anders steckte Thomas! Sie war ihrer Sache sicher.

An der Klosterpforte stieg sie ab und zog selbst am Glockenstrang. Der Pförtner öffnete sein kleines Fenster. Als er die Gräfin und hinter ihr einen voll bewaffneten Ritter und zwanzig gepanzerte, wenn auch unbewaffnete Knappen sah, schloß er es rasch wieder.

»Öffne sofort!« befahl die Gräfin zornig. Keine Antwort. Sie begann die Tür mit dem Griff ihrer Reitpeitsche zu bearbeiten. Dann riß sie wieder am Glockenstrang. Noch einmal. »Öffnet!« rief sie, außer sich. »Öffnet, oder ich lasse meine Leute die Tür eindrücken!«

Das kleine Fenster öffnete sich wieder. Sie konnte das Gesicht eines Bruders sehen – es war nicht derselbe Mann wie vorher. Ein Graukopf mit einem Adlergesicht und blauen Augen.

»Was gibt es?« fragte er.

»Öffnet die Tür!«

»Dies ist ein Dominikanerkloster. Ich kann einer Frau nicht öffnen.«

»Öffnet die Tür, sage ich. Sofort!«

»Unmöglich!«

»Meine Leute werden sie in Trümmer schlagen, wenn Ihr nicht sofort aufmacht, mein guter Bruder.«

»Wer das tut«, sagte der Bruder, völlig ungerührt, »ist ipso facto exkommuniziert. Dies ist geweihter Boden.«
»Ihr wißt wohl nicht, zu wem Ihr sprecht. Ich bin die Gräfin von Aquin!«
»Hier seid Ihr nicht mehr als jede andere Menschenseele.«
Es gelang ihr, sich zu beherrschen. »Ihr habt unrecht, das zu sagen – denn ich bin die Mutter des Grafen Thomas von Aquin, den man hierher verschleppt hat – ein halbes Kind –, ohne mein Wissen und gegen meinen Willen. Gebt ihn mir zurück! Das ist alles, was ich verlange.«
»Hier gibt es keinen Grafen Thomas von Aquin. Und Bruder Thomas hat seine eigene Entscheidung getroffen.«
»Also gebt Ihr zu, daß er sich hier befindet«, fuhr sie ihn an. Abermals bezwang sie sich. »Es ist nicht die Gräfin von Aquin, die jetzt zu Euch spricht, es ist einfach eine Mutter, die ihr Kind haben will. Gebt mir mein Kind und es soll Friede sein zwischen uns.«
»Ich wiederhole«, sagte der Bruder, »Euer Sohn hat vor Gott und dem Orden seine eigene Entscheidung getroffen. Diese Entscheidung kann nicht rückgängig gemacht werden. Ihr habt keinen Grund, darüber unglücklich zu sein. Es gibt keine höhere Ehre für eine Mutter, als einen ihrer Söhne dem Dienste Gottes zu überlassen. Auch werdet Ihr ihn wiedersehen. Aber nicht jetzt.«
Da war es mit ihrer Geduld zu Ende. »Ich werde ihn sehen und wenn ich ganz Rom in Bewegung setzen muß!« schrie sie. »Und was mehr ist: er kehrt mit mir nach Hause zurück. Niemand hat das Recht, sich zwischen eine Mutter und ihr Kind zu stellen – am allerwenigsten eine Horde klerikaler Volksverhetzer. Verlaßt Euch darauf, der Tag wird Euch reuen, an dem Ihr meinen Sohn in Eure verhaßte Bruderschaft gelockt habt.«
»Möge Euch Gott vergeben, wie auch ich es tue, meine Tochter«, sagte der Bruder eisig, und das Fenster schloß sich.
Sie stand wie erstarrt. Dann wandte sie sich scharf um: »Ich will aufsteigen.«
Piers selbst half ihr auf das Pferd und gab ihr die Zügel.
»Nach dem Lateranpalast!«

*

Sinibald Fiesco, Graf von Lavagna, erst seit wenigen Monaten Papst unter dem Namen Innozenz IV., war ein Mann von mittlerer Größe, elegant und geschmeidig. Mit seinen beiden letzten Vorgängern schien er wenig gemein zu haben: er war keine Riesenfigur von fast übermenschlicher Energie wie Innozenz III., und er hatte nicht die hartnäckige Zähigkeit Gregors IX. Seine außergewöhnlichen Rechtskenntnisse hatten ihn nicht verknöchert, sondern im Gegenteil ungemein elastisch werden lassen. Er wußte nur zu gut, daß Friedrich II. ein großer Mann war; und er war viel zu klug, nicht zu wissen, daß er selbst es nicht war. Er hatte den päpstlichen Stuhl mit schwerem Herzen bestiegen. Er war überzeugt, daß Innozenz IV. nicht gutheißen durfte, was Kardinal Fiesco, wenn auch nicht gerade entschuldigt, so doch stillschweigend geduldet hatte. War es auch nur, weil er genau wußte, daß er mit einer anderen Haltung nicht das geringste hätte ändern können. Nun aber mußte man entweder zu einer Verständigung kommen oder zum offenen Bruch, und seine ganze Natur wollte die Verständigung.
Immer wieder sagte er sich, daß es auch gute Züge in Friedrichs Charakter gebe, daß ausgezeichnete Ergebnisse zu erzielen waren, wenn man ihn nur richtig behandelte. Er konnte natürlich die Exkommunikation des Kaisers nicht zurücknehmen, solange dieser keine Reue zeigte. Und was die Wiedergutmachung anbetraf – er schien zu befürchten, daß die ganze restliche Lebenszeit Friedrichs nicht dafür ausreichen würde. Zu viele Städte, Dörfer, Burgen und Klöster lagen in Asche – zu viele Menschen waren getötet worden – manche auf die schrecklichste Art und Weise. Und trotzdem...
Er dachte an die Lehre von der Hölle. Als Christ mußte man an die Existenz der Hölle glauben. Christus selbst hatte sie nicht weniger als sechsmal in der Bergpredigt erwähnt, wie jeder wissen mußte, der über die Seligpreisungen hinaus weiter gelesen hatte. Freilich, viele taten das nicht gern. Aber von niemand durfte man mit Sicherheit sagen, daß er in der Hölle sei. Nicht einmal von Judas Ischariot, trotz seines fürchterlichen Beinamens – »der Sohn des Verderbens«. Die Hölle existierte – – aber vielleicht, ja vielleicht stand sie leer – – –

Auch für Friedrich war also noch nicht alles verloren. Und wenn es vor dem letzten und höchsten Gerichtshof eine Hoffnung für ihn gab – vor dem Gerichtshof, dessen Spruch unwiderruflich blieb –, dann bestand auch Hoffnung für ihn auf Erden.

Freilich, der Kaiser machte es dem Nachfolger Petri bei Gott nicht leicht. Das Schlimmste war das Gespenst der »zwiefachen Treue«, das wie eine unheilbringende Sturmwolke über dem ganzen Reiche hing. Treue dem Papst und Treue dem Kaiser gegenüber, das bedeutete eine unerträgliche Last für jedes einzelne menschliche Gewissen. Ein böser Geist, der exorziert werden mußte! Die einzige Möglichkeit: der Kaiser mußte wieder in den Schoß der Kirche zurückkehren.

Alle, alle kamen sie zum Papst mit ihren – sehr berechtigten – Beschwerden, Klagen und Anschuldigungen. Der Abt von Santa Justina, den Friedrich aus seinem Kloster vertrieben hatte; der Abt von Monte Cassino, dessen Kloster der Kaiser hatte verbrennen lassen – elf Mönche waren dabei ums Leben gekommen. Die Städte in der Lombardei, gegen die der Kaiser Jahr für Jahr Krieg führte; die Städte um Lucera herum: Moliso, Foggia, Termoli, deren Frauen und Mädchen spurlos verschwunden waren, bis sie im Harem irgendeines Sarazenen in des Kaisers moslemitischer Kolonie von Lucera wieder auftauchten. Alle kamen sie zum Papst; denn zum Kaiser zu gehen, wagten sie nicht. Und der Papst konnte ihnen nicht helfen. Der Papst war machtlos. Das Patrimonium um Rom herum war klein, die Armee schwach, die Einkünfte blieben gering. Als weltlicher Herrscher konnte der Papst so gut wie nichts gegen den Kaiser ausrichten, gegen das »Wunder der Welt«, stupor mundi, wie er genannt wurde. Und als geistlicher Herrscher erst recht nicht – Friedrich war ja ausgestoßen und damit »frei«. Sie schien ihm auch noch Freude zu machen, diese furchtbare »Freiheit«. Lang andauern konnte dieses Vergnügen freilich nicht. Der Papst mußte sich den Opfern des Kaisers gegenüber auf Mitleid und Gebet beschränken.

Das Ende des unmöglichen Zustandes war nicht abzusehen. Friedrich war noch verhältnismäßig jung – wenig über fünfzig; und seine Söhne, Enzio vielleicht ausgenommen, trieben

es bereits schon fast schlimmer als der Kaiser selbst. Abermals, wie in den Zeiten Neros, Diokletians und Attilas, raunte man im Volk von der Herrschaft des Antichrist.
Wenn Friedrich nur eine Friedensgeste machen würde! Der Papst hatte dafür gesorgt, daß ihm der Gedanke nahegelegt wurde. Auch ihm konnte an der Fortsetzung des Zustandes nicht gelegen sein. Was auch in seiner Seele vor sich gehen mochte, es bestand kein Zweifel, daß ihm die Exkommunikation viel Leid gebracht hatte, bitteres Leid.
So standen die Dinge, und dies waren die Gedanken Innozenz' IV., als ihm, ziemlich spät abends, der Besuch der Gräfin von Aquin gemeldet wurde.
Aquin – Aquin. Eine absolut kaisertreue Familie. Zwei Aquinos, mindestens, dienten in der kaiserlichen Armee. Er hatte den alten Grafen Landulf einmal getroffen – vor vielen Jahren. Die Gräfin kannte er nicht – hatte auch ihren Namen nie in irgendeinem politischen Zusammenhang gehört. Was konnte sie so plötzlich und zu so ungewöhnlicher Stunde zu ihm führen? War es möglich, daß der Kaiser sie vorschickte, gerade weil sie politisch bisher nie hervorgetreten war? Höchst unwahrscheinlich! Aber unmöglich war es nicht. Nichts war unmöglich – beim »Wunder der Welt«...
Der Papst befahl, die Gräfin vorzulassen.
Sie gab sich sehr ruhig und würdevoll, kniete nieder, den Fischerring zu küssen, und entschuldigte sich für ihren spontanen Besuch zu einer so unziemlichen Stunde. Dann berichtete sie, durchaus wahrheitsgemäß, was sich zugetragen hatte, und bat um Hilfe.
Es wurde dem Papst rasch genug klar, daß ihr Besuch nichts mit dem Kaiser zu tun hatte; es handelte sich einfach um eine große Dame, deren Wunsch stets Befehl war und die es unerträglich fand, wenn es plötzlich anders sein sollte. Klar war ferner, daß sie von dem Charakter und der Intelligenz ihres Sohnes Thomas keine besonders hohe Meinung hegte. Darin mochte sie recht oder unrecht haben – auf alle Fälle durfte man nicht den Dominikanerorden dafür zur Rechenschaft ziehen, daß Thomas es für gut befunden hatte, ihm beizutreten. Wie alt war der junge Mann? Fast achtzehn. Immerhin ein Alter, in dem ein Italiener seines Standes ge-

lernt haben sollte, selbständig zu denken – falls er überhaupt denken konnte.
Aber dann spielte die Mutter darauf an, daß der Kaiser ihr sicher die Abtei Monte Cassino für ihren Sohn reservieren würde und daß dies der Hauptgrund war, warum sie sich Thomas' verdrehtem Wunsch, ein Bettelmönch zu werden, mit allen Kräften widersetzte. Bis dahin hatte der Papst den Redestrom seiner Besucherin nur einmal unterbrochen, um sich nach Thomas' Alter zu erkundigen. Nun sagte er mit höflichem Nachdruck:
»Der Kaiser hat nicht das Recht, darüber zu entscheiden, wer Abt von Monte Cassino wird. Und bisher hat er nicht viel Interesse an der Wohlfahrt dieses Klosters gezeigt – um es sehr milde auszudrücken.«
Es verschlug ihr den Atem. Erst jetzt begriff sie, daß ihr Besuch beim Papst am kaiserlichen Hof falsch ausgelegt werden konnte. Sie hatte sich in eine gefährliche Lage gebracht – mitten zwischen den streitenden Parteien.
Sie beschloß, sich so schnell wie möglich zurückzuziehen.
»Ich sehe, daß Eure Heiligkeit mir nicht helfen kann – –«
»Im Gegenteil«, sagte der Papst, mit freundlichem Lächeln, »ich bin durchaus dazu bereit, Euch nach besten Kräften zu helfen, meine Tochter.«
Es bestand, zumindest vorläufig, kein Grund, sich dem Kaiser zu widersetzen, wenn es wirklich sein Wunsch war, Thomas die Abtei zu übertragen. Vielmehr bestand aller Grund, ihm darin gefällig zu sein – sobald erst einmal klargestellt war, daß die Verleihung selbst vom Lateranpalast aus erfolgen mußte und nicht vom kaiserlichen Hauptquartier. Man mußte sich den jungen Mann natürlich ansehen – auf alle Fälle brauchte er einen besonders tüchtigen Prior. Aber all das hatte keine Eile.
Die Gräfin fuhr auf. »Eure Heiligkeit wollen mir helfen? Oh, danke, danke – ein einziges Wort und dieser schreckliche Orden gibt mir meinen Sohn zurück, und dann kann er mit der Zeit die Stellung einnehmen, die seinem Range zukommt.«
Der Papst hob die schmalen, schönen Hände in höflichem Protest. »Ganz so leicht ist es nicht, meine Tochter. Ich wer-

de den Fall untersuchen lassen. Es kommt natürlich letzten Endes auch auf Thomas' eigene Wünsche an. Ich kann ihn nicht einfach zwingen, den Orden zu verlassen – es sei denn unter Umständen, die glücklicherweise hier nicht vorliegen. Aber was Monte Cassino betrifft – da können wir hoffentlich etwas tun, sobald die Zeit dafür reif ist. Achtzehn Jahre ist nicht ganz genug für den Rang eines Abts – ich bin überzeugt, daß Ihr das einseht.«
Schweigend kniete sie nieder, den apostolischen Segen zu empfangen.
Fünf Minuten später verließ sie den Palast. Am Eingang wartete ihre Eskorte. »Sir Piers? Es tut mir leid, daß ich Euch keine Ruhe gönnen kann, Ihr habt einen langen Ritt hinter Euch. Aber es läßt sich nicht ändern. Die Audienz war ein Mißerfolg. Nehmt die Hälfte meiner Leute und reitet so rasch wie Ihr könnt nach Ciprano. Dort werdet Ihr meine Söhne finden – ich hoffe wenigstens, daß sie noch dort sind. Berichtet ihnen, was geschehen ist und sagt ihnen, ich erwarte von ihnen, daß sie mir meinen Sohn Thomas zurückbringen. Nicht nach Roccasicca. Nach der Festung Monte San Giovanni. Und keiner von beiden soll mir vor die Augen treten, bis sie mir Thomas zurückgebracht haben. Wie ich die Bettelbrüder kenne, haben sie ihn nun schon aus Rom herausgeschmuggelt. Landulf und Rainald sollen ihn abfassen und mir bringen – ganz gleich wie!«

*

Sie lagen auf der Lauer – auf einer kleinen Hügelkuppe, nicht weit von Acquapendente. Der Ort war ausgezeichnet gewählt. Nicht nur, daß man von hier aus die endlosen Windungen der alten Römerstraße übersehen konnte, mit ihren Zypressen rechts und links, in unregelmäßigen Abständen, gleich den Zähnen im Munde eines uralten Riesen – – sie selbst befanden sich in guter Deckung, hinter den dichten Oleanderbüschen.
»Siehst du was, Landulf?«
»Nein.«
»Dann spähe weiter. Du hast bessere Augen als ich.«
»Und wenn er schon vorbei ist?«

Rainald wurde ungeduldig. »Unmöglich! Vollständig unmöglich.«
»Weiß nicht. Es ist, als ob man eine Nadel im Heuschober finden wollte.«
»Bruder Thomas ist eine dicke Nadel, Landulf. Außerdem kann er nicht allein sein. Und wir haben uns Schritt für Schritt vorgepirscht – bis fast an die Tore Roms, und auf jeder Straße haben wir Ausguck halten lassen nach den verdammten schwarz-weißen Kitteln.«
»Ja«, sagte Landulf trocken, »es ist beinahe wie ein Kesseltreiben.«
»Kesseltreiben, Nadel im Heuschober – du hast es heute mit Vergleichen, Brüderlein«, lachte Rainald ärgerlich. »Was denkt Ihr, Sir Piers?«
»Er ist noch nicht vorbei«, sagte der junge Engländer kurz.
»Wie könnt Ihr das so bestimmt wissen?« fragte Landulf.
»Es ist nicht nur wegen des Netzes, das wir ausgeworfen haben. Ein Fisch kann durch jedes Netz schlüpfen, wenn die Maschen nur weit genug sind.«
»Wieder ein Vergleich«, stöhnte Rainald.
»Aber«, fuhr Piers fort, »ich halte es für ausgeschlossen, daß sie ihn aus Rom fortschafften, solange die Gräfin dort war. Es gab nur einen einzigen Ort, an dem er sich in völliger Sicherheit befand, nämlich das Kloster in Rom. Und ich bin sehr rasch geritten, Euch Meldung zu erstatten. Also kann er erst vor ganz kurzer Zeit Rom verlassen haben. Folglich werdet Ihr ihn fangen.«
„Hol der Teufel diese Engländer!" dachte Rainald. Piers hatte logisch, vernünftig und in korrektem Ton gesprochen. Und trotzdem konnte man spüren, daß er die ganze Sache zutiefst mißbilligte. Oder war das Einbildung?
»Ich sehe etwas«, sagte Landulf.
»Wo? Ja, bei Gott – das sind Mönche. Warte – schwarz – – – schwarz und weiß. Dominikaner. Wir haben ihn. Fünf sind's. Zwei runde und drei dünne. Und – einer von den beiden runden – der große, auf der linken Seite – das ist Bruder Mönch. Zu Roß, Kreuzfahrer – Heiden in Sicht! Schlagt euch mit christlicher Tapferkeit – – –«
»Halt 's Maul«, grollte Landulf.

»Nun können wir zu Mamas Fleischtöpfen zurückkehren«,
sang der unverwüstliche Dichter. »Zu Roß, zu Roß – – –«
Stirnrunzelnd ließ sich Landulf in den Sattel helfen, und Piers
und Rainald folgten seinem Beispiel. Sie hatten dreißig Mann
bei sich. Über sechzig hielten Wache auf anderen Straßen,
aber dies war der direkte Weg nach Norden und darum der
wahrscheinlichste.
»Gib den Befehl, großer General«, sagte Rainald, »und wir
werden auf sie einreiten wie Achilles, Hannibal und Cäsar.«
»Vorwärts, Leute«, sagte Landulf. Er war wütend, obwohl
er nicht recht wußte warum. Er spornte sein Pferd und sauste
den Hügel hinunter. Piers, Rainald und die anderen folgten.
Eine Minute später waren die fünf Dominikaner umringt.
»Also«, sagte Landulf mißmutig. »Rede du, Rainald.«
Der Dichter verneigte sich mit ironischem Lächeln und sagte:
»Fromme Brüder, ich bitte euch, davon überzeugt zu sein,
daß wir nicht das geringste gegen euch haben. Wir wollen
lediglich unseren kleinen Bruder Thomas wieder haben, den
ihr – sagen wir – entführen wollt. Wir holen ihn nach Hause,
zu seiner Mutter und seinen Schwestern.«
Bruder Johannes schwieg. Die Brüder d'Aguidi, St. Giuliano
und Lucca schwiegen. Also ergriff Thomas selbst das Wort.
Er deutete auf die anderen und sagte mit schwerer Betonung:
»Diese sind meine Mutter und meine Brüder und meine
Schwestern.«
Piers sog scharf den Atem ein. Er wußte, woher diese Worte
kamen. Abermals war die Verteidigung gegen die Gewalt ein
Wort Christi. Und er fühlte, was er gefühlt hatte, als der Abt
von Monte Cassino die gleiche Waffe gebrauchte. Es schien,
als gäbe es ein Wort Christi für jede Gelegenheit im Leben –
und jedesmal setzte es den Gegner vollständig ins Unrecht.
Aber da beugte sich Rainald im Sattel vor. »Thomas, mein
Junge«, sagte er in hartem Ton, »ich weiß nicht, was du dir
dabei gedacht hast, als du uns diesen famosen Streich spieltest. Es ist mir auch ziemlich gleichgültig. Aber jetzt kommst
du mit uns – verstanden!?«
Er winkte zweien seiner Leute, die abstiegen und Thomas'
Arme ergriffen. Er leistete keinen Widerstand. Aber als sie
versuchten, ihn auf ein lediges Pferd zu heben, gerieten zwei

mächtige Schultern und Arme in Bewegung, und die beiden verblüfften Männer taumelten so heftig zurück, daß einer von ihnen das Gleichgewicht verlor und der Länge nach hinfiel. Seine Kameraden lachten laut auf.
»Faßt ihn!« schrie Rainald, blaß vor Ärger. »Packt ihn doch, feiges Gesindel!«
Landulf hatte die Entscheidung herbeigeführt. Es war ein Fehler gewesen, Rainald das Reden zu überlassen. Reden war überhaupt falsch. Es führte zu nichts. Er sah, wie der grauhaarige Bruder ein hölzernes Kreuz aus der Kutte zog, und wußte instinktiv, daß sie in der nächsten Minute einen feierlichen Bannfluch hören würden – wenn es so weiterging. Es gelüstete ihn verdammt wenig nach Bannflüchen und Kreuzen. Handeln mußte man – und zwar rasch.
»Halt, Leute!« brüllte er. Sie wichen zurück, und nun ritt er selbst an Thomas heran und packte ihn am Arm. »Den andern Arm, Rainald, und eil dich, du Narr.« Rainald gehorchte instinktiv, und sobald sie ihn zwischen sich hatten, gaben sie ihren Pferden die Sporen. Selbst ein Riese hätte nicht widerstehen können. Vergeblich versuchte Thomas sich loszureißen.
»Laßt die Pfaffen in Ruhe und folgt uns!« schrie Landulf seinen Leuten zu. Nun hatten sie ihn aus dem gefährlichen schwarz-weißen Kreis heraus. Piers brachte das ledige Pferd. Die Brüder hoben Thomas herauf – ein halbes Dutzend Männer schoben nach –, sie ergriffen die Zügel und Landulf befahl »Galopp!« Sie stoben davon, in Richtung Rom, eine mächtige Staubwolke aufwirbelnd, deren Schwaden die stumme kleine Gruppe der Brüder einhüllten.
Bruder Johannes von Wildhausen, Generalmeister des Ordens der Prediger, meist Dominikanerorden genannt, wandte sich jäh um und begann ebenfalls in der Richtung nach Rom auszuschreiten. Er schluckte ein-, zweimal, bevor er sagte: »Laßt uns für unsere Feinde beten.« Sie gehorchten, wie es ihre Pflicht war. Aber zumindest der alte Bruder Giuliano kannte seinen Generalmeister gut genug, um zu wissen, daß er es nicht beim Beten bewenden lassen würde, obwohl er wohl am ehesten ahnte, was es bedeutete, mit denen von Aquin in Fehde zu liegen. Eine Stunde später erreichten sie

ihr Kloster, und Bruder Johannes begann sofort einen Brief an den Papst abzufassen.
Inzwischen waren die Sieger von der Straße abgeschwenkt und ritten in weitem Halbkreis um Rom herum. Überall zogen sie die kleinen »Garnisonen« zu sich heran, die sie an anderen Straßen zurückgelassen hatten. Drei Stunden später erreichten sie die südlichen Vorstädte Roms und brausten die Via Appia entlang nach Süden, der Festung Monte San Giovanni zu. Sie ritten in dicht gedrängter Gruppe, den Gefangenen in der Mitte.
Gellende Trompetenstöße befahlen jedermann, ihnen die Straße freizugeben. Die blaue Fahne von Aquin flatterte ihnen voran.

V

»DAS WIRD verdammt langweilig«, grollte Landulf.
»Was?« erkundigte sich Rainald und leerte seinen Becher Wein. »Und warum?«
»Monte San Giovanni ist ein verflucht schlechter Ersatz für Roccasicca... oder Aquin. Zu klein. Kaum ein Dutzend Diener für uns alle – keine Musik – – deine ausgenommen, natürlich – –«
»Ich danke verbindlichst.«
»O bitte. Nicht der Rede wert. Keine Troubadours, keine Feste, fast alle unsere Freunde weit weg – man sollte denken, wir seien in einer belagerten Festung.«
»Sind wir auch, Bruderherz«, sagte Rainald fröhlich. »Was denn sonst? Und unsere Feinde sind zahlreich: der ganze, großmächtige Dominikanerorden, weiß nicht wie viele Hunderte oder Tausende von wilden Kriegsleuten in schwarzweißem Kittel – und vielleicht auch noch der Papst und seine Armee von Kirchenlichtern – alle sind sie hinter uns her, weil wir ihnen das Licht aller Lichter, das Juwel aller Juwelen, ihren größten Stolz, den unvergleichlichen, unersetzlichen Bruder Thomas gestohlen haben.«
»Du kannst nie ernst sein.«
»Ich denke gar nicht daran, ernst zu sein. Das besorgt ihr anderen schon. Ihr seid so ernst, daß ihr euch selber auf die

Nerven geht. Und du, Brüderlein, hast auch ein schlechtes Gewissen.«
»Ein schlechtes Gewissen? Ich hab' kein schlechtes Gewissen. Warum sollte ich ein schlechtes Gewissen haben? Mir war selten so wohl wie jetzt!«
»Weil du den kostbaren Bruder Thomas entführt hast. Und nun stehst du unter einem schweren und schrecklichen Bannfluch: du mußt deinen leiblichen Bruder gefangenhalten.«
»Wir hätten den Jungen ebensogut nach Roccasicca bringen können – –«
»Nein, Landulf. Das ging nicht. Es ist nicht gerade ruhmreich, ein Mitglied der Familie im Schloß seiner eigenen Vorfahren in den Kerker zu sperren – –«
»In den Kerker? Das Turmzimmer ist ein sehr geräumiges Gemach – viel besser eingerichtet als die Zelle, die sie ihm in ihren verwünschten Klöstern gegeben hätten – –«
»An der Sache vorbei geurteilt, wie gewöhnlich, mein Bester. Die Zelle ist das, was er haben will. Nach dem Turmzimmer gelüstet ihn gar nicht. In seiner Zelle hätte er wenig Freiheit; aber er hätte sie freiwillig aufgegeben. Hier zwingen wir ihn dazu, so zu leben, wie er lebt. Der kleine Unterschied heißt: Freiheit! Aber, was ich sagen wollte: Mutter wünscht, daß so wenig wie möglich über die Sache gesprochen wird. Also hat sie konsequenterweise auf Monte San Giovanni bestanden – wo wir keine Gäste empfangen. Noch einen Becher?«
»Danke. – Ich will dir etwas sagen, ob es dir nun paßt oder nicht. Wir sind hier genau so gefangen wie Thomas selber.«
»Natürlich«, grinste Rainald. »Gefängniswärtern geht es nun einmal nicht anders. Aber – da läßt sich vielleicht doch etwas machen.«
»Der Henker hole den jungen Tölpel«, wetterte Landulf. »Ich möcht' ihm am liebsten eine gehörige Tracht Prügel geben für alles, was er uns angetan hat. Ich möchte – –«
Er brach ab, als die Gräfin mit einer ihrer Damen eintrat.
»Ah, da seid ihr ja beide – gut. Ich will Thomas besuchen. Er hat eine ganze Woche Zeit gehabt, über sich nachzudenken. Das sollte genügen. Aber ich lehne es ab, ihn zu sehen, solange er diesen absurden Bettlerkittel trägt. Hier sind an-

ständige Kleider für ihn – gib sie dem Grafen Landulf, Eugenia – nimm sie, Landulf, geh auf sein Zimmer und sag ihm, er soll sich umziehen. Laß die schwarz-weißen Lumpen verbrennen. Wenn er Widerstand leistet – zwing ihn.«
Landulf warf Rainald einen raschen Blick zu. »Nun – vielleicht leistet er Widerstand«, sagte er hoffnungsvoll. »Danke Mutter – und sei versichert, deine Befehle werden genauestens erfüllt werden.«
Lachend ging er aus dem Zimmer.
»Weißt du, Mutter«, sagte Rainald, »du bist wirklich großartig. Ich zweifle sehr, ob irgendeine andere Mutter es eine ganze Woche ausgehalten hätte, bevor sie zu ihrem Sprößling aufs Zimmer gegangen wäre. Aber ich wollte, die Mädchen könnten Thomas das Essen bringen, nicht Landulf und ich. Es sieht so dumm aus – –«
»Gut. Ich werd' es ihnen sagen. Dahinter steckt natürlich, daß du mehr Zeit für dich selber haben möchtest – du willst ausreiten und ein, zwei Nächte wegbleiben können – –«
»Mutter, du bist ein Genie!«
Da hörte man ein Krachen wie von splitterndem Holz und dann Landulfs Stimme – sie klang seltsam heiser und gedämpft, aber der Name »Rainald« war trotzdem vernehmbar. »Rainald – – – Rainald – – –«
»Mir scheint, da stimmt etwas nicht«, sagte der Dichter. »Will einmal nachsehen.« Er schlenderte nachlässig aus dem Zimmer. Draußen verstärkte sich der Lärm – und es krachte und splitterte noch eine ganze Weile. Endlich wurde es still. Die Brüder kamen zurück.
»Santa Madonna!« rief die Gräfin. »Wie seht ihr denn aus! Was ist geschehen?«
Landulfs Nase war hochrot aufgeschwollen. Er rieb sich mit schmerzverzogenem Gesicht den Kopf, auf dem sich eine zweite Schwellung zu bilden schien. Sein Haar hing ihm wirr über das Gesicht, und seine Kleider waren zerrissen. Er sah so komisch aus, daß Eugenia wider Willen lachen mußte. Und Rainald hatte ein blutunterlaufenes Auge. Beide schwitzten vor Anstrengung und rangen nach Atem. Aber gemeinsam trugen sie die Trophäe ihres Sieges – die Fetzen eines dominikanischen Ordenskleides.

»General«, sagte Rainald zu seiner Mutter, »hier ist der Sieg. Aber er wurde teuer erkauft.«
»Du willst doch nicht sagen, daß Thomas – – –«
»Ein *feiner* Mönch –« – – Landulf war noch immer außer Atem. »So etwas hab' ich – – meiner Treu – – noch nicht – erlebt. Er hat mir eins – auf den Schädel gegeben – mit einer Stuhllehne.«
»Landulf ist schlimm zugerichtet«, sagte der Dichter. »Als ich hereinkam, lag er auf dem Boden und Thomas *saß* auf ihm – da konnte er natürlich nicht aufstehen. Ich machte mich an die Arbeit, aber der Junge war nicht faul und klappste mir eins aufs Auge – hat jemand einen Spiegel da? Mutter? Ich muß fürchterlich aussehen. Wir haben alle unrecht gehabt, Mutter – Vater, du – wir alle. Niemals hätte der Junge Mönch werden dürfen. Er ist für den Zweihänder wie geschaffen. Ich wette, er spaltet dir einen Sarazenen von Kopf bis Fuß in zwei Teile – mit *einem* Streich. Autsch – mein Auge tut weh!«
»Und all das«, knurrte Landulf, »nur weil ich ihm diesen Fetzen ausziehen wollte, wie du es gewünscht hast.«
»Ruhig, Eugenia«, sagte die Gräfin, und die niedliche Kleine hörte auf zu kichern. »Du kannst gehen.« Dann zu Rainald: »Ist Thomas auch verletzt?«
»Ich habe wirklich keine Ahnung«, gestand Rainald. »Ich hatte keine Zeit zum Nachsehen. Aber etwas wird er wohl erwischt haben.«
»Hoffentlich«, stieß Landulf grimmig hervor.
Sie drehte sich wortlos um und ging. Das Turmzimmer, in dem Thomas eingesperrt war, lag auf der andern Seite des Ganges. Der Schlüssel steckte in der Tür.
»Hübsch, das«, sagte Landulf. Er hatte sich in seinen Stuhl geworfen und schenkte sich einen Becher Wein ein. »Mein Lebtag hab' ich mich nicht so gewundert. Ein Mönch! Und haut um sich wie ein Wilder.«
»Wie hat's denn angefangen?«
»Ich verlangte den Ordensfetzen –«
»Nett und höflich?«
»Na –«
»Ach so.«

»Verdammt noch einmal, ich *wollte* ihm doch eine Tracht Prügel geben.«
»Wenn ich das gewußt hätte, hätte ich dich ruhig weiterschreien lassen. Dann könnte ich jetzt aus beiden Augen sehen.«
»Hat er die Tracht Prügel etwa nicht verdient?«
»Vielleicht«, sagte Rainald. »Aber gekriegt hast du sie. Und ich auch. Glaube nicht, daß er viel abbekommen hat. Der Junge ist stark wie ein Ochs. Und was das Schlimmste ist – –«
»Was?«
»Ich habe Mutter vorgeschlagen, daß nicht wir, sondern die Mädchen ihm in Zukunft das Essen bringen sollen. Sie war auch ganz damit einverstanden. Ich wollte nach Neapel reiten und die kleine, rote Barbara wieder besuchen – –«
»Und wer zum Geier ist die kleine, rote Barbara – oh, mein Schädel!«
Rainalds heiles Auge wurde träumerisch. »Das bezauberndste Mädchen von Neapel – ein süßes Persönchen. Leider bin ich nicht der einzige, der das weiß. Dafür hat sie gesorgt..., und zwar so gründlich, daß halb Neapel ihr zu Füßen liegt. Ich fürchte sehr, es bleibt nicht immer bei den Füßchen. Sie hat mehr zu geben als das, und sie gibt es, Bruderherz, sie gibt es mit der größten Freigebigkeit. Morgen nacht wollte ich sie besuchen, in ihrem kleinen Haus, nicht weit von der Sankt-Agnes-Kirche. Und nun geht's nicht.«
»Warum nicht?«
»Sieh mich doch an! Es dauert drei, vier Tage, bevor die Schwellung zurückgeht, und selbst dann werde ich noch in allen Regenbogenfarben schillern – Barbara lacht mich einfach aus.«
»Ich wüßte nicht warum. Wenn sie eine Dirne ist, nimmt sie dein Gold, selbst wenn du einen Buckel hättest, wie des Kaisers Narr.«
»Landulf, Landulf!« – Rainald war moralisch entrüstet. »Du hast kein Recht, so von der kleinen, roten Barbara zu sprechen. Sie nimmt mein Gold – freilich. Aber ihre ästhetischen Neigungen gibt sie dafür nicht preis. Nein – das tut die kleine, rote Barbara nicht. Ich denke gar nicht daran, mich so vor ihr blicken zu lassen.«

»Daraus kann man zweierlei Schlüsse ziehen«, meinte Landulf. »Erstens, sie hat Gold genug, um wählerisch zu sein, wenn ihr danach zumute ist. Zweitens, es kommt nicht auf ihren ästhetischen Sinn an, sondern auf den deinen – oder vielmehr, du bist verdammt eitel, das ist alles. Wo hast du gesagt, daß sie wohnt?«
»Nicht weit von – o nein, Brüderchen. O nein. Du siehst noch viel schlimmer aus als ich. Du hast sogar schlimmer ausgesehen als ich, bevor Bruder Thomas dir zu einer Nase wie eine Pflaume, zu tränenden Augen und zu einem walnußartigen Schädelauswuchs verhalf. Meine kleine, rote Barbara! Ich Idiot! Mußte ich dich retten, Landulf? Konnte ich dich nicht gemütlich unter Thomas liegen lassen? Sie ist so vielseitig, Landulf – manchmal ist sie wie eine kleine Eidechse, die sich sonnt, ruhig und faul, und wenn du sie nur anrührst – husch, ist sie weg. Manchmal ist sie feurig und voll Leidenschaft wie die Astaroth der Phönizier und verzehrt dich in den Flammen ihrer Liebe. Und du hast das Gefühl, daß du der einzige bist, auf den es ihr ankommt, daß es keinen anderen Mann auf der Welt gibt und daß ihr das Herz brechen würde, wenn du sie verließest. Sie hat mich zu meinem ,,Lamento'' inspiriert – und das ist eins meiner besten Lieder.
»Mord und Pestilenz«, fuhr Rainald fort. »Und nun kann ich sie nicht besuchen – kann sie nicht umarmen, weil mir Bruder Mönch eins aufs Auge gehauen hat.«
»Als Mönch hat er da ganz recht gehandelt«, höhnte Landulf. »Er hat dich vor einer Todsünde bewahrt, Meister Dichter.« Er grinste.
Rainald sah ihn verblüfft an. Dann runzelte er die Stirn. »Das ist kein guter Witz.«
Plötzlich sahen sie beide auf. Die Gräfin erschien wieder, blaß und zornig, die Lippen fest aufeinander gepreßt. Wortlos rauschte sie an ihnen vorüber und verschwand in dem Gang, der zu ihren eigenen Zimmern führte.
Rainald pfiff leise durch die Zähne. »Es ist uns schlecht ergangen, Brüderlein«, sagte er; »aber ich glaube, ich glaube, wir haben immer noch besser abgeschnitten als die liebe Mama...«

*

Die drei Schwestern hatten lange miteinander gestritten, welche von ihnen dem Gefangenen das Essen bringen sollte. Schließlich waren sie übereingekommen, es immer abwechselnd zu tun, und Marotta, als die älteste, bestand darauf, ihm das nächste, das Mittagsmahl hineinzutragen. Sie hatte fast eine halbe Stunde lang darum kämpfen müssen. Aber als ihr die Teller aus der Küche gebracht wurden, machte sie plötzlich ein ängstliches Gesicht.
»Wenn er mich nun auch schlägt? Er hat sich so arg verändert, seit er in dem schrecklichen Orden ist – wer hätte je gedacht, daß er...«
»Unsinn, Marotta. Wenn du Angst hast, laß mich – –«
»Nein, nein, es war nur so ein Gedanke – ich gehe schon, ich gehe schon –«
Aber die Teller klirrten doch ein wenig in ihren Händen, als sie das Turmzimmer des streitbaren Mönchs betrat.
Er saß in einem großen Armstuhl und las Aristoteles. Er hatte wohl oder übel die Kleider anziehen müssen, die die Gräfin für ihn ausgesucht hatte – einen langen grünen Rock mit einem goldbestickten Ledergürtel, grüne Strümpfe und grüne Samtschuhe. Als das Mädchen eintrat, blickte er auf.
»Marotta? Das ist eine Freude!«
Sie lächelte etwas unsicher. »Du – – du bist nicht verletzt?«
»Verletzt? Ich? Ach so – –« Plötzlich sah er verlegen drein. »Ich habe einen Fehler begangen, Marotta. Ich vergaß, daß ich das nicht darf. Ich habe sehr heftig zurückgeschlagen – –«
»Ja, ich weiß.« Ihre Augen glänzten. »Und ordentlich gegeben hast du's ihnen, allen beiden.«
»Ich habe mich unwürdig benommen. Aber Landulf kam und wollte mir das Ordenskleid vom Leibe reißen – ich hatte es erst vor ein paar Tagen erhalten – von der Hand meines Priors, Bruder Thomas Agni di Lentino – das ist ein wirklich heiligmäßiger Mensch, du würdest ihn einfach liebhaben. Es bedeutete mir so viel. Und Landulf riß daran herum, und da – da wehrte ich mich. Aber ich habe etwas gelernt.«
»Was denn, Thomas?«
»Ich weiß nun, warum ich hier bin. Warum Gott das zugelassen hat.«
»Iß jetzt, Thomas. Es wird alles kalt.«

Gehorsam begann er zu essen. Aber sie sah, daß er gar nicht wußte, was er aß. „Er ist doch ganz anders geworden", dachte sie. Es schien ihr, als wenn er aus einer großen Entfernung zu ihr spräche – und diese Entfernung ängstigte sie, sie wußte nicht recht warum. Nun trat sie näher und streichelte sein glänzend dunkelbraunes Haar – den schmalen Kranz, den ihm der Orden gelassen hatte. „Sein Kopf ist doppelt so groß wie meiner", dachte sie. »Wie meinst du das, Thomas – „warum Gott das zugelassen hat"? Ich hab's nicht verstanden. Ich möcht' es aber gern verstehen.«
Er sah sie ernsthaft an. Sie war die älteste und weitaus die gutmütigste seiner Schwestern, und er hatte sich immer innig zu ihr hingezogen gefühlt. Es war, als ob ein Teil seiner eigenen Natur – die schüchterne Güte in ihm – in eine zierliche, weibliche Form eingegossen worden wäre – mit tiefen, nachdenklichen Augen und einem blassen, festen, kleinen Mund.
»Wir waren auf dem Wege nach Paris, die anderen Brüder und ich. Nie in meinem Leben war ich so glücklich gewesen. Ich ging auf mein Ziel zu – Arbeit und Studium. Und das heißt: Schätze sammeln, zur Ehre Gottes und des Ordens. Da kamen sie und hielten uns an und zwangen mich, mit ihnen zurückzukehren. Ich betete „Dein Wille geschehe", aber immer wieder tauchte die Frage in mir auf: Warum – warum hat Gott das zugelassen?«
»Das kommt aber doch sehr oft vor, Thomas – daß wir nicht verstehen, warum Gott dies oder jenes zuläßt?«
»Freilich. Aber jetzt begreife ich es. Schuld daran ist nicht Mutters Stolz oder Landulfs und Rainalds Gewalttätigkeit. Die Schuld liegt an mir – an mir allein. An meiner Unzulänglichkeit. Gott braucht mich noch nicht.«
Sie hatte Tränen in den Augen.
»Einer von uns beiden ist recht dumm«, sagte sie mit schwankender Stimme. »Ich glaube, ich bin's.«
Dann floh sie.
»Hat er dich auch geschlagen?« fragte Adelasia draußen neugierig.
Marotta lief an ihr vorüber, ohne zu antworten. Blind vor Tränen lief sie geradewegs in Robin Cherrywoodes Arme –

der Biedere war auf dem Wege zum Ringwall, wo er gerade die Wache hatte.
»Unglücklich, edles Jüngferlein?«
»Nein, gar nicht«, schluchzte Marotta.
»So, so. Ist vielleicht eine gute Idee, einen alten Krieger ins Vertrauen zu ziehen. Die Sorte Mensch weiß manchmal Rat, edles Jüngferlein.«
Sie schüttelte den Kopf. »Es ist wegen Thomas. Sie haben ihm sein Ordenskleid weggenommen, und nun denkt er – nun denkt er, Gott will ihn nicht haben. Ach Robin, Robin, ich habe nie solche Traurigkeit gesehen wie in seinem armen, guten Gesicht, als er sagte, daß Gott ihn nicht haben will.«
»Hm, hm, hm – – und wo ist das – – Ordenskleid jetzt?«
»Ach, es ist ganz zerfetzt – Adelasia hat es. Es sind nur noch Lumpen.«
»Hm, hm – – wißt Ihr was? laßt mich die Lumpen haben. Ja, ja, ich weiß, sie sind nicht mehr zu gebrauchen, aber laßt sie mich trotzdem haben. Und – falls was geschehen sollte – wollt Ihr mir versprechen, Euer Mündchen zu halten? Gut. Also – her damit!«
Eine Stunde später sah Piers auf der Mauer, daß etwas Schwarz-Weißes aus dem Harnisch seines Knappen hervorsah. »Was hast du denn da, Robin?«
»Einen Mönchskittel, Herr.«
»Du wirst mir doch kein Mönch werden, Robin?«
»Keine Furcht, Herr. Ist *sein* Kittel... sie haben ihn ihm vom Leibe gerissen.« Robin schmunzelte. »Er hat sich aber munter gewehrt, der junge Herr. Wär' kein schlechter Soldat geworden.«
»Es ist eine Schande, Robin. Ich wollte, wir wären nicht dabei gewesen – es war ein schlechter Streich.«
»Wohl wahr, Herr. Wenn ein Mann ein Mönch werden *will*, warum soll man ihm die Freude nicht gönnen? Nur was einer gern tut, macht er gut. Und sie hätten ihm das Kleid nicht herunterreißen sollen. Ist, wie wenn man einem Ritter das Schwert zerbricht. Das gehört sich nicht.«
»Du hast ganz recht, Robin. Ich will froh sein, wenn unsere Zeit hier um ist.«
»In England hätte das nie passieren können. Aber da's nun

einmal geschehen ist, dachte ich – hm – vielleicht – hm, hm – –«
»*Was* dachtest du, mein guter Robin?«
Robin druckste ein wenig. »Das Ordenskleid, hm, hm, war nur noch ein Häufchen Lumpen. Aber es gibt wohl noch mehr solche Kleider dort, wo dies hergekommen ist. Und da unten, hinter den dichten Oleanderbüschen, war ein seltsamer schwarz-weißer Fleck – nein, ein bißchen weiter links, hm, hm.« Er hatte ihn nicht zum erstenmal gesehen. »Hm, hm. War schon öfters da, der Fleck. Aber freilich, man konnte ihn sehen oder nicht sehen – es kam darauf an, wie gut man die Wache hielt…«
Piers warf einen scharfen Blick in die Richtung, in die Robins Zeigefinger wies, und es begann ihm zu dämmern. »Ja-a«, sagte er gedehnt. »Wir haben die Wache. Ich glaube, ich will einmal nach der anderen Seite sehen.« Und er schlenderte weg.
Robin schmunzelte vergnügt. Der Anständigkeit halber wartete er, bis sein Herr außer Sicht war. Dann zog er die schwarz-weißen Fetzen hervor und begann sie wild in der Luft herum zu schwenken.
Der schwarz-weiße Fleck hinter den Oleanderbüschen wuchs und wurde ein Dominikanermönch, der neugierig zum Turm heraufsah.
Robin fuhr fort, seine Fetzen zu schwenken. Dann zeigte er sie dem Mönch – ja, guck nur – alles Fetzen – und dann warf er sie herab. Zu seiner Freude kam der Mönch näher und hob sie auf. Und nun begann Robin eine Pantomime, um die ihn ein Schauspieler hätte beneiden mögen. Sie war von solch klassischer Einfachheit, daß ein Kind sie verstanden hätte. Er streckte seine riesigen Hände aus, als wollte er das Kleid wieder zurück haben – dann blickte er nach der Sonne – wieder streckte er die Hände aus, die Finger weit auseinandergespreizt – zehn, jawohl, zehn – und noch einen Finger dazu – elf. Wieder die Geste, als wollte er das Kleid zurück haben. Mit großer Befriedigung sah er, wie der Mönch lächelte und nickte und dann rasch davonging.
Kurz darauf kam Piers gemächlich zurückgeschlendert.
»Nichts Neues, Herr«, verkündete Robin strahlend.

Piers sah, daß das schwarz-weiße Ding nicht mehr aus seinem Harnisch hervorsah. Und der schwarz-weiße Fleck hinter den Oleanderbüschen schien auch verschwunden zu sein.
»Gut, Robin«, sagte er leichthin.
Es war wohl nur der reine Zufall, daß Robin in den nächsten Tagen jedesmal die Abendwache hatte – bis Mitternacht. Am dritten Abend, um die elfte Stunde, sah er das, worauf er gewartet hatte. Er gab ein Fackelzeichen. Ein paar Minuten später pirschten sich zwei Dominikaner an den Ringwall heran. Sie trugen eine sehr lange, dünne Stange, an deren Ende etwas Schwarz-Weißes angebunden war, und sie begannen sie aufzurichten. Höher und höher erhob sich die Flagge Gottes, bis sie über dem Ringwall erschien.

*

Landulf war sehr blaß. »Mutter – das ist eine unheimliche Geschichte.«
»Was ist denn?«
»Ich war soeben in Thomas' Zimmer. Er – er hat sein Ordenskleid wieder.«
»*Was?*«
»Ja. Er hat es an. Ist das – – – Hexerei?«
»Schlimmer«, sagte die Gräfin. »Es ist Verrat.« Sie griff nach ihrer kleinen silbernen Glocke. Wer? Die Mädchen? Höchst wahrscheinlich. Auf alle Fälle mußten sie es gesehen haben, als sie ihm sein letztes Mahl brachten. Seitdem war niemand bei ihm auf dem Zimmer gewesen. Und sie hatten nichts gemeldet. Also die Mädchen. Sie machten sich sowieso immer um das Turmzimmer herum zu schaffen. Sir Piers rufen, ihn mit zwei Söldnern ins Turmzimmer schicken und Thomas auch den zweiten Kittel abreißen lassen? Und drei Tage später wieder die gleiche Geschichte? Nein! Sie stellte die kleine Glocke wieder hin.
»Laß den Narren sein Narrenkleid tragen, wenn ihm so viel daran gelegen ist«, sagte sie mit verdrossenem Lächeln.
»Ausgezeichnet«, lobte Rainald aus seiner Ecke. »Deine Nase ist noch immer ziemlich geschwollen, Landulf, wie? Und mein Auge hat jetzt erst das braungelbe Stadium erreicht. Und alles umsonst. Weißt du, Mutter – ich glaube, wir haben

da einen Fehler begangen. Wir hätten ihn laufen lassen sollen. Er soll machen, was er will.«

»Nie«, sagte die Gräfin hart.

»Weiß nicht, Mutter – die ganze Sache kommt mir ein bißchen spanisch vor. Der gute Landulf hat vielleicht gar nicht so unrecht mit seiner Idee. Irgendwie ist Hexerei mit im Spiel. Wir haben ihn aus den Klauen seines elenden Ordens gerissen, ja. Aber das hat uns alle miteinander verhext. Statt gemütlich und zufrieden auf Roccasicca zu sitzen, müssen wir uns hier auf Monte San Giovanni vergraben, als wären wir selber Gefangene. Und alles, was geschieht, kreist irgendwie um das Turmzimmer herum. Früher haben wir Thomas nie viel Beachtung geschenkt. Nun steht er im Mittelpunkt aller unserer Gedanken und Handlungen. Und ich will dir etwas sagen, Mutter – als wir ihn hier herauf brachten, hatte ich ein ganz merkwürdiges Gefühl. Das Ganze schien mir damals so sinnlos, daß ich nicht davon reden wollte. Aber jetzt – ich will dir's doch lieber sagen: ich hatte ein Gefühl, als schleppten wir das trojanische Pferd in unsere Mauern.«

»Wie töricht«, sagte die Gräfin. »Er wird schon noch zur Vernunft kommen.«

»Mutter, du hast nun ein dutzendmal mit ihm gesprochen – also gut, ein halbes dutzendmal. Hat er auch nur einen Zoll breit nachgegeben? Nein, er sitzt da wie ein wohlwollender Frosch, sagt kein Wort und rührt sich nicht. Die Mädchen haben sich heiser geredet. Ebenfalls ohne jeden Erfolg. Du kannst ihn aber doch nicht gut für den Rest seines Lebens eingesperrt halten, oder?«

»Niemals werde ich in diesen Wahnsinn einwilligen, Rainald. Und ich bin das Haupt der Familie. Ich bin sogar ganz froh über Landulfs Nachricht. Es ist ein gutes Zeichen. Es beweist, daß Thomas immer noch ein Kind ist. Alles, was er will, ist das Dominikanerkleid. Gut – in diesem Punkt werden wir ihm nachgeben – und dafür wird er in dem Punkt nachgeben, auf den es wirklich ankommt. Ich werde dem Papst schreiben und ihn bitten, daß er Thomas die Erlaubnis gibt, als Abt von Monte Cassino seinen Dominikanerfetzen weiterzutragen.«

*

Sinibald Fiesco, Graf von Lavagna, Papst unter dem Namen
Innozenz IV., erhielt den Brief der Gräfin von Aquin eine
Woche später. Er gab ihn seinem Sekretär. »Das Gesuch ist
gewährt«, sagte er. Seine Stimme klang müde und ein wenig
gereizt.
»Jawohl, Eure Heiligkeit.«
Der Sekretär zog sich zurück, und der Papst fiel wieder in die
Gedanken zurück, in denen ihn die Gräfin für einen Augenblick unterbrochen hatte.
Frieden – also doch – also endlich doch Frieden. Viele Wochen lang hatten die Vorkonferenzen und Konferenzen mit
Friedrichs Leuten gedauert... mit Della Vigna, mit Thaddäus von Suessa, mit dem Erzbischof Berard. Widerwärtige
Verhandlungen mit glatten, ironischen Herren, deren höfliche Umgangsformen ihre tiefe Feindseligkeit nur schlecht
verbargen. Und es war nicht nur Feindseligkeit. Verrat saß
dahinter, geduckt wie zum Sprunge, süffisant lächelnd – ein
lebendiges Ding, man konnte es geradezu mit Händen greifen.
Übereinkünfte – Verträge mit solchen Menschen – was waren
sie wert?
Es war schlimm genug, Della Vigna zuzuhören, wie er einem
die Vorteile des Friedens an den Fingern vorzählte, an die er
selbst nicht glaubte: Della Vigna, schwarzbärtig und schräg-
äugig, ein Mann, der einen großen Maler zu einem Bildnis
des Judas inspirieren könnte – und doch die zuverlässigste
von Friedrichs Kreaturen, für den der Kaiser ein Heiliger
und mehr als ein Heiliger war. Er sprach von Friedrich wie
ein Mohammedaner von Mohammed, mit rückhaltloser Bewunderung und Ergebenheit und mit unverhohlener Verachtung für den Ungläubigen auf dem Papstthron. Ein Mann,
der ohne den geringsten Skrupel jeden Eid brechen würde,
solange es der Sache des Kaisers nützte. Aber der Schlimmste
war die große, schwere, gedunsene Masse Fleisch, der Erzbischof Berard von Palermo, der sich von Anfang an auf
Friedrichs Seite gestellt hatte und seine Exkommunikation
teilte. Hier wenigstens hätte man echte Reue erwarten sollen.
Aber er wollte mit Gott und Seinem irdischen Statthalter
schachern – wie ein erbärmlicher alter Mann im Beichtstuhl
mit dem Priester, wenn es sich um sein Lieblingslaster han-

delt. Könnte er nicht wenigstens dies behalten – oder jenes? Mußte er wirklich alles aufgeben?

Freilich, der Kaiser hatte ihn zum »Haupt der Kirche von Sizilien« ernannt, als ob er ein Recht hätte, Ehren zu verleihen, die lediglich dem Heiligen Stuhl zustanden. Er fürchtete, seinen Rang zu verlieren, statt für sein Seelenheil zu bangen. Hohe kirchliche Würdenträger wie er zeigten am deutlichsten, wie notwendig die Bettelorden waren...

Es hieß, daß sein großer Vorgänger, Innozenz III., einmal geträumt hatte, wie Sankt Franziskus in seinem braunen Bettlerkleid die Laterankirche und den päpstlichen Palast mit seinem schmächtigen Leibe stützte – ein Atlas der Christenwelt – und daß Innozenz diesen Traum für prophetisch angesehen hatte. Vielleicht war er das auch.

Glücklich der Mann, der Franziskaner oder Dominikaner sein durfte – er konnte den ganzen Tag Gott preisen und Ihm zum Ruhme arbeiten und studieren, statt sich mit einem Knäuel von Vipern und Ottern herumschlagen zu müssen.

Aber: diesem gequälten Jahrhundert den Frieden zu bringen, war dringendste Notwendigkeit. Man durfte kein Prinzip preisgeben. Aber in allem anderen mußte man so weit gehen wie nur möglich, damit es zum Frieden kam.

Schon war der Waffenstillstand erklärt. Und die Verhandlungen, Gott sei Dank, schienen einer Lösung zuzustreben. Es gab Hoffnung. Endlich, endlich gab es begründete Hoffnung – – –

Schweigend begann der Papst zu beten.

*

Die drei Schwestern gewöhnten sich nie so recht an »ihren Gefangenen«.

Irgendwie blieb es stets ein Ereignis, wenn eine von ihnen unter diesem oder jenem Vorwand zu ihm ins Turmzimmer schlüpfte, obwohl er oft genug einfach in seinem Buch weiterlas. Das war nicht etwa eine absichtliche Geste – kein Zeichen, daß er jetzt nicht gestört werden wollte. Er hatte die Gegenwart eines anderen Menschen einfach nicht bemerkt. Theodora ließ sich das nie gefallen. Sie sprach so lange auf ihn ein, bis er aufsah und antwortete. Oder sie nahm ihm

einfach das Buch aus den Händen und befahl: »Erzähl mir
etwas«, als wäre sie ein Kind und Thomas ihr Großvater.
Thomas gab ihr dann stets nach und erzählte ihr, was er gerade
gelesen hatte. Nach ein paar Minuten gab sie es auf.
»Das ist mir zu hoch, Bruder Mönch.«
Aber das wollte er nie gelten lassen. Er begann wieder von
vorn und erklärte es auf einfachere Weise, bis sie zugeben
mußte, daß sie es doch verstanden hatte.
Auch Adelasia mußte Abhandlungen über Aristoteles und
Peter den Lombarden über sich ergehen lassen.
Mit Marotta war es ganz anders. Sie kam öfter als ihre Schwestern.
Gewöhnlich setzte sie sich neben ihn, oder auf den Boden
zu seinen Füßen, und blieb da eine halbe Stunde lang
sitzen – manchmal auch länger –, ohne ein Wort zu sprechen.
Adelasia, die das beobachtet hatte, fragte sie, warum sie das
tat, und Marotta erwiderte ohne jedes Zögern: »Weil es da
friedlich ist.«
Aber manchmal sprach er auch mit ihr, und sie hörte zu, mit
großen Augen und tiefernstem Gesichtchen. Dann stellte sie
Fragen – und die galten stets dem Kernpunkt der Sache. Er
erzählte ihr von Sankt Dominik und Sankt Franziskus. Aber
jedesmal, wenn er von Sankt Benedikt sprach, glaubte sie
einen Unterton der Trauer in seiner Stimme zu bemerken.
»Tut es dir nicht leid, daß du ihn verlassen hast, Thomas?
Ich mag ihn am liebsten von allen Heiligen, von denen du
mir erzählt hast.«
Eine lange Pause folgte.
»Nein, Marotta – es tut mir nicht leid. Aber ich wünschte – – –«
»Sag's mir«, drängte sie sanft. »Ich – – ich muß das wissen.«
»Ich habe den Benediktinerorden nie gewählt, Marotta. Vater
tat das in meinem Namen, als ich fünf Jahre alt war. Und
als ich erfuhr, was die Ziele des Dominikanerordens sind, entdeckte
ich, daß ich dahin gehöre und zu keinem anderen. Da
spielt natürlich noch vieles andere mit, aber das sind Dinge,
von denen ich nicht sprechen kann – nicht einmal zu dir,
Liebes. Ich bin nun, was Gott will: ein Dominikaner, der
noch nicht mit seinen Brüdern vereinigt ist. Aber in den Reihen
der Söhne Sankt Benedikts habe ich eine Lücke gelassen –
und das ist es, was mir leid tut.«

Nach einer Pause sagte sie: »Es muß sehr schwer sein, ein Mönch zu sein – – oder eine Nonne.«
Er lächelte ihr zu, und ihre Züge begannen sich zu erhellen. »Glaubst du? Die meisten Mädchen versuchen äußerlich so schön zu sein wie nur möglich – und darüber vernachlässigen sie die innere Schönheit. Die Nonne aber versucht innerlich so schön zu sein wie möglich, und diese Schönheit strahlt nach außen durch.«
Sie schüttelte den Kopf. »Mönch oder Nonne sein heißt doch – nach Heiligkeit streben. Und man muß sehr tugendhaft sein, um heilig zu werden.«
»Es ist umgekehrt, Marotta«, sagte er plötzlich wieder ernst. »Heiligkeit ist vollendete Liebe. Alle Tugenden sind lediglich die Folgen dieser Liebe.«
Dann schwiegen sie beide eine Weile. Schließlich stand Marotta auf. »Ich könnte nie eine Nonne werden«, sagte sie heftig und rannte aus dem Zimmer. Er sah ihr überrascht nach. Dann nahm er sein Buch wieder auf.
Am Nachmittag des gleichen Tages stattete ihm seine Mutter einen Besuch ab. Triumphierend zeigte sie ihm die Antwort des Papstes. Er hatte ihm das Recht gewährt, selbst als Abt von Monte Cassino das dominikanische Ordenskleid zu tragen.
Thomas stand unbeweglich, die Augen auf den Boden geheftet.
»Nun? Was sagst du jetzt? Bist du nicht zufrieden? Immer noch nicht zufrieden?«
Er sah auf. »Mutter – – ich trage dieses Kleid nicht, weil es mir gefällt. Ich trage es in seiner ganzen, wirklichen Bedeutung. Ich bin Dominikaner.«
Sie stampfte mit dem Fuß. »Dein berühmtes Gehorsamsgelübde scheint dir jedenfalls nicht viel zu bedeuten, das muß ich sagen. Du willst dich ja sogar dem Papst widersetzen.«
Die krasse Ungerechtigkeit ihrer Worte entging ihm vollständig. Er hatte nichts von ihrem Brief an den Papst gewußt – und er kannte den Text des päpstlichen Briefes nicht, der ihrem Gesuch trocken stattgab, »sobald die darin erwähnte Angelegenheit spruchreif würde«. Er sagte langsam:
»Wenn der Heilige Vater mir etwas befiehlt, wird er es durch meinen Vorgesetzten im Orden tun.«

»Thomas – – Thomas – – –!«
»Das ist die Regel, Mutter.«
»Du bist ganz einfach unerträglich«, schrie ihn die Gräfin an und verließ zitternd vor Wut das Zimmer.
Später hatte sie eine lange Unterredung mit Landulf und Rainald, in der die beiden jungen Leute freilich nicht viel zu sagen hatten. »Ihr tut einfach gar nichts«, schloß sie. »Warum geht ihr nicht zu ihm und sagt ihm eure Meinung? Ich bin am Ende meiner Kräfte und meiner Geduld. Ich weiß, ich behandle ihn falsch, sein hartnäckiges Schweigen bringt mich jedesmal von neuem in Zorn. Ich kann nicht anders. Aber nun müßt *ihr* etwas tun. Das heißt nicht etwa, daß ihr euch wieder prügeln sollt! Das will ich auf keinen Fall. Rainald – du willst ein Dichter sein –, du solltest doch in Worte kleiden können, was ich meine! Was wir alle meinen: Geh und sprich mit ihm.«
Rainald seufzte tief. »Der Dichter gegen den Heiligen. Hübsches Turnier das, Landulf besorgt die Geräusche im Hintergrund – will sagen, er ist der griechische Chor. Laß dir das ganz klar sein, Landulf: du verkörperst die drei Erinnyen, die den Schuldigen mit dem ewigen Zorn der Götter bedrohen – und mit ewiger Verbannung aus den Gefilden der Seligen, wenn er weiter den Willen seiner Mutter mißachtet.«
»W-was soll ich sein?« Griechische Mythologie war nicht Landulfs Stärke.
»Du bist drei alte Damen mit Schlangen im Haar. Laß nur, mein Guter. Sitz du nur da und nicke verständnisinnig, wenn ich meine Argumente vorbringe. Wollen den Angriff auf morgen vertagen, wenn es dir recht ist, Mutter – es ist schon ziemlich spät und er geht früh zu Bett. Ich glaube, er hält sich so ziemlich an den gleichen Stundenplan wie im Kloster.«
»Ja, ich weiß«, sagte die Gräfin grimmig. »Und ich weiß nun auch, daß es ein Fehler von mir war, ihm das Ordenskleid zu lassen. Es ist wie eine Art von Verbindung zwischen ihm und seinem Orden. Mehr nur eine eitle Narretei. Aber nun, da der Papst mein Gesuch gewährt hat, läßt sich das nicht mehr ändern. Also gut – morgen.«
Sie besuchten Thomas am nächsten Nachmittag. Rainald sprach ausgezeichnet. Er begann mit dem Herzenswunsch

ihres Vaters, daß Thomas mit Monte Cassino verbunden sein solle – zur Sühne für den Angriff des alten Grafen auf das Kloster, vor über zwanzig Jahren. Er sprach von dem tiefen und ehrlichen Kummer ihrer Mutter. Bedeutete ihm denn der Name von Aquin wirklich gar nichts? Niemand wollte ihn dazu zwingen, ein Weltkind zu werden. Sie alle respektierten seine Berufung zum Priesterberuf. Aber war Sankt Benedikt nicht ein ebenso guter Heiliger wie Sankt Dominik? Es war ein rein intuitives Argument – aber Rainald war ein zu guter Beobachter, um nicht zu sehen, daß der Pfeil ins Schwarze getroffen hatte. Er wiederholte das Argument und begann es zu variieren. Hatte Thomas auch daran gedacht, was Sankt Benedikt zu der Sache sagen mußte? Schließlich und endlich hatte der Heilige den älteren Anspruch auf ihn. War es recht, war es edel, war es gottgefällig, ihn um eines anderen Heiligen willen im Stich zu lassen? War es nicht sehr wohl möglich, daß der Widerstand seiner Familie und besonders seiner Mutter ein Zeichen Sankt Benedikts war? Und, umgekehrt, wenn es wirklich seine Berufung war, Sankt Benedikt im Stich zu lassen und Sankt Dominik zu folgen, wie kam es dann, daß es Rainald und Landulf gelungen war, seine Reise zu unterbrechen? Sollte man nicht denken, daß er hätte durchkommen müssen? Daß er jetzt in irgendeinem Dominikanerkloster in Norditalien oder Frankreich sitzen würde?

Landulfs Mund stand offen, so sehr bewunderte er die geistige Wendigkeit seines Bruders.

Thomas hatte geduldig zugehört; mit seinen großen, runden Augen glich er ein wenig einer jungen und nachdenklichen Eule. »In einem Punkte hast du ganz recht, Rainald: Sankt Benedikt hat eins seiner Kinder verloren – – –«

»Siehst du wohl!«

»Aber Gott wird dafür Ersatz schaffen, wie Er will und wann Er will. Ich war nur ein Oblat. Nun bin ich ein Dominikaner. Das bedeutet, daß ich meinen Willen dem meiner Vorgesetzten untergeordnet habe. Sie, nicht ich, entscheiden über mich.«

»Mit anderen Worten«, sagte Rainald rasch, »ich kann mich mit deinen Vorgesetzten in Verbindung setzen und ihnen sa-

gen, daß du bereit bist, den Orden aufzugeben, wenn sie es gestatten.«
»Nein«, sagte Thomas mit großer Festigkeit. »Ich bleibe Dominikaner, es sei denn, daß sie mich wegjagen.«
»Bruder«, fauchte Rainald, »du bist der eigensinnigste Maulesel, der mir je vorgekommen ist.« Er lachte böse. »Nun, wenn wir einen Bettelmönch in der Familie haben müssen, dann werden wir wenigstens dafür sorgen, daß unsere Schande nicht an die Öffentlichkeit kommt. Du kannst hier noch zwanzig Jahre sitzen. Mich stört das nicht.«
»Du bringst uns in eine sehr unangenehme Lage, Thomas«, sagte Landulf plötzlich. »Der Kaiser haßt die Bettelorden – und wir sind vom Kaiser abhängig.«
»Der Kaiser aber«, erwiderte Thomas gelassen, »ist von Gott abhängig.«
»Das glaubt der Kaiser aber nicht«, lachte Rainald.
»Wenn das wahr ist«, sagte Thomas, »warum macht es euch stolz, ihm zu dienen. Wenn ihr einem Manne dient, der Gott nicht dient, wie könnt ihr selber Gott dienen? Habt ihr es immer noch nicht satt, mit diesem Mann verbündet zu sein, der einen Nachfolger Petri nach dem andern mit seinem Haß verfolgt?«
»Päpste kommen und gehen«, versetzte Landulf achselzuckend. »Aber der Kaiser bleibt. Und er ist noch nicht alt.«
»Da das Gegenteil von dem, was du sagst, wahr ist, mußt du dich irren«, erwiderte Thomas gleichmütig.
Wieder lachte Rainald. »Laß dich nicht mit diesem Dialektiker ein, Landulf. Du hast trotzdem unrecht, Thomas – und ich kann es dir beweisen. Du weißt nicht, wie sich die Dinge in letzter Zeit entwickelt haben. Heute morgen kam ein Kurier mit wichtigen Nachrichten. Zwischen Kaiser und Papst wird Frieden geschlossen. Die Exkommunikation wird am sechsten Mai aufgehoben. In Rom. Der Kaiser ist bereits auf dem Wege dorthin. Wie du siehst, haben wir uns doch nicht unrichtig verhalten.« Er stand auf. »Überleg's dir, Bruder Mönch. Überlege dir, ob deine Verbindung mit berufsmäßigen Bettlern wichtiger ist als das Gelübde deines Vaters und die Ehre deiner Familie. Gute Nacht!« Er gab Landulf einen Wink, nichts mehr zu sagen, und sie gingen. Thomas gab

keine Antwort. Er dachte an die große, überwältigende, heilige Freude, die die Brüder seines Ordens erfüllen mußte, wenn sie die Friedensnachricht hörten. Sie hatten sich so sehr danach gesehnt – und nun kam sie – – –
»Einen Augenblick gab es, da dachte ich, jetzt hab' ich ihn«, sagte Rainald draußen. »Das war, als ich erwähnte, daß er Sankt Benedikt im Stich gelassen hat. Und er gab es auch zu – –«
»Ja, aber „Gott wird dafür Ersatz schaffen, wie Er will und wann Er will"«, zitierte Landulf ironisch. »Es ist einfach nichts mit ihm anzufangen. Er ist völlig verdreht.«
»Was gibt's denn da?« fragte Rainald. »Mutters Stimme klingt sehr aufgebracht – auf wen schimpft sie nur?«
»Auf Marotta, nehm' ich an. Das Mädel war den ganzen Tag verschwunden, und Mutter hat sich sehr aufgeregt.«
Sie betraten das Zimmer der Gräfin.
»Ich fürchte, es wird deine Stimmung nicht gerade verbessern, Mutter, aber wir haben nichts erreicht. Landulf wird dir bestätigen, daß ich geradezu mit Engelszungen gesprochen habe.«
Die Gräfin war sehr blaß. »Ihr kommt gerade recht, eure Schwester Marotta zu beglückwünschen. Sie hat heimlich, hinter meinem Rücken, ein Benediktinerinnenkloster aufgesucht und ihren Namen als Postulantin eintragen lassen. Sie will Nonne werden, Benediktinerin!«
Die Brüder starrten sich entgeistert an. Plötzlich brach Rainald in ein heiseres Gelächter aus. »Bei allen Furien, Sankt Benedikt hat seinen Ersatz bekommen. Du hast doch soeben erst Bruder Thomas zitiert, Landulf, nicht? Tu's doch nochmal, wenn du dich traust! Tu's doch nochmal!«
»Nichts, was ihr sagt, kann meine Entscheidung ändern«, sagte Marotta.
»Wein her«, stöhnte Rainald. »Sie hat den selben Ausdruck im Gesicht wie Thomas. Wein – aber rasch. Mir ist ganz flau.«
Die Gräfin zog sich an diesem Tage früh zurück. Marotta hatte Hausarrest erhalten, aber es war ihnen allen klar, daß das nicht mehr bedeutete als eine ärgerliche Geste, die nicht von langer Dauer sein würde.

Ja, unter anderen Umständen hätte die Gräfin die Entscheidung ihrer ältesten Tochter wahrscheinlich begrüßt. Schlimm war lediglich, daß sie Thomas in seinem Eigensinn weiter bestärken mußte.
Sie hatte Adelasia und Theodora verboten, mit Marotta zu sprechen. Aber sobald sie zu Bett gegangen war, schlüpften die beiden Schwestern in Marottas Zimmer, wo sie Stunden in erregtem Geflüster zubrachten.
Rainald hatte Landulf und Sir Piers ein kleines Trinkgelage in der Halle vorgeschlagen. Aber nach etwa einer Stunde entschuldigte sich Piers und ging zu Bett. Er machte sich nicht viel aus Trinken um des Trinkens willen.
»Der Teufel soll den Burschen fressen«, sagte Rainald. »Untersteh dich und geh auch zu Bett, Landulf! Heute nacht brauch' ich Gesellschaft. Heute nacht will ich nicht allein sein. Ich nicht.«
»Dich hat er glaub' ich auch behext«, sagte Landulf.
»Was, unser Engländer? In England gibt's keine Magie. Nur Nebel.«
»Nicht Piers, Dummkopf. Thomas, natürlich.«
»Nenne den Namen nicht«, flehte Rainald. »Ich halt's nicht aus. „Gott wird Ersatz schaffen, wann Er will und wie Er will." Und Marotta geht hin und wird Nonne. Wer ist der nächste, Landulf? Du, vielleicht. Oder ich.«
»Was redest du nur zusammen?«
»Was ich rede? Mein guter Landulf, du warst vollständig im Recht. Er hat uns alle miteinander verhext. Hast du Mutter je in einem solchen Zustand gesehen? Marotta eine Nonne! Und Adelasia spricht in letzter Zeit verdächtig viel von Gott. Ist nicht gerade schwer zu erraten, wo sie das her hat, wie?«
»Mutter hätte den Mädchen nie erlauben sollen, zu ihm aufs Zimmer zu gehen. Sie sind zu leicht beeinflußbar.«
»Sei froh, daß du's nicht zu tun brauchtest, mein Junge. Sonst wärst du jetzt schon selber ein Kuttenbruder.«
»Sei kein Esel, Rainald«, sagte Landulf unbehaglich.
»Ich bin kein Esel. Nur ein bißchen betrunken – nicht sehr. Ich bin in dem Stadium, in dem man die Dinge klarer sieht. Das trojanische Pferd, Landulf – ich hab's Mutter neulich erst gesagt. Wir haben ihn seinem verdammten Kloster ent-

rissen, also geht er hin und macht ein Kloster aus Monte San Giovanni. Leben wir nicht schon alle wie Mönche und Nonnen? Gib ihm noch ein paar Monate und sieh zu, was dann noch alles passiert. Und er sitzt da, rund und vergnügt und völlig uneingeschüchtert – was sag' ich? Uneingeschüchtert? Siegreich – triumphierend ist das Wort. Alles geht genau, wie er es haben will.« Er stand auf. »Mir ist das zuviel, Bruderherz. Ich halt's nicht länger aus. Ich gehe.«
»Wohin?«
»Ich hol' meinen Gaul aus dem Stall. Nach Neapel geh' ich. Ich will die kleine, rote Barbara besuchen. Gut, daß die nicht hier ist, sonst macht er mir die auch noch zur Nonne – – heilige Venus!«
»Was ist denn jetzt wieder?« fragte Landulf verblüfft.
»Ich hab' eine Idee«, flüsterte Rainald. »Eine glorreiche Idee. Ja. Das ist die Lösung aller Lösungen. *Das* vertreibt den Zauber. Aus ist's mit der Hexerei. Landulf – dein Bruder Rainald ist ein Genie.«
»Was für eine Idee? Wovon redest du nur?«
»Das sag' ich dir nicht«, erklärte Rainald mit großer Genugtuung. »Wenigstens jetzt noch nicht. Aber höre zu: ich bin – warte mal –, ich bin Freitag nacht wieder da. Aber sag das keinem Menschen, verstanden? Sag, du hast keine Ahnung, wann ich zurückkomme. Ich komme also am Freitag abend – und zwar sehr spät –, kurz vor Mitternacht. Und du mußt gefälligst die Nachtwache übernehmen. Ich habe keine Lust, mich von unserem Engländer ins Kreuzverhör nehmen zu lassen.«
»Wie käme er denn dazu – –«
Rainald lachte. »Könnt' es mir schon vorstellen – so wie die Dinge dann liegen. Also ich verlasse mich darauf, daß du die Wache hast. Und in der Nacht, Brüderlein, brechen wir den Mönchszauber. Vom nächsten Morgen an frißt er uns aus der Hand.«
»Willst du wirklich – Magie anwenden?« fragte Landulf, halb ängstlich, halb hoffnungsvoll.
»Ja freilich – wirkliche Magie. Sehr teure Magie ist es. Überlaß mir die Sache. Und vergiß nicht: kein Wort zu den anderen!«

*

»Aber warum?« fragte die kleine, rote Barbara. »Warum willst du, daß ich das tue?« Sie besah sich sehr aufmerksam in dem schönen, venezianischen Spiegel – dem Geschenk eines vornehm aussehenden Herrn, den sie unter dem Namen Carlo kannte – aber das war natürlich nicht sein wirklicher Name. Sie hatte sich nie nach seinem wirklichen Namen erkundigt – es hatte keinen Zweck, zu neugierig zu sein, oder vielmehr manchmal hatte es wohl Zweck und brachte einem so manches ein – aber sie hatte das Gefühl, und zwar durchaus nicht ohne Berechtigung, daß es in »Carlos« Fall nicht ganz ungefährlich wäre.

»Warum?« Rainald streichelte ihre schlanke, weiße Schulter. »Warum, meine sanftbeschwingte Taube, meine Fegefeuerflamme, mein anbetungswürdiges Götzenbild? Weil mir mein armer kleiner Bruder leid tut. Ist es nicht eine Schande, daß er achtzehn Jahre alt geworden ist, ohne je die Süßigkeit gekostet zu haben, die da Weib heißt – das beste, was es im Leben gibt?«

»Er ist jungfräulich?« fragte die kleine, rote Barbara nicht ohne Interesse. »Das ist ziemlich selten, heutzutage. Aber warum gerade ich?«

»Das ist leicht zu beantworten, mein schillerndes, kleines Schlänglein, meine süßduftende Paradiesblume. Weil nur das Allerbeste für meinen kleinen Bruder gut genug ist. Darum bin ich den ganzen Weg von Monte San Giovanni hierher gekommen. Darum bin ich dazu bereit, schwere finanzielle Opfer zu bringen –«

»Du hast ganz schön gefeilscht«, sagte die kleine, rote Barbara. »Nur heraus mit der Sprache: wo stimmt es nicht, bei deinem Bruder? Du sagst, er ist noch jungfräulich – mit achtzehn Jahren. Irgend etwas stimmt da nicht. Und wenn ich mit dir komme, möcht' ich nicht gern herausfinden, daß er in Wirklichkeit ein ekelhafter alter Mann ist oder irgendeine scheußliche Hautkrankheit hat – oder sonst etwas Ähnliches.«

»Hast du denn kein Vertrauen zu mir?« fragte Rainald vorwurfsvoll.

»Nicht das geringste«, erklärte die kleine, rote Barbara.

»Gut! Ich werde dir alles sagen. Das einzige, was bei ihm nicht stimmt, ist, daß er ein Mönch ist und glaubt, er würde auf der Stelle sterben, wenn er einem hübschen Mädel zu tief in die Augen guckt. Ich schwöre dir, sonst ist alles mit ihm in Ordnung.«

Die kleine, rote Barbara amüsierte sich. »Wir werden ihn nicht sterben lassen, den armen kleinen Kerl«, sagte sie. »Wir werden sehr lieb zu ihm sein – so lieb, daß er denken wird, er sei bereits im Himmel.«

»Nimm's nicht zu leicht«, warnte Rainald. »Er ist genau die Sorte von Junge, die ihren Mantel in Frau Potiphars rosigen Fingerlein zurücklassen und wegrennen. Nun, wegrennen kann er nicht gut, weil er eingesperrt ist. Aber immerhin – – –«

»Eingesperrt?« unterbrach die kleine, rote Barbara, plötzlich wieder sehr mißtrauisch. »Warum ist er eingesperrt?«

Rainald stöhnte. »Also gut. Muß ich dir das eben auch noch erklären. Mutter hat ihn eingesperrt, weil der dumme Kerl ein Bettelmönch werden will, in seinem heiligen Eifer. Er ist so idiotisch, daß man weinen könnte. Meine einzige Sorge ist, daß er dich einfach nicht anschauen wird. Selbst du könntest versagen.«

Sie lächelte, halb vergnügt, halb verächtlich. »Er ist von Fleisch und Blut, wie ich annehme – –«

»Er hat eine Menge von beidem.«

»Dann brauchst du keine Angst zu haben«, sagte die kleine, rote Barbara. »Wenn ich versage, geb' ich dir deine goldenen Augustalen zurück. Alle! Das ist mir nie vorgekommen, seit ich vierzehn war.« Sie läutete eine kleine Glocke, und nach einer Weile steckte ein grauhaariger, alter Mann den Kopf durch die Tür.

»Ihr habt geläutet, Herrin?«

»Ja, Matteo. Spann die Pferde an meinen Wagen. Wir reisen nach Monte San Giovanni. Es sind – wie weit war es, Rainald? – etwa fünfundsechzig Meilen, Matteo. Sieh nach allem, was nötig ist.«

»Jawohl, Herrin.« Der alte Mann verschwand. Es gab nicht viele Leute, die wußten, daß er ihr Onkel war, oder daß ihre Bedienerin in Wirklichkeit ihre erheblich weniger hübsche Schwester war. Auch die kleine, rote Barbara hatte ihren Familienstolz.

»He, Landulf.«
»Komm herein, Rainald. Hast du bekommen, was du brauchst, für – das, was du vorhast?«
»Freilich.«
»Was ist es? Ein Trank oder eine Beschwörung?«
»Es ist eine Succuba.«
»Eine was?«
»Es hat zwei bezaubernde weiße Brüstlein, süße Lippen und eine Menge roter Locken und wird die kleine, rote Barbara genannt. Sie wartet draußen im Wagen.«
Landulf stierte ihn an. »Bist du ganz und gar verrückt?«
»Still!« zischte Rainald.
»Du willst eine Hure in Mutters Haus bringen – –«
»Wirst du ruhig sein«, fuhr ihn Rainald mit unterdrückter Stimme an. »Du weckst noch das ganze Haus auf, du Esel!« Aber Landulf war wirklich zornig. »Von mir aus kannst du so viele Geliebte haben wie du willst – ich bin auch kein Heiliger. Aber schlepp sie nicht hierher, wo –«
»Willst du endlich den Mund halten, du Einfaltspinsel? Sie ist die Medizin für Thomas, verstehst du denn nicht? Sobald er einmal in ihren Armen gelegen hat, vergißt er alle seine heiligen Bettler. Er wird vielleicht nicht wollen, aber er wird müssen. In solchen Dingen verstehen diese Orden keinen Spaß.«
»Oh – oh – – jetzt begreife ich erst.« Landulf schüttelte sich vor unterdrücktem Lachen. »Du bist mir ein Teufel, Rainald. Warum hast du sie denn nicht gleich mitgebracht?«
»Damit du sie eine Hure schimpfst und ihr erzählst, wie wichtig dir die Reinheit dieses Hauses ist? Dazu kenn' ich dich zu gut, Landulf. Außerdem mußte ich doch erst ausfindig machen, ob sie alle schlafen. Schlafen sie alle?«
»Ja, alle außer mir. Geh und hol sie. Bin gespannt, wie sie aussieht.«
»Laß mir aber gefälligst die Hände von ihr, Bruder. Du sollst nicht begehren deines Bruders rote Barbara. Gut, gut, ich gehe ja schon.«
Es war nicht weiter schwierig, sie an den beiden Wachtposten an der Zugbrücke vorbeizuschmuggeln. Zwei Goldstücke für jeden, und alles war in Ordnung.

Eine Minute später war das verschleierte junge Frauenzimmer im Hause.
»Landulf, nimm ihr Mantel und Schleier ab – nein, mein Süßes, das ist *nicht* mein Bruder Thomas. Das ist mein Bruder Landulf. Der ist *nicht* unberührt. Heb ihn dir für ein andermal auf. Jetzt folge mir – auf den Zehenspitzen –, wir müssen zu Thomas aufs Zimmer hinauf. Du, bleib wo du bist, Landulf – wenn du auf den Zehenspitzen gehst, hört man's durch das ganze Schloß.«
»Du, das ist ein Mädel, Bruder – –«
»Still jetzt – – –«
Sie stiegen die Treppe hinauf und erreichten das Turmzimmer. Rainald sperrte vorsichtig die Tür auf. »Er liegt im Bett – schläft«, wisperte er. »Vorwärts – geh hinein!«
Und die kleine, rote Barbara ging hinein.
Auf dem Bett lag ein rundlicher junger Mönch in weißem Ordensgewand. Der schwarze Überwurf diente ihm als Decke. Die wirkliche Decke und die seidenen Kissen hatte er aus dem Bett geworfen, wie jede Nacht. Er schlief ganz friedlich, auf der rechten Seite, mit beiden Fäusten vor dem Gesicht, so wie die meisten Kinder schlafen.
Wie wohl sein Gesicht aussehen mochte? Mit sanfter Bewegung ergriff sie seine Fäuste, die mehr als doppelt so groß waren wie ihre eigenen, überschlanken Hände mit den spitz zulaufenden Fingern – und zog sie an sich.
Und er erwachte.
Sie sah ein kraftvolles junges Gesicht, mit dichten, hochgeschweiften Augenbrauen über runden schwarzen Augen, die sie ruhig und wohlwollend anblickten. Dann veränderte sich der Blick – das Wohlwollen verschwand, und an seine Stelle trat erst grenzenloses Erstaunen und dann Bestürzung.
»Still, mein süßer Junge«, flüsterte sie und schenkte ihm ihr bestes Lächeln.
Aber er setzte sich mit einem Ruck auf, und ihre Hände flogen beiseite.
Noch immer sah er sie an, aber nicht mehr erstaunt oder bestürzt. In seinem Blick lag weder Zorn noch Verachtung. Und doch war ihr, als wenn dieser junge Mensch sie erkannt hätte – als ob er sie durchschaute – durch und durch. Und

zum erstenmal im Leben wurde sie sich völlig darüber klar, was sie wirklich war. Sie glaubte etwas wie Mitleid in den schwarzen Augen zu sehen. Er sah sie, wie sie wirklich war. Und nun stand er auf. Er wuchs zu ungeheurer Größe. Sie konnte den Blick seiner Augen nicht länger ertragen – und sie wußte, sie mußte rasch handeln – rasch. Sie lächelte zu ihm auf, trat einen Schritt näher und ließ mit einer anmutigen Bewegung ihrer Schultern ihr Kleid an sich herabgleiten. Die prachtvollen Konturen ihrer Schönheit glühten rötlich im Schein des Kaminfeuers. Ohne ein Wort, ohne einen Laut sprang er mit zwei Sätzen zum Kamin; er ergriff ein mächtiges, brennendes Scheit und – ging auf sie los, mit der ruhigen, sachlichen Entschlossenheit eines Mannes, der einen Haufen Abfall anzuzünden beabsichtigt.
Die kleine, rote Barbara stieß einen gellenden Angstschrei aus, drehte sich, raffte ihr Kleid zusammen und rannte – rannte ums liebe Leben.
Der kurze, schreckliche Augenblick, als die Tür – die sie hinter sich geschlossen hatte, als sie eingetreten war – sich nicht gleich öffnen wollte... Und da kam er, der Riese mit dem feurigen Scheit – aber dann ging die Tür doch auf, und sie raste, noch immer kreischend, an Rainald vorbei, die Treppe hinunter nach dem Haupteingang.
Landulf wollte sie aufhalten, sie fragen, was geschehen war. Sie stieß ihn mit unglaublicher Kraft beiseite und stürmte hinaus auf den Schloßhof.
Oben schloß sich die Tür des Turmzimmers mit einem donnerartigen Krachen.
Rainald fluchte vor sich hin. Nach dem ersten Schreckensschrei der kleinen, roten Barbara hatte sich eine Türe geöffnet, und Theodora hatte herausgesehen. Natürlich sah sie die kleine, rote Barbara herauslaufen – und ihr Gesichtsausdruck ließ wenig Zweifel darüber, daß sie die Sachlage klar durchschaute.
Er starrte sie wütend an. »Wenn du das Mutter erzählst, sag' ich, du seiest hysterisch. Geh zurück ins Bett. Morgen werd' ich dir alles erklären.«
Da erklang die Stimme der Gräfin von der anderen Seite des Ganges. »Was ist denn? Ist etwas geschehen?«

Theodora sagte: »Es ist nichts, Mutter. Gar nichts. Ich habe schlecht geträumt.«
Sie warteten. Aber die Antwort schien der Mutter zu genügen.
»Danke, Kleines«, sagte Rainald. Er fuhr sich über die Stirn.
»Ich will keinen Dank von dir«, sagte Theodora. »Du bist der niedrigste, verächtlichste Mensch, den ich kenne. Ich wollte, du wärst nicht mein Bruder. Gott sei Dank dafür, daß Thomas mein Bruder ist. Das macht die Schande wieder gut.«
Sie trat in ihr Zimmer zurück.
Thomas hatte die Tür hinter der kleinen, roten Barbara mit dem Fuß zugestoßen. Nun hob er das brennende Scheit, und mit fast zeremoniell feierlicher Bewegung brannte er ein riesiges schwarzes Kreuz in die Tür. Dann schritt er geruhsam zum Kamin und legte das Scheit fein säuberlich wieder zurück. Erst dann begab er sich wieder zu Bett.
Vor zwei, drei Minuten hatte er noch fest geschlafen. War er überhaupt wirklich aufgewacht? Hatte er sein Bett überhaupt verlassen? War er jetzt wach? Und das schwarze Kreuz da an der Türe, war das wirklich da? Er dachte darüber nach, langsam und in aller Ruhe, und kam zu dem Schluß, daß es wahrscheinlich wirklich da war und daß er den Vorfall nicht geträumt hatte, daß es aber keine Rolle spielte, ob er sich so verhielt oder nicht. Worauf es ankam, war, daß er im Wachen oder Schlafen von einem der Erzfeinde des mönchischen Lebens angegriffen worden war und daß er durch die Gnade Gottes fähig gewesen war, den Angriff abzuschlagen.
Die Hände zu inbrünstigem Gebet gefaltet, flehte er zu Gott, ihm in Zukunft solche Versuchungen zu ersparen, auf daß er alle seine Energie ungehindert Seinem Dienste widmen könne. Sein Bewußtsein umwölkte sich, während er noch betete, und aus den Wolken kam es wie Lichtwellen, wie ein einziger Strahl von fleckenlosem Weiß: nein, es war ein feuriger Kegel, der näher und näher kam und eine sengende Glut ausstrahlte. Thomas stöhnte vor Schmerz wie ein Sterbender. In den letzten Tiefen seines Geistes wußte er, daß er diese Flamme selbst auf sich herabgerufen hatte, daß ein riesiges schwarzes Kreuz in ihn eingebrannt werden mußte, und mit einer festen Bewegung seines Willens nahm er das Kreuz an. Da

berührte ihn der feurige Kegel, und er schrie auf, als der schreckliche, unerträgliche Schmerz einen glühenden Kreis um seinen Leib zog wie einen feurigen Gürtel.
Wieder erwachten sie alle. Aber nun war es still. Auf dem Bett schlief ein wohlgenährter junger Mönch. Er schlief friedlich, auf der rechten Seite, mit beiden Fäusten vor dem Gesicht, so wie die meisten Kinder schlafen.

*

Als Theodora die Stufen zum Ringwall heraufkam, wußte Piers sofort, daß sie diesmal mit ihm sprechen wollte, und sein Herz schlug rascher.
»Sir Piers – – –«
»Euer Diener, vieledle Dame.«
»Sir Piers, Ihr habt mir die Ehre angetan, mich zu Eurer Dame zu wählen. Doch habe ich Euch bis jetzt noch nie um einen Dienst gebeten.«
»Das bedaure ich schon lange.«
»Ich bitte jetzt um Eure Dienste, Sir Piers.«
Sein Ärger war sofort verflogen. »Ihr macht mich sehr glücklich.«
»Was ich Euch zu sagen habe, muß ein Geheimnis zwischen uns bleiben.«
»Es wird ein Geheimnis bleiben, solange Ihr es befehlt.«
Ihre Augen funkelten. »Sir Piers, mein Bruder Thomas ist höchst ungerecht und niederträchtig behandelt worden. Vergebt mir, wenn ich nicht mehr darüber sage – es hieße Mitglieder meiner eigenen Familie bloßstellen. Aber ich wollte, er wäre frei und bei den Brüdern seines Ordens.«
»Ihr wollt, daß er entkommt?« fragte Piers kaltblütig. »Das läßt sich einrichten.«
Sie preßte seine beiden Hände vor Freude. »Ich will Euch dankbar sein, solange ich lebe.«
Er kniete nieder und küßte ihre Hand. »So«, sagte er, aufstehend, »meine Belohnung habe ich nun. Habt Ihr schon einen Plan oder soll ich ihn machen?«
Sie lachte fröhlich. »Die Sache ist schon weiter gediehen, als Ihr wißt. Adelasia und Marotta sind Mitverschworene, und wir stehen mit den Dominikanern in Verbindung. Sie sagen,

wenn es uns nur gelänge, ihn aus Monte San Giovanni herauszubekommen, würden sie schon dafür sorgen, daß er nicht ein zweites Mal gefangen wird. Aber wie können wir das – mit all den Wachen um uns herum?«
Er nickte. »An der Zugbrückenwache können wir ihn nicht vorbeibringen – die Leute stehen nicht unter meinem Befehl. Aber ich erinnere mich an einen heiligen Mann, der nur dadurch aus einer feindlichen Stadt entkam, daß man ihn in einem Korb an der Mauer hinunterließ.«
Sie lachte. »Wer war das?«
»Der heilige Paulus, wenn ich mich nicht täusche. Er entkam einst auf solche Weise aus Damaskus. Aber freilich, er war ein schmächtiger, kleiner Mann, und drei Mädchen hätten es leicht bewerkstelligen können. In unserem Fall wird es nicht ganz so einfach sein.«
Wieder mußte sie lachen. »Ich bin so voller Wut und Hoffnung und Aufregung, und Ihr bringt mich in einemfort zum Lachen.«
»Das ist so Sitte bei uns in England, wenn es sich um etwas wirklich Ernstes handelt.«
»Und wenn es um etwas Spaßhaftes geht?«
»Dann tun wir alle furchtbar ernst, vieledle Dame.«
Nun tanzten ihre Augen. »Dann muß ich den Rückschluß ziehen – wie Bruder Thomas sagen würde –, daß Ihr auf Roccasicca und Monte San Giovanni nichts sehr ernst genommen habt.«
»Ich nehme Euch ausgesprochen ernst, vieledle Dame«, sagte Piers und strahlte über das ganze Gesicht.
»Ich weiß wirklich nicht, was ich ohne Euch machen würde« – sie fühlte, daß es höchste Zeit war, auf das Thema zurückzukommen. »Ihr habt recht, wir brauchen ein paar starke Männer, um Thomas über den Wall zu befördern.«
»Mein Knappe Robin ist der rechte Mann dafür. Wann erwartet Ihr die Dominikaner?«
»Ich brauche ihnen nur Nachricht zukommen zu lassen. Morgen nacht?«
Er nickte. »Ich sorge dafür, daß die Wachen auf dieser Seite fehlen. Robin besorgt den Korb und die Seile. Ihr besorgt die Dominikaner und – Euren Bruder. Das ist alles.«

Es klang so leicht, so selbstverständlich. Er schien es einfach nicht in Betracht zu ziehen, daß eine gefährliche Lage entstehen konnte. Sie sah ihn strahlend an. »Ich bin froh«, sagte sie, »recht von Herzen froh, daß Ihr mich zu Eurer Dame erwählt habt.« Als hätte sie zuviel gesagt, wandte sie sich hastig um und lief die Treppenstufen zum Hof hinab.

„Ich bin ein Narr", dachte Piers. „Sie kommt zu mir, weil sie mich braucht, und aus keinem anderen Grunde. Aber, gib mir noch ein paar solcher Augenblicke, mein Herr und Gott, und ich will gern alles andere auf mich nehmen, ohne zu klagen."

*

»Rainald – wach auf! Rainald!«
»W-was ist denn – – du, Landulf?«
»Nimm dein Schwert. Sie wollen Thomas entwischen lassen.«
»Sie? Wer? Was hast du gesagt?«
»Wach auf, sag' ich! Thomas entwischt. Die Mädchen haben ihn herausgeholt, und er ist oben auf der Ringmauer. Ich hörte ein Geräusch und sah aus dem Fenster – so komm doch endlich! Mach flink!«
»Thomas entwischt«, wiederholte Rainald. Mit einem Ruck setzte er sich auf. »Das ist die beste Nachricht des Jahres!«
»Bist du verrückt?«
»Geh schlafen, Bruderherz. Nein, du bist nie aufgewacht. Du schläfst immer noch. Glaub mir, Landulflein, du schläfst fest!«
»So muß ich eben allein handeln. Ich hole die Wachen –«
Rainald sprang auf und packte ihn mit eisernem Griff. »O nein, das wirst du *nicht* tun. Du Esel. Du weißt wohl nie, was für dich gut ist, wie? Du mußt's verhindern, denkst du. Aber ich erlaube es nicht.«
»Laß mich los – du bist ja wahnsinnig – du bist vollständig verrückt!«
»Ich *war* verrückt – und du ebenfalls, daß wir ihn überhaupt hierher gebracht haben. Landulf, wenn du schreist, hau' ich dir den Weinkrug über den Schädel. Hör zu: willst du wirklich auf Lebenszeit den Kerkermeister deines eigenen Bruders spielen? Willst du, daß Adelasia und Theodora auch noch Nonnen werden? Willst du fühlen, was ich fühle – daß du ein

ganz ausgesucht verächtliches, miserables Subjekt bist? Laß ihn laufen, sag' ich.«

»Aber Mutter! Sie wird uns befehlen, ihn wieder einzufangen.«

»Dann werden wir ihm pflichtschuldigst nacheilen. Aber wir werden ihn nicht einholen. Nicht, wenn ich's verhindern kann. Gute Nacht, Bruder Landulf – und wenn dir's geht wie mir, dann wird das deine erste friedliche Nacht seit langer Zeit...«

ZWEITES BUCH

VI

TROMMELN, PFEIFEN UND TROMPETEN. EINE KAVALkade von Rittern – ein endloser Zug gepanzerter Söldner. Die kaiserliche Menagerie, von sarazenischen Wärtern mit blumenumwundenen Ketten geführt. Die kaiserlichen Tanzmädchen unter der Aufsicht ihrer Eunuchen. Wieder Söldner. Wieder Ritter. Die kaiserlichen Gerichtsherren. Die Beamten der Schatzkammer. Die Edlen, jeder mit seinem eigenen Gefolge, zuerst die von geringem Rang, dann in sorgfältiger Reihenfolge die Barone und Grafen und Fürsten. Die deutschen Leibwachen, alle von edlem Blut, junge Riesen, von Kopf bis Fuß gepanzert und auf von Kopf bis Fuß gepanzerten Pferden – jedermann eine selbständige Kampfeinheit und nahezu unverletzlich. Die kaiserlichen Räte. Vierzig ausgesucht schöne junge Mädchen mit Blumenkörben.
Der Kaiser selbst auf seinem Rappen »Drache«. Er war in Purpursamt gekleidet. Helm und Brustpanzer waren von getriebenem Golde, der Schwertknauf schimmerte von Rubinen. Friedrich lächelte und nickte fortwährend, sobald man durch ein Dorf oder eine Stadt kam, und zwölf Pagen hinter ihm warfen Gold- und Silbermünzen unter das Volk.
Jetzt die kaiserliche Standarte, ein mächtiger schwarzer Adler auf Goldgrund, getragen von einem hünenhaften Mann. Die Kavalkade des »inneren Rates«, aus den intimsten Freunden des Kaisers bestehend, darunter Erzbischof Berard von Palermo, der Kanzler Piero Della Vigna, Thaddäus von Suessa und der Graf von Caserta. Jokko, der Narr. Wieder eine Abteilung der deutschen Leibgarde, gefolgt von einem Strom von Söldnern und Hunderten von Wagen und Karren. Wo immer der kaiserliche Aufzug vorbeikam, ertönte Beifallklatschen und fröhliches Geschrei – und nicht nur wegen der Gold- und Silberstücke. Denn jedermann wußte, daß der Kaiser nach Rom zog, um endlich, endlich mit dem Heiligen Vater Frieden zu schließen.
Überall läuteten die Glocken. Menschen umarmten einander mit Tränen in den Augen. Alle hatten Schweres durchgemacht in den schrecklichen Jahren, die nun ein Ende fanden. Niemand war seines Lebens sicher gewesen. Auf jedem ein-

zelnen hatte der bleierne Druck ständiger Unsicherheit gelastet. Eine Denunzierung – gleichviel ob wahr oder unwahr –, wonach man päpstliche »Spione« beherbergt habe, und plötzlich erschienen die Söldner des Kaisers und brannten, töteten und plünderten. Nun aber war Friede. Nun konnte jedermann ohne Furcht schlafen. Jetzt durfte man des Kaisers Majestät dienen ohne die Gewissensbisse, die einen in der Vergangenheit so oft verfolgt hatten: einem Mann zu dienen, der vom mystischen Leibe Christi ausgeschlossen und darum schlimmer war als ein Heide.
In allen Kirchen war für den sechsten Mai ein feierliches Te Deum angeordnet worden. Ein glorreicher Tag sollte es werden, an den sich noch kommende Generationen erinnern sollten – der Tag, an dem der Heilige Vater den Kaiser umarmte und ihn wieder in die Kirche aufnahm: in die Gemeinschaft aller Christen, der lebenden, der toten und derer, die dereinst leben würden – in die Gemeinschaft der Heiligen, der Apostel, Christi selbst. Herolde ritten in alle christlichen Lande, die Nachricht zu verkünden. Schiffe brachten sie übers Meer nach England, Norwegen und Schweden, und im Morgenlande steckten Sultane und Emire die Köpfe mit den juwelengeschmückten Turbanen zusammen und flüsterten erregt und besorgt miteinander – denn Friede und Einigkeit in der Christenheit bedeutete, daß ihr beständiges Bestreben, das Reich des Islams zu erweitern, nun gegen viel stärkeren Widerstand stoßen würde. Vielleicht wurde sogar ein neuer Kreuzzug ins Auge gefaßt...
Schon hatte der kaiserliche Zug das Westufer des Bolsener Sees erreicht, und er rückte langsam und stetig in südöstlicher Richtung vor. Der Kaiser blickte sich um und gab seinen Freunden ein Zeichen, zu ihm heranzureiten. »Ein wenig Kurzweil auf dem langen Weg kann uns nichts schaden«, lächelte Friedrich. »Thaddäus, mein Freund – was glaubst du, denkt der Papst in diesem Augenblick?«
Sofort nahm der skeletthafte, glattrasierte Rat den Ausdruck salbungsvoller Würde an. »Nun bekomme ich den Peterspfennig wieder ohne Schwierigkeiten«, sagte er, »nun füllen sich die Opferstöcke und Kassen.«
Friedrich lachte. »Nicht schlecht. Nun du, Della Vigna?«

»Daran hat er schon so oft gedacht, daß es nicht mehr aktuell ist, großer Augustus. Jetzt knabbert er an seinen Fingernägeln und fragt sich, ob er nicht zu viele Konzessionen gemacht und ob er den Handel nicht hätte billiger haben können.«
»Kannst recht haben. – Mein Freund Berard?«
Der Erzbischof rieb sich das fleischige Kinn. »Ich bin da nicht zuständig, lieber Herr – es wäre eine Anmaßung von mir, die Gedanken des Papstes erraten zu wollen.«
»Berard, Berard – unser Friede mit dem Papst scheint einen schlechten Einfluß auf dich zu haben. Du wirst langweilig. Ich will dir sagen, was meine Meinung ist: er denkt: ,,Nun bin ich größer als Gregor, größer sogar als der dritte Innozenz: denn ich habe fertiggebracht, was diese beiden nicht vermochten: der Adler frißt mir aus der Hand."«
Der Erzbischof lächelte unbehaglich. »Das würde er denken, wenn er die Natur des Kaisers hätte. Der vierte Innozenz ist nicht so ehrgeizig.«
Friedrich lachte wieder – aber es war kein frohes Lachen.
»Wir werden eine gewaltige Menge von kirchlichen Zeremonien über uns ergehen lassen müssen«, sagte er. »Das läßt er sich bestimmt nicht nehmen. Prozession, Messe, Te Deum und die Götter mögen wissen, was sonst noch. Da – seht ihr –, da geht eine winzige Prozession – bestehend aus einem Mann und einem Kind – –«
Sie blickten hin. Ein Priester in Chorrock und Stola schritt über ein Feld. Ein kleiner Ministrant trabte vor ihm her.
»Er bringt wohl einem Sterbenden in einem der kleinen Häuser da drüben die Wegzehrung«, sagte der Erzbischof und bekreuzigte sich.
Friedrich preßte die Lippen zusammen. »Möchte wissen – möchte wirklich wissen, wie lange dieser Unfug noch Bestand haben wird.«
»Aber lieber Herr«, sagte Berard. Es klang nicht wie ein Protest, sondern eher wie der Versuch einer schwachen, gutmütigen Mutter, ihr vorwitziges Kind zu beschwichtigen.
Der Kaiser seufzte. »Ich weiß, das Volk läßt sich nicht so schnell aufklären, wie es wünschenswert wäre. Diese Dinge hat man ihnen über tausend Jahre lang vorgegaukelt. Und trotzdem – es ist erstaunlich, wie sie sich alle daran klam-

mern – und längst nicht immer nur aus Feigheit, das will ich gern zugeben. Es beweist lediglich das Ausmaß der großen Betrüger – –«
Sie blickten ihn fragend an.
»– der drei größten Betrüger, die die Welt je gesehen hat«, sagte Friedrich. »Moses, Christus und Mohammed.«
»Welch ein Wort«, schrie Della Vigna begeistert. »Es wird in die Unsterblichkeit eingehen als eins der kühnsten Worte, die je gesprochen wurden.«
Thaddäus von Suessa krähte vor Lachen.
Der Erzbischof schwieg. Es war natürlich tief bedauerlich, daß der Kaiser solche Bemerkungen machte – aber wenn man ihm eine Antwort gab – und oft hätte man gar vieles antworten können –, dann trieb er es nur noch schlimmer. Und es war so wichtig, ihn gerade jetzt bei guter Laune zu erhalten – nicht nur wegen des sechsten Mai, also übermorgen – sondern auch, weil man sich jetzt einem sehr gefährlichen Ort näherte – einem Ort, dessen bloßer Name dem Kaiser tödlich verhaßt war. Dort drüben, hinter den sanften Hügeln, leuchteten im Sonnenlicht die Wälle von Viterbo.
»Da gibt's gar nichts zu lachen, Thaddäus«, sagte der Kaiser. »Mir ist es durchaus ernst. Diese drei großen Betrüger hatten alle die gleiche Idee – den Plan, Millionen und aber Millionen von Menschen nach ihrem Ebenbilde zu formen. Ich kann's sehr gut verstehen – es ist vielleicht die einzige Art, durch die ein großer Mann wirklich in die Unsterblichkeit eingeht. Der kleine Mann vermag das nur durch Fortpflanzung. Er schläft mit seinem Weibe, um ein anderes liebes Selbst zu zeugen. Der große Mann aber zwingt eine Generation nach der andern in die Form seiner eigenen Persönlichkeit. Ich muß das mit Bonatti besprechen. Kann sein, daß das einer der Schlüssel zu den großen Arcana ist.«
»Wer sollte ihn finden, wenn nicht Ihr, Herr«, sagte Della Vigna mit glänzenden Augen. »Zur Jehenna mit diesem Frieden! Wozu brauchen wir einen Papst, wenn wir den größten Geist, die erhabenste Seele des Jahrhunderts hier in unserer Mitte haben – den Coadjutor Gottes, den Mitwisser der göttlichen Vorsehung, vom Auge Gottes unablässig erleuchtet – – –«

„Und das glaubt er tatsächlich alles", dachte der Erzbischof. Freilich, wenn man sich erinnerte, wie sich Friedrich von einem von allen vergessenen Prinzlein zum Herrscher der gesamten zivilisierten Welt aufgeschwungen hatte, war es schwer, ihm nicht recht zu geben – mit gewissen Einschränkungen, natürlich. Aber laß ihn den Kaiser preisen, laß sie alle den Kaiser preisen – dann blieb er bei guter Laune. Auch war er ein viel zu großer Staatsmann, als daß ein so sorgfältig ausgeklügelter Friedensschluß durch ein paar grobschlächtige Schmeicheleien gefährdet werden könnte. Viterbo – das war etwas anderes. Wenn nur niemand den Namen nannte – – –
»Daran ist viel Wahres«, sagte der Kaiser ruhig. »Und mein Leben ist der beste Beweis dafür, glaube ich. Aber es steht zu hoffen, daß Innozenz IV. klug genug ist, es einzusehen. Vielleicht ist sein Friedenswille der Beginn dieser Einsicht. Ihr habt alle von der indischen Lehre der Seelenwanderung gehört – wie ein Mann wieder und wieder geboren werden muß, bis seine Seele den Idealzustand erreicht hat. Daran könnte ich fast glauben – fast. Nicht ganz; denn es bleibt mir unvorstellbar, daß eines Tages die Seele Friedrichs in die Allseele übergehen soll, wie der Tautropfen in den Ozean überfließt. Es würde bedeuten, daß ich aufhören würde, Ich zu sein. Und ich kann nie aufhören, Ich zu sein. So ziehe ich es vor, überhaupt nicht an die Existenz der Seele zu glauben.«
»Aber nach den Gesetzen der Logik« – begann der Erzbischof.
»Der Kaiser steht über der Logik. Die Gottheit steht über der Logik«, rief Della Vigna.
»Manchmal versteht ihr mich, Freunde«, sagte Friedrich. »Und dafür bin ich dankbar. Es ist sehr einsam – da wo ich stehe. Und das, was menschlich ist an mir, leidet darunter. Als ich jünger war, dachte ich oft, daß die Seelen von tausend Menschen in Gottes Mörser zerstampft werden mußten, um die meine zu formen. Meine Liebe und mein Haß, mein Denken und Fühlen – sie überstiegen alle menschliche Beschränkung. Ja, es gab Augenblicke – und es gibt sie noch immer –, wo mir klar wird, daß es so etwas wie Beschränkung, wie Schranken für mich überhaupt nicht gibt.«
Er sprach mit der drängenden, glühenden Überschwenglichkeit des Dichters, und es lag zweifellos etwas Hinreißendes in

seiner ganzen Persönlichkeit – eine seltsame, furchteinflößende Schönheit, das Erbteil der Hohenstaufen, das ihnen so manchen Sieg erfochten hatte. Und auf seine eigene, furchtbare Weise war er ein Dichter – ein Dichter der Tat, schöpferisch und zerstörerisch, je nach Laune. Es kam sehr selten vor, daß er so sprach – gewöhnlich verbarg er seine Gedanken hinter dem kargen, spöttischen Lächeln, an dem die starren Augen keinen Anteil hatten.

»Heute«, fuhr er fort, »zweifle ich daran, daß es so etwas wie eine Seele gibt – und es ist bezeichnend für die Kluft, die zwischen mir und dem armen Innozenz liegt, daß er denkt, ich schließe Frieden mit ihm, um eine Seele zu retten, an deren Existenz ich nicht glaube. Aber das Genie an sich ist ohne Zweifel unsterblich.«

Das war der Augenblick! Einer kam klirrend die Straße entlang, an den Edlen vorbei, an den Blumenmädchen vorbei und hielt vor der Gruppe um den Kaiser an.

Es war Willmar von Zangenburg, Sektionsführer der kaiserlichen Leibwache, dreiundzwanzig Jahre alt, blond, blauäugig, das Idol der Mädchen.

Friedrich blickte ihn wohlwollend an. »Was gibt es, mein Sohn?«

Der junge Ritter berichtete: »Da vorn ist eine Gabelung des Weges. Die eine Gabel führt direkt nach Rom, die andere nach Viterbo, und da Viterbo die geheiligte Person des Kaisers nicht sehen würde, wenn sie auf dem direkten Weg weiterritte, so möchte die Frage gestattet sein, was des Kaisers Befehle wären.«

Der Erzbischof war bleich geworden. »Junger Mann«, sagte er streng, »Ihr habt klare Befehle für den heutigen Marsch. Wir ziehen nicht durch diese Stadt.«

Willmar von Zangenburg warf einen kurzen Blick auf den dicken, erregten Herrn in priesterlicher Kleidung und sah dann wieder auf den Kaiser. Ein leises Lächeln spielte um seine Mundwinkel. Er wußte, er hatte die ganze Leibgarde geschlossen hinter sich. Sie hatten die Schneckenprozession der letzten Tage alle gründlich satt. Viterbo, wie jedermann wußte, hatte es abgelehnt, den Kaiser in seine Wälle aufzunehmen, bevor der Frieden endgültig geschlossen war... und

zwar aus guten Gründen. Ein kleiner Ausflug nach Viterbo konnte zu einer willkommenen Abwechslung führen.
»Viterbo?« fragte der Kaiser. »Viterbo!« Und plötzlich verstand er den Sinn der mißmutigen, noch ungeformten Gedanken der letzten Tage. Die Ursache und den Grund seiner mürrischen Unlust, wenn um ihn herum alles vom Anbruch des neuen, goldenen Zeitalters sprach. Viterbo hatte die Sache des Kaisers im Stich gelassen, als er schwach war. Und er hatte sich nicht gerächt. Die Stadt konnte sich rühmen – und würde sich rühmen, da gab es keinen Zweifel –, daß der Kaiser sich ihr gegenüber als machtlos erwiesen hatte. Die Leute würden einander hämisch zulächeln in Viterbo, wenn er übermorgen einen Frieden unterzeichnete, der ihn dazu zwang, denen zu vergeben, die nie um Vergebung gebeten hatten. Viterbo war der Fleck auf seinem Schild und Namen. Er hielt sein Pferd an. Entsetzt sah der Erzbischof, wie er zu den Wällen der Stadt hinüberstarrte. Es war der Blick des mordlüsternen Adlers. Er hatte zu lang in der Umgebung des Kaisers zugebracht, um diesen Blick nicht zu kennen. Mit dem Mute der Verzweiflung begann er zu sprechen. Der Herr der Welt würde sich doch nicht herablassen, jetzt an diese elende kleine Stadt zu denken, die sich ihm gegenüber einmal feindlich verhalten hatte? Nicht jetzt, nicht zu dieser Stunde – wenn die ganze Christenheit auf den Frieden wartete. Er würde doch nicht alle seine Pläne ändern, weil einem jungen Heißsporn das Schwert in der Scheide glühte. – – –
»Ich höre dich, Berard«, sagte Friedrich, mit den Augen noch immer an den Wällen von Viterbo. »Arme Seele, arme Seele, zitterst du für deinen Jammerfrieden? Was hat dir der Papst insgeheim versprochen, daß dir so viel daran liegt? Zangenburg hat um meine Befehle gebeten – und du hast geantwortet. Brauche ich einen Vormund?«
Der Erzbischof begann Entschuldigungen zu stammeln. Sie wurden ihm kurz abgeschnitten.
»Zangenburg, mein armer Berard, ist nichts als einer meiner eigenen Gedanken – so wie du ein anderer bist. Niemand trifft Entscheidungen für mich. Du hast versucht, Viterbo aus meinen Gedanken zu verbannen, nicht wahr, Berard? Weil du wußtest, daß wir daran vorbei kämen. Sag mir – ist der

Haß mächtig genug, die Seele nach dem Tode zur Erde zurückkehren zu lassen – wenn es eine Seele gibt?«
Der Erzbischof war den Tränen nahe. »Mein gnädiger Kaiser, ich flehe Euch an, ich beschwöre Euch – Ihr seid auf dem Wege zum Himmel. Laßt nicht diese elende Stadt zerstören. Was so viel wichtiger, was unersetzlich ist – – –«
Er brach ab, mit offenem Munde. Denn nun blickte ihn Friedrich an, totenblaß, schwarzes Feuer in den Augen.
»Berard – wenn ich einen Fuß bereits im Paradies hätte – ich zöge ihn wieder zurück, um Rache an Viterbo zu nehmen.«
Er wandte sich Zangenburg zu und schoß Befehle auf ihn ab wie Wurfpfeile, in der kurz abgehackten, schnarrenden Sprache des Krieges. Der junge Zangenburg hob den Schwertarm zum Gruß und ritt zurück; er strahlte über das ganze hübsche Gesicht.
»Caserta«, sagte der Kaiser, »laß den ganzen Zug halten. Quartier für die Tiere und die Mädchen muß gefunden werden. Die Obristen und Hauptleute zu mir! Sechs Reiter ohne Panzerung reiten nach Orvieto und holen die zweitausend Mann Kavallerie, die wir dort zurückgelassen haben. Bis Mitternacht müssen sie hier sein!«
Caserta sprengte davon.
»Also greifen wir morgen früh bei Sonnenaufgang an«, sagte Della Vigna.
»Nein, Piero.«
»Ihr wollt sie erst auffordern, der kaiserlichen Majestät die Tore zu öffnen«, meinte Thaddäus von Suessa.
»Ich denke nicht daran. Ich greife sofort an. Jetzt! Wozu warten, bis sie mißtrauisch geworden sind? Wo ist Graf Brandenstein? Die Karren mit den schweren Armbrüsten und dem griechischen Feuer her. Gut, daß ich daran gedacht habe, die mitzunehmen, für den Fall eines Verrats. Weg mit den Mädchen von der Straße. Berard, alter Freund, schau nicht so traurig drein. Glaube mir, dein Papst empfängt uns übermorgen, als wenn nichts geschehen wäre. Dies ist lediglich, was man in der Geschichte einen bedauerlichen Zwischenfall nennt. Der Papst empfängt uns trotzdem – weil er muß. Er hat keinen anderen Weg. Das Lächeln, mit dem er uns empfängt, wird ein bißchen säuerlicher sein, das ist alles!

Aber Viterbos Stunde hat geschlagen. Brandenstein, da bist du ja endlich. Ich habe mir die Wälle da angesehen – der schwächste Punkt ist dort drüben – zwischen dem dritten und vierten Turm von rechts. Die Verteidiger dort müssen weg – das besorgt das griechische Feuer. Dann stürmst du das Tor. Nimm meine Deutschen für die Aufgabe – sie brauchen sowieso eine kleine Abkühlung. Pirelli – den linken Flügel! Du wartest, bis Brandensteins Leute eine Bresche geschlagen haben. Almarone – den rechten Flügel! Deine Armbrustschützen müssen die Besatzung auf den Wällen beschäftigen. Ich sorge dafür, daß sie keinen Ausfall gegen dich machen; aber, daß du mir nicht etwa angreifst, hörst du? Spiel mit ihnen, das ist alles. Spiel mit ihnen – – –«

*

Im Lateranpalast wanden sie die Girlanden für die Säulen im Hof, zum Empfang des Kaisers, als der Bote von Viterbo eintraf. Der Papst las den Brief in der Gegenwart eines halben Dutzends Menschen – des Architekten, der die Vorbereitungen überwachte, der führenden Blumenhändler Roms, des Bischofs von Perugia und mehrerer Prälaten. Sie sahen, wie er blaß wurde und wie seine Hand zum Herzen herauffuhr.
»Gute Leute«, sagte der Bischof von Perugia, »ihr müßt den Heiligen Vater jetzt auf eine Weile allein lassen. Kommt später wieder – alle.«
Sie zogen sich langsam zurück, auch die Prälaten.
Innozenz' Hände zitterten. Er versuchte zu sprechen, aber die Worte blieben versiegelt. Der Bischof von Perugia schloß die Tür hinter den Besuchern. Er war ein grauhaariger Mann mit energischem Kinn und lebhaften, dunklen Augen unter buschigen Brauen.
»Die leidige Etikette ist schon den ganzen Tag über zu kurz gekommen, Heiliger Vater«, sagte er. »Und das ist wohl nur natürlich, wenn so viele ungewöhnliche Vorbereitungen getroffen werden müssen. Darf ich einen weiteren Etikettebruch begehen und fragen, was geschehen ist?«
Der Papst sah auf. Sein Gesicht war plötzlich das eines sehr alten Mannes. »Das Schlimmste«, sagte er. »Der Kaiser hat Viterbo angegriffen.«

»Nein!« entfuhr es dem Bischof.
»Ohne Warnung – und das mitten im feierlich abgeschlossenen Waffenstillstand. Er hat ihn gebrochen und hat angegriffen.«
»Wie ich Kardinal Rainer von Viterbo kenne – –« – die Augen des Bischofs funkelten – »wird der Kaiser kein allzu leichtes Spiel haben.«
»Nein. Sein Angriff wurde abgeschlagen. Der Wind schlug um und trieb das griechische Feuer auf die Angreifer zurück. Der Kampf war noch im Gange, als dieser Brief abgeschickt wurde. Und Friedrich hat unsere Stadt Orte ebenfalls angegriffen, weil sie ihm keine Unterstützung liefern wollte, als er darum ersuchte.«
»Er ist wahnsinnig«, murmelte der Bischof. »Und Gott vergebe ihm, wenn er es nicht ist.«
»Nein, er ist nicht wahnsinnig«, sagte der Papst tonlos. »Nur töricht. Er ist nicht wahnsinnig, denn er weiß ganz genau, was er will. Und er ist töricht, weil er seine Absichten zu früh verraten hat. Er hat Viterbo angegriffen. Aber sein Hauptschlag gilt Rom.«
Der Bischof erschrak. »Seine ganzen Friedensverhandlungen waren nur eine Finte? Er hat von Anfang an Verrat geplant?«
»Nein«, sagte der Papst wieder. Er blickte an dem Bischof vorbei in die Ferne. »Nein, das meine ich nicht. Er ist ein Geschöpf des Augenblicks. Es zuckt in ihm auf: Das ist der Moment, Viterbo anzugreifen; und im nächsten Augenblick hat er nur noch diesen einen Gedanken und führt ihn sofort aus. Dabei hält er sich womöglich auch noch für inspiriert. Für ihn ist es auch nicht Verrat. Er glaubt, er stehe über der Moral – wie es auch Luzifer geglaubt hat. Oh, ich kenne ihn – ich kenne ihn so gut! In so vielen bitteren, schlaflosen Nächten habe ich mit ihm gerungen. Er hat das nicht geplant. Aber jetzt – jetzt plant er es. Vielleicht hat er noch nicht einmal soweit gedacht, als er den Befehl gab, Viterbo anzugreifen. Aber seitdem hat er Blut gekostet, und das steigt ihm in den Kopf. Warum sich mit Viterbo begnügen, wenn er Rom haben kann? Die Friedensbedingungen würden sich sehr rasch verbessern, wenn es ihm gelänge, Hand an den Nachfolger Petri zu legen.«

Er läutete.
»Aber, was sollen wir tun?« fragte der Bischof ratlos. »Wir haben auf Frieden gerechnet. Im ganzen Patrimonium stehen nicht mehr als eine Handvoll Truppen, und bis Hilfe von auswärts kommen kann – –«
»Das ist es ja gerade«, sagte der Papst. »Ich werde sein Gefangener, und er kann zum Gesetz machen, was er will – in meinem Namen.«
Ein Prälat trat ein.
»Alle verfügbaren Wagen müssen in zwei Stunden bereitstehen«, sagte der Papst. »Nimm diese Liste – und diese. Die Personen, die auf der ersten Liste verzeichnet stehen, und die Dinge auf der zweiten werden uns auf unserer Reise begleiten. Es müssen soviel ledige Pferde und Maultiere aufgetrieben werden wie möglich. Den Personen, die mit uns reisen, ist einzuschärfen, daß sie anderen gegenüber nicht davon sprechen dürfen. Ich bitte, sich zu beeilen.«
Der Prälat verschwand wortlos, aber seine Erregung war unverkennbar.
»Im Namen unseres Herrn«, flüsterte der Bischof. »Ihr wollt Rom verlassen, Heiliger Vater – Rom! Was soll aus der Kirche werden – – –?«
»Die Kirche ist, wo Petrus ist«, sagte Innozenz ruhig.
»Aber wohin geht Ihr, Heiliger Vater – wohin?«
»Zuerst nach Genua«, sagte der Papst nach einem fast unmerklichen Zögern. »Dann nach Lyon.«
Der Bischof ließ den Kopf hängen.
»Mein lieber Bruno«, sprach Innozenz sanft. »Mein lieber, alter Freund. Glaubst du, es fällt mir leicht, diesen Schritt zu tun? Gregor war aus härterem Holz geschnitzt als ich – und doch hat ihn der Kaiser zu Tode gehetzt. Ich muß frei sein, um denken und handeln zu können. Vergib mir, daß ich gehe, Bruno.«
Aufschauend sah der Bischof Tränen in den Augen des Papstes. Er fiel auf die Knie und küßte den Fischerring.

*

Wenige Stunden später verließ eine lange Reihe von Wagen die Ewige Stadt in nordwestlicher Richtung.

Gegen Abend überholten sie eine kleine Gruppe von Dominikanern, die lange Zeit in den Staubwolken der Wagen weiterwandern mußten.

*

Sowie der Kaiser die Nachricht von der Flucht des Papstes erhielt, brach er sofort die Belagerung von Viterbo ab und kehrte in Gewaltmärschen nach Parma zurück. Es war klar, daß die Handlung des Papstes zu einer völlig neuen politischen Lage führen mußte. Schon hörte man Gerüchte, daß er ein allgemeines Kirchenkonzil einberufen wolle. Das konnte sehr gefährlich werden. Zwar war es möglich, den Großteil der italienischen Bischöfe an der Teilnahme zu hindern – dafür gab es erprobte Mittel und Wege. Auch auf die ungarischen und die meisten deutschen Bischöfe ließ sich ein Druck ausüben. Von einem vollen Konzil würde also wohl kaum die Rede sein. Aber die Engländer würden kommen und die Spanier – und Ludwig von Frankreich hielt seine Bischöfe sicher auch nicht zurück, selbst wenn man ihn noch so dringend darum bat.

Die Gerüchte wurden zur Tatsache, als die Nachricht eintraf, daß der Papst Genua, die Stadt seiner Geburt, verlassen hatte, um sich nach Lyon zu begeben.

Genua nahm ihn mit offenen Armen auf; genuesische Truppen waren der päpstlichen Prozession entgegengezogen, um sie vor einem etwaigen kaiserlichen Angriff zu schützen. Ärgerlich schrieb Friedrich an seine getreue Stadt Pisa: »Ich habe mit dem Papst Schach gespielt und war gerade daran, ihm einen Turm zu nehmen, als die Genueser sich einmischten und alle Figuren umwarfen.«

Lyon – das war noch erheblich schlimmer. Wenn der Papst sich bis an die äußerste Reichsgrenze zurückzog, dann bedeutete es, daß er sehr hart zurückzuschlagen beabsichtigte. Von dort aus konnte er es sich ungestraft leisten. Es war ein Meisterzug von ihm, darüber bestand kein Zweifel.

Die Lage war äußerst gespannt, rasches Handeln darum nötig; und rasches Handeln war des Kaisers Stärke. Er berief einen Reichstag nach Verona. Aber viele der deutschen Fürsten zogen es vor, unter allerlei Vorwänden höflich abzusagen. Er beschloß deshalb, die junge Erzherzogin Gertrud von

Österreich zu heiraten, und schrieb entsprechend an ihren Vater. Österreich war der Eckpfeiler Europas. Aber auch hier in Italien mußte er seine Stellung zu stützen suchen. Es gab eine Anzahl mächtiger Familien, deren Treue ihm nicht sicher genug schien. Am besten würde man sie natürlich austilgen, aber dafür schien nun der Augenblick alles andere als günstig. Friedrich schrieb an das Haupt der mächtigsten von allen, den Grafen San Severino de Marsico, es sei von jeher sein Wunsch gewesen, die San Severinos näher an sich heranzuziehen, und er habe deshalb beschlossen, einen Vorschlag zu machen, der beiden Teilen zur Ehre und zum Glück gereichen würde: eine Heirat zwischen dem jungen Grafen Ruggiero, dem Sohn des Grafen San Severino de Marsico, und der Contessa Theodora, der jüngsten Tochter des verstorbenen Grafen Landulf von Aquin und dessen Gattin, geborenen Gräfin von Theate.

Er erwähnte, daß die Edlen von Aquin ihm ganz besonders nahe ständen, und zwar nicht nur durch Blutsverwandtschaft, sondern auch, weil sie in allen schweren Zeiten der Vergangenheit in unerschütterlicher Treue zu ihm gehalten hätten. Und er lud die San Severinos nach Parma ein, wo die Hochzeit stattfinden sollte, »falls sein lieber und sehr verehrter Freund diesem Vorschlag zustimmen sollte«.

Dann schrieb er an die Gräfin von Aquin im gleichen Stil. Auch sie, mit ihrer ganzen Familie, wurde nach Parma eingeladen.

Als einige Zeit darauf alle Bischöfe zum Kirchenkonzil nach Lyon geladen wurden, beschloß Friedrich, den Kanzler Piero Della Vigna und Thaddäus von Suessa als außerordentliche Botschafter dorthin zu schicken.

»Ihr seid beide klug«, sagte der Kaiser, »also brauche ich euch nicht viele Instruktionen zu geben. Woran mir liegt, ist, daß es in Lyon zu keinen dramatischen Entscheidungen kommt. Ihr müßt den Papst davon überzeugen, daß ich nie auch nur einen Augenblick die Absicht gehabt habe, gegen Rom zu marschieren. Schwört ihm das bei allem, was ihn beeindruckt. Ich wollte lediglich meine alte Rechnung mit Viterbo begleichen. Der Angriff auf Orte war nicht der Rede wert – – der Übereifer eines kleinen Befehlshabers. Das Ganze

war ein bedauerlicher Zwischenfall, weiter nichts. Und die heilige Kirche ruft nach ihrem sichtbaren Oberhaupt. Wir hoffen und beten – vergeßt das nicht! –, wir *beten*, daß Seine Heiligkeit sobald wie möglich zurückkehrt. Der Papst *muß* zurückkehren. Er ist eine beständige Gefahr für mich, solange ich ihn nicht unterm Daumen habe. Spart weder Gold noch Versprechungen, macht jede Konzession, die gemacht werden muß. Wenn ihr ihm genug versprecht, werde ich vielleicht sogar diese absurde Exkommunikation los. Es ist wirklich lächerlich, daß er die Sache mit Viterbo so ernst nimmt. Schließlich und endlich – was ist Viterbo! Ist es nicht wichtiger, daß Reich und Kirche – ,,Kirche und Reich" müßt ihr natürlich sagen – in Frieden miteinander leben? Wir appellieren an seine Vernunft. Aber vergeßt das Gold und die Versprechungen nicht. Versprechungen nehmen zwar weniger Platz in eurem Gepäck ein, aber Gold wird wohl die stärkere Wirkung haben – wenigstens auf ein paar der wichtigeren Bischöfe. Es muß doch einige geben, die dafür empfänglich sind, selbst wenn sie noch so oft beten, daß sie nicht in Versuchung geführt werden. Und vergeßt mir auch die andere Seite des Bildes nicht: allzuviel starrer Eigensinn der heiligen Herren könnte die allerbedauerlichsten Folgen haben. Den Spaniern mag das nicht viel ausmachen. Aber so weit es auch nach Spanien ist, mein Arm könnte selbst bis dorthin reichen, und wir sind sowohl mit dem König von Frankreich wie mit dem König von England verwandt. Wir erwarten Weisheit von den Weisen – – –. Wendet also Klugheit an – – –«
»Hören ist gehorchen«, sagte Della Vigna. Es war die Formel, die bei den Untertanen der Sultane des Morgenlandes üblich war.
»Die heiligen Herren müssen diese Formel noch lernen«, lächelte der Kaiser. Dann verschwand das Lächeln so rasch, wie es gekommen war. Die starren Augen blickten ins Leere.
»Sie *müssen* sie lernen. Und wenn sie nicht nachgeben, dann, bei Gott und Luzifer, bringe ich ein Heer auf, wie es die Welt noch nicht gesehen hat, und erhebe sofortigen Anspruch auf alle Länder, deren Herrscher diesen Herren Asyl gewähren. Geht, meine Freunde, geht.«

VII

»NUR NOCH ein paar Schritte«, sagte Bruder Johannes. Die kleine Gruppe von Dominikanern hatte den Gipfel des Hügels erreicht. Und da lag die Stadt, die das Ziel ihrer langen Wanderungen war, im bläulichen Morgennebel, eine Märchenstadt mit tausend engen, winkligen Straßen und zehntausend spitzen Dächern – durchschnitten vom Silberband der Seine, gekrönt von den ragenden Türmen von Notre-Dame.
»Die Stadt der heiligen Genoveva«, sagte Bruder Johannes. »Und vielleicht wird man einmal hinzufügen: die Stadt des heiligen Ludwig. Denn der Herrscher dieser Stadt ist ein heiligmäßiger Mann. Und Gott könnte es leicht fügen, einen Bettler und einen König – Franziskus von Assisi und Ludwig von Frankreich – im gleichen Jahrhundert zur Heiligkeit zu berufen. Ich sage nicht, daß diese Stadt ohne Laster und Verbrechen ist. Von beiden gibt es genug unter diesen Dächern. Aber sie wird mit Milde und Gerechtigkeit regiert. Der König selbst ißt nie, ohne gleichzeitig vierhundert Bettler zu speisen. Er selbst spricht Recht, und jeder kann ihm seinen Fall vortragen. Einer seiner geehrtesten Freunde war unser lieber Ordensbruder Vincent von Beauvais, dessen Werke eine ganze Bibliothek füllen – eines seiner Bücher heißt „Wie wird man ein gerechter Richter". Wir haben Italien verlassen, wo Friedrich alles gierig an sich reißt, was Gott anderen gegeben hat. Wir haben Frankreich betreten, wo Ludwig eifrig Wohltaten spendet. Der Herr von Joinville hat mit Recht von ihm gesagt: „Wie ein Schreiber das Buch, das er fertiggestellt hat, mit Rot und Blau und Gold verziert, so hat König Ludwig sein ganzes Reich geschmückt."«
Die Brüder d'Aguidi, San Giuliano und Lucca hörten pflichtschuldig zu. Aber der jüngste Bruder schien mit seinen Gedanken weit weg zu sein. Der Generalmeister berührte seine Schulter. »Es ist eine schöne Stadt, nicht, Bruder Thomas?«
»Sehr schön«, sagte Thomas leise.
»Was würdest du wohl darum geben«, fuhr Bruder Johannes fort, »wenn sie dir gehörte? Wenn der König sie dir zum Geschenk machte?«

»Ich wüßte nicht, was ich damit anfangen sollte«, sagte Thomas ehrlich.
Bruder Johannes lächelte listig. »Du könntest sie an den König zurückverkaufen und mit dem Erlös eine ganze Reihe von Dominikanerklöstern bauen, meinst du nicht?«
Thomas runzelte die Stirn. »Ich hätte viel lieber ein Exemplar der Abhandlung des heiligen Chrysostomus über das Matthäus-Evangelium«, meinte er ernsthaft.
Die Mönche lachten laut auf. „Und das", dachte der Generalmeister, „das ist der Mann, den sie zum Abt von Monte Cassino machen wollten – der sein Leben lang Verwaltungsarbeit leisten sollte."
Er beschloß, den zukünftigen Lehrern des jungen Bruders nicht zu sagen, was er von ihm hielt – nicht einmal Albert von Regensburg, den viele bereits den Großen nannten. Sollten sie allein herausfinden, was sich der Orden hier geleistet hatte. Wenn sie wüßten, daß der Generalmeister seine Reise nach Frankreich wegen eines bloßen Novizen nicht weniger als um zehn Monate verschoben hatte! Es würde ein schönes Aufsehen geben.
Als sie hügelab auf die Stadt zuschritten, begann er auf seine ruhige, langsame Art über das Kloster St-Jacques auf dem Genoveva-Hügel zu sprechen – dem ersten dominikanischen Ordenshaus in Paris.
»Es ist erst dreißig Jahre her, daß unser Vater, Sankt Dominik, den Orden gegründet hat – mit sechzehn Brüdern: acht Franzosen, sechs Spaniern, einem Portugiesen und einem Engländer. Schon fünf Jahre später gab es sechzig Klöster. Jetzt sind es Hunderte. Aber in keinem andern würdest du einen Lehrer von der Bedeutung Alberts von Regensburg finden. Die Erbauer der Kathedrale von Notre-Dame waren große Männer, aber sie bauten in Stein. Albert ist daran, eine Kathedrale des Geistes zu erbauen. Das ist der Mann, den ich dir zum Lehrer erwählt habe.«
Die Augen des jungen Bruders glänzten. Unwillkürlich schritt er rascher aus.

*

Der Brief des Kaisers erreichte die Gräfin auf Roccasicca. Nun, da Thomas entkommen war, bestand kein Grund, sich weiter auf Monte San Giovanni aufzuhalten. Sie hatte sich nicht dazu entschließen können, den Flüchtling verfolgen zu lassen. Marotta hatte ihr – recht spät am Morgen – die Nachricht überbracht, und sie hatte sich stumm auf ihr Zimmer zurückgezogen. Als sie sich wieder zeigte, war sie ruhig und gefaßt – kam aber mit keinem einzigen Wort auf Thomas zurück. Am gleichen Tage trat Marotta in ein Benediktinerinnenkloster ein. Am Tage danach kehrte die Familie nach Roccasicca zurück.

Weder Brüder noch Schwestern hatten es über sich gebracht, Marotta zu fragen, wie die Mutter die Nachricht aufgenommen hatte und warum sie Thomas nicht verfolgen ließ. »Was heiß ist, soll man nicht anfassen«, sagte Rainald zu Landulf. Und Theodora und Adelasia spürten beide, daß Marotta nicht gefragt werden wollte. Die Gräfin selbst zu fragen, fiel ihnen gar nicht ein. Zu einem viel späteren Zeitpunkt leistete sich Adelasia das Wagnis und erhielt die erstaunliche Antwort: »Ich habe mich in Thomas geirrt. Ich habe mich von jeher in Thomas geirrt.«

Das Leben auf Roccasicca war sehr ruhig und friedlich gewesen, bis der Brief des Kaisers ankam. Er kam in das Schloß geflogen wie ein spitzer Pfeil.

Es dauerte mehrere Stunden, bis es die Gräfin über sich brachte, Theodora rufen zu lassen. Sie hatte den Brief zehn-, zwölf-, zwanzigmal gelesen. Er hätte nicht höflicher und freundlicher sein können. Trotzdem enthielt er einen Befehl, das war klar. Sie sollte ihr jüngstes, schönstes Kind dem neuesten Günstling des Kaisers überlassen, einem dieser Eccelinos und Casertas. Sie? O nein! Er – er selbst tat das. Er verlieh Theodora diesem San Severino, als wäre sie ein Titel oder ein Stück Land.

»Auf meine Einwilligung kommt es überhaupt nicht an«, dachte sie, und die Betäubung, in die sie zuerst verfallen war, wurde zu Bitterkeit und gekränktem Stolz. »Er befiehlt, und ich muß mein Kind opfern.« Aber dies war Italien und nicht Karthago oder Tyrus, wo sie dem Moloch Kinder zu opfern pflegten. Moloch – – – sie begann sich vorzuwerfen, daß sie übertrieb, daß es im Grunde wohl gar nicht so schlimm war. Kein Mensch dachte daran, Theodora ein Leid zuzufügen,

von Opfer war gar nicht die Rede. Der Kaiser, ihr Vetter, hatte eine Heirat zwischen Theodora und dem Sohn einer der ältesten und einflußreichsten Familien Siziliens vorgeschlagen, und sie wollte sich mit aller Gewalt einreden, daß dies ein Verbrechen sei.
Aber dann spürte sie, daß solche Gedanken Schwachheit bedeuteten – der Wunsch, sich keine Schwierigkeiten zuzuziehen. Sie wußte, Friedrich war nicht mehr der Mann, wie sie ihn gekannt hatte. Er war von seiner eigenen Macht besessen. Er wußte von den Verbrechen, die in seinem Namen begangen wurden. Er hatte selbst Verbrechen begangen. Die Verderbtheit seiner Umgebung war offenkundig, und Männer von hohem Rang und in großen Stellungen mußten ständig um ihr Leben zittern, weil jede Denunzierung plötzlichen Tod bedeuten konnte. In eine solche Umgebung sollte Theodora geraten.
Sie kannte den jungen San Severino nicht – wie hieß er gleich? Ruggiero, wie sein Vater, an den sie sich flüchtig erinnerte: ein großer Herr, ohne Zweifel, dunkel, geschmeidig, etwas rätselhaft. Wahrscheinlich hatte er dem Kaiser große Dienste geleistet, und Theodora und ihre Mitgift waren Friedrichs Lohn. Dabei schien er es auch noch recht eilig zu haben. Die Einladung nach Parma bedeutete natürlich, daß der Kaiser selbst bei der Hochzeit zugegen zu sein wünschte. San Severino mußte wohl in der nächsten Umgebung des Kaisers leben; er hatte vielleicht bereits dort gelebt. Und das war das schlimmste.
Sie gestand sich, daß ihre Loyalität Friedrich gegenüber nicht mehr so tief wurzelte wie früher, genau wie er auch nicht mehr der gleiche Mann war wie früher.
Hier in Roccasicca konnte man kaisertreu sein. Am Hof mochte das ganz anders sein. Die von Aquin waren nun einmal keine Höflinge. Und sie machte darin bestimmt keine Ausnahme. Sie konnte einfach nicht schweigen, wenn Unrecht geschah. Und das mußte zu bösen Folgen führen. Auf ihrem eigenen Grund und Boden duldete sie kein Wort gegen den Kaiser. Am Hof würde sie ständig versucht sein, ihm ihre Meinung zu sagen. „Ich bin eine Landedelfrau", dachte sie. „Theodora ist es auch – alle meine Töchter sind es." Rainald

war der einzige, der den Höfling spielen konnte; er besaß diesen Charakterzug, den sie am schärfsten an ihm mißbilligte, obwohl es nur daher kam, daß er ein Dichter war. Dichter konnten sich anscheinend jeder Lage anpassen. Sie waren geschmeidig und irgendwie keine vollblütigen Menschen. Rainald schien nie wirklich am Leben teilzuhaben; statt dessen saß er auf dem Zaun und beobachtete das Leben anderer, wie man Gauklerkunststücken zusieht. Selbst wenn ihn die Umstände einmal zwangen, selbst zu handeln, spielte er den Narren. Nicht einmal sein eigenes Tun nahm er ernst.
Aber diese Angelegenheit betraf in erster Linie sie selbst – und Theodora. Sie mußte es ihr sagen – obwohl sie sich sehr gut vorstellen konnte, was Theodora erwidern würde.
Von solchen Gedanken und Stimmungen wurde die Gräfin bewegt, als sie Eugenia befahl, Theodora zu rufen.
Es kam noch schlimmer, als sie erwartet hatte. Sie reichte Theodora den Brief, ohne etwas dazu zu sagen. Theodora las. Dann ließ sie den Brief fallen, als wäre er etwas Unreines, und sagte: »Nun will ich glauben, was die Leute sagen – – – daß der Kaiser ein Heide oder ein Moslem geworden ist.«
»Wie meinst du das, Kind?«
»Die Araber lehren, daß eine Frau keine Seele hat, nicht? Daß sie also kein volles menschliches Wesen ist. Nur der Mann zählt. Das scheint der Kaiser zu glauben. Sonst würde er nicht von mir verlangen, daß ich einen Mann heirate, den ich nie gesehen habe.«
»Kind, es ist oft genug vorgekommen, daß die Eltern, ohne ihre Kinder zu fragen –«
»Mohammedaner, Heiden, Ungläubige. Ich bin eine Ware, die man verkauft – und wer denkt daran, eine Ware zu fragen, ob sie auch verkauft werden will – – –«
»Die San Severinos sind eine sehr alte, vornehme Familie –«
»Es ist mir ganz gleichgültig, was sie sind. Ich habe nicht den Wunsch, verkauft zu werden. Ich heirate den Mann, den ich liebe, oder ich heirate überhaupt nicht. Das kannst du ihm schreiben. Eine Zeile genügt dafür.«
»Du weißt sehr wohl, daß ich das nicht tun kann. Und dein Urteil ist nicht gerecht: du hast Ruggiero de San Severino nie gesehen, das ist wahr. Aber er dich auch nicht.«

»Das ist es ja«, versetzte Theodora in heftiger Erregung, »darum weiß ich jetzt schon, daß ich ihn niemals lieben könnte. Ein Mann, der sich dazu hergibt, ein Mädchen zu heiraten, nur weil es der Kaiser wünscht – weil es irgend jemand anders wünscht –, ist überhaupt kein Mann. Er ist ein Sklave oder ein Haustier, und ich kann ihn nicht lieben, also auch nicht heiraten.«

»Mein Liebling, du weißt, daß ich in dieser Sache immer auf deine Gefühle Rücksicht genommen habe. Ich habe nie versucht, dich zu zwingen – –«

»Nein, Mutter, das hast du nicht. Denn du wußtest ganz genau, daß ich mich nicht zwingen lasse. Du hast versucht, Thomas deinem Willen gefügig zu machen, und das war ebenfalls erfolglos. Ja, ja, ich weiß, wir schulden dem Kaiser Treue und Gehorsam, du hast es uns oft genug gesagt. Die von Aquin sind kaisertreu, weil sie Menschen sind, aber deshalb müssen sie auch als Menschen behandelt werden. Dieser Brief ist unmenschlich, und die ganze Angelegenheit existiert für mich einfach nicht.«

»Danke«, sagte die Gräfin trocken. »Das ist natürlich eine sehr einfache Lösung. Die ganze Angelegenheit existiert für dich nicht. Unglücklicherweise muß ich den Brief des Kaisers beantworten, und ich zweifle sehr, daß er sich damit zufrieden geben wird, wenn ich ihm schreibe, daß wir uns zwar sehr geehrt fühlen, daß die Angelegenheit aber für meine Tochter Theodora leider nicht existiert.«

»Wir sind also Sklaven«, sagte Theodora bitter. »Ich dachte, wir sind Edelleute.«

»Auf alle Fälle müssen wir nach Parma gehen«, sagte die Gräfin achselzuckend. »Wir können die Einladung nicht ablehnen.«

»Die einzigen echten Menschen in meiner Familie sind Thomas und Marotta«, rief Theodora und brach in Tränen aus. Bevor ihre Mutter etwas erwidern konnte, lief sie flink wie eine Gazelle davon.

Der Weg zu ihrem eigenen Zimmer führte durch die große Halle, und Landulf und Rainald starrten sie fassungslos an. Seit ihrer Kindheit hatte keiner sie jemals weinen sehen. Wie auf Verabredung standen sie beide auf und begaben sich zu

ihrer Mutter. Sie fanden sie, in ihrem Armstuhl zusammengesunken, das sonst so stolze Kinn auf die Brust gesenkt – und selbst der derbe Landulf sah plötzlich mit dumpfem Schmerz, daß sie gealtert war – daß sie fast wie eine alte Frau aussah.
»Bist du krank, Mutter?« fragte er scheu.
Rainald hob den kaiserlichen Brief vom Boden auf. Einen Augenblick später wußte er, um was es sich handelte, und gab den Brief an Landulf weiter.
»Keine leichte Sache«, sagte Rainald. »Ich glaube, ich weiß, was du fühlst – und ich habe Theodoras Gesicht gesehen.«
»Wer weiß«, sagte Landulf, »vielleicht ist dieser San Severino ein sehr netter Junge.« Aber es klang ziemlich lahm.
»Ganz gleich«, sagte die Gräfin. »Sie wird ihn nie heiraten. Ich bin sehr töricht gewesen. Ich hätte ihr den Brief nicht zeigen sollen.«
»Was hättest du sonst tun können?«
»Ihr sagen, daß wir nach Parma eingeladen sind, und dann abwarten, was geschieht, wenn wir dort sind. Schlimmstenfalls hätte ich Friedrich gebeten, seinen Entschluß zu ändern.«
Rainald seufzte. »Alles gut und schön, Mutter, aber nun ist es ein bißchen zu spät. Wir sind alle zu hitzköpfig, um gute Diplomaten zu sein. Schadet nichts. Der Kaiser hätte seinen Entschluß auf keinen Fall geändert. Siehst du's nicht? – Er *braucht* diese Heirat. Er erkauft die Unterstützung der San Severinos damit. So sehe ich die Sache wenigstens.«
»Gefällt mir nicht«, sagte Landulf plump.
Rainald lachte. »Mir auch nicht, Bruderherz. Keinem von uns. Friedrich ist übel dran, Mutter. Thomas hatte ganz recht, und ich war im Irrtum. Der Papst ist ihm überlegen. Die Flucht nach Lyon war ein Meisterstreich. Und nun soll ihm die kleine Theodora aus der Patsche helfen. Dafür hast du sie nicht erzogen, Mutter, wie?«
Die Gräfin streckte beide Hände aus und zog ihre Söhne eng an sich. Es war eine instinktive Bewegung – sie fühlte sich schwach – so schwach, zum erstenmal im Leben. Aber nun, als sie die kräftigen Glieder ihrer Söhne neben sich fühlte, ging es durch sie hindurch wie ein Kraftstrom, und sie hob den Kopf mit einer Zuversicht, die ihr selbst überraschend vorkam. »Es wird etwas geschehen«, flüsterte sie. »Es muß

etwas geschehen. Wir halten zusammen. Wir gehen zusammen nach Parma.«
Vielleicht hätte es keiner von ihnen zugegeben – aber zum ersten Male tauchten Gedanken in ihnen auf, die sie zu jeder anderen Zeit ihres Lebens mit förmlichem Entsetzen erfüllt hätten. Es waren ungeformte, primitive Gedanken – sie hatten noch kein bestimmtes Ziel. Aber die Schwingen der Verschwörung hatten sie gestreift.
Es wurde beschlossen, in zehn Tagen nach Parma abzureisen. Theodora nahm die Nachricht mit eisigem Schweigen auf. Sie weigerte sich, über die Sache zu sprechen. Sechs neue Kleider wurden für sie angefertigt. Sie warf nicht einmal einen Blick auf die köstlichen Stoffe, und die Schneiderinnen, die zur Anprobe kamen, fanden die Tür verschlossen. Ihre Brüder besprachen mit der Gräfin die Frage der Gefolgschaft. Man beschloß, nur hundert Bewaffnete mitzunehmen. Eine größere Zahl konnte Verdacht erregen, und, wie Rainald sich ausdrückte, »dreißigtausend können wir doch nicht mitnehmen, und so viele bringt der Kaiser jederzeit auf«. Sir Piers und ein kräftiger junger Sizilianer, de Braccio, wurden zu Unteranführern bestimmt.
Die umfangreichen Vorbereitungen für die Reise vermochten die düstere Stimmung auf Roccasicca nicht aufzuhellen. Robin Cherrywoode, der neben seinem Herrn auf dem Ringwall stand, sagte plötzlich: »Ein Gutes hat die Reise immerhin.«
»Wirklich?« stieß Piers durch die Zähne hervor.
»Nun, es hat hier nicht viel Spaß gegeben, seit wir den dicken jungen Mönch im Waschkorb über den Wall hinuntergelassen haben – –«
»Das ist wahr«, sagte Piers mit blassem Lächeln.
»– – aber in Parma kann es unter Umständen einen Spaß geben.«
»Narr«, sagte Piers.
Robin Cherrywoode rieb sich das Kinn und begann das eine Ende seines gelben Schnurrbarts zu kauen. »Wenn es sich um Krieg handelt, Herr, oder um Politik und dergleichen – das ist Männersache, und ein Mann kann die Ereignisse voraussehen. Aber bei einer Heirat – das ist Frauensache, und das

einzige, was man da mit Bestimmtheit weiß, ist, daß man nichts Bestimmtes sagen kann. Kaiser und Könige, Herr – wenn es sich um eine Hochzeit handelt, ist ihnen jede Frau überlegen. Die junge Dame ist nun einmal dagegen und – –«
»Halt 's Maul und geh weg«, sagte Piers.
Robin Cherrywoode hielt das Maul und ging weg, durchaus mit sich zufrieden. Er hatte alles gesagt, was er sagen wollte.
Am Abend vor der Abreise sah Piers seine Dame auf den Hof heraustreten und die Stufen zum Ringwall heraufsteigen. Nur ein Dutzend Schritte von ihm entfernt blieb sie stehen und sah schweigend auf das Tal hinunter.
So ruhig, wie es das Klirren seiner Rüstung zuließ, schritt er auf sie zu.
»Herrin«, sagte er, »ich bitte Euch, vergebt Eurem Diener, wenn er spricht, wo er schweigen sollte. Aber es ist der Wunsch meines Herzens, daß Euch ruhig zumute ist. Ich werde den Grafen von San Severino töten.«
Sie wandte sich um und sah ihm in die Augen. Da wußte sie, daß er tun würde, was er gesagt hatte.

VIII

DER KAISER war allein. Den Brief aus Österreich hatte er sofort geöffnet, die ersten paar Zeilen gelesen und – seine Umgebung entlassen. Dann hatte er sich auf einen der prachtvoll geschnitzten Stühle fallen lassen und sich gezwungen, den Brief nochmals Satz für Satz zu lesen.
Es war heiß in Parma. Der Duft von zehntausend vollerblühten Blumen zog lethargisch durch den Raum, eine schwüle, unsichtbare Wolke.
Eine Ablehnung. Oh, sehr höflich, beinahe zu höflich, voll liebenswürdigster Schmeichelei. Der alte Herzog von Babenberg wußte, wie man Briefe schrieb. Man konnte ihn geradezu vor sich sehen, mit seinem verwitterten alten Fuchsgesicht, mit seinem charmanten, nachsichtigen Lächeln – was kann ich denn tun, Vetter Kaiser, ich kann doch das Mädel nicht gut zwingen, oder? Und sie will nun einmal nicht heiraten. Sie hat Angst davor. Wir sind einfache Leute, hier in Öster-

reich. Wir sind an die großartige Atmosphäre des kaiserlichen Hofs nicht gewöhnt. Wir sind adelige Bauern. Und Gertrud fühlt, daß sie ungeschickt und unbeliebt sein würde – daß sie nicht die rechte Frau für den Herrn der Welt ist.
Alles sehr rührend. Möglicherweise auch wahr. Aber ganz bestimmt nicht die *ganze* Wahrheit, Babenberg. Angst? Freilich hat sie Angst. Weil meine Weiber meist nicht lange leben. Weil man sich in Europa tausendundeine Geschichte darüber erzählt, wie sie gestorben sind. Aber sie hatten doch alle Junge geboren vor ihrem Tode, Babenberg. Und er hatte für alle seine Jungen wie ein guter Vater gesorgt – für Enzio und Manfred und Friedrich von Antiochia und Konrad und Heinrich – selbst für die natürlichen Söhne wie Richard von Theate und – – nun, noch eine ganze Menge andere dazu. Hat sich keiner zu beschweren brauchen, Babenberg. Haben alle ihr Teil bekommen.
Wie viel besser das alles in der Welt des Islam eingerichtet war, wo sogar ein gewöhnlicher Mann seine vier Weiber zur gleichen Zeit haben konnte. Aber leider waren die christlichen Prinzessinnen alle fromm; sie bestanden auf der Monogamie. Sie wollten immer die einzige sein. Was soll ein Mann da machen, Babenberg? Es war natürlich die Kirche, die hinter den Prinzessinnen steckte und einem wie gewöhnlich das Leben sauer machte. Und auch hinter deinem Brief, Babenberg, steckt die Kirche. Er stinkt nach Weihrauch. Vielleicht ist's nur irgendein Dummkopf von einem Beichtvater, irgendein vermaledeiter österreichischer Dorfpfarrer, der die kleine Gertrud vor dem halbheidnischen Hohenstaufen, dem Feinde des Heiligen Vaters, gewarnt hat. Immer und immer wieder der Heilige Vater. Wo immer man die Hand nach der Fülle des Lebens ausstreckte, da kreischte auch schon der Papst: Sünde und Verbrechen!
Babenberg war natürlich viel zu klug, von diesen Dingen zu sprechen. Hatte es sich sogar versagt, ihn wie sonst in jedem seiner Briefe zu ermahnen, mit der Kirche Frieden zu schließen. Trotzdem – der Brief stank nach Weihrauch. Wahrscheinlich steckte auch noch der Habsburger mit dahinter. Die Babenberger waren am Aussterben, und der Habsburger war ehrgeizig – ebenso ehrgeizig wie er fromm war.

Wenn man nur die Hände frei hätte... dann würde der Babenberger es nicht wagen, abzulehnen, der alte Fuchs. Er lachte grimmig. Abgewiesen. Von einem – wie war's doch? – von einem adeligen Bauernmädel. Warte, mein Alter! Laß mich nur die Sache in Lyon zu gutem Ende bringen. Dann wollen wir sehen.
Er zerriß den Brief in kleine Stücke, stand auf und ging in den Nebenraum, wo die Diener gerade noch die letzte Hand an die Aufrichtung des Throns und Baldachins für die Morgenaudienz legten. Er warf einen prüfenden Blick hin und wurde plötzlich blaß wie ein Leintuch.
»Wer hat das angeordnet?« schrie er und deutete auf eine anmutige Rosengirlande, die am Baldachin über dem Thron befestigt war.
Alles stand wie erstarrt.
»Die Blumen«, schrie der Kaiser, »wer hat die Blumen da befestigt?«
Der Haushofmeister, halb gelähmt vor Furcht, stammelte etwas von »besonders schönen Rosen«.
»Wachen!« brüllte Friedrich. »Wachen her!«
Im nächsten Augenblick klirrten die Gepanzerten herein.
»Ergreift den Mann!« befahl der Kaiser.
Der Haushofmeister hing zwischen zwei Gepanzerten, ein fast lebloses kleines Bündel von Seide, Fleisch und Entsetzen.
»Rede, Mensch«, sagte Friedrich. »Wer hat dich beauftragt, die Blumen da oben hinzuhängen?«
»N-n-n-niemand, Majestät, n-niemand, i-ich d-dachte – –«
»Führt ihn ab. Marzoukh soll ihm die Bastonnade auf die Fußsohlen geben, bis er die Wahrheit sagt. Und reißt mir diese verdammten Rosen ab!«
Sie gehorchten. Er sah zu, bis die letzte Blüte entfernt war.
»Werft sie weg«, sagte Friedrich. »Und nie wieder – verstanden? – nie wieder will ich Blumen über meinem Kopf sehen. Hinaus, ihr alle! Mein Gefolge soll eintreten. Wo ist die Audienzliste?«
Alles rannte durcheinander. Für kurze Zeit war der Kaiser wieder allein. Er wischte sich die Stirn. Nun gingen sie hin und erzählten wieder einmal, wie unberechenbar und tyrannisch er war. Laß sie. Laß sie erzählen. Sie wußten's nicht

besser. Konnten's nicht besser wissen. Viele Jahre war es nun her, daß ihm Michael Scotus prophezeit hatte, er würde »sub flore« sterben. Unter der Blume. Er hatte es nicht in den Sternen gelesen. Sein Wissen entstammte einer noch sichereren, noch geheimnisvolleren Quelle: der Nekromantie. Nur die Toten wußten alles über den Tod. Er hatte Scotus schwören lassen, das Geheimnis zu bewahren, und Scotus hatte seinen Eid sicher nicht gebrochen. Diese Art von Eid bricht man nicht – den Schwur bei allen verborgenen Mächten, bei Hermes Trismegistos und Astaroth und Asmodeus und dem Tetragrammaton selbst. Und nun war Scotus tot, und er selbst hatte nur zu einem einzigen anderen Menschen davon gesprochen: zu Bonatti, dem Astrologen, der ebenfalls ein scharfer Kenner der Quabalah war – aus seiner Zeit in Toledo. Bonatti hatte das Urteil bestätigt. Darum hatte der Kaiser nie Florenz betreten. Nichts konnte ihn dazu bewegen. »Sub flore« konnte sehr wohl Florenz bedeuten. Aber es konnte auch wörtlich gedeutet werden. Welcher Teufel hatte diesen Narren von Haushofmeister dazu gebracht, die Blumen am Baldachin befestigen zu lassen? Oder war es wirklich nur seine eigene idiotische Idee? Er mußte das herausbekommen. Aber von nun an hieß es vorsichtig sein. Er mußte Befehl geben, daß in Zukunft, wenn er eine Stadt oder einen Palast oder ein Schloß betrat, keine Blumen zur Ausschmückung verwendet werden durften. Daran hatte er bisher nie gedacht. Gut, daß er jetzt auf den Gedanken gekommen war. Er nahm auf dem Thron Platz. Geschick, Fatum, Ananke, wie auch immer du heißt – wir betrügen dich doch. Wir sind erst fünfzig. Zwanzig, dreißig Jahre haben wir noch vor uns – vielleicht mehr. Und wer weiß – wenn wir Florenz weiter vermeiden, wenn wir die Todesblumen über unserem Haupt vermeiden und damit den Fluch – wer konnte sagen, ob man nicht ewig am Leben blieb?

Prester Johannes, der Herrscher des Ostens, hatte ihm in smaragdenem Fläschchen ein Elixier geschickt, das angeblich das Elixier des Lebens selbst war und Unsterblichkeit gewährte. Er hatte einen Tropfen einer Taube einflößen lassen – es konnte ja auch Gift sein. Aber die Taube blieb am Leben. Dann hatte er ihr den Hals durchschnitten, und sie starb,

trotz des Elixiers. Vielleicht wirkte es nur bei Menschen. Aber leider gab es keinen Grund, anzunehmen, daß es auch ewige Jugend gewährte. Und als verrunzelter Greis, haarlos und zahnlos weiterleben und immer weiter? Nein! Mit okkulten Geschenken mußte man vorsichtig umgehen. Sub flore. Noch nicht, Schicksalsgöttin! Diesmal noch nicht. Noch lange nicht.
Da kamen sie, die Gefolgsmänner, es glitzerte von Gold und edlen Steinen. Sie formten einen Halbkreis, den ihnen die Piken der Wachen mit einer Art von kriegerisch ungefüger Höflichkeit anwiesen.
Jemand überreichte dem Kaiser die Audienzliste. Er war noch am Überfliegen derselben, als ihn ein Diener unterbrach und ihm zuflüsterte, daß der Haushofmeister unter der Bastonnade gestanden habe, er sei bestochen worden, die Blumen am Baldachin festzumachen.
»Von wem?« fragte der Kaiser rasch.
Der Diener schien etwas verlegen.
»Er sagte: „Von wem der allergnädigste Kaiser wünscht." Dann wurde er ohnmächtig. Er ist noch nicht wieder zu sich gekommen.«
»Schickt ihn nach Hause«, sagte Friedrich verächtlich. »Ich will ihn nicht mehr sehen.« Es war kein guter Tag – erst Babenbergs Brief – nun das! Was noch?
Der Podestà von Parma, Tebaldo Francisco, rundlich, quecksilbrig und unterwürfig, tanzte vor ihm herum. »Ja, ja, wir wissen, Ihr habt alles dazu getan, uns würdig in Eurer guten Stadt zu empfangen – die Gräfin von Aquin und ihre Familie – bleibt, Podestà: wir wünschen ein Hochzeitsfest hier zu geben; sorgt dafür, daß alle Vorkehrungen getroffen werden. Die Gräfin von Aquin, unsere liebe Base – wir stehen auf und treten von den Thronstufen herab und küssen ihr die Wange. Oh, oh, sie ist alt geworden – ist doch nicht älter als wir selbst? Aber freilich, Weiber verblühen rasch, Graf Landulf, Graf Rainald, Contessa Adelasia, recht hübsch – Contessa Theodora, ganz reizend, San Severino hat allen Grund, zufrieden zu sein – was flüstert die Gräfin? Eine Privataudienz? Warum? Warum nicht hier? Schade, daß der Bräutigam noch nicht da ist, aber freilich, er hat den längeren Weg – endgültig? Endgültig?«

Die Hochzeit ist doch soeben angekündigt worden – hatte sie das nicht gehört? Die Hochzeit war sein ausdrücklicher Wunsch. Er hatte das doch sehr klar ausgedrückt. Es bestand doch nicht etwa ein Hindernis? Die junge Contessa Theodora war doch ledig? Frei?
»Frei, bis auf den Wunsch des Kaisers«, sagte die Gräfin. »Und ganz frei, wenn des Kaisers Gnade auf diesen Wunsch verzichtet. Sie hat nicht den Wunsch zu heiraten.«
Friedrich zog die Brauen zusammen, aber nur für einen Augenblick. »Eure Tochter wird lernen müssen, daß für das Weib alle Süßigkeit des Lebens in der Gefügigkeit liegt. Es bleibt bei meinem Wunsch. Kein Widerspruch, alte Freundin – still! Ich will nichts mehr hören. Aber laßt mich euch versichern –«
Er brach ab. Ein Herold war in der Tür erschienen, und hinter seinem bunten Rock wurden zwei Männer sichtbar, beide in Reisekleidern.
»Herein mit euch, Freunde«, rief Friedrich mit schmetternder Stimme. »Tritt beiseite, Herold. Diese beiden brauchen keine Anmeldung.«
Seine Augen glänzten vor gieriger Spannung. Della Vigna und Thaddäus von Suessa – endlich, endlich. »Tretet vor.«
Die Gräfin von Aquin preßte die Lippen zusammen, verneigte sich höfisch und trat zurück. Landulf, Rainald, Adelasia und Theodora folgten ihrem Beispiel.
Jedermann wußte, wer die beiden Männer waren, die nun auf den Kaiser zuschritten: Della Vigna, schwarzbärtig mit tief eingesunkenen schwarzen Augen, und Thaddäus von Suessa, schlank und elegant, mit dem Gesicht eines intelligenten Wiesels. Jedermann wußte, daß sie Nachrichten von größter Wichtigkeit brachten – von solcher Wichtigkeit, daß sie sich nicht einmal damit aufgehalten hatten, ihre Kleider zu wechseln, bevor sie vor dem Kaiser erschienen. Ihre Gesichter verrieten nichts – sie waren von maskenhafter Starre. Friedrich allein durchdrang diese Starre. Bevor ein Wort gefallen war, bevor sie den Halbkreis um den Thron herum erreicht hatten, wußte er schon, daß Babenbergs Brief und die Blumen am Baldachin nur die Vorläufer eines wirklichen Unheils gewesen waren – und hier kam es nun. Sein Hirn arbei-

tete bereits alle Möglichkeiten aus – und es gab ihrer viele. Sein Wille stählte sich für den Schlag, der nun endlich fallen würde.

»Ihr seid sehr willkommen«, sagte er laut. »Erstattet euren Bericht.«

Und dann sah er an ihrem Zögern, daß es sehr, sehr schlimm stehen mußte. Auch nicht das leiseste Zucken der Furcht erfüllte ihn – nicht die leiseste Spur der qualvollen, rätselhaften Sehnsucht geringerer Männer nach Selbstaufgabe, wenn sie wußten, daß ihre Schicksalsstunde geschlagen hatte. Nur ein ungeheures Sich-Aufbäumen des Willens, und das Meisterhirn setzte seine ständige Arbeit fort. Mit glänzend gespielter Nachlässigkeit stieg er die Stufen hinauf und ließ sich wieder auf dem Thron nieder.

»Herr der Welt«, sagte Della Vigna feierlich, »wir bitten, zu Eurem Ohr allein sprechen zu dürfen.«

»Nein! Sprecht hier«, sagte Friedrich, »und jetzt! Vor unseren getreuen Freunden und Untertanen haben wir keine Geheimnisse.« Dramatische Situationen hatten von jeher starken Reiz für ihn, aber das war nicht sein Hauptgrund. Er wußte nun – wie er meinte –, was diese beiden Sturmvögel zu sagen hatten. Die Versammelten wußten es nicht. Sollten sie es alle in seiner Gegenwart hören. Dadurch konnte er nicht nur die Wirkung auf sie studieren, sondern sie auch sofort beeinflussen, statt sie ihren eigenen Gedanken zu überlassen. »Daß ihr mir nichts auslaßt«, fügte er hinzu. »Beginne, Della Vigna!«

Und Della Vigna begann, zuerst zögernd, dann immer rascher. »Wir hatten Befehl, zu versuchen, Friedensverhandlungen mit Seiner Heiligkeit dem Papst anzuknüpfen und ihn zu bitten, nach Rom zurückzukehren und den Stuhl Sankt Peters frei und ungehindert wieder zu besteigen. Es war uns befohlen, jede nur mögliche Anstrengung zu machen, um unsern Auftrag zu erfüllen. Aber als wir in Lyon eintrafen, fanden wir bald heraus, daß es unmöglich war, uns mit dem Papst in Verbindung zu setzen. Er weigerte sich, uns vorzulassen. Ja, er ließ nicht einmal einige unserer Freunde vor, die versuchten, uns eine Audienz zu beschaffen. Ein junger Prälat erklärte einem dieser Freunde, der Papst habe genug vom Kaiser gehört, und nun würde der Kaiser zur Abwechslung von ihm hören.«

„Das ist wahrscheinlich gelogen", dachte Friedrich. „Sonst hätte er den Namen des Prälaten genannt. Della Vigna will gute Stimmung für uns schaffen."

»So mußten wir warten, bis das Konzil begann«, fuhr Della Vigna fort. »Wir hörten sehr viele Gerüchte, aber keine direkten und verläßlichen Nachrichten. Die spanischen, französischen und britischen Bischöfe waren angekommen. Fast alle italienischen und ungarischen und die meisten deutschen Bischöfe waren abwesend. Das sogenannte allgemeine Konzil bestand daher nur aus etwa hundertundfünfzig Teilnehmern. Es wurde uns jedoch bedeutet, daß seine Entschlüsse trotzdem Gültigkeit haben. Am letzten Tag des Konzils, dem siebzehnten Juli, wurden wir aufgefordert, in der Kathedrale von Lyon zu erscheinen, um diese Entschlüsse zu hören. Bis dahin wußten wir nur, daß ein Brief Kardinal Rainers von Viterbo eingetroffen war, der während der Verhandlungen eine wichtige Rolle spielte. In diesem Brief beschuldigte der Kardinal den Kaiser der Rebellion gegen Gott. Der Kaiser habe seine Gemahlinnen, wenn er ihrer überdrüssig geworden, durch Gift aus dem Wege räumen lassen. Der Kaiser sei am Tode Papst Gregors IX. schuldig, dessen Leben er durch beständige Verfolgung und Bedrohung verkürzt habe, sowie an unzähligen anderen Verbrechen und Gewalttaten. Der Brief verglich den Kaiser mit Herodes, Nero und Julian dem Abtrünnigen.«

Ein tiefes Stöhnen ging durch die Versammlung.

Mit eisiger Ruhe blickte Friedrich von einem entsetzten Gesicht zum andern.

»Es gelang uns, noch vor dem siebzehnten Juli mit einer Anzahl von Bischöfen zu sprechen«, fuhr Della Vigna fort. »Alle weigerten sich, unsere Fragen zu beantworten, stellten aber ihrerseits eine Reihe von Fragen. Zum Beispiel, ob es der Kaiser selbst gewesen wäre, der zwei Tage vor der Zurücknahme seiner Exkommunikation den Befehl gegeben habe, Viterbo anzugreifen. Ob es wahr sei, daß sich mohammedanische Tanzmädchen von lockerer Moral in seiner ständigen Umgebung befänden und ob er die Gewohnheit habe, Chri-

stus und die Sakramente der Kirche zu verspotten und darüber zu lästern. Auch wurden wir vielfach über die mohammedanische Kolonie von Lucera ausgefragt. Wir beantworteten alle diese Fragen nach bestem Wissen und Gewissen.«
»Natürlich«, sagte der Kaiser achselzuckend.
»Als wir am siebzehnten Juli in die Kathedrale geführt wurden, fanden wir dort das gesamte Konzil in vollem Ornat vor. Vor dem Papst und vor jedem Bischof stand ein silberner Leuchter mit einer brennenden Fackel. Nach längerem Beten und Absingen von Hymnen las der Papst selbst seinen Entscheid vor. Wir hörten zu – mit steigender Besorgnis und voller Zorn. Der Entscheid besagte, daß der Kaiser, unser erhabener Herr, sich durch seinen Angriff auf Viterbo des Meineids und des Friedensbruchs schuldig gemacht habe. Daß er ein Sakrileg begangen habe, als er seiner Flotte Befehl erteilte, eine Reihe von Schiffen, die Bischöfe und Prälaten von Rom zu ihren Diözesen in Italien, Frankreich und Spanien zurückbringen sollten, zu versenken, so daß zahlreiche hohe Würdenträger der Kirche ertranken, während andere gefangengenommen und in die Gefängnisse des Kaisers überführt wurden.
»Es ist sehr bedauerlich, daß sie nicht alle ertrunken sind«, warf der Kaiser ruhig ein.
»Auch der Ketzerei in vielfacher Hinsicht wurde der Kaiser beschuldigt. Es wurde behauptet, er habe eine Reihe von Gewohnheiten und Sitten angenommen, die eines christlichen Fürsten unwürdig seien und den Gebräuchen islamitischer Länder angehörten: wie zum Beispiel, daß er seine Gemahlinnen von Eunuchen bewachen lasse; daß er mitten im Herzen Italiens, ja sogar im Tempel Christi in Jerusalem, Mohammed als Propheten proklamiert habe. Er wurde bezichtigt, unschuldige Menschen umgebracht, Kirchen zerstört, die heiligen Mysterien im Zustand der Exkommunikation zelebriert zu haben. Es wurde festgestellt, daß der Kaiser während seiner ganzen Regierung niemals eine Kirche, eine Kapelle oder ein Kloster erbauen ließ, daß er hingegen für die Sarazenen in Lucera Moscheen stiftete; daß er einen Harem hielt wie ein Moslem und die Sitten und Gebräuche eines katholischen Prinzen mißachtete; sowie, daß er weder ein

Hospital noch sonst ein frommen Zwecken dienendes Gebäude errichtete.«
Piero Della Vigna machte eine Pause und griff sich an den Hals, als wenn die Worte, die er nun zu sagen hatte, nicht herauswollten. »Mein Kaiser hat mir befohlen, vollen Bericht zu erstatten«, sagte er endlich. »Das war schon bis hierher nicht leicht. Nun wird es unerträglich. Freund Thaddäus weinte und schlug sich auf die Brust, als er es hörte, und ich – nun – ich fluchte. Unsere Gefühle waren aber wohl genau die gleichen. Der Papst erklärte die sogenannten Verbrechen und Gewalttaten meines gnädigen Herrschers als erwiesen und las dann ein Absetzungsdekret vor. Der kaiserliche Thron, sagte er, stehe nun leer – – –«
Diesmal erfolgte kein Stöhnen, kein Aufschrei. Die Versammlung war von Entsetzen gelähmt.
Friedrichs blasse, starre Augen phosphoreszierten wie Wolfslichter bei Nacht. Seine langen, sehnigen Hände umklammerten die Arme des Thronsessels, als wollte er sich davon überzeugen, daß sie noch immer da waren.
»Dann löschte der Papst die Fackel vor sich aus«, fuhr Della Vigna fort, »und alle Bischöfe folgten seinem Beispiel. Es war wie eine magische Zeremonie – als wollten sie das Leben meines erhabenen Herrn auslöschen. Wir konnten es nicht mehr aushalten und verließen die Kathedrale und die Stadt Lyon, um so rasch wie möglich hierher zurückzukehren.«
Er beugte den Kopf. Viele der Anwesenden weinten. Niemand wagte es, seinen Nachbar anzusehen. Flüche und Gebete ertönten um die Wette.
Friedrich hob die Hand. »Der Schatzmeister soll uns unsere Kronen bringen«, befahl er mit zitternder Stimme.
Die Fassung eines jeden Sterblichen hat ihre Grenzen. Della Vignas Worte hatten diese Grenzen überschritten. Friedrich dachte nicht mehr daran, die Wirkung auf andere zu beobachten. Statt dessen horchte er in sich hinein. Wieder, wie so oft zuvor, sah er sich, einen mageren kleinen Jungen, von der gigantischen Hand Innozenz' III. zum Königtum – zur Kaiserkrone erhoben. Ein Papst hatte ihn zum Kaiser gemacht, und nun versuchte ein anderer Papst, ihn abzusetzen. Und der tiefste Grund für seinen erbitterten Kampf gegen das

Papsttum – gegen Innozenz III., Gregor IX., Innozenz IV. – war sein Haß gegen die Vorstellung, daß er anderen etwas verdanken sollte – statt sich selbst allein. Als ob diese arroganten Priester nicht einfach die Werkzeuge des Schicksals wären – als ob der dritte Innozenz nicht überhaupt dazu geboren worden wäre, um dem größten Herrscher des Jahrhunderts, dem größten Monarchen seit Augustus und Justinian, zu dem Thron zu verhelfen, der ihm von Rechts wegen zustand. Nicht er, Innozenz IV. war ein Ketzer, wenn er glaubte, den Kaiser absetzen zu können.

Da kamen sie mit den Kronen. Zwei Pagen trugen die Krone des Königreichs Sizilien; zwei andere die uralte eiserne Krone der lombardischen Könige; und wieder zwei die Kaiserkrone, von Edelsteinen übersät und so groß, daß sie auf keinen menschlichen Kopf paßte – sie mußte über dem Haupt des Kaisers gehalten werden, wie das Diadem Jupiters im alten Rom.

Friedrich ergriff die Kronen von Sizilien und der Lombardei und ließ die Kaiserkrone über sich halten.

»Ihr seht, Leute«, rief er mit klingender Stimme, »ich halte fest, was von Rechts wegen mein ist. Und dieses Rechts wird mich niemand berauben. Aber unsere Feinde haben uns ins Herz getroffen, und wir werden es nicht vergessen. Wir halten das Racheschwert in Händen, und unser Haß kann nur durch die völlige Vernichtung unserer Feinde gestillt werden. Lange genug sind wir Amboß gewesen – nun werden wir der Hammer sein, und als Hammer Gottes, als Geißel Gottes wird sich die Weltgeschichte unser erinnern wie Attilas.«

Haß und Rache hatten ihm von jeher als Tugenden gegolten, und das Theatralische seiner Worte und Gesten wurde furchteinflößend durch die Macht, die dahinter lag.

Der Kaiser erhob sich und schritt die Thronstufen herab.

»Wir verlassen unsere gute Stadt Parma noch heute«, sagte er. »Alle weiteren Audienzen müssen ausfallen.« Sein Blick fiel auf die Gräfin von Aquin. Ihr Gesicht war zerfallen, und sie hatte Tränen in den Augen. »Wir bedauern, daß wir nun nicht bei der Hochzeit zugegen sein können«, sagte er. »Der Podestà von Parma wird uns vertreten. Die Hochzeit wird genau einen Tag nach der Ankunft des Bräutigams stattfin-

den. Francisco, du bist mir dafür verantwortlich. Graf Brandenstein?«
Der riesige Deutsche trat vor. »Mein Kaiser?«
»Wir übertragen Euch den Befehl der Garnison von Parma. Wir wünschen, daß auch Ihr bei der Hochzeit zugegen seid. Kein Wort, meine liebe Base von Aquin. Es ist höchste Zeit, daß unsere Wünsche respektiert werden. Wir werden in Zukunft dafür sorgen.«
Er schritt rasch an gebeugten Köpfen und Rücken vorbei und verschwand.
Der Eindruck der letzten halben Stunde war so niederschmetternd, daß sich die Versammlung in vollständiger Stille auflöste. Alles beeilte sich, nach Hause zu kommen, um sich nicht auf eine Diskussion einlassen zu müssen, die fast unvermeidlicherweise zum Hochverrat führen mußte.
Landulf und Rainald eskortierten ihre Mutter und ihre Schwestern nach dem Flügel des Palastes, in dem die Gäste des Kaisers ihrem Rang entsprechend untergebracht waren. Theodora und Adelasia mußten ihre Mutter stützen – die Beine versagten ihr den Dienst. Sie vermochte nicht zu denken. Aber sie fühlte, daß die erste große Liebe ihres Lebens sich in einen Dämonen verwandelt hatte. Ihre Welt schien in Stücke gerissen. Ihr Kopf war wie Blei. Sobald sie ihre Räume erreicht hatte, ging sie zu Bett.
Eugenia bemühte sich um sie mit Wasser, Essig und Riechsalz. Später mußte ein Arzt zugezogen werden. Er fühlte nach dem Puls und dem Herzschlag, schüttelte bedenklich den Kopf, murmelte überaus lange Namen auf lateinisch und verschrieb eine Medizin, die Eugenia vom nächsten Apotheker holen mußte.
Landulf und Rainald hatten sich Wein kommen lassen und tranken geraume Weile ohne ein Wort zu sprechen.
»Dieser Brandenstein«, sagte Landulf unvermutet, »das ist ein bösartiger Ochse. Hast du das Grinsen auf seinem Gesicht gesehen, als ihn der Kaiser zum Befehlshaber von Parma ernannte? Als ob er sagen wollte: Hab keine Angst, ich werd' sie schon unter dem Daumen halten.« Er nahm einen Schluck Wein. »Möchte wohl wissen, wie er aussähe, wenn ihm einer den Schädel eingeschlagen hat«, fügte er nachdenklich hinzu.

»Was kümmert uns Brandenstein«, versetzte Rainald achselzuckend. »Oder sonst eine der Schranzen. Der Kaiser! Der Kaiser!« – Wie sie alle es gespürt hatten, daß der Mann besessen war! Besessen. Mutter hatte es nur zu deutlich gefühlt – er hatte gesehen, wie sie schauderte und wegblickte. Die Mädchen hatten ausgesehen wie ihre eigenen Geister. Della Vignas Bericht war etwas Fürchterliches, Niederschmetterndes. Er brachte die Vertreibung aus dem Paradies, den Sturz in den Abgrund. Und die Wirkung auf den Kaiser war nicht Furcht und Entsetzen, sondern verzehnfachter Stolz – ja sogar etwas wie heimlicher Triumph. Was für ein Gedicht, ein apokalyptisches Gedicht man darüber schreiben könnte! Aber das konnte nur ein Meister des Wortes. Adlerflug und Schlangenzischen, der einsame Ruf der Eule und das funkelnde Auge des Tigers – der Verzweiflungsschrei einer Mutter, deren Sohn sterben mußte, und die stillen Tränen alter Männer, die ihr Hab und Gut in den Flammen des Krieges verloren; die Rebellion Adams und die Tat seines Sohnes Kain; der blitzhafte Sturz Satans vom Himmel und das Flammenschwert in der Hand des Erzengels. Es war das Gedicht des Jahrhunderts und die Synthese aller Gedichte und aller Jahrhunderte; denn dies war die Teilung, die Gott schon vor Anbeginn der Welt zugelassen hatte, als Luzifer abfiel und mit ihm ein Drittel der himmlischen Heerscharen – es war das Lied von Fegfeuer, Himmel und Hölle. Singe es, wer es wagte...

Konnte er das wagen? Die Klage eines verlassenen Mädchens, die Freuden der Liebe, ritterliche Taten – darüber hatte er gedichtet. Aber das Lied von Himmel und Hölle? Dazu mußte man sich in die Einsamkeit zurückziehen wie Bruder Thomas. Thomas – der hatte die Zielbewußtheit, die sich von nichts und niemand abschrecken ließ, selbst in der Gefangenschaft nicht – selbst da verteidigte er sein Ideal, das flammende Scheit in der Hand. Wie hatten sie alle über ihn gelacht und die Achseln gezuckt, wie hatten sie ihn verachtet, daß er kein Ritter sein wollte – und doch, er war seinen Weg gegangen. Auf dein Wohl, Thomas, Bruder Ritter und Bruder Mönch – du hast getan, was ich schon lange hätte tun sollen: du hast dir dein Teil nicht nehmen lassen.

Kann ich's nachholen? Kann ich mich zurückziehen in die Einsamkeit und das Gedicht des Jahrhunderts schreiben? Der Himmel steh mir bei, ich habe nicht die Kraft dazu. Monatelang an einem einzelnen Reim feilen und selbst dann – vielleicht – noch immer nicht den Olymp erreichen. Und doch steckt's mir im Blut, ich kann es singen hören. Zu spät. Zu spät. Vielleicht wird es einmal ein anderer schreiben, der nicht sein Leben vergeudet hat wie ich – ein Mann, der wirklich lieben kann, muß es sein – einer der wirklich großen Liebenden der Weltgeschichte – – –

»Wir werden's wohl mit ihm zu tun bekommen«, sagte Landulf langsam.

»Zu tun bekommen? Mit wem?«

»Mit Brandenstein. Und mit seinen deutschen Söldnern.«

Brandenstein? – Landulf schien wie versessen auf diesen riesigen Tölpel von einem Deutschen. Was hatte er nur? Oder hatte er am Ende recht? Es sah ihm ähnlich, diesem geborenen Soldaten, daß er nur an die soldatische Seite der Sache dachte. Und dabei hatte er sich als weitsichtiger erwiesen als sein kluger Bruder. Er wußte ganz einfach, daß der Kaiser abgesetzt war und daß man ihn nun bekämpfen mußte. Und da der Kaiser selbst Parma verließ, mußte man gegen seinen Stellvertreter kämpfen. Landulf dachte dabei natürlich nicht an den guten Bürgermeister Tebaldo Francisco, sondern an den militärischen Befehlshaber. Über all diese Gedanken und Erwägungen war Landulf im Sprung hinweggesetzt und zu dem einfachen Schluß gelangt, daß man es mit Brandenstein zu tun bekommen würde. Recht hast du, Landulf. Vergib deinem Bruder, der geträumt hat, wie Dichter es tun – von Himmel, Hölle und Liebe –, statt vernünftig zu überlegen, was nun zu geschehen hat – – –

»Du bist also entschlossen?« sagte Rainald. »Ich weiß nicht, wie das Recht in diesem Fall lautet – ob der Papst den Kaiser absetzen kann oder nicht und – –«

»Der Papst hat ihn gekrönt«, sagte Landulf. Der Ton seiner Stimme schien anzudeuten, daß er nicht recht begriff, wieso sein sonst kluger Bruder so dumm sein konnte.

Rainald lachte. »Hast wieder recht, Bruder Landulf. Der Papst hat ihn gekrönt. Damit ist der Fall erledigt. Es sei denn,

daß wir Friedrich in die Hände fallen – oder einer von uns. Ich glaube nicht, daß deine Logik ihn ganz so leicht überzeugen würde wie mich.«
»Krieg ist immer gefährlich«, konstatierte Landulf einfach.
»Und es war ein allgemeines Kirchenkonzil *und* der Papst, die Friedrich abgesetzt haben. Ich bin kein Heiliger, aber ich will nicht gegen die Kirche kämpfen. Ich hab' einmal gesagt, Päpste kommen und gehen, und der Kaiser bleibt – und Thomas sagte: nein, es ist umgekehrt. Der Junge hat recht gehabt, glaub' ich. Außerdem hat mir die Art, wie der Kaiser Mutter behandelte, nicht gefallen. Und ich will nicht, daß die kleine Theodora unglücklich wird. Es ist gut, daß wir zur Hochzeit hier bleiben müssen, andernfalls wäre uns nichts anderes übriggeblieben, als den Kaiser zu begleiten; dann wäre alles viel schwieriger gewesen.«
Rainald nickte. »Du bist heute ein wahrer Ausbund von Weisheit, Landulf. Was ist über dich gekommen? Und was glaubst du, wird der Kaiser zuerst tun?«
»Nach Verona wird er gehen. Da liegen die meisten Truppen. Er muß sich ihrer versichern. Darum hat er's so eilig. Und dann reitet er nach Lyon.«
Rainald pfiff leise vor sich hin. Es lag ehrliche Bewunderung in seinen Augen, als er Landulf ansah. »Nach Verona, um die Armee zu gewinnen und zu verstärken. Nach Lyon – um den Papst gefangenzunehmen. Vielleicht läßt er's nicht bei der Gefangennahme. Ist ihm zuzutrauen. Und die Sache kann ihm gelingen. Ja, sie wird ihm gelingen, wenn ihm der Heilige Vater nicht wieder im letzten Augenblick durchs Netz geht... oder... wenn sich nicht inzwischen etwas anderes ereignet.«
»Was?«
»Nun, wenn die Katze weg ist, fangen die Mäuse zu tanzen an. Und es gibt ziemlich viel Mäuse in Italien. Wir sind nicht gerade die einzigen, die, wollen wir sagen, Grund zur Beschwerde haben. Herodes ist bei vielen recht unbeliebt – oder Nero, wenn dir das lieber ist. Wie viele Leute allein in Parma, glaubst du, flüstern jetzt miteinander wie wir? Und die Nachricht von der Absetzung wird sich mit Windeseile verbreiten. In den meisten Städten hat er natürlich seine Garnisonen.

Aber sind sie verläßlich? Alle? Werden sie verläßlich bleiben, wenn sie wissen, was wir wissen? Es kann eine sehr große Sache werden, Bruderherz – zu groß für dich und mich. Aber wir sind mitten drin. Wie oft haben wir an diese Möglichkeit gedacht, als wir noch unter ihm kämpften! Und er auch! Und nun stehen wir auf der andern Seite.«

»Die Garnison von Parma – die Deutschen hier, meine ich –, das sind etwa zweihundert Mann«, überlegte Landulf. »Und wir haben nur hundert. Und diese verdammten Deutschen sind tüchtig. Ich hab' sie im Kampf gesehen. Du auch. Ich kann sie nicht ausstehen, aber sie sind gut. Was machen wir?«

»Ich will dir sagen, was wir *nicht* machen dürfen: uns zu offen nach Verbündeten umsehen. Wenn wir das tun, erfährt's unser lieber Vetter Friedrich, bevor er noch in Verona ankommt. Andererseits können wir allein nicht gegen ihn aufkommen. Das Haus von Aquin gegen das Haus von Hohenstaufen – das ist Irrsinn. Aber, was wir uns überlegen müssen, ist: was tun wir, wenn San Severino kommt – – Santa Madonna di Napoli – – –«

Beide fuhren auf, als der Schatten eines gepanzerten Mannes ins Zimmer fiel. Keiner von ihnen war feige. Aber es gelang Rainald nicht leicht, sich umzudrehen. Er atmete erleichtert auf. Es war kein Offizier der deutschen Leibwache. Es war Piers.

»Von diesem Spiel verstehen wir noch nicht viel, Bruderherz. Haben nicht einmal daran gedacht, die Tür abzuschließen. Tretet ein, Sir Piers, tretet ein. Was habt Ihr auf dem Herzen? Teufel – ich sehe, Ihr *habt* wirklich etwas auf dem Herzen.«

»Darf ich offen sprechen?« fragte Piers schroff.

»Gewiß, Sir Piers«, erwiderte Landulf aufmerksam.

»Messer de Braccio hat mir mitgeteilt, was sich heute morgen bei der Audienz zugetragen hat.«

»Wie ich de Braccio kenne, hat er's schon gewußt, bevor es geschehen ist«, lachte Rainald. »Was hat er gesagt? Meistens mischt er Wahrheit und Erfindung, wie ein Schankwirt den Wein wässert.«

»Ich glaube nicht, daß er es diesmal getan hat – dazu war er

zu aufgeregt. Das Gesuch der edlen Gräfin wurde vom Kaiser abgelehnt –«
»Sir Piers«, unterbrach Landulf stolz, »das geht weder de Braccio etwas an, noch – –«
»Noch mich«, ergänzte Piers kalt. »Ich weiß das. Aber ich bat um Erlaubnis, offen sprechen zu dürfen.«
»Und das hat er getan«, nickte Rainald. »Sei kein Esel, Landulf. Wollte sagen – – laß ihn sagen, was er zu sagen hat.«
»Bitte«, sagte Landulf kurz.
»Der Kaiser bestand darauf, daß die Hochzeit stattfinden sollte, sobald Graf San Severino eingetroffen sei, und unterstellte die Angelegenheit dem Bürgermeister von Parma und dem Befehlshaber der deutschen Leibwache – wie überhaupt alle wichtigen Angelegenheiten in Parma.«
»Richtig«, nickte Rainald.
»Die Audienz wurde dann durch die Ankunft der Botschafter des Kaisers unterbrochen, die soeben von Lyon zurückgekehrt waren und die Nachricht überbrachten, daß der Papst den Kaiser abgesetzt habe. Der Kaiser beschloß, Parma unverzüglich zu verlassen – wahrscheinlich, um sich zur Armee zu begeben.«
»Die Welt geht zugrunde, und ihre Stücke fliegen uns um die Ohren«, sagte Rainald. »Das ganze Zeitalter geht zu Ende, der Boden Europas zittert – aber für einen Engländer ist das kein Grund zur Aufregung. Ein Engländer erzählt das alles in ein paar trockenen Sätzen. Ob es wohl jemals einen englischen Dichter geben wird?«
»Ich nehme an, daß die Edlen von Aquin dem Gedanken dieser Heirat weiterhin ihre Zustimmung versagen«, fuhr Piers völlig ungerührt fort.
»Wie?« fragte Rainald mit gut gespielter Entrüstung. »Trotz des ausdrücklichen kaiserlichen Befehls?«
»Sich dem Wunsch des Kaisers zu widersetzen ist das gleiche, wie sich seinem Befehl zu widersetzen«, lautete die ruhige Antwort. »Zudem gibt es nun viele, die die Gültigkeit dieses Befehls bezweifeln.«
»Sehr möglich«, sagte Rainald vorsichtig.
»Auf alle Fälle aber«, sagte der Engländer, »wäre es sehr vorteilhaft, wenn Graf San Severino nicht in Parma einträfe.«

»Es wäre ungemein vorteilhaft«, knurrte Rainald. »Es wäre geradezu großartig. Aber, wer soll ihn daran hindern?«

»Ich«, erwiderte Piers kaltblütig. »Aber, dazu muß ich Parma verlassen – denn ich muß ihn abfangen, bevor er die Stadt betritt. Darum bin ich hier. Ich bitte um Urlaub.«

»Beim Bizeps des Herkules«, rief Rainald. »Der Mann hat die Lösung des Problems gefunden. Eine großartige Idee! Kein Bräutigam – keine Hochzeit. Nichts könnte einfacher sein. Ich begreife nicht, daß ich nicht selber darauf gekommen bin. Aber San Severino wird eine starke Gefolgschaft haben.«

»Fünfzig Mann genügen«, sagte Piers.

»Und wenn es euch gelingt? Wohin dann mit ihm? Nach Roccasicca? Ihr werdet nicht durchkommen.«

»Die Frage wird sich erübrigen«, sagte Piers dumpf.

»Beim Barte des Propheten«, entfuhr es Rainald. »Ihr scheint aufs Ganze zu gehen, wie? Kennt ihr den Mann? Habt ihr eine alte Rechnung mit ihm zu begleichen?«

»Nein, Herr. Darf ich fünfzig Mann nehmen und gehen, Herr?«

»Ich möchte am liebsten selber mit«, erklärte Landulf mit breitem Schmunzeln.

»Das kannst du aber nicht, Bruderherz. Vergiß nicht, daß dein Freund Brandenstein dich und mich im Auge hat. Wenn du plötzlich verschwindest, erregt es Verdacht. Nein, Freund Piers muß das allein besorgen. Und keine Flagge, Sir Piers. Wir dürfen uns nicht bloßstellen – vorläufig.«

»Ich verstehe, Herr.« Piers lächelte ein wenig.

»Ausgezeichnet«, sagte Rainald rasch. »Es gibt Dinge, über die man vollständig einer Meinung sein kann, ohne sie erst lange zu besprechen. Besonders, wenn sie noch nicht reif sind. Nehmt Eure fünfzig Mann und macht, was Ihr wollt.«

»Nein«, widersprach Landulf überraschenderweise. »Er ist ein treuer, verläßlicher Mann. Er soll wissen, woran er ist. Sir Piers, dies ist der Anfang zu vielen und großen Geschehnissen. Ihr seid nicht allein. Wir stehen hinter Euch – selbst wenn die Pläne eines sehr hochgestellten Herrn dadurch völlig zum Scheitern gebracht werden. Der Wind hat umgeschlagen.«

»Es ist sehr gütig von Euch, mir das zu sagen, Herr«, erwiderte Piers. Das leichte Achselzucken, das er hinzufügte, besagte deutlich: aber es ändert nichts; was ich tue, tue ich auf alle Fälle.
Er verneigte sich und verließ klirrend das Zimmer. Die Tür schloß sich hinter ihm.
»Ein Mordskerl«, sagte Landulf. »Und ich möchte nicht in San Severinos Schuhen stecken, wenn er ihn zu fassen bekommt.«
»Ich auch nicht«, stimmte Rainald zu. Er leerte seinen Becher, tief in Gedanken versunken. Plötzlich ging es ihm auf. Er runzelte die Stirn. »Natürlich«, sagte er. »So ist das. Armer Kerl!«
»Wer? San Severino?«
»Nein. Gar nicht. Piers!«
»Warum?«
»Laß. Gib mir noch einen Becher Wein.«
Armer Kerl. Es war natürlich ganz hoffnungslos. Aber – ein schönes Gedicht könnte es werden – – –

IX

NICHT DURCH Zufall lernte Piers in der Taverne »Zu den Sieben Heiligen« Messer Giacomo di Barolo kennen. Er hatte sein Hauptquartier irgendwo südlich von Parma aufschlagen müssen – nicht zu weit und nicht zu nahe von der Stadt –, und die Taverne lag gerade recht für seine Zwecke, etwa sechs Meilen südöstlich von Parma. Da saß er und hatte nur allzuviel Gelegenheit, zu beobachten, was in der Taverne vor sich ging. Denn jetzt hieß es stillsitzen und auf Nachricht warten. Etwa ein Dutzend seiner Patrouillen bewachten die Straßen von Parma nach dem Süden. Sie hatten Befehl, sich auf nichts einzulassen, sondern lediglich scharfe Umschau zu halten. Sobald etwas von San Severino zu sehen wäre, sollten sie ihn benachrichtigen. Wappen und Flagge des Feindes waren jedem einzelnen Mann genau beschrieben worden.
Des Feindes – – –
Es war alles sehr einfach für Piers. San Severino war der

Feind seiner Dame und darum sein Feind. Er hatte seiner Dame versprochen, sie von diesem Feinde zu befreien. Und nun war er daran, sein Versprechen zu erfüllen.

Alles ging nun verhältnismäßig leicht. Die Familie schien bereit, sich dem Kaiser zu widersetzen, wenn auch nach Möglichkeit vorerst nur im geheimen.

Bisher war er auf sich allein angewiesen gewesen, Robin natürlich ausgenommen, was bedeutete, daß sein Plan hätte gelingen können. Er konnte einen ihm an Rang so hoch überlegenen Mann wie San Severino nicht zum Zweikampf fordern. Er konnte nur einen Streit vom Zaun brechen und zum Schwert greifen. Mit ein wenig Glück vermochte er ihn zu töten, dann aber war er unweigerlich den Schwertern der Gefolgschaft verfallen. Von alledem hatte er Robin nichts gesagt, aber natürlich wußte Robin es ganz genau, obgleich er sich die größte Mühe gegeben hatte, so zu tun, als ob er nichts wüßte. Guter, alter Robin. Es war eine Schande, ihn mit ins Unglück zu reißen.

Nun aber lagen die Dinge ganz anders. Er hatte fünfzig Mann bei sich, und seine Herren standen hinter ihm. Und in Parma waren Unruhen ausgebrochen. Brandenstein hatte seinen Deutschen Befehl geben müssen, sich nicht einzeln auf den Straßen zu zeigen, sondern mindestens zu sechst. Die Deutschen waren unbeliebt, nicht nur als Ausländer. Sie waren teilweise arrogant, stolz auf ihre überlegene physische Kraft und voller Verachtung für alles Italienische. Am Tag nach der Abreise des Kaisers wurden nicht weniger als drei von ihnen mit durchschnittener Gurgel aufgefunden, und Brandenstein konnte keine Zeugen auftreiben. Niemand wollte etwas gesehen haben. Am Tag darauf fand man fünf Ermordete. Brandenstein sah sich gezwungen, Vergeltungsmaßnahmen anzudrohen. Das führte natürlich zu noch schlimmerem Haß.

Aber noch viel interessanter als die Unruhen in Parma war, was er in den letzten drei Tagen in der Taverne »Zu den Sieben Heiligen« beobachtet hatte.

Da gab es ein beständiges Kommen und Gehen von Leuten, die irgendwie nicht in das gewöhnliche Leben einer Taverne zu passen schienen.

Bauern mit erstaunlich gepflegten Fingernägeln; kleine Gruppen unauffällig gekleideter Männer, die sich im oberen Stockwerk versammelten – – zwei kräftige Burschen hielten währenddessen Wache an der Tür.
Einmal wurden im Stall des Wirts nicht weniger als sechsunddreißig ausgezeichnete Pferde untergebracht – bewacht von einem Dutzend Stallburschen, die zwar in Lumpen gekleidet waren, aber durchaus so aussahen, als gehörten sie in gut geschnittene Livreen.
Und da war Messer Giacomo di Barolo, der behauptete, Kaufmann zu sein – Öl und Gewürze – und der viel eher aussah, als ob seine Vorfahren schon vor sehr geraumer Zeit den Ritterschlag empfangen hätten. Messer Giacomo di Barolo stellte außerordentlich viele Fragen und ließ sich durch kurze Antworten in keiner Weise abschrecken. Auch empfing er viele Gäste – andere Kaufleute wahrscheinlich, mit denen er lange und ernste geschäftliche Gespräche führte.
Piers war noch nicht lange genug in Italien, um den Unterschied zwischen den verschiedenen Dialekten zu kennen. Ein erfahrenerer Mann hätte gemerkt, daß die Dialekte von Cremona, Florenz, Genua und Venedig vertreten waren. Immerhin wußte er, daß hier Leute aus allen Teilen des Landes zusammenkamen.
Eines Tages erschien der sonst so gleichmäßig freundliche Messer Giacomo seltsam verändert. Er war zurückhaltend, mißtrauisch, schlecht gelaunt. Und als sie auf einen Augenblick allein waren, fragte er brüsk: »Wie lange gedenkt Ihr noch hier zu bleiben, edler Herr?«
»Bis mein Auftrag erledigt ist«, antwortete Piers.
Messer Giacomo lachte böse. »Hoffentlich ist das bald der Fall. Die Luft hier ist nicht sehr gesund für Leute von Aquin.«
»Warum nicht?« erkundigte sich Piers, ohne eine Miene zu verziehen. Der Mann hatte offenbar seine Informationsquellen. Ein Leugnen hätte seinen Argwohn nur erhöht.
»Eine sehr treue Familie«, sagte Messer Giacomo achselzuckend. »Zweifellos ein großer Vorzug – in manchen Fällen.« Er streichelte seinen schönen, schwarzen Bart, der hier und da bereits von Silberfäden durchzogen war. Weniger als je glich er einem Kaufmann.

»Gewiß«, sagte Piers trocken.

»Ihr aber«, fuhr Messer Giacomo fort, »Ihr seid ein Ausländer – was gehen Euch unsere politische Händel an? Warum kehrt Ihr nicht in Euer eigenes Land zurück? Und wenn Ihr ein verdienstvolles Werk tun wollt, dann nehmt alle deutschen Ritter mit. Ich bin nicht gern unhöflich, aber wir haben euch alle ziemlich satt.« Er fuhr fort, seinen Bart zu streicheln.

»Ein Eid ist ein Eid«, erwiderte Piers, »und das Haus von Aquin ist weder exkommuniziert noch abgesetzt. Also bleibt mein Eid gültig. Übrigens bin ich kein Deutscher. Ich bin Engländer.«

»Es ist sehr schade«, sagte Messer Giacomo, »daß Eure Herren nicht Euer feines Verständnis dafür haben, was einen Eid gültig oder ungültig macht. Denn es würde wahrscheinlich ihr Leben retten.«

»Ihr Leben?« Piers starrte den seltsamen Mann an.

»So aber«, fuhr Messer Giacomo fort, »dürften sie die nächste Woche wohl kaum überleben. Je nun, es wird sie vermutlich trösten, daß sie in guter Gesellschaft sterben – oder in einer Gesellschaft, die sie für gut halten. Parma wird von allen Freunden des großen Gotteslästerers gesäubert werden.«

»Sieh an, sieh an«, sagte Piers. »Ihr nehmt ja den Mund ziemlich voll, Messer Kaufmann. Ihr müßt Euch sehr sicher fühlen. Es ist mir ungemein gleichgültig, was Ihr mit den deutschen Rittern in Parma macht – oder mit sonst wem in Parma. Aber Drohungen gegen das Haus von Aquin schluck' ich nicht herunter – was auch immer *Euer* wahrer Rang sein mag.«

»Mein wahrer Rang geht Euch nichts an, Herr Ritter. Ratet soviel Ihr wollt. Aber selbst einem Simpel wie Euch muß klar sein, daß ich Euch nicht gestatten kann, nach Parma zurückzukehren – nach allem, was Ihr hier gesehen und gehört habt.«

»Ich habe vorläufig nicht die Absicht, nach Parma zurückzukehren«, erwiderte Piers noch immer gleichmütig. »Aber wenn ich den Wunsch dazu hätte, wüßte ich nicht, wer mich zurückhalten könnte.«

Messer Giacomo lächelte. »Die Taverne ist umringt«, sagte

er,« und siebzig Ritter mit ihren Gefolgsleuten sind vielleicht doch ein wenig zuviel für Euch, obwohl ich gern zugebe, daß Ihr danach ausseht, als ob Ihr mit einem oder zweien ganz gut fertig werden könntet. Eure eigenen fünfzig Mann sind in kleine Gruppen verteilt, mit denen wir leichtes Spiel haben. Ihr glaubt doch nicht im Ernst, daß ich so offen zu Euch sprechen würde, wie in dieser letzten Viertelstunde, wenn ich nicht genau wüßte, daß Ihr unserer Sache keinen Schaden zufügen könnt? Für so dumm könnt Ihr mich doch nicht halten.«

Piers stand auf und ging zum Fenster. Ganze Gruppen von Gepanzerten hielten mit ihren Pferden am Eingang der Taverne und drüben am Bachufer – zu beiden Seiten der Straße. Er hatte zwei seiner Leute dort stehen gehabt. Sie waren verschwunden. „Ich hätte Robin gestern nicht auf Patrouille schicken sollen", dachte er. Der Bursche hatte einen untrüglichen Instinkt für Gefahr, wie ein Tier.

Piers kehrte zum Tisch zurück, an dem Messer Giacomo saß und spöttisch lächelte. Jetzt fing der Engländer doch an, sich ein bißchen zu ärgern. Er erinnerte sich daran, wie der Italiener das Gespräch begonnen hatte, und begriff, daß dieser nur so lange geredet hatte, um seinen Leuten Gelegenheit zu geben, die Taverne zu umzingeln. Es war ihm jetzt auch klar, daß sie sich des Wirts und seines Gesindes bemächtigt hatten.

»Sehr hübsch gemacht, Messer Kaufmann«, sagte er gedehnt. »Es scheint, Ihr betrachtet mich als Euren Gefangenen.«

»Das seid Ihr allerdings«, sagte Messer Giacomo kalt.

»Und doch habt Ihr zu Beginn unseres Gesprächs den Wunsch geäußert, daß ich so rasch wie möglich in meine Heimat zurückkehren möge.«

»Ihr werdet dorthin zurückkehren – sobald Ihr meine Fragen beantwortet habt. Wieviel Leute haben die Herren von Aquin in Parma bei sich – außer Euren fünfzig Mann?«

»Bei der heiligen Jungfrau«, rief Piers, »Ihr scheint sehr wenig über die Natur eines englischen Ritters zu wissen. Sie mögen einfältig sein, aber sie begehen keinen Verrat.«

Messer Giacomo lächelte drohend. »Was sie auch tun oder lassen, sie sind Menschen von Fleisch und Blut, und es gibt

Wege, einen Menschen zum Sprechen zu bringen. Ich brauche nur ein halbes Dutzend meiner Leute hereinzurufen und – – was tut Ihr?!«

Schon seit Piers aus dem Fenster gesehen und die Falle erkannt hatte, in der er sich befand, hatte er begonnen, die Riemen seiner Kettenrüstung aufzuknüpfen. Nun schlüpfte er aus ihr heraus und stand in Unterkleid und Hosen da.

»Ich mache mich leichter«, erklärte er. Plötzlich sprang er auf den Italiener zu, packte ihn mit eisernem Griff und zog ihm einen fußlangen Dolch aus dem Gürtel. »Kein Wort, Messer Kaufmann, oder Ihr kostet Euren eigenen Dolch. Ein hübsches Ding, übrigens – ein wahres Kunstwerk: mit Saphiren am Griff. Der Handel mit – was war's gleich? – mit Öl und Gewürzen scheint recht einträglich zu sein. Ruhig, sag' ich.«

»Ihr seid toll«, zischte Messer Giacomo. »Meine Leute werden Euch in Stücke reißen – –«

»Möglich«, nickte Piers, »aber erst nach Eurem Tode. Ich schwör's! Ein Eid ist ein Eid.«

»Was nützt Euch dieser unsinnige Angriff? Ihr könnt unmöglich entkommen – –«

»Das wollen wir sehen. Wozu glaubt Ihr, habe ich mich leichter gemacht? Da hinten, etwa fünfzehn Ellen vom Fenster entfernt, steht ein sehr guter Gaul, mit nur einem Mann dabei. Ihr habt mir gütigerweise zugestanden, daß ich's mit einem oder zwei Eurer Leute aufnehmen könne. Ich brauche nur den Kerl zu werfen, seinen Gaul zu nehmen und nach Parma zu galoppieren. Alle Eure Leute sind gepanzert – sie holen mich bestimmt nicht ein. Aber da fällt mir eben etwas noch viel Besseres ein, Messer Kaufmann: ich nehm' Euch mit nach Parma. Und Graf Landulf von Aquin wird Euch nicht zu fragen brauchen, wieviel Mann Ihr unter Eurem Befehl habt, denn Ihr habt's mir ja schon gesagt. Aber Euer Besuch wird ihn freuen. Ich laß Euch vor mir her gehen und wenn Eure Leute nicht Raum geben – –«

»Das wagt Ihr nicht«, fuhr ihn Messer Giacomo an. Aber er war blaß geworden.

»Ich habe nichts zu verlieren«, sagte Piers. »Steht auf und geht vor mir her. Wird's bald?«

»Bei meinem Glauben, Ihr meint's im Ernst«, sagte Messer Giacomo kopfschüttelnd. »Schade, daß wir in verschiedenen Lagern stehen müssen. Tötet mich, wenn es sein muß. Aber das rettet Parma nicht für den Exkaiser, und es bewahrt ihn auch nicht vor der endgültigen Niederlage.«
Erst jetzt war Piers überzeugt, daß der Mann wirklich gegen Friedrich war – und kein Lockspitzel. Er ließ ihn los und trat einen Schritt zurück. »Woher wißt Ihr mit solcher Sicherheit, daß wir in verschiedenen Lagern stehen?« fragte er ruhig.
Messer Giacomo starrte ihn überrascht an. »Jedermann weiß, daß die von Aquin für Friedrich sind. Sie waren es immer.«
»Der Kaiser ist abgesetzt«, sagte Piers lakonisch.
Messer Giacomo staunte. »Wollt Ihr damit sagen – unmöglich. Nicht die von Aquin. Er ist ihrer doch so sicher, daß er die San Severinos gewinnen will, indem er den jungen Grafen mit dem Hause Aquin verbindet.«
Piers runzelte die Stirn. »Aus der Hochzeit wird nichts.«
Messer Giacomo kniff die Augen zusammen. »Nein? Warum nicht?«
»Weil das Haus von Aquin sich weigert, dem Kaiser als politische Schachfigur zu dienen.«
Das Gesicht des Kaufmanns erhellte sich. »Aber sind sie nicht gerade wegen dieser Hochzeit nach Parma gegangen?«
»Die Gräfin von Aquin«, erklärte Piers steif, »hat dem Kaiser mitgeteilt, daß ihre Tochter nicht zu heiraten beabsichtigt.«
»Ihr setzt mich mehr und mehr in Erstaunen, Herr Ritter. Und der Kaiser?«
»Bestand auf seinem Wunsch und verließ Parma am gleichen Tag.«
Ein durchbohrender Blick Messer Giacomos: »Wollt Ihr schwören, daß das alles wahr ist, Herr Ritter?«
»Bei Gottes Wahrheit«, fuhr Piers auf. »Warum sollt ich's Euch erzählen, wenn es nicht wahr wäre?«
Messer Giacomo stand auf. »Herr Ritter – Ihr seid frei.«
Piers lachte fröhlich auf. »Ihr vergeßt, Messer Kaufmann, daß ich nicht Euer Gefangener bin, sondern Ihr der meine.«
Nun lachte auch der Italiener. »Gut – dann erkauf' ich meine Freiheit mit dem Dolch, den Ihr mir abgenommen habt. Hier ist die Scheide dazu.«

»Ein fürstliches Lösegeld«, sagte Piers zögernd.
»Und solltet Ihr jemals die Dienste derer von Aquin verlassen, dann weiß ich ein anderes Haus, das für einen Mann Eures Mutes guten Gebrauch finden wird.«
»Ihr seid sehr freundlich, Messer Kaufmann.« Piers schmunzelte vergnügt. »Bin froh, daß Ihr mir endlich glaubt.«
»Ja – ich glaube Euch. Wenn man so alt geworden ist wie ich, muß man gelernt haben, dem rechten Mann Vertrauen zu schenken. Es ist eine große Kunst, Herr Ritter. Der Exkaiser hat sie nie erlernt und wird sie nie erlernen. Sein Geist ist durch und durch krank. Er hält sich selbst für einen Gott und beurteilt andere nur nach dem Grade ihrer Nützlichkeit. Er saugt ihnen Geist und Kraft aus. Wenn er das Wort Treue ausspricht, meint er „Furcht vor Friedrich". Er hat mein herrliches Vaterland verwüstet mit seinen endlosen Fehden, Stadt gegen Stadt, Schloß gegen Schloß. Er hat es befleckt mit seinen widerwärtigen Schmähungen aller Dinge, die uns heilig sind. Endlich, endlich hat ihn der Stellvertreter Christi seines hohen Amtes für unwürdig erklärt. Wir werden dafür sorgen, daß das Urteil des Heiligen Vaters ausgeführt wird.«
»Mit siebzig Rittern?« fragte Piers. Der Mann begann ihm zu gefallen. Er hatte etwas Edles und Sauberes. Aber jetzt mußte der Kaiser in Verona angekommen sein, wo fünfundzwanzigtausend Mann auf ihn warteten, darunter Hunderte von deutschen Rittern mit ihren Gefolgschaften, jeder eine kleine Festung für sich.
Aber Messer Giacomo lächelte. »Man stirbt nur einmal«, sagte er. »Aber verlaßt Euch darauf, Herr Ritter, meine siebzig stehen nicht allein. Dies ist ein größer Ding als das Haus von Aquin oder das Haus von – das Haus, für das ich tätig bin. Ich muß Euch jetzt verlassen. Aber erlaubt mir, Euch mit einem meiner – Freunde bekannt zu machen, dem Hauptmann Bruno de Amicis: er hat den Befehl über die siebzig, und ihm werd' ich das Zeichen geben, wenn die Stunde zum Angriff gekommen ist. Darf ich ihn hereinrufen?«
»Gewiß«, erwiderte Piers ohne zögern.
Messer Giacomo ging zum Fenster und stieß einen seltsamen Pfiff aus. Eine Minute später trat ein riesenhaft gebauter Ritter in voller Rüstung ein.

»Bruno«, sagte der erstaunliche Kaufmann, »dieser edle Ritter steht im Dienst des Hauses von Aquin, und es scheint, daß wir uns in den Edlen von Aquin geirrt haben. Die Dinge liegen anders, als wir dachten.«
»Ihr müßt's am besten wissen – – Messer Giacomo«, grunzte der Ritter. Er betrachtete Piers prüfend, wie es Kriegsleute tun. »Ihr wollt also nicht, daß ich ihn greifen lasse? Ich habe sechs meiner Leute draußen stehen.«
»Im Gegenteil«, lächelte der Kaufmann. »Ich möchte, daß ihr Freundschaft schließt. Ich habe sehr wertvolle Nachrichten erhalten, Bruno. So wertvoll, daß ich selbst nach Parma gehen werde, um mich mit unseren Freunden zu beraten. Du erhältst die entscheidende Nachricht von mir aus Parma.«
»Das ist sehr gewagt«, warnte der Ritter.
»Gar nicht, so wie die Dinge nun stehen. Das Wagnis beginnt, wenn ich das Zeichen gebe. Du wirst diesen englischen Ritter sehr nützlich finden, sobald die harte Arbeit beginnt. Bis dahin, hoff' ich, haltet ihr gute Freundschaft.«
»Langsam, langsam, Messer Giacomo«, protestierte Piers. »Ich kann mich Euren Plänen erst anschließen, wenn ich von meinen Herren Befehl dazu erhalten habe.«
»Versteht sich«, nickte der Kaufmann. »Aber Ihr werdet ihn erhalten. Und wahrscheinlich sogar sehr bald. In drei Tagen etwa. Länger wird es kaum dauern. Das Losungswort bleibt das gleiche, Bruno. Nur noch eins, Herr Ritter: Ihr werdet diesen Ort nicht verlassen, bevor Ihr nicht von Euern Herren gehört habt? Einverstanden? Gut. Gott mit euch, Freunde.«
»Und mit Euch – – Messer Giacomo«, sagte Bruno de Amicis.
„Er hat das Wort ‚Herr‘ schon auf der Zunge gehabt", dachte Piers. „Der ist ein Mann von hohem Rang, das ist klar. Wer hat je einen Ritter so unterwürfig vor einem Gewürzhändler stehen sehen?«
»Trinken wir einen Becher Wein zusammen«, sagte er laut, als der Kaufmann das Zimmer verlassen hatte. Er war froh. In ein paar Tagen würde Parma gestürmt, und die Angreifer besäßen Freunde in der Stadt. Man mußte einen Boten an Graf Landulf schicken und ihm das alles mitteilen – und zwar insgeheim. Dieser de Amicis hatte etwas von einem mißtrauischen Stier an sich. Es war also wohl nicht leicht, aber es

mußte durchgeführt werden. Auf alle Fälle: ob San Severino ankommen würde oder nicht – die Hochzeit fand nicht statt. Das war nun sicher.

*

Theodora kam gerade im entscheidenden Augenblick aus ihrem Zimmer. Aber wie Adelasia später sagte, mußte das wohl so sein. »Du hast ein Talent, aufzutauchen, wenn es brennt, carissima. Du hast die kürzeste Nase der ganzen Familie, aber die beste.«
Sie sah Landulf und Rainald geradezu über ihre eigenen Füße stolpern, als sie dem Ruf der Schildwache folgten, und erblickte die beiden Besucher, den älteren, schwarzbärtigen, und den jungen, beide außerordentlich elegant gekleidet, die die allgemeine Aufregung verursacht hatten. Sie hörte Rainald atemlos fragen: »Euer Name, edler Herr?« und die Antwort des älteren Mannes: »San Severino de Marsico, zu Euern Diensten.«
Rainald schluckte ein paarmal, bevor er imstande war, sich und seinen Bruder vorzustellen. Entweder hatte er sie nicht gesehen oder ihre Anwesenheit in der Aufregung vergessen. Dann stellte der schwarzbärtige Herr den Jüngeren vor: »Mein Sohn Ruggiero.« Und er fügte hinzu: »Führt mich zur Gräfin von Aquin, ihr Herren, wenn es euch gefällig ist – ich möchte ihr meine Aufwartung machen.«
Wenn sie später daran zurückdachte, war sie eigentlich recht zufrieden mit sich. Sie hatte lediglich gedacht: „Mama wird sich furchtbar aufregen – hoffentlich machen sie es nicht zu schlimm mit ihr." Zuerst hatte sie an Mama gedacht, obwohl die Sache doch in erster Linie sie selbst betraf. Schließlich war sie es doch, die den jungen San Severino heiraten sollte – oder vielmehr nicht heiraten sollte – und nicht Mama. Und der Egoismus war immer ihr Schlimmstes, wenn sie zur Beichte ging. Sie wußte, daß ihre Brüder versucht hatten, San Severino von Parma fernzuhalten – ihre Mutter hatte einmal darauf angespielt, ohne freilich hinzuzufügen, wie das geschehen sollte –, folglich mußte hier etwas danebengegangen sein. All das war ihr bekannt, aber im Augenblick durchaus nicht bewußt. Sie wußte davon, doch sie dachte nicht daran. Dazu war sie viel zu aufgeregt.

Nun schienen sie sich entschlossen zu haben, den Grafen zu Mama zu führen. Dieser wandte sich an seinen Sohn, der die ganze Zeit über mit dem Rücken zu ihr gestanden hatte, und flüsterte ihm etwas zu. Er lächelte dabei, und es war ein gewinnendes Lächeln, trotz des schwarzen Bartes, der übrigens schon Silberfäden aufwies. Dann ging er mit Landulf und Rainald auf Mamas Zimmer zu, und nun würde sie nie wissen, wie der junge Mann aussah, an den sie hätte verheiratet werden sollen. Wenn er sich doch nur ein einziges Mal umgedreht hätte – nur ein wenig –.
Und als hätte er ihren Wunsch gefühlt, wandte der junge Mann sich um – und erblickte sie.
„Madonna", dachte sie. „Er wird rot – wie ein Mädchen."
Er hatte wirklich etwas Mädchenhaftes. Lange, schwarze Locken umrahmten ein sensibles junges Gesicht mit übergroßen, dunklen Augen und einem kleinen Mund – es war kein schwacher Mund und auch kein schwaches Kinn; die Hand, die leicht auf dem goldenen Schwertgriff lag, war sehr weiß – aber sie verriet Festigkeit. Er trug einen langen, blauen Rock aus schwerer Seide, mit einem Silbergürtel.
Ihr nächster Gedanke war: „Er kann höchstens achtzehn sein – und wie schüchtern er ist!" Es lag nicht in ihrer Art, zwei Gedanken hintereinander zu haben, ohne wenigstens einen von ihnen in Worte zu kleiden. Und sie sagte: »Wovor fürchtet Ihr Euch denn so, Graf?«
»Ich – – ich fürchte mich gar nicht, vieledle Dame«, sagte der junge Mann, und nun sah sie, daß er Tränen in den Augen hatte. Sie schüttelte den Kopf. Sie hatte ihn fragen wollen, wie er denn wohl aussähe, wenn er sich wirklich fürchtete; aber sie fühlte instinktiv, daß er solchen Spott in diesem Augenblick nicht verdiente, und ihre Stimme klang sanft und fast mütterlich, als sie fragte: »Was habt Ihr nur, Graf?«
Er holte tief Atem. »Nie in meinem ganzen Leben hab' ich etwas so Schönes gesehen.«
Sie verneigte sich leicht, aber diesmal war doch eine leise Note von Ironie in ihrer Stimme, als sie erwiderte: »Ihr seid eben noch sehr jung, Graf.«
»Nur einmal«, sagte er leise. »Einmal hab' ich etwas Ähnliches gefühlt –«

Sie hob die Brauen. Sie sagte nichts.

»– – ich war fünf Jahre alt, damals«, fuhr er fort. »Es war, als mir meine Mutter zum ersten Male die Statue der heiligen Jungfrau in der Kirche von Marsico zeigte.«

Sie zog die Brauen zusammen. »Das ist unrecht von Euch, Graf. Man vergleicht die Königin des Himmels nicht mit einem sündhaften Mädchen.«

»Ich weiß«, gab er unbefangen zu, »ich werde es wohl beichten müssen. Aber wahr ist es trotzdem. Und die Maler wählen manchmal eine Dame, die sie kennen, zum Vorbild, wenn sie die Madonna malen wollen – – wenn sie fühlen, daß sie die Dame sehr hoch achten und wenn sie sehr schön ist. Ich – – ich male manchmal ein wenig. Aber ich glaube nicht, daß ich wagen würde – –«

Das war der Augenblick, wo sie sich plötzlich erinnerte, daß dies der Mann war, gegen den sie ihre ganze Familie verteidigen wollte, der blutbefleckte Günstling des Kaisers, gottlos und verderbt – –

»Ihr lacht mich aus«, sagte er mit leisem Vorwurf.

»Nein, nein«, erwiderte sie hastig, »wirklich nicht. Aber – aber ich hab' mir Euch so ganz, ganz anders vorgestellt, ich – oh, ich kann's nicht erklären, aber, darum mußte ich lachen.«

»Ja?« sagte Ruggiero. Er hatte kein Wort verstanden, aber seine eigenen Gedanken eilten in der gleichen Richtung.

»Theodora von Aquin«, sagte er langsam. »Theodora von Aquin. Wie oft hab' ich versucht, mir vorzustellen, wie Ihr wohl aussehet – – all diese Wochen –«

»Woher wißt Ihr, daß ich Theodora bin?« war die lachende Antwort. »Wir sind drei Schwestern – eine von uns ist eine Benediktinerin, aber die anderen beiden sind hier – Adelasia und Theodora.«

»Und – und – seid Ihr Eure Schwester?« fragte Ruggiero verwirrt. Sie schüttelte sich vor Lachen. Wieder errötete er.

»Ich weiß, ich hab' etwas Dummes gesagt – Ihr müßt mich für einen Tölpel halten. Ich wollte, Ihr wäret etwas weniger schön. Nein – nein – das will ich nicht... Aber Ihr seid nicht Adelasia, nicht wahr?«

»Nein, ich bin Theodora.« Nun wurde sie ernst. »Aber es ist ganz gleich, welche von uns beiden ich bin. Sie sind alle ge-

gen diese – diese Idee des Kaisers. Meine ganze Familie. Ohne Ausnahme.«
Er nickte. »Ich weiß. Vater hat es mir gestern gesagt. Ihr seid natürlich auch dagegen.«
»Ja, freilich«, sagte sie hastig, »aber – aber ich halte Euch nicht für einen Tölpel. Ich – – ich – – halte Euch für – – durchaus nicht dafür.«
»Vater ist auch dagegen«, sagte Ruggiero, mit seinem Gürtel spielend.
»Wirklich? Warum?« fragte Theodora spitz.
Um diese Zeit hatten sich die Gräfin und ihre Söhne von ihrer ersten und zweiten Überraschung erholt: von der ersten, daß es San Severino gelungen war, an Piers und seinen Leuten vorbeizukommen; und von der zweiten, daß auch er gegen den Plan des Kaisers war. Es folgte ein längeres Geplänkel – keine der beiden Parteien wollte viel von ihren eigenen Gedanken preisgeben, und jede versuchte, die andere nach Möglichkeit zum Sprechen zu bringen. Schließlich war es San Severino, der diesem unfruchtbaren Getue ein Ende setzte. »Diese Fechtkünste hab' ich in letzter Zeit nur zuviel üben müssen«, sagte er mit einem leisen Lachen. »Bei meinem Glauben, ich kann's sehr gut verstehen, daß ihr in diesen Zeiten vorsichtig sein müßt; aber einer von uns muß mit der Sprache heraus, sonst kommen wir nicht weiter. Also! Unser Problem ist ein doppeltes: es ist sowohl politisch wie persönlich, und diese beiden Faktoren sind eng miteinander verknüpft. Das Konzil von Lyon hat die ganzen Voraussetzungen verändert. Sind wir darüber einig? Gut. Die Macht des Tyrannen ist im Schwinden. Unter dem Bannfluch der Kirche kann er sich nicht mehr lange halten. Also muß er handeln, und zwar sehr rasch. Er will nach Lyon. Darum hat er sich zu seiner Armee nach Verona begeben. Sowohl Vaterlandsliebe wie die Liebe zu unserem Glauben verlangen, daß wir den Heiligen Vater schützen und uns von dem Tyrannen frei machen. Italien wird sich erheben, und Parma fällt die Ehre des ersten Schlages zu.«
»Die Parmaer sind gute Soldaten«, sagte Landulf. »Aber der Kaiser hat die Stadt in den Händen seiner beiden treuesten Anhänger gelassen: Tebaldo Francisco und Graf Brandenstein.«

San Severino lächelte. »Der Bürgermeister Tebaldo Francisco ist für unsere Sache gewonnen. Brandenstein und seine Deutschen sind die einzigen Anhänger des Kaisers in Parma. Bis vor kurzem war zu befürchten, daß er auch noch die Edlen von Aquin und ihre Gefolgschaft für sich besäße. Diese Sorge erscheint mir jetzt gegenstandslos.«
»Ihr habt recht«, sagte die Gräfin grimmig. »Ich bin meinem Vetter Friedrich lange genug treu gewesen.« Sie war noch immer blaß, aber ihr Geist schien die Schwäche ihres Körpers zu überwinden.
San Severino nickte. »Sobald ich hörte, daß Ihr Euch seinem Wunsch, Eure Tochter an meinen Sohn zu verheiraten, widersetzt habt, wußte ich, daß auch Eure Geduld endlich erschöpft sei.«
»Ich hoffe, Ihr werdet meinen Widerstand nicht mißverstehen, Graf«, sagte die Gräfin. »Politische Verbindungen zwischen Herrscherhäusern kommen oft genug vor, und ich verurteile sie nicht aus Prinzip. Aber in diesem Falle handelte es sich lediglich darum, Friedrichs Stellung zu stärken – nicht die unsere. Und meine Tochter fand es beleidigend, daß über sie verfügt werden sollte, ohne daß sie um ihre Meinung gefragt wurde. Auch war mir der Gedanke verhaßt, sie am kaiserlichen Hof zu wissen.«
San Severino lachte herzlich. »Also dachtet Ihr, ich wäre ein Anhänger des Exkaisers – und ich dachte das gleiche von Euch. Die Haltung Eurer Tochter gefällt mir sehr – sie scheint eine junge Dame von Charakter zu sein. Friedrichs Gedanke war natürlich, mein Haus an das Eure zu binden – dessen Treue er sich so sicher fühlte, daß er glaubte, Euer Gesuch ohne weiteres abschlagen zu können. Das sieht ihm ähnlich.«
Die Gräfin biß sich auf die Lippen. »Er hat sich sehr verändert«, murmelte sie. »Ich dachte zuerst, daß nur seine Umgebung an all dem Unheil schuld sei; aber nun bin ich dessen nicht so sicher.«
»Jeder Herrscher«, erwiderte San Severino ernst, »hat um sich die Menschen, die er verdient, genau wie jedes Land den Herrscher hat, den es verdient. Wir haben ein Übel wie Friedrich nicht verdient – also schaffen wir es uns vom Halse. Aber sein Gedanke, unsere Häuser miteinander zu verbinden,

scheint doch erfolgreich zu sein: wir haben uns gegen ihn verbündet. Wenigstens hoffe ich das.«
»Ihr seid ein mutiger Mann, Herr«, sagte Rainald, bevor die Gräfin erwidern konnte. »Wie, wenn wir Euch hier zurückhielten, bis Graf Brandenstein kommt. Es dauert nicht lange, ihn holen zu lassen.«
»Still, Rainald«, befahl die Gräfin. »So etwas sagt man nicht einmal im Scherz. Graf San Severino, ich fürchte, Euer Eifer übersteigt Eure Mittel. Selbst als Verbündete können wir nicht hoffen, dem Kaiser Widerstand zu leisten. Er hat Tausende, wo wir Hunderte haben, und niemand kann es leugnen, daß er ein vorzüglicher Soldat ist. Parma mag fallen – aber wie können wir wissen, ob Italien sich wirklich erheben wird?«
»Diese Liste«, sagte San Severino, »wird Euch zeigen, daß wir nicht allein stehen.« Er zog sie aus dem Gürtel.
Die Gräfin überflog sie. »Genua *und* Venedig«, rief sie aus. »Aber die beiden sind doch unversöhnliche Feinde –«
»Und doch sind sie miteinander übereingekommen, daß der Tyrann beseitigt werden muß. Und Landulf von Fasanella in Toskana, Jakob Morra, der Gouverneur der Mark, Orlando di Rossi, von Kardinal Rainer von Viterbo ganz zu schweigen – –«
Die Gräfin nickte. »Ihr seid ihrer sicher, nehme ich an?«
»Auf das Wort eines christlichen Ritters, ich bin ihrer sicher. Wir haben alle bei der heiligen Hostie geschworen. Nun? Sind wir Verbündete?«
»Ja«, sagte die Gräfin einfach. »Ich hätte es mir nie träumen lassen, daß es eines Tages dazu kommen würde. Es gab eine Zeit...« Sie unterdrückte einen Seufzer. »Lassen wir das Vergangene. Was ist Euer Plan? Wie kann ich helfen?«
»Wieviel Leute habt Ihr in Parma, Gräfin?«
»Nur fünfzig. Aber weitere fünfzig stehen nicht weit von hier – unter dem Befehl von Sir Piers Rudde.«
»Das weiß ich«, nickte San Severino lächelnd. »Er hat mich beinahe umgebracht, als ich ihn gefangennehmen wollte.«
»Um ganz ehrlich zu sein«, warf Rainald ein, »ich war sehr erstaunt, Euch hier in Parma zu sehen, Herr. Sir Piers hatte den Auftrag, Euch abzufangen.«

»Was?!« San Severino schrie fast vor Lachen. »Jetzt fange ich an zu verstehen! Bei Gott, ihr habt nichts unversucht gelassen, um dieser schrecklichen Heirat zu entgehen, das muß ich sagen. Aber euer Sir Piers kennt mich nicht – er kennt nur Messer Giacomo di Barolo, den Kaufmann –, obgleich er vermutete, daß ich nicht der war, für den ich mich ausgab. Wie gesagt, er hat mich beinahe umgebracht. Möchte nicht wissen, was er getan haben würde, wenn er gewußt hätte, wer ich bin. Ich wollte ihn gefangensetzen, weil ich damals überzeugt war, daß ihr auf Friedrichs Seite steht – und er drehte den Spieß einfach um. Wenn es mir nicht gelungen wäre, ihn umzustimmen, ich glaube, er hätte mich mit Gewalt nach Parma geschleppt – er ganz allein, obwohl ich siebzig Ritter bei mir hatte. Ihr habt da einen guten Mann, Gräfin. Nun – er und seine fünfzig sind willkommene Verstärkung für meine Leute. Vielleicht ist es am besten, wenn er bleibt, wo er ist – bis zur entscheidenden Stunde.«

Landulf grinste vergnügt. »Freut mich, daß er sich gut benommen hat. Ihr werdet ihn ebenfalls nützlich finden. Aber wann schlägt wohl die entscheidende Stunde?«

»Sehr bald«, versicherte San Severino. »Euer Bruder erwähnte Graf Brandenstein, der kein besonders geschickter Mann ist, aber in ein paar Stunden doch erfahren haben wird, daß ich in der Stadt bin. Also wird er die Hochzeitsfeierlichkeit organisieren wollen. Ich kann ihn vielleicht ein paar Tage hinhalten, indem ich vorgebe, daß mein Gefolge noch nicht eingetroffen ist; aber das ist auch alles, was ich vermag. Wir müssen innerhalb von drei Tagen losschlagen. Haltet euch also bereit.«

»Ihr habt siebzig Ritter mitgenommen«, sagte Landulf, »die dürften mit ihren Gefolgen etwa vierhundert Mann sein.«

»Etwas über fünfhundert. Dazu kommen eure fünfzig unter dem jungen Engländer und die fünfzig, die ihr hier habt. Und nun kann ich euch auch noch verraten, daß ich Tebaldo Francisco einen Besuch abgestattet habe, bevor ich zu euch kam. Sobald ich das Zeichen gebe, kommt er uns mit dreitausend Bürgern von Parma zu Hilfe.«

»Genug für Brandenstein«, sagte Landulf mit Genugtuung. San Severino stand auf. »Meine Empfehlung, Gräfin. Ihr

seid mir als Verbündete lieber als alle Parmaer zusammen. Übrigens – ich habe meinen Sohn Ruggiero draußen gelassen. Darf ich ihn Euch vorstellen? Ich bin überzeugt, er wird untröstlich sein, wenn er erfährt, daß er Eurer Tochter unwissentlich so viel Kummer bereitet hat.«
Sie gingen alle mit ihm, und Rainald öffnete die Tür.
»Er ist recht schüchtern und zurückhaltend«, sagte San Severino. »Ich habe oft gedacht – –« Er brach ab. Sie standen alle still und sahen aus, als ob sie ihren Augen nicht trauen könnten.
Was sie sahen, war ein reizendes Bild. Ein sehr junger Mann und ein sehr junges Mädchen hielten sich innig umschlungen. Seine Hände hielten ihre Hüften – nicht leidenschaftlich, sondern eher unsicher, als ob er nicht so recht an sein Glück glauben könne. Sie blickte zu ihm auf – nur ein klein wenig; denn sie war fast ebenso groß wie er – und hielt sein Gesicht zwischen ihren Händen. So standen sie – und hatten alles andere, hatten die ganze Welt vollständig vergessen. Auch sie waren miteinander verbündet, und ihre Art von Verschwörung schloß jeden anderen Teilnehmer aus.
»Theodora«, sagte die Gräfin atemlos.
Sie blickten auf und standen wie erstarrt.
Lächelnd streichelte San Severino seinen schwarzen Bart.
»Liebste Gräfin«, sagte er, »ich glaube, nun werden wir unsere Pläne doch ein wenig ändern müssen.«

*

Der Feldhauptmann Bruno de Amicis war ein recht langweiliger Gesellschafter. Das einzige, woran er Freude zu haben schien, waren Trinken, Würfeln und das Singen oder vielmehr Grölen von derben Soldatenliedern.
Piers mied seine Gesellschaft, wo er nur konnte. Er hatte einen Boten mit dem Bericht über die Lage nach Parma geschickt. Einen Tag später kam der Mann zurück – mit einem Brief Graf Landulfs. Er war sehr kurz. »Danke! Befolgt de Amicis' Weisungen in allen Stücken. Alles andere unwichtig.« So kurz das war, es verriet viel. Messer Giacomo mußte das Vertrauen seiner Herren gewonnen haben. Sie hatten ein Bündnis geschlossen. Und sie hielten es für zu gefährlich, mehr zu

schreiben, weil der Brief abgefangen werden konnte. »Alles andere unwichtig« bezog sich natürlich auf seinen ursprünglichen Auftrag, San Severino zu fangen. Leider bedeutete das auch, daß er nun keinen Vorwand hatte, sich der Gesellschaft de Amicis zu entziehen.

Aber am Nachmittag des gleichen Tages kam der biedere Hauptmann, über das ganze Gesicht strahlend, in die Taverne. »Habt Ihr Eure Leute alle zusammen, Sir Piers? Ja? Gut! Heute nacht geht's los.« Er setzte sich klirrend. »Nur eins ist schade dabei. Wir können nicht trinken. Ich wenigstens trinke keinen Tropfen, wenn's an ernsthafte Arbeit geht, und die werden uns die Deutschen wohl verschaffen.«

»Die Deutschen?« Piers sah ihn fragend an.

»Ja. Wir stürmen Parma heute nacht. Ist kein großes Kunststück. Das Tor wird uns freundlicherweise geöffnet, und fast die ganze Stadt ist auf unserer Seite. Nur die Deutschen werden Schwierigkeiten machen. Zweihundert Ritter und ihre Leute, also alles in allem etwa achthundert Mann. Freilich, die meisten werden besoffen sein.«

»Wie könnt Ihr das wissen?«

»Sie feiern ein Fest in der Stadt«, sagte de Amicis. »Ich glaube, das ist mit der Grund, warum der Angriff auf heute nacht festgesetzt ist. Nun hört sorgfältig zu: unser Plan ist zwar sehr einfach, aber es darf nichts schiefgehen – – –«

*

Der Angriff begann zwei Stunden vor Mitternacht, aber in der ersten halben Stunde kam es zu keinerlei Blutvergießen. Tor nach Tor öffnete sich wie durch Zauber, und de Amicis' gepanzerte Reiter und Piers und seine Leute betraten die Stadt wie im tiefsten Frieden.

Es war Neumond, und die Straßen waren dunkel – aber man konnte doch kleine Gruppen von Bewaffneten erkennen, die rasch und schweigend eine Reihe von strategischen Punkten besetzten. Sie alle trugen Armbinden aus Stroh, um eine Verwechslung mit dem Feinde zu vermeiden. Auch de Amicis und Piers und ihre Leute trugen solche Armbinden.

Der Podestà Tebaldo Francisco erwies sich als ein Mann von Phantasie. Er hatte in der unmittelbaren Nähe der Zitadelle und des Schlosses – den beiden gefährlichsten Punkten – Musikkapellen aufstellen lassen, die so laut spielten wie nur möglich, um das Geräusch der heranrückenden Angreifer zu übertönen. Die Maßnahme war so erfolgreich, daß es de Amicis gelang, durch das Haupttor der Zitadelle einzudringen, bevor Alarm gegeben wurde. Hunderte von Brandensteins Leuten – meist Knappen, Diener und Stallbedienstete, aber auch eine Anzahl von Rittern – wurden niedergemetzelt, bevor sie Zeit hatten, sich den Harnisch umzubinden. Viele lagen bereits im Bett, andere waren betrunken – sie hatten ihr eigenes kleines Fest gefeiert. Auch das war Tebaldo Franciscos Werk: er hatte ein paar Fässer schweren Weins auf die Zitadelle schicken lassen, »damit alle Soldaten an der Freude des Tages teilnehmen könnten«.

Piers, mit seinen fünfzig Mann und weiteren hundert, die ihm de Amicis überlassen hatte, rückte geradewegs auf das Schloß vor, wo die restlichen fünfzig Söldner von Aquin auf ihn warteten. Er hatte darauf bestanden, daß ihm diese Aufgabe zuteil würde. Seine Dame, ihre Mutter und ihre Schwestern waren auf dem Schloß, und der Kampf konnte sie gefährden. Er wußte zwar, daß Landulf und Rainald ihr Äußerstes tun würden, sie zu schützen; aber er konnte den Gedanken nicht ertragen, nicht selbst dabei zu sein.

Alle Fenster waren hell erleuchtet... das Fest war also wohl noch in vollem Gange. Aber man mußte mit Schildwachen rechnen: Brandenstein selbst befand sich auf dem Schloß, und wo Brandenstein war, da herrschte Disziplin und ein raffiniertes Ordnungssystem.

Piers kommandierte sechs Mann ab, die Schildwachen zu überwältigen. Wegen sechs Mann würde kein allgemeiner Alarm gegeben werden wie beim plötzlichen Auftauchen von hundertfünfzig! Er gab den Sechsen genau eine Minute Vorsprung. Dann hob er die gepanzerte Rechte und ritt vorwärts. Seine Leute folgten. Sie kamen gerade noch zurecht, um die sechs zu retten. Ein Dutzend von Brandensteins Knappen war den überraschten Schildwachen zu Hilfe geeilt.

»Endlich bekommt man etwas zu tun«, brummte Robin Cherrywoode und schlug einem Verteidiger das Schwert über die Eisenkappe, daß er zusammenbrach.

»Zehn Mann bleiben hier am Tor – weitere zehn bei den Pferden«, befahl Piers. »Ihr seid mir dafür verantwortlich, daß niemand das Schloß verläßt.«
Was glühte da rot in der Richtung der Zitadelle? Teufel, das war die Zitadelle selbst – sie brannte. Das war nicht planmäß. De Amicis schien doch mehr Widerstand gefunden zu haben, als er erwartet hatte. Aber hinter de Amicis kamen die Parmaer zu Tausenden; er konnte nicht in Gefahr sein, und selbst wenn er's war, konnte Piers ihm nicht helfen. Er hatte seine eigene Aufgabe zu erfüllen.
Das Scharmützel am Tor war natürlich nicht unbemerkt geblieben. Eine Anzahl von Angestellten und Dienern kamen mit Fackeln und brachen in ein Schreckensgeheul aus, als sie sahen, was geschah – und hinter ihnen schimmerten die Harnische der Wachen.
»Kümmert euch nicht um das Gesinde, übernimm du die Leute, Robin«, schrie Piers.
Da kamen die Deutschen, etwa fünfzig an der Zahl, und nun wurde die Sache ernst. Der erste, furchtbare Ansturm der Angreifer trieb sie ein paar Schritte zurück; aber dann hielten sie stand, und die blutige Arbeit begann. Die hochgewölbten Gänge des Schlosses hallten wider von dem tödlichen Klirren. Mitten im Kampf horchte Piers auf. In der großen Halle spielten noch immer die Musikanten. „Flöten", dachte er. „Flöten – wie bei einer Hochzeit."

*

Graf Brandenstein hob den Kopf und schnupperte mißtrauisch. Seine wässerigen blauen Augen blinzelten verstört.
Als Stellvertreter des Kaisers hielt er das Präsidium des Festmahles inne, das nun schon über fünf Stunden dauerte. Er hatte viel getrunken, doch nicht mehr, als er vertragen konnte. Fünfundzwanzig Jahre stand er im Dienst des Kaisers, und keins davon war unblutig verlaufen. Das hatte in ihm eine Art von sechstem Sinn für Gefahr gezüchtet. Er witterte sie wie ein Hund das Wild. Den schweren Kopf hin und her wiegend, spähte er scharf in die Gesichter seiner Gäste. Der Graf von San Severino saß kerzengerade da und streichelte seinen schwarzen Bart. Landulf von Aquin starrte stumm vor

sich hin, und sein Bruder lächelte ins Leere. Der Bürgermeister von Parma, Tebaldo Francisco, war bleich und schwitzte heftig.
Von weit her kam ein langgezogener Schrei und dann ein Geräusch, als wenn Küchenjungen mit eisernen Töpfen und Pfannen um sich würfen.
»Nein«, sagte Brandenstein ungläubig. Er stand noch immer nicht auf, aber sein riesiger, ungefügter Leib straffte sich. Er begann zu sprechen, mit einer hohlen, leisen Baßstimme.
»Was ist da los? Verrat? Bei Gott – also darum mußten die Weiber so früh zu Bett gehen!«
»Die Damen«, sagte San Severino eisig, »zogen es vor, früh zu gehen, weil Eure Scherze nicht gerade die feinsten sind, Graf Brandenstein.«
Der lachte. »Wie viele von euch sind wohl mit dabei?« sagte er vor sich hin. »Ihr natürlich, Bürgermeister – ich kann's ja auf Eurem ganzen verdammten gelben Gesicht geschrieben sehen. Mein Kaiser wird Euch die eigenen Eingeweide zu fressen geben, sobald er Euch eingefangen hat – und fangen wird er Euch, Francisco, verlaßt Euch darauf. Wer noch? Die Edlen von Aquin, vielleicht? Und Ihr, Graf San Severino? Ihr alle? Falken und Bussarde gegen den Adler, wie? Na, der Adler wird's euch zeigen!«
Der Lärm draußen wurde lauter und lauter. Vergeblich versuchte Rainald, die Musikanten wieder zum Spielen zu bewegen. Sie saßen eng aneinander gedrückt wie eine Herde Affen, wenn es donnert. Fast alle Gesichter blickten nun nach der großen Flügeltür der Festhalle – von dorther kam der Lärm.
Brandenstein sprang auf die Füße, daß Becher und Teller auf der langen Tafel ins Tanzen gerieten.
»Schwerter heraus!« schrie er. »Verrat! Schwerter heraus! Wölffingen, Rauterbach, Burckheim, Traunstein – auf mit euch – auf die Deutschen, alle! Verrat!«
Aber nicht alle in der Halle gehorchten; denn viele waren nun schon sehr betrunken, und andere wußten nicht recht, ob es ihrem Führer Ernst war.
Da krachte die Flügeltür nach beiden Seiten auf, und die Männer von Aquino brachen in den Saal, Piers an der Spitze.

Sofort zogen San Severino, Landulf und Rainald die Schwerter und sprangen auf, ihre Stühle zwischen sich und Brandenstein schiebend.

Brandenstein riß nun auch sein Schwert aus der Scheide und schwang es in glitzerndem Halbkreis um den Kopf. »So steht's also!« schrie er. »Hab' mir's schon lange gedacht – aber als ihr wirklich Hochzeit hieltet, glaubte ich, ich hätte mich geirrt!«

Piers hörte das. Er machte sich von dem Deutschen los, mit dem er es gerade zu tun hatte, und überließ ihn Robin und einem graukopfigen Söldner von Aquin. Er starrte auf Brandenstein. Hochzeit? Hochzeit?

Brandenstein wandte sich Francisco zu. »Womöglich war der Geschorene, der die Brautmesse las, gar kein Priester, wie?«

»Freilich war er das«, rief der Bürgermeister. »Wir in Parma begehen keine Gotteslästerungen und Sakrilegien wie Ihr und Euer höllischer Gebieter.«

»Das sollt Ihr mir bezahlen«, sagte der Deutsche, hob einen schweren Weinkrug vom Tisch und schleuderte ihn nach Francisco, der sich instinktiv bückte. Der Krug flog gegen eine Marmorsäule, prallte ab und traf San Severino so hart an der Schulter, daß ihm das Schwert aus der Hand fiel.

»Einer ist mir genau so lieb wie der andere«, höhnte Brandenstein. »Ein Scherz von feinster Art, San Severino. Wo ist denn der junge Bräutigam? Ich will ihm die Hochzeitsnacht geben, die er verdient. Aber der wird's wohl vorziehen, bei seiner Braut zu bleiben und bei ihr im Bett zu kämpfen!«

»Das lügst du, du Hund«, rief Ruggiero, wie aus dem Nichts auftauchend. »Hier hast du meine Antwort.«

»Weg von dem wilden Eber, Sohn«, schrie San Severino entsetzt. Aber schon klirrten die Klingen aufeinander – nur einmal: dann flog Ruggieros leichtes Schwert im Bogen durch den Saal und landete, mit der Spitze voran, auf der hölzernen Diele, wo es sich einbohrte. Es zitterte heftig.

»Gute Nacht, Bräutigam«, lachte Brandenstein. Sein breites Schwert sauste herunter – aber nicht auf den Kopf des jungen Mannes. Ein dreieckiger Schild fing den Hieb auf, und zwischen Ruggiero und dem Deutschen stand ein Mann in voller Panzerung, den Helm auf dem Kopf. Das Visier war

offen: ein junges Gesicht, aschfarben – die blauen Augen schienen unnatürlich hell. »Laßt das Kind in Ruhe«, sagte Piers. »Kämpft mit einem Mann!«
Brandenstein grunzte verächtlich. »Euer Mut ist natürlich bewundernswert. Ihr seid von Kopf bis Fuß gepanzert. Eisen gegen Samt. Macht nichts – ich werd' Euch lehren, Euch in Dinge zu mischen, die Euch nichts angehen.«
»Fangt«, sagte Piers und warf Brandenstein seinen Schild zu. Brandenstein fing ihn geschickt auf. Wortlos schnallte sich Piers den Helm ab und ließ ihn zu Boden fallen. »Seid Ihr jetzt zufrieden?« fragte er kalt.
Der Deutsche faßte den Schild fester. Etwas wie Respekt blitzte in seinen Augen auf. Aber dann höhnte er: »Ihr hättet besser daran getan, das Ding für Euch zu behalten, und den Helm auch. Nicht, daß es Euch gerettet hätte – –« Und er griff im Sprunge an. Piers parierte, parierte wieder – und wieder. Sein Schwert war leichter als das des Deutschen, aber die Kraft dahinter überzeugte Brandenstein rasch, daß er sein ganzes Geschick anwenden müßte, um diesen Gegner zu erledigen. Das verdroß ihn nicht wenig. Es war eine Dummheit gewesen, sich auf einen Zweikampf einzulassen, statt sich mit so vielen der Seinen wie möglich aus dieser verfluchten Falle herauszuhauen. Er warf einen blitzschnellen Blick über seine Schulter auf den Kampf im Saal, und nur Piers' Schild rettete ihn vor dem jähen Ansprung seines Gegners.
»Nicht schlecht«, knurrte Robin Cherrywoode. Er schlug einen brüllenden Gegner mit dem Zweihänder nieder. »Kannst du mich nicht in Ruhe zusehen lassen, du Esel? Zurück da – so ist's besser.« Er nickte zufrieden, als Piers drei wilde Stöße in rascher Reihenfolge parierte. Aber Brandensteins Schwert hatte Piers an der Stirn gestreift; Blut floß, und Robin begann das Ende seines Schnurrbarts zu kauen. Seine langen, nervigen Finger zuckten am Griff des Zweihänders. Brandenstein schnaufte schwer. Fünf Stunden beim Gelage sitzen, das ist nicht die beste Vorbereitung für einen Kampf mit einem gleichwertigen Gegner.
Piers wischte sich das Blut von der Stirn und griff an, das Schwert hoch über dem Kopf haltend. Brandenstein warf den Schild hoch. Da flog Piers' linker Arm in die Höhe; er warf

das Schwert von der Rechten in die Linke, die sofort zischend herabfuhr.

Hundert und mehr Stimmen schrien gleichzeitig auf, in Schrecken, Zorn, Freude und Triumph, Brandensteins Fall übertönend. Der Hieb hatte ihm den ganzen Schädel gespalten.

Alle Teufel schienen losgelassen. Die überlebenden Deutschen griffen an, heulend vor Wut. Robin schlug um sich wie ein Irrsinniger, um seinen Herrn zu schützen. An der Spitze von etwa dreißig Mann von Aquin drangen Rainald und Landulf auf die Feinde ein. Da strömten de Amicis hundert Leute durch die Haupttür, alle völlig gepanzert und frisch. Nun bestand kein Zweifel mehr über die Entscheidung. Nach wenigen Minuten berührte Rainald Piers am Arm.

»Das genügt, denke ich. Den Rest können wir Landulf überlassen. Der soll aufräumen. Kommt mit mir, Sir Piers.«

Die Festhalle war ein Bild der Verwüstung. Ein paar Deutsche ergaben sich, andere fochten hartnäckig weiter, immer einer gegen drei, vier, sechs Gegner. Es war eine wahre Schlächterei.

Stumm folgte Piers Rainald in den Gang, wo sie auf eine jauchzende Menge von Parmaern stießen, die einen Boten von de Amicis umringten. Der Bote schrie, was er nur konnte:

»Botschaft für den Grafen von San Severino – Botschaft für den Grafen von San Severino!«

»Dort in der Halle«, sagte Rainald. »Was bringst du, Mann?«

»Botschaft von Hauptmann de Amicis«, sagte der Bote. »Die Zitadelle ist in unsern Händen.«

Rainald nickte. Das Freudengeschrei der Parmaer übertönte seine Antwort. Wieder nahm er Piers am Arm und zog ihn nach einer Seitentür. Sie führte auf eine Terrasse. Baumgipfel und Hausdächer wurden im blassen Sternenlicht sichtbar. Von der Festhalle drang noch immer der Lärm des Kampfes. Er klang jetzt dünn und weit entfernt, wie der Streit von Pygmäen – unwichtig, unwirklich.

»Sir Piers«, sagte Rainald freundlich, »Ihr habt Euch prachtvoll gehalten. Verlangt, was Ihr wollt, wenn es in meiner Macht steht, es Euch zu geben, sollt Ihr's haben.«

»Brandenstein sprach von einer Hochzeit«, sagte Piers tonlos.

in dem schwarz-weißen Ordenskleid schien den engen Raum auszufüllen und gegen alle Wände gleichzeitig zu pressen; es war, als müßten sie nun jeden Augenblick zurückweichen und sich unter dem Druck pulsierenden Lebens nach allen Seiten öffnen.

Bruder Thomas vom Orden der Prediger war dabei, eine These über die »Heiligen Namen« des Areopagiten zu verfassen.

Er hatte sich ziemlich stark verändert seit den Tagen von Roccasicca. Trotz seiner Jugend lichtete sich bereits sein Haar an den Schläfen, und so wurde das enge Kränzlein, das ihm der vierzehntägliche Tonsurschnitt ließ, auf beiden Seiten der Stirn unterbrochen – bis auf eine Locke in der Mitte, das »Petrus-Schöpflein«, wie man es in Köln nannte, nach den vielen Statuen und Bildern Sankt Peters, die den Heiligen mit der gleichen Verzierung darzustellen pflegten.

Bruder Thomas hatte zweifellos in letzter Zeit an Gewicht zugenommen. Zu einem Teil verdankte er das wohl der Vererbung – sein Vater war ein sehr schwerer Mann gewesen –, zum anderen lag es an mangelnder Körperbewegung und der derben, einförmigen Kost des Refektoriums. Während der langen Fastenzeit des Dominikanerordens – von Mitte September bis Ostern – wurde täglich nur ein einziges Mahl – das Mittagsmahl – aufgetragen. Manche Brüder mußten einfach zu viel davon essen, um vierundzwanzig Stunden lang durchhalten zu können. So hatte Bruder Thomas zumindest den Ansatz eines Doppelkinns und eines sichtbaren Bäuchleins. Merkwürdigerweise stand ihm das nicht schlecht. Vielleicht lag es an seiner Größe. Was bei einem kleineren Manne häßlich gewesen wäre, verlieh seiner Riesengestalt eine sanftere, ja, eine fröhliche Note. Ohne sie hätte er mit seinem mächtigen Kopf, den starken, schwarzen Augenbrauen, den runden, eulenhaften Augen und der kräftigen Adlernase leicht einen furchteinflößenden Eindruck gemacht. Er hätte aggressiv und einschüchternd wirken können. Statt dessen sah er rundlich-vergnügt aus, wenn er sich mit anderen unterhielt, und schläfrig-behaglich, wenn er schwieg. Beides stimmte auf eine gewisse Weise, und gerade das konnte nur zu leicht täuschen; denn es war nicht alles.

Mehr als einmal bestand bei den Novizen die Versuchung, ihn zur Zielscheibe ihrer Spässe zu machen, zuerst in Paris, dann in Köln – denn Novizen sind überall junge Leute. Sie hatten ihn den »Dummen Ochsen von Sizilien« getauft – bis sich die Erfahrung der Studenten von Neapel wiederholt hatte. Sie spielten ihm Streiche. Er blieb unerschütterlich ruhig und schenkte ihnen immer wieder Vertrauen. Nur einmal schlug er zurück. Sie hatten vom Hof aus zu ihm herauf gerufen: »Bruder Thomas – – Bruder Thomas – – komm rasch – sieh! Ein fliegender Ochse!«
Gehorsam trat er zum Fenster – und sie schrien vor Lachen. »Er hat's geglaubt, er hat's geglaubt! Simpel! Simpel!«
Thomas sagte, ohne eine Miene zu verziehen: »Ich will viel lieber glauben, daß ein Ochse fliegt, als daß ein Dominikaner lügt.«
Das Gelächter brach ab. Es traf sie viel härter, als Thomas dachte oder beabsichtigt hatte, gerade weil es von einer so unerwarteten Seite kam. Aber ein sprichwörtlich friedlicher Mann wird gefährlich, wenn man ihn zum Kampfe zwingt.
Doch all das lag nun weit zurück. Das Noviziat war zu Ende. Er hatte die Gelübde abgelegt, die Priesterweihe empfangen. Niemals, bis ans Ende seines Lebens, vergaß er die Nacht vor seiner Ordination. Die Menschen wußten nicht, was es bedeutete, Priester zu werden. Vielleicht war es dieses Wissen, das den heiligen Franziskus mit solcher Furcht vor der Gefahr des Stolzes erfüllte, daß er sich hartnäckig weigerte, die Priesterweihe zu empfangen, und sein Leben lang ein einfacher Ordensbruder blieb. Die Macht, Gott vom hohen Himmel herabzurufen – andere in den mystischen Leib des Herrn aufzunehmen – ihre Sünden zu vergeben – wer war er, daß solche Macht auf ihn niedersteigen sollte?
Wieder und wieder ging er im Geiste die Messe durch, und jedesmal, wenn er zu dem »HOC EST ENIM CORPUS MEUM« kam, traten ihm unter der hehren Gewalt dieser Worte Tränen in die Augen.
Als es dann Tag wurde und die Stunde nahte, war alles anders. Er erschien ruhig und gefaßt. Später sprach er nie darüber, »wie es gewesen war« – nicht einmal zu Reginald von Piperno, seinem besten Freund unter den Brüdern, auf des-

sen Treue und Stillschweigen er sich verlassen konnte. War es ein Übermaß an innerer Empfindung – oder gab es hier ein gnadenvolles Geheimnis? Seither lag ein neuer Zug in seinem Gesicht, eine neue Wärme. Und als wäre seine eigene Messe ein allzu persönliches Ereignis, als verlangte so innige Berührung mit Christus ein demütiges Zurücktreten in die Schar einfacher Zuhörer, kehrte stets danach in die Kirche zurück und wohnte der Messe eines anderen Priesters bei.

Die These über die »Heiligen Namen« war seine erste – und er schrieb sie auf Befehl seines Vorgesetzten, des Magisters Albert.

»*Wäre es richtig*«, fragte Dionysius Areopagita, »*zu sagen, daß wir Ihn zwar kennen, jedoch nicht Seiner Natur nach?*«

Was ist Gott? Als Fünfjähriger hatte er das gefragt. Was ist Gott? Für einen Augenblick tauchte das ehrwürdige Gesicht des Abts von Monte Cassino aus der Vergangenheit auf – eine blutbefleckte Binde um das weiße Haar. Was ist Gott?

»*Die Lösung*«, schrieb Bruder Thomas, »*ist, daß wir Gott zwar erkennen, aber nicht in Seiner Natur; nicht Sein Wesen; denn dieses Wesen ist den Geschöpfen unbekannt und übertrifft nicht nur die Erfahrung der Sinne, sondern jeden menschlichen Verstand und sogar den Intellekt eines jeden Engels; sie kann von niemandem erkannt werden, außer durch das Geschenk der göttlichen Gnade.*«

Er hielt inne. Er fühlte das ungestüme, beseligende Schwellen seines Herzens anwachsen zu selbstvergessener Anbetung; aber sofort riß er sich von dieser Seligkeit los. Dies war die Stunde der Arbeit. Die Feder glitt wieder rasch über das Papier, das schöne Papier aus der neuen Fabrik in Hérault in Frankreich.

»*Wir können daher Gott nicht dadurch erkennen, daß wir Sein eigentliches Wesen wahrnehmen, sondern nur aus dem Gefüge des Weltalls. Die Gesamtheit der Geschöpfe wird uns von Gott vor Augen geführt, auf daß wir Ihn so erkennen; denn das Weltall in seiner Ordnung ist wie sein fernes Ebenbild und hat eine schwache Ähnlichkeit mit der göttlichen Natur, die ihr Vorbild und Urbild ist...*«

In der Zelle nebenan stand Reginald von Piperno vor Magister Albert, und wie gewöhnlich fürchtete er sich. Er konnte sich nie so recht von dieser Angst frei machen, wenn er sich auch noch so sehr vorredete, daß sie unvernünftig und unnötig sei. Gewiß, der Magister konnte sehr streng sein – wenn man etwa die Regel nicht eingehalten hatte. Aber solange man auf der Linie des Erlaubten blieb, war er gerecht und sogar gütig. Angst machte einem vielmehr der Geist hinter der mächtigen Stirn. Es war unheimlich, daß ein einziger Mensch so viele Dinge wissen konnte. Er war in den Fünfzigern und hatte Bücher über Mineralogie, Botanik, Zoologie, Physik, Alchemie, Astrologie und Astronomie geschrieben. Über viele dieser Themen hatte er den Brüdern Vorträge gehalten – und die konnten einem manchmal einen gewaltigen Schrecken einjagen. Daß es mindestens fünf verschiedene Arten von Adlern gab, vier Schwalbenarten, fünf Arten wilder Gänse und sechzehn verschiedene Sorten Falken, daß Glockengeläut eine ganz bestimmte Wirkung auf Fische ausübte und daß gewisse Rassen von Hündinnen ihren Jungen systematischen Unterricht in der Wolfsjagd gaben, und tausend andere Dinge – – das konnte man staunend hinnehmen; aber wenn er begann zu erklären, daß die Erde die Form eines runden Balles haben mußte, und daß diese irgendwie erschreckende Tatsache mit Hilfe des Erdschattens bewiesen werden konnte, der zur Zeit der Mondfinsternisse sichtbar war – daß man sie auch von einer geheimnisvollen Kraft der Erde, der Schwerkraft, ableiten konnte, »weil alle Teile der Erde dem Erdmittelpunkt zustrebten« – das war höchst beunruhigend.

Das Unglaublichste aber hatte sich neulich zugetragen. Der Magister behauptete felsenfest, daß der helle Gazevorhang, der über den halben Nachthimmel gebreitet schien, nicht etwa ein Wolkengebilde sei, sondern eine Masse von Sternen, so ungeheuer zahlreich und so weit entfernt, daß sie eine Wolke zu bilden schienen.

Nein, das war auch noch nicht das Schlimmste, obwohl es einen schwindlig machte. Mit einem Sprung von der milchigen Sternenwolke wieder zur Erde springend, verkündete der Magister den vor Schrecken starren Brüdern allen Ernstes, daß die südliche Hälfte des Balles, der die Erde war, sehr wahrscheinlich auch von Menschen bewohnt sei. Wie konnten sie da leben, ohne herunterzufallen? Und wenn sie das kraft irgendeiner Zauberei zustande brachten, wie würde es

den Brüdern ergehen, wenn sie da hinunter kämen, um den mit den Köpfen nach unten hängenden Heiden die Heilslehre zu predigen? Denn früher oder später mußte das geschehen. Freilich, vielleicht war es gar kein so großer Unterschied, ob man kopfüber in die Luft fiel oder von einem Sarazenenpfeil durchbohrt wurde.
Aber es war wirklich kein Wunder, daß einfältige Leute, nicht nur in Köln, sondern in ganz Deutschland, den Magister Albert für einen Adepten der magischen Kunst hielten – für einen Hexenmeister. Das war er selbstverständlich nicht – sondern ein großer und heiligmäßiger Mann und der klügste und gelehrteste Lehrer, den ein Ordensbruder nur finden konnte. Aber – – Angst machte er einem doch.
Bruder Reginald hatte keine Ahnung, warum Magister Albert ihn hatte rufen lassen; aber er wußte wenigstens, daß er ein reines Gewissen hatte – bis auf ein paar lieblose Gedanken dem Bruder Paul gegenüber, weil dieser die Bemerkung gemacht hatte, Bruder Thomas sei so zerstreut, daß er noch eines Tages seinen eigenen Daumen zu Mittag verspeisen würde, ohne es zu merken, bis er sich das nächste Mal bekreuzigte. Und selbst wenn Magister Albert doch ein Hexenmeister war – von diesem Gedanken konnte er nichts wissen. So schlimm waren die Novizen sowieso nicht. Nur konnte Reginald es nun einmal nicht leiden, wenn man so abschätzig von Bruder Thomas sprach. Der dachte natürlich gar nicht daran, sich zu verteidigen – er hörte wohl nicht einmal zu. Aber irgend jemand mußte sich doch für ihn einsetzen und nicht immer nur in Gedanken – – –
»Bruder Reginald«, sagte die metallische Stimme, der sie alle so gespannt im Vortragssaal zuhörten, »du stehst, glaube ich, in freundschaftlichen Beziehungen zu Bruder Thomas von Aquin.«
Also, das war es – persönliche Freundschaften waren im Orden nicht gern gesehen – in keinem Orden. Nicht nur weil sie in gewissen Fällen zu allzu großer Zuneigung führen konnten und damit zu Anfechtungen, sei es auch nur in der Welt des Gedanklichen, sondern auch und hauptsächlich, weil jede menschliche Zuneigung gar bald von der Liebe zu Gott wegführte und damit einen geistlichen Rückschritt bedeutete.

»Du suchst seine Gesellschaft auf, wo immer es dir möglich ist, und willst ihm Beistand leisten, wo immer du nur kannst.«
»Ja, Vater Albert«, sagte Bruder Reginald traurig. Wie sollte Thomas nur ohne ihn auskommen? Er war wirklich ein wenig zerstreut, so weit hatte Bruder Paul schon recht. Nur die Art, in der er davon gesprochen hatte – – –
»Du weißt, daß wir hier persönliche Freundschaften nicht ermutigen, Bruder Reginald – –«
»Nein, Vater Albert. Ja, Vater Albert.«
»– – – aber in diesem besonderen Falle liegt mir daran, daß du dich so viel wie möglich um ihn kümmerst. Wohl verstanden, es handelt sich nicht etwa um eine Änderung der Regel – sondern nur darum, ihm unnötige Hindernisse aus dem Wege zu räumen und darauf zu achten, daß er alles hat, was er für seine Arbeit braucht. Das ist deine Aufgabe, Bruder Reginald.«
»J-jawohl, Vater Albert«, stammelte Bruder Reginald.
»Das ist alles«, nickte Albert freundlich. Er blickte Bruder Reginald nach, der sich mit strahlender Miene entfernte. Der geborene Sekretär – das war es gerade, was Thomas brauchte. Offiziell war das freilich unstatthaft. Ein Dominikanermönch hatte keinen Sekretär.
Thomas! Magister Albert schmunzelte. Es war noch nicht sehr lange her, daß die jungen Esel von Novizen Thomas zu hänseln pflegten, weil sie ihn für dumm hielten: der stumme Ochse von Sizilien. Bis man da eines Tages einen Riegel vorgeschoben hatte.
Er schmunzelte wieder. Vom Pult herab hatte er in den Vortragssaal gedonnert: »Ihr nennt ihn den stummen Ochsen – aber ich sage euch, dieser Ochse wird noch einmal so laut brüllen, daß man es über die ganze Welt hin hören wird.«
Er war ehrlich zornig gewesen damals. Denn er hatte noch nicht gewußt, daß Thomas keinen Schutz brauchte. Der junge Mönch verteidigte sich viel besser, als ihn irgend jemand sonst verteidigen konnte – wenn er wollte. Aber es paßte ihm, ja vielleicht lag ihm sogar daran, für dumm gehalten zu werden. Es war ein gutes Gegenmittel gegen die allgegenwärtige Gefahr des geistigen Hochmuts. Und es war ihm gelungen, nicht nur die Novizen zu überlisten, sondern auch den nicht

ganz unerfahrenen Magister Albert. Was nicht viele Leute von sich sagen konnten. Nein, Schutz brauchte er nicht. Aber kümmern mußte sich jemand um ihn, damit er seine Ruhe hatte und sie ungestört verwerten konnte.
Der Magister lehnte sich zurück und blickte durch das schmale Fenster auf den Garten hinaus, wo ein paar Laienbrüder die Frühsaat bestellten. Hinter ihnen war die Klostermauer und dahinter der fröhliche Straßenlärm. Heute war Festtag in Köln und mit gutem Grund. Denn am Morgen war mit dem Bau des neuen Doms begonnen worden. Er hatte die Pläne gesehen und ein kleines Modell. Solche Kühnheit – und doch solche Demut! Türme, die fast bis zu Gottes Thron hinaufreichten, auf daß wir an Seiner Gottheit teilnehmen könnten, wie Er an unserer menschlichen Natur teilgenommen hatte – – und dabei wurde der Mensch, der diese Türme erbaut hatte, zum Zwerg seinem eigenen Werk gegenüber. Der Dom war heilige Messe in Stein.
Und Gebäude von ähnlicher Schönheit schossen nun in allen christlichen Ländern in die Höhe. Überall wuchsen Kathedralen: in Reims, in Amiens, in Rouen und Basel, in Canterbury und Chichester, in Lincoln, Lichfield und Salisbury, in Durham, Southwark York und London – da hatten sie erst vor drei Jahren die herrliche Abtei von Westminster begonnen, kleiner, aber nicht weniger schön als der riesige Dom von Canterbury. Und Siena und Santiago de Compostela – – Gott zieht uns über uns selbst hinaus, dachte er. Er schafft durch unser Denken. Er summte vor sich hin: »Ich habe die Schönheit deines Hauses geliebt, Herr, und den Ort, wo deine Ehre weilet.« Der Psalmist verewigte es in seiner prophetischen Dichtung, der Architekt in seinem steinernen Gebet. Und wir – – –
Es gab noch ein anderes Reich, in dem man Kathedralen bauen konnte. Kathedralen des Geistes und der Erkenntnis – – – Albert fühlte das Gewicht der Stunde.
Er stand auf und verließ die Zelle, ein kleiner Mann mit raschen, ruckhaften Bewegungen. In der Nebenzelle versuchte ein junger Riese sich bei seinem Eintritt zu erheben und wurde sanft wieder in den Stuhl zurück gedrückt. Ein langes Schweigen folgte.

»Die letzte Seite«, sagte Albert plötzlich. »Lass' mich sehen.«
Gehorsam händigte ihm Thomas das Blatt aus, und der Magister las: »*Dann wieder gibt es eine andere, sehr erhabene Weise, Gott zu erkennen: durch die Negation. Wir erkennen Gott durch Unkenntnis, indem wir uns auf eine Art mit Ihm vereinigen, die unsere Begriffsmöglichkeiten übersteigt, wenn der Geist sich von allen Dingen zurückzieht und dann sogar sich selbst verläßt und mit den alles überschimmernden Strahlen der Göttlichkeit verbunden wird.*«
Die Tinte war ganz trocken. Mehrere Minuten mußten vergangen sein, seit er das geschrieben hatte. Er war bleich und in seinen Augen stand ein seltsamer Glanz.
»Ich bin zu früh gekommen«, dachte Albert. »Wenn mir das geschehen wäre – ich wäre außer mir. Ich hätte mir denken können, daß ihn das fortreißt.«
Aber seine Stimme klang gleichmütig, als er sagte: »Kannst du dich von deiner Arbeit loslösen, mein Sohn, und mir in Aufmerksamkeit zuhören?«
»Gewiß, Vater Albert.« Thomas' Stimme klang ein wenig überrascht. Albert bemerkte es mit großer Genugtuung. Die Rückkehr vom echten mystischen Erlebnis erfolgt immer rasch. Aber Thomas schien in keiner Weise darunter zu leiden – es war ihm eine Selbstverständlichkeit. Das Ungewöhnliche und das Gewöhnliche waren Geschenke Gottes.
»Dann frage ich: welches ist die wichtigste verstandesmäßige Fähigkeit des Menschen?«
»Die Fähigkeit, die Wahrheit zu erkennen.« Die Antwort kam sofort.
»Es gibt Menschen, die leugnen, daß die Wahrheit erkennbar ist.«
»Sie müssen damit widerlegt werden, daß sie eine solche Behauptung nicht aufstellen können, ohne gleichzeitig ihre eigene Theorie zu leugnen. Wenn es den Menschen nicht möglich ist, die Wahrheit zu erkennen, dann können sie nicht als *wahr* feststellen, daß der Mensch die Wahrheit nicht erkennen kann.«
»Zudem wären wir niemals in der Lage, einen Irrtum als solchen zu erkennen«, fügte Albert hinzu. »Freilich, manchmal ist es schwierig. Was ist es, das den Irrtum so oft glaubwürdig erscheinen läßt?«

»Der Wahrheitsgehalt, den er enthält, im Verhältnis zu seiner Unwahrhaftigkeit.«

Thomas ließ sich durch die fast kindliche Einfalt dieser Fragen keinen Augenblick täuschen. Er wußte längst, daß Albert es liebte, ein schwieriges Thema mit einer Reihe von Fragen zu eröffnen, die jedem Studenten der Philosophie schon nach sechs Monaten geläufig waren. Nie wäre ihm der Gedanke gekommen, daß der Magister wußte, was er in den letzten Minuten erlebt hatte, und daß er ihm Zeit geben wollte, sich zu erholen.

»Ja – ja – – ja – – –« Albert nickte mit dem schweren Kopf. »Wahrheit und Unwahrheit miteinander vermischt – das ist die Gefahr. Es ist die Gefahr unserer Zeit. Das droht die Welt zu erobern und den Glauben wieder in die Katakomben zu verbannen. Es sei denn, daß wir – – den *Riesen* befreien.«

»Den Riesen befreien, Vater?«

»Ich meine keinen von unseren Zeitgenossen.« Albert warf den Kopf zurück. »Nicht etwa Friedrich den Zweiten, so mächtig er auch denen erscheinen mag, die er gerade zerstampft. Aber er und seine kleinen Kriege werden bald genug vergessen sein – bis auf die Hinterbliebenen seiner Opfer. Ich hoffe, das schließt nicht auch dich ein, mein Sohn. Deine Familie ist noch immer in Italien, soviel ich weiß.«

»Meine beiden Brüder schweben in Gefahr«, sagte Thomas. »Aber wenigstens kämpfen sie jetzt auf der richtigen Seite. Seit ich Roccasicca verlassen habe, betete ich darum.« Seine Stimme schwankte ein wenig.

»Du hast also Nachrichten von zu Hause erhalten?«

»Die letzten kamen vor mehreren Monaten an.«

»Deine Familie hat sich deinem Eintritt in den Orden sehr heftig widersetzt. Besteht dieser Widerstand noch immer?«

»Ja – aber in abgeschwächter Weise. Ich glaube fast, sie haben sich daran gewöhnt.«

»Gut, gut, gut – –« Alberts Gedanken waren schon wieder bei seinem ursprünglichen Thema. »Friedrich wird bald vergessen sein. Ich meinte auch nicht Ludwig von Frankreich, obwohl der wahrscheinlich nie der Vergessenheit anheimfallen wird. Mein Riese ist nicht von Fleisch und Blut, ob-

wohl er es einmal war. Und die, die ihn aus der Vorhölle herausgelockt haben, sind auch nicht von Fleisch und Blut, obwohl sie das einmal waren.«
Thomas wartete geduldig.
»Ich will dir ein Märchen erzählen, mein Sohn«, sagte Albert mit grimmigem Lächeln. »Es war einmal ein Kameltreiber im Osten, der glaubte, daß Gott durch den Mund des Erzengels Gabriel zu ihm spreche. Er zog sich in eine Höhle der arabischen Berge zurück, rauchte indischen Hanf und schrieb ein Buch, das ihm, wie er sagte, der Erzengel Gabriel diktiert hatte. So hinreißend predigten er und seine Anhänger, daß sie erst Hunderte, dann Tausende davon überzeugten, der Kameltreiber sei der größte Prophet, den Gott jemals zur Erde gesandt habe, und es sei ihre Pflicht, die neue Religion, die sein Buch verkündete, über die ganze Welt zu verbreiten – nicht durch liebevolle Überredung, sondern mit Feuer und Schwert. Und die neue Religion verbreitete sich in der Tat über Arabien, Ägypten, die Türkei und die ganze Küste Nordafrikas. Von da schlug sie wie ein Feuer nach Spanien und Frankreich über, und erst dort gelang es christlichen Rittern und Soldaten, den Ansturm mit Gottes Hilfe zurückzuschlagen. Aber noch immer weht das grüne Banner des Propheten Mohammed über einem beträchtlichen Teil Spaniens, und im Osten steht der Islam vor den Toren der Stadt des großen Konstantin. Das Symbol der neuen Religion ist der Halbmond – und wie ein ungeheurer Halbmond umschließen die mohammedanischen Lande die Christenheit. Zu jeder Zeit kann ein neuer Angriff erfolgen.«
Noch immer wartete Thomas, rundäugig und ernst. »Jetzt kommt's wohl«, dachte er. Er kannte natürlich die Geschichte des Islam. Er glaubte auch bereits zu merken, worauf Magister Albert hinauswollte. Aber er wußte, daß sein Lehrer ihm das Märchen nicht ohne Grund erzählte.
»Die allzu diesseitige Lehre von Mauren und Sarazenen«, fuhr Albert fort, »konnte an sich dem Christentum niemals gefährlich werden, obwohl die Moslemin selbst fest davon überzeugt waren, daß ihr Glaube der geistig höher stehende sei. Aber dann kam eine neue Gefahr. Al Kindi im neunten, Al-Farabi im zehnten und Avicenna im elften Jahrhundert

unseres Herrn begannen den Schatten eines Riesen unter den Toten zu beschwören – eines Riesen, der drei Jahrhunderte vor unserem Herrn gelebt hatte. Zuerst hatten sie dabei gar nicht die Absicht, Aristoteles als Vorläufer des Islam hinzustellen. Sie waren einfach wissensdurstig. Aber unter ihrer magischen Berührung begann sich der Riese seltsam zu verwandeln. Sie umgaben seine Schattengestalt mit der schwülen Luft der Wüste; die Mystik des Orients schlich sich hinein und die seltsamen Ideengänge der Neoplatoniker und Präplatoniker verdunkelten die Klarheit eines titanischen Verstandes. Mehr und mehr wurde Aristoteles dem orientalischen Denken gleichgeschaltet. Er hätte in Bagdad, Khorassan oder Marakesch geboren sein können. Und schließlich, vor etwa hundert Jahren, erschien Averroes.«
Thomas lehnte sich vor und stemmte die Ellbogen auf die Knie. Alles, was Albert bisher gesagt hatte, war ihm bekannt, und Albert wußte, daß es ihm bekannt war. Es schien wirklich, als wenn man einem Märchen zuhörte, dem man schon oft gelauscht hatte.
»Averroes«, fuhr Albert fort, »war von Aristoteles förmlich besessen. Er brachte eine Synthese der Arbeiten seiner drei Vorgänger zustande, was ihn nicht daran hinderte, sie ausgiebig zu kritisieren. Von der dreifachen Teilung des menschlichen Intellekts – seine eigene Idee – scheint er den ,,angeeigneten Intellekt" am meisten ausgebildet zu haben. Jedenfalls diente er ihm dazu, sich sehr viel anzueignen, was andere vor ihm erdacht hatten. Mit Averroes war die schwere Geburt der mohammedanischen Philosophie vollendet. Es war keine neue Philosophie, sondern eine durcheinander gewürfelte, orientalisierte, aristotelische Philosophie. Aber – – « – und hier wurde das Gesicht des Magisters sehr ernst – »aber eine Philosophie ist es doch. Und sie enthält genug aristotelische Wahrheit, um die orientalischen Irrtümer mit in das christliche Denken zu schwemmen. Endlich hatte der Islam eine Waffe gegen den christlichen Glauben. Und diese Waffe ist so scharf, daß sie unsere eigenen Philosophen zu einem furchtbaren Bekenntnis zwingt: zu dem Bekenntnis, daß es zweierlei Wahrheit gibt – die Wahrheit des Glaubens und die Wahrheit des Geistes, und daß die beiden nicht mehr mit-

einander übereinzustimmen brauchen. Damit erhoben sich schwere Zweifel in den christlichen Seelen, auf die die Theologie nur die eine Antwort gab: „Laß dich nicht auf Philosophie ein und bleibe beim Glauben." Mit anderen Worten: das trojanische Pferd ist in unsere Wälle eingeschmuggelt und sein Name ist: die Philosophie des Islam. Was die riesigen Heere des Kameltreibers nicht erreichen konnten, kann dem trojanischen Pferd gelingen – dem Geist des Aristoteles, geritten vom Geiste des Averroes. Es heißt, daß Friedrich der Zweite allerlei orientalische Gebräuche nachäfft, daß er bei Mohammed und der Kaaba schwört und alles Orientalische zur großen Mode macht. Das ist bedauerlich – aber nicht den zehnten Teil so gefährlich wie die orientalische Doktrin, die unsere besten Köpfe benebelt. Und warum ist das möglich? Weil hinter averroeistischem Irrtum aristotelische Wahrheit steckt. Wahrheit und Irrtum vermischt – das ist die Gefahr unserer Zeit – es sei denn, daß wir den Riesen befreien.«
»Wir?« fragte Thomas ungläubig. »Wir – – –?«
»Du und ich. Seit Jahren suche ich nach einem Mann, der dazu fähig ist. Mein eigenes Leben ist diesem Ziel gewidmet. Aber ein Leben ist nicht genug. Kein Einzelner kann Aristoteles von seinen Ketten befreien. Die Aufgabe ist ungeheuer. Es handelt sich nicht einfach darum, Aristoteles ins Lateinische zu übersetzen.«
»Freilich nicht«, sagte Thomas atemlos, »denn auch Aristoteles hat nicht immer recht.«
»Sohn, Sohn!« jubelte Albert, »dieses Wort allein schon beweist, daß du der rechte Mann bist.« In seiner Begeisterung sprang er auf und begann in der engen Zelle auf und ab zu gehen. »Aristoteles hat nicht immer recht«, wiederholte er. »Weißt du, daß es wahrscheinlich nicht einen einzigen Menschen gibt, der es wagen würde, das öffentlich zu verkünden? Nicht einen einzigen, der Aristoteles wirklich gelesen hat, meine ich natürlich. Denn da gibt es andere und besonders eine Reihe von Theologen, die ich dir nennen könnte, die fest davon überzeugt sind, daß der eigentliche Verfasser der Werke des Aristoteles Satan heißt. Stell dir das vor! Brave, biedere Leute, die sich bekreuzigen, wenn der Name des Stagiriten genannt wird. Aber du, mein Sohn, du hast ihn gelesen

und – verstanden!« Plötzlich blieb er stehen. »Von jetzt an werden wir beide selber zu Figuren meiner Märchengeschichte – du und ich, mit unserem Plan, den Riesen loszuketten und wieder zur Vernunft zu bringen.«
»Die großen Juden werden helfen«, sagte Thomas eifrig. »Besonders Rabbi Moses ben Maimon. Sein „Führer der Irrenden" – –«
»Hast du den auch schon gelesen?« fragte Albert überrascht.
»Schon in Neapel«, gestand Thomas. »Sie hatten ein gutes Exemplar auf der Universität. Rabbi Moses war ein großer Mann – und ein guter Mann.«
»Auch er betrachtet Aristoteles nicht als unfehlbar. Sohn, Sohn, weißt du, wohin das alles letzten Endes führt?«
Thomas nickte ruhig. »Der Christ wird sagen können: „Durch die Gnade Gottes glaube ich. Vieles an meinem Glauben übersteigt die Vernunft, aber nichts daran widerspricht ihr."«
»Richtig!« schrie Albert förmlich. »Richtig.« Er bezwang seine Begeisterung. Seine Stimme klang ruhig, aber scharf, als er sagte: »Ich muß dich nur vor einem warnen, Thomas: unsere eigenen Leute werden uns viele Schwierigkeiten machen. Der klügste Franziskaner, den ich je getroffen habe, Bruder Roger Bacon – nicht der beste, wohlverstanden, aber der klügste –, lachte mich einfach aus, als ich ihm meinen Gedanken mitteilte. „Das kann nicht gelingen", sagte er, „es ist völlig unmöglich."«
»Wir werden sehen«, sagte Thomas einfach.
»Aber der heftigste Widerstand wird nicht von Leuten seiner Art kommen. Der kommt von den engstirnigen, ängstlichen, sterilen Geistern – und unter denen gibt es Männer von großer Macht und weitreichendem Einfluß. Sie werden dich belagern. Sie werden ihre ganze Autorität gegen dich einsetzen. Sie werden die großen Heiligen gegen dich ins Treffen führen – ja, sogar die Kirchenväter. Sie werden dich mit Sankt Gregor zu erdrücken suchen, mit Sankt Bernhard, mit dem größten von allen, Sankt Augustinus – –«
»Es kommt nicht darauf an, wer der Mann ist, der es ausspricht«, warf Thomas ein. »Es kommt darauf an, wie er es ausspricht.«

Albert starrte ihn an. »Bei der Liebe Gottes«, sagte er heiser. »Ich glaube, dir ist es Ernst damit.«
Thomas starrte erstaunt zurück. »Wenn es nicht mein Ernst wäre, würde ich es doch nicht sagen!«
Der kleine Mann, vor dem sie alle zitterten, sagte mit erstickter Stimme: »Sag mir eins, mein Sohn: hast du dich je von jemand einschüchtern lassen?«
»O ja«, sagte Thomas.
»Ich glaub's nicht. Von wem?«
»Von unserem Herrn – am Altar.«

XI

DIE NACHRICHT vom Abfall Parmas erreichte Friedrich den Zweiten auf halbem Wege zwischen Verona und Turin. Einem Manne seiner Geisteskraft war es sofort klar, daß diese Parmaer einen solchen Schritt nie gewagt hätten, wenn sie nicht sicher gewesen wären, daß sie starke Hilfe finden würden. Das deutete wahrscheinlich auf Mantua und Ferrara, aber es konnte auch Schlimmeres bedeuten. Und falls die Sache nicht sofort im Keim erstickt würde, käme es zur Rebellion in einem Dutzend, ja in hundert anderen Städten.
Der Astrologe des Kaisers, Bonatti, hatte ihm mehr als einmal gesagt, daß sich seine wahre Größe im Unglück erweisen würde, weil er mit der Sonne im Zeichen des Steinbocks und mit dem Aszendenten im Skorpion geboren sei. Diese Prophezeiung begann sich nun zu erfüllen.
In seinem ersten furchtbaren Zorn über den Beschluß des Konzils von Lyon hatte er die Rolle des Antichristen geradezu willkommen geheißen. Er war so weit gegangen, sich von seiner Umgebung »Heiliger Luzifer« anreden zu lassen, und er hatte Befehl gegeben, alle Kirchen und Klöster ihrer Reichtümer zu »entäußern«. »Reichtümer« bedeutete alle Gegenstände aus Gold, Silber oder Edelsteinen.
Er betrachtete die ganze Angelegenheit einfach als ein gigantisches Duell zwischen sich und dem Papst, und sein erster Gedanke war, nach Lyon zu ziehen und seinen Erzfeind gefangen zu nehmen. Er betrachtete sich als den »Fürsten der

Welt« der Evangelien, als das »Tier« der Apokalypse, und diese Vorstellungen bereiteten ihm einen förmlichen Genuß. Der Abfall Parmas brachte ihn dann freilich zur Vernunft. Er stieg aus seinem metaphysischen Luftschloß herab und erwies sich wieder als der gerissenste, listigste und der energischste Herrscher seiner Zeit.
Er ließ die Armee haltmachen, umkehren, und marschierte, nicht etwa nach Parma, sondern nach Cremona, wo Eccelino von Romano mit über sechshundert burgundischen Rittern und ihrem Gefolge zu ihm stieß. Er zog alle Garnisonen der Umgebung zusammen, so daß sie nicht einzeln überwältigt werden konnten. Dann ließ er seine Reiter auf Italien los. In starken Geschwadern brausten sie nach allen Richtungen über die ganze Halbinsel, mit dem Ziel, weitere Aufstände durch ihr plötzliches Erscheinen zu verhindern.
Er selbst tauchte bereits zwei Tage nach der Vereinigung mit Eccelino vor den Mauern von Parma auf, und damit begann eine der seltsamsten Belagerungen der Weltgeschichte. Die Belagerungskunst, die in der römischen Kaiserzeit auf so hoher Blüte gestanden hatte, war nun völlig heruntergekommen. Hohe Mauern und energische Verteidiger bildeten ein fast unüberwindliches Hindernis für die schwer gepanzerten Ritter. Man beschränkte sich also darauf, einer belagerten Stadt das Wasser abzuschneiden, und wenn das nicht gelang, sie auszuhungern.
Parmas Wasserzufuhr war sehr reichlich. Aushungerung blieb damit die einzige Möglichkeit.
Friedrichs Ritter schnitten alle Verbindungen ab. Eine starke Abteilung unter Markgraf Lancia besetzte das Nordende des Apenninenpasses. Aber der Kaiser war sich völlig darüber klar, daß es viele Monate dauern würde, bis Parma sich ergeben mußte.
Sein Verdacht, Mantua und Ferrara könnten sich mit den Parmaern verschworen haben, bestätigte sich sehr bald. Er ließ jeden Mantuaner, den seine Leute fangen konnten, sofort hängen – dreihundert in einer einzigen Woche.
Als die Nachricht eintraf, daß auch Reggio, tief im Süden, sich dem Aufstand angeschlossen habe, geriet er außer sich. In einem dreistündigen Wutausbruch verkündete er seiner

erschrockenen Umgebung, daß er erst allen Widerstand brechen, dann aber Italien und das Abendland verlassen würde, um seine Herrschaft nach dem Orient zu verlegen. Dort allein wären die Menschen eines großen Herrschers wert. »O felix Asia«, rief er aus, »du allein verstehst zu gehorchen.« Seine Truppen brannten halb Reggio nieder und hängten hundert der angesehensten Einwohner auf. Als Abschreckungsmittel der Bevölkerung vor weiteren Rebellionen wurden sie zuerst geblendet.
Trotzdem liefen täglich neue Unglücksnachrichten ein. In zehn, zwanzig, fünfzig, hundert Städten wehte auf einmal das Lilienbanner der alten Welfenpartei. Der Kaiser ließ sechs Städte niederbrennen, und weitere zwanzig erhoben sich. Er sandte Truppen gegen Arezzo und ließ es dem Erdboden gleich machen. Der Bischof von Arezzo wurde gehängt. Da erhob sich nun auch noch Florenz.
Friedrich blieb zuversichtlich. Ein schier endloser Strom von deutschen Rittern kam ihm über die Alpen zu Hilfe, jeder einzelne Mann eine kleine Festung für sich. Der Boden Italiens stöhnte unter den Hufen der schwergepanzerten Rosse. Der religiöse Charakter des Aufstandes wurde immer klarer. In vielen Städten predigten die Bettelmönche den heiligen Krieg gegen den abgesetzten Kaiser, den atheistischen Herrscher über christliche Länder, den Freidenker, der an seine eigene Göttlichkeit glaubte, den Verächter des Priestertums, der sich selbst einen Priester nannte, die Geißel Gottes, die sich als neuen Messias ausgab, den Heuchler, der ständig das Wort Freiheit im Munde führte und dabei ein Tyrann war, wie ihn die Welt seit den Tagen der römischen Kaiserzeit nicht mehr erlebt hatte.
Aber Friedrichs Feldhauptmann, Marinus von Eboli, besiegte die Verteidiger von Viterbo, und die Festung Sala mußte sich einem anderen kaiserlichen Anführer ergeben.
Friedrich selbst blieb bei der Armee, die Parma belagerte. Parma hatte die Rebellion begonnen. Diese Stadt wollte er selbst züchtigen.
Unbekümmert um den Sturm, der durch ganz Italien brauste, blieb er, wo er war. Alle wichtigen Gefangenen wurden zu ihm ins Hauptquartier gebracht, und er selbst amtierte

als Vorsitzender bei ihrer Aburteilung. Dann wurden sie den »Söhnen des Vulkan« ausgehändigt, den sarazenischen Henkern, für die die Grausamkeit ein Zeitvertreib war. Aber der Kaiser selbst bestimmte die Martern. Viele wurden verstümmelt, geblendet oder wenigstens ausgepeitscht, bevor sie zum Tode geführt wurden. Andere ließ er im Po ertränken. Einige Gefangene, die sich aus irgend welchen Gründen seinen besonderen Zorn zugezogen hatten, ließ er mit giftigen Schlangen in Säcke einnähen. Diese Säcke, mit ihrem lebenden, sterbenden oder toten Inhalt wurden dann in den Fluß geworfen. Es war eine Strafe, die orientalische Potentaten über treulose Insassen ihres Harems zu verhängen pflegten.
Aber die Untätigkeit, zu der ihn die Belagerung von Parma zwang, verdroß ihn, bis ihm der Gedanke kam, daß es eines großen Herrschers unwürdig sei, so lange in einem elenden Zeltlager zu wohnen. In ein paar Monaten würde Parma dem Erdboden gleich gemacht werden. Warum nicht gleich mit dem Bau einer neuen Stadt beginnen? Sofort gab er Befehl, Tausende von Arbeitern kommen zu lassen. Seine Architekten mußten Pläne entwerfen, und fast über Nacht war der Grundstein zu einer neuen Stadt gelegt, der er den Namen »Victoria« gab.
Unter den Augen der Parmaer begann Victoria aus dem Boden zu wachsen, Häuser, Amtsgebäude und Paläste. Dann verschwand die ganze Pracht allmählich wieder hinter den Befestigungen, die der Kaiser um seine neue Stadt herum errichten ließ. Neben dem Kaiserpalast wurde ein zierlicher Pavillon für die sarazenischen Tanzmädchen und ihre Eunuchen erbaut, ein prachtvolles Gebäude für die kaiserlichen Schatzkammern, große Schuppen für Werkzeuge und Kriegsgerät. Kirchen gab es nicht. Die einzige Glocke der Stadt war eine riesige Alarmglocke, die in einem Wachtturm angebracht wurde. Sie wurde geläutet, sobald die Parmaer einen Ausfall machten, um irgendwo in der Nachbarschaft Lebensmittel aufzugreifen. Das kam ziemlich häufig vor; denn nun nach fast einjähriger Belagerung begann in Parma Knappheit zu herrschen.
Friedrich hatte strengsten Befehl gegeben, jeden Ausfall entweder gleich zurückzuschlagen, oder wenn die Parmaer

durchbrachen, sie zu verfolgen und in die Stadt zurückzutreiben: »Je mehr Mäuler sie zu füttern haben, desto eher geht ihnen das Fressen aus.«

Immer wieder kamen Lebensmitteltransporte von anderen Städten an, und fast jedesmal gelang es Friedrich, sie abzufangen. Dann ließ er die vollgehäuften Wagen und Karren vor den hungernden Verteidigern auf den Mauern hin und her paradieren, bevor er sie in seinen eigenen Schuppen in Victoria ablud.

Nun hatte er übrigens auch das Interesse an Victoria verloren. Die Stadt wuchs stetig an, er brauchte sich nicht mehr darum zu kümmern. So verbrachte er einen guten Teil seiner Zeit damit, in der sumpfigen Umgebung auf Reiherbeize zu gehen – es wimmelte da von wilden Vögeln aller Art – und wenn er heimkam, schrieb er an seinen Buch »De arte venandi cum avibus«.

*

In Parma herrschte tiefste Ruhe. Man mußte ein sehr scharfer Beobachter sein, um die Spannung in den fast menschenleeren Straßen und Plätzen zu spüren: der glitzernde Blick eines Auges – die erzwungene Ruhe im Ton einer Stimme – der Mondlichtreflex auf den Spitzen eines Lanzenbündels, das scheinbar herrenlos gegen eine Kalkwand gelehnt war – ein paar dunkle Gestalten, die hastig eine Straße überquerten und in einem großen Gebäude verschwanden.

Der Hufschlag galoppierender Pferde unterbrach die fast unheimliche Stille. Ein kleiner Reitertrupp ritt zur Zitadelle hinauf, von einem Ritter in voller Rüstung geführt. Die Schildwache rief ihn an und der Ritter erwiderte ärgerlich: »Narr, laß uns durch. Glaubst du, ganze sechs Mann wollen die Zitadelle stürmen?« Aber erst als der Führer der Wache erschien und den Ritter erkannte, durften sie einreiten.

Fünf Minuten später stand der Ritter vor Landulf.

»Gott sei Dank, daß du gesund wieder da bist, Rainald. Hast mir Sorgen gemacht. Wie bist du durchgekommen?«

Rainald lachte. »Gib mir was zu trinken, dann erzähl' ich's dir. Meine Kehle ist wie ausgedörrt.«

»Hier ist Wein. Ein halber Becher ist alles, was ich dir geben kann. Die Dinge stehen hier nicht gerade zum besten. Letzte

Woche wurden die ersten Verhungerten gemeldet, und es werden jeden Tag mehr. Bin froh, daß du wieder da bist – aber ich sollte es nicht sein. Wäre vielleicht besser, wenn du weggeblieben wärst. Ich versprech' dir – wenn ich je lebendig aus diesem verfluchten Nest herauskomme, was zwar nicht unmöglich ist, aber nicht gerade sehr wahrscheinlich –, nie wieder setze ich einen Fuß nach Parma hinein. Ich kenne nun jeden Winkel hier, und in letzter Zeit fängt es an zu stinken – pfui Teufel. Sind Mutter und die Mädchen in Sicherheit?«
»O ja. Es war aber gar nicht so leicht, nach Roccasicca durchzukommen. Das ist wohl der merkwürdigste Krieg, in dem ich je gekämpft habe. Du weißt nie, ob dich die nächste Stadt mit Girlanden und einem Festmahl empfängt, oder ob sie dich aufhängen oder dir die Hände und Füße abschneiden läßt – oder sonst etwas, was man nicht gerade gern entbehren möchte. Gut, daß wir darauf bestanden haben, Mutter und die Mädchen hier weg zu schicken, bevor der Höllenfürst seinen Eisenring um die Stadt schmiedete. Trotzdem – wir mußten uns viermal schlagen, bevor wir nach Hause kamen, und sieben von unseren fünfzig Leuten sind nun an dem Ort angelangt, von wo es keine Rückkehr gibt.«
»Im Paradies«, sagte Landulf einfach.
»Woher weißt du das so bestimmt?«
»Da gibt's gar keinen Zweifel. Sie sind für die rechte Sache gestorben. Mehr kann kein Mensch tun.«
Rainald lachte. »Vielleicht hast du recht damit, Bruderherz. Aber mindestens drei davon waren doch ganz gehörige Schufte.«
»Wenn du für Gott stirbst, läßt Gott dich nicht im Stich«, sagte Landulf.
»Wie hat sich denn der junge Ruggerio benommen?«
»Nicht schlecht«, sagte Rainald gutmütig. »Gar nicht so schlecht. Es war das erste Mal in seinem jungen Leben, du lieber Himmel. Er rannte einem Söldner die Lanze durch die Kehle – es war ein bißchen Glück dabei, aber immerhin. Das regte ihn gewaltig auf. Er weinte, und ich mußte ihn nachher stundenlang trösten – er hatte ja keine Sünde, keinen Mord begangen, sondern nur das getan, was jeder christliche Ritter zum Schutz seiner jungen Frau tun würde – und was man

eben in einem solchen Fall sagt. Dann wurde ihm wieder besser – aber nicht viel. Er ist ein zartbesaiteter Junge.«
»Zu zart«, sagte Landulf kurz.
»Er wird sich schon noch ändern – wenn er lange genug lebt. Ich mag ihn ganz gut leiden. Er war gar nicht leicht zu überreden, bei den Frauen in Roccasicca zu bleiben. „Was werden die Leute sagen, wenn ich nicht wieder zurückkomme" – und so weiter. Selbst als ich ihm erklärte, daß sein Vater ihm ausdrücklich befehlen ließ, wegzubleiben, wollte er nicht nachgeben. Ich mußte ihm erst sagen, daß die Frauen seines Schutzes bedurften. Dann beschied er sich. Im Grunde war er wohl doch ein bißchen erleichtert. Ich wär's auch, an seiner Stelle, wenn ich erst vor ein paar Monaten geheiratet hätte.«
»Vielleicht«, sagte Landulf, aber er schüttelte den Kopf.
»Nun, ich bin froh, wenn er bleibt, wo er ist. Er ist zu jung für die Geschichte hier. Freilich, wenn wir verlieren, ist er auch auf Roccasicca nicht mehr lange sicher. Sogar vorher schon – der Teufel ist beinahe allgegenwärtig. Man muß zugeben, er versteht was vom Krieg. Wie bist du durchgekommen?«
»Das ist eine lange Geschichte und ziemlich langweilig. Aber ich habe schlechte Nachrichten für Parma.«
»So, so.« Landulf schien nicht sehr beeindruckt. »Was ist denn?«
»Du hast den Bürgermeister nach Altavilla geschickt – Tebaldo Francisco – um Verstärkungen zu holen.«
»Nein. Lebensmittel.«
»Den siehst du nicht wieder. Jedenfalls nicht in diesem Leben.«
»Wieso? Ist er zum Kaiser übergegangen?«
»Nein. Ich nehme an, du und San Severino, ihr habt ihn selber ausgeschickt, weil er Verwandte in Altavilla hat – wichtige Leute, die gewonnen werden sollten.«
»Sein Bruder lebt da, und er sollte sich mit mehreren Führern der Welfen-Partei treffen. Aber seine Hauptaufgabe bestand darin, einen Lebensmitteltransport mit wirklich starker Bedeckung auszurüsten. Die letzten vier Transporte sind alle abgefangen worden.«

»Von Altavilla bekommen wir keine Brotkrume. Friedrich hat es gestürmt. Sie haben Tebaldo Francisco lebendig gefangen.«
»Armer Teufel!«
»Ja. Sie haben ihn geblendet, ihm die Nase, eine Hand und ein Bein abgehauen und schleppen ihn nun von einer Stadt zur anderen als Schaustück: seht, was dem geschieht, der gegen den Kaiser rebelliert.«
»Und das ist der Mann, dem wir jahrelang gedient haben«, sagte Landulf. »Gott im Himmel, ich begreif's nicht. Waren wir denn blind oder verrückt oder was?«
Wieder lachte Rainald. »Wahrscheinlich! Wir alle – bis auf den kleinen Thomas. Und nun ist der kleine Thomas der einzige, der in Sicherheit ist. Manchmal sieht's beinahe so aus, als wenn hinter allen menschlichen Ungerechtigkeiten eine ganz merkwürdige Art von Gerechtigkeit herhinkt. Ist es das, was wir die Vorsehung nennen?«
»„Wenn ihr einem Manne dient, der Gott nicht dient – wie könnt ihr dann selber Gott dienen?"« nickte Landulf. »Weiß noch ganz genau, wie er das sagte. Aber was ich geantwortet habe – oder warst du's? – das hab' ich vergessen. Er hatte so eine komische Art, die Dinge zu sagen, daß sie einem im Kopf stecken blieben. Bin froh, daß er in Sicherheit ist. Übrigens, Rainald, du mußt dem Kriegsrat Bericht erstatten. Laß die Nachricht über Francisco weg, ja? Er ist ein sehr beliebter Mann, und die Leute sollen nicht den Mut verlieren. Wenigstens nicht in den nächsten ein, zwei Tagen. Es steht etwas Großes bevor – etwas, was unsere ganze Lage mit einem Schlag verändern könnte.«
»Das wäre auch nötig. Friedrich macht große Fortschritte in Italien. Was habt ihr denn vor?«
Landulf grinste breit. »Wir haben ein paar verläßliche Leute in seinem Lager, und einer hat es fertiggebracht, uns Nachricht zu schicken: Friedrich geht morgen früh bei Sonnenaufgang wieder auf die Reiherbeize.«
»Warum ist das so wichtig?«
»Während seiner Abwesenheit kommandiert der Markgraf Lancia.«
»Und?«

»Markgraf Lancia hat strikten Befehl: wenn wir einen Ausfall machen und durchkommen, muß er uns verfolgen und zurücktreiben.«
»Ich glaube, ich merke was«, sagte Rainald aufmerksam.
»Morgen früh findet natürlich ein Ausfall statt.«
»Ja. Ich führe ihn. Bist gerade zur rechten Zeit gekommen, ihn mitzumachen. Wollen Lancia eine hübsche Jagd liefern. Er wird wohl ein bißchen Fett dabei loswerden.«
»Und in der Zwischenzeit«, sagte Rainald, »könnte sich leicht noch etwas anderes ereignen – – ich verstehe. Wessen Idee war das?«
»Der alte San Severino hat das ausgeheckt. Ist ein guter Mann. Ich wünschte nur – –«
»Was?«
»Daß die kleine Theodora ihn geheiratet hätte, und nicht seinen Sohn.«
»Ja – ihn, oder Sir Piers.«
Landulf hob die Brauen. »Was? Wie kommst du nur darauf?«
»Er hat sie geliebt, Bruderherz. Ja, ja, ich weiß, er ist nicht von hohem Adel. Wenigstens nicht dem Titel nach.«
»Also darum ist er uns so plötzlich weggelaufen. Ich hab's damals gar nicht begreifen können. Mutter auch nicht. Wo der wohl jetzt steckt?«
»Wird nach England zurückgekehrt sein. Schade! Wir könnten ihn hier sehr gut brauchen. Du führst keine schlechte Klinge, Bruderherz, aber ich weiß doch nicht, ob du den alten Brandenstein auch so sauber in zwei Teile gespalten hättest – –«
»Das weiß ich auch nicht«, sagte Landulf. »Komm jetzt mit mir zu San Severino und erzähl ihm von seinem Sohn. Und daß du mir dann früh zu Bett gehst. Morgen früh gibt's harte Arbeit.«
Rainald nickte. »Ich kann ein paar Stunden Schlaf brauchen.«
San Severino empfing die Brüder sehr herzlich und war offensichtlich recht erleichtert, seinen Sohn in Sicherheit zu wissen... wenigstens soweit man in dieser Zeit in Italien sicher sein konnte.

»Ihr müßt viel Interessantes erlebt und gesehen haben – aber davon wollen wir morgen abend sprechen, nicht jetzt. Ich muß mir meinen alten Kopf freihalten – für morgen früh. Hat Euch Euer Bruder schon gesagt, was wir vorhaben? Ja? Gut! Ich fühl's, Ihr bringt böse Nachrichten. Wenn unser Plan morgen gelingt, machen sie nicht viel aus. Wenn er mißlingt, ist alles ohnehin gleichgültig. Ihr werdet Euch dem Ausfall Eures edlen Bruders anschließen wollen. Gott und die heilige Jungfrau mögen Euch schützen. Gute Nacht.« Sein gepflegter schwarzer Bart schien von mehr Silberfäden durchzogen als zuvor, und sein Gesicht war hager und wächsern.
»Ich glaube, er lebt nicht mehr lange«, sagte Rainald, als sie in ihre Quartiere zurückkehrten. »Möchte wissen, warum mich Silber immer an den Tod erinnert. Als Dichter könnt' ich dir wenigstens sieben Gründe dafür geben, aber keiner von ihnen taugt etwas.«
»Bist eben ein schlechter Dichter«, grinste Landulf.
»Nein, Bruderherz. Ich bin kein schlechter Dichter. Das ist ja gerade das Schlimme, daß ich ein guter bin – das heißt, daß ich das Zeug dazu habe, ein guter zu sein; denn ich hab's nicht ausgenützt. Hab' mich zu oft und zu gut unterhalten in diesem Leben.«
»Unsinn.«
»– man müßte sich kasteien, müßte für eine Idee leben. Das Tor des Paradieses stürmt man nun einmal nicht mit vollem Bauch. Ich hab' immer gedacht, ich könnte einen Tempel der Schönheit bauen, wenn ich nur genug Marmor und Edelsteine sammle. Aber die schönste aller Formen ist die der Frau. Vielleicht, wenn ich gefunden hätte, was ich in so vielen Frauen gesucht habe – da! – du siehst, ich versuche schon wieder die Verantwortung von mir abzuwälzen. Wonach hab' ich denn wirklich gesucht? Du lieber Gott, ich wußte ja noch nicht einmal, daß ein Dichter eine größere Verantwortung hat als ein Feldhauptmann – – –«
»Geh schlafen. Du hast's nötig«, sagte Landulf.
»Ich weiß. Ich geh' schon. Wenigstens die Kraft, die *dieser* Schlaf mir gibt, wird nicht vergeudet werden. Vergeudet, Bruderherz – das ist ein furchtbares Wort. Ich hab' einmal von einem alten Mann geträumt, der sagte mir, daß die See-

len all derer, die ihr Leben vergeudet haben, nach ihrem Tode umgeschmolzen werden, um eine neue Seele zu formen – wird wohl Unsinn sein, und ketzerischer Unsinn dazu, aber es hat mir doch einen gehörigen Schrecken eingejagt.«
»Nun glaub' ich doch bald, du wärst besser in Roccasicca geblieben«, sagte Landulf schroff.
»Sorg dich nicht. Ich bin nur übermüdet. Morgen früh wird's anders sein. Manchmal wünsch' ich mir, ich hätte deine Natur: alles aus einem Stück und keine Zweifel irgendwelcher Art. Gute Nacht.«
»Es ist eine größere Ehre, Zweifel zu haben und sie zu überwinden, als keine zu haben«, sagte Landulf. »Gute Nacht. Und träum nicht.«
Sie schüttelten sich die Hand und lächelten einander zu, bevor sie sich wegwandten, jeder nach dem eigenen Zimmer.
Ein Diener half Rainald beim Auskleiden. Auf seinem Schreibtisch fand er einen Teller mit einem Stück trockenen Brotes und etwas Fleisch – es sah rötlich und sehnig aus. Pferdefleisch.
Er zuckte die Achseln, streckte die Hand danach aus – und blickte in die Augen des Dieners, die gierig auf den Teller geheftet waren. Er lächelte.
»Nimm das weg«, sagte er. »Ich mag es nicht.«
Der Diener stürzte sich förmlich darauf und lief aus dem Zimmer, als fürchtete er, daß sein Herr sich eines Besseren besinnen könne, wenn er einen Augenblick länger bliebe.
Rainald warf sich auf sein Bett. Träum nicht. Der gute Landulf... Er glaubte genau so wenig an den Sieg wie San Severino. Es ist eine größere Ehre, Zweifel zu haben und sie zu überwinden, als keine zu haben... Guter Landulf... Wie weise sie sein konnten, diese einfachen Seelen. Er hatte doch wenigstens etwas aus seinem Leben gemacht. Und Marotta und vielleicht auch Theodora. Die und die kleine Adelasia hatten ihr Leben sowieso noch vor sich. Aber Rainald? Was Thomas wohl zu Rainald sagen würde? Höchst wahrscheinlich, daß er sein Talent im Boden vergraben hatte. Oder – – oder würde er wie Landulf urteilen?« »Wenn du für Gott stirbst, läßt Gott dich nicht im Stich«...
Seltsam, wie sie doch alle irgendwie von ihm beeinflußt wa-

ren – selbst Landulf. Früher war ihm alles völlig gleichgültig gewesen – und nun kam's ihm plötzlich so sehr darauf an, daß er auf der rechten Seite stand. Und wie er nun manchmal redete – und Mutter auch.
Aber Rainald – was würde er zu Rainald sagen? Was würdest du zu Rainald sagen, Thomas?
Kleine Liedchen über hübsche Frauen – echt waren sie schon. Aber eben – Liedchen. Wenn ich *die* Frau gefunden hätte – falls es sie überhaupt gibt. Wenn sie nicht nur eine Chimäre ist, eine Illusion mehr in diesem Tale, nicht der Tränen, sondern der Illusionen, in dem man hinter Schönheit und Glück herjagt und dabei mit dem Zauberstab der Phantasie jedes Liedchen zum Sphärengesang und jedes Mädchen in eine Madonna verwandelt.
Manche wagten sich in ihren Liedern an die Himmelskönigin selbst heran – wie Adam von St. Viktor...

Salve, Mater pietatis
Et totius Trinitatis
Nobile triclinium
Verbi tamen incarnati
Speciale majestati
Praeparans hospitium

Ah ja – man mußte ein Heiliger sein, um das zu dichten, um Worte von solcher Majestät zu finden. Ein Mönch hatte das gedichtet – in der Krypta der Abtei von St. Viktor, die der Mutter Gottes geweiht war. Und so gewaltig war diese Beschwörung Unserer Lieben Frau, daß die Krypta mit Licht erfüllt wurde und die heilige Jungfrau ihm erschien und ihm huldvoll zunickte für seine Worte voll der Gnade. So hieß es. Und man sollte es schon allein um der rührenden Schönheit der Geschichte willen glauben.
Und trotzdem: bei aller Schönheit, das war nicht das Hohelied, das der gewidmet werden mußte, die Jungfrau und Mutter war, der neuen Eva, dem geheiligten Symbol aller Poesie. Paradies, Fegfeuer und Hölle hatten ihren Dichter noch nicht gefunden – und auch sie nicht, der Stern der See, das Tor des Himmels. Vielleicht war diese Aufgabe sogar noch größer –

denn der Dichter mußte sich zu solchen Höhen aufschwingen, daß er selbst die Worte des Erzengels übertraf, mit denen er sie begrüßte – sie, die über alle Engel gesetzt werden sollte. Mit einem Erzengel um die Palme der Poesie ringen – das war Erfüllung. Es wäre der Mühe wert, tausendmal der Mühe wert, dafür weiterzuleben. Das hieß ein ganzes vergeudetes Leben wieder gutmachen .
Aber morgen sollte der Ausbruch gewagt werden.
Wo die Worte finden, die sich wie Perlen gleicher Größe und Form und Reinheit aneinander reihten, bis sie ein Halsband für die Königin aller Königinnen bildeten? Den Himmel selbst mußte man dazu plündern. Die Worte fehlten auf Erden – sie, sie selbst muß sie herunterbringen und mich mit ihnen segnen. Und alles was ich tun kann, ist: ihr das eigene Geschenk zurückgeben. Aber ist das nicht so mit jedem Opfer?
Tochter und Mutter des göttlichen Kindes, Morgenstern, elfenbeinerner Turm – Jungfrau, die du die Quelle aller Liebe geboren hast – – wenn ich mit dem Leben davonkomme, mit deiner Hilfe – dann will ich dein Lied singen.
Und wenn ich falle – wenn das Gewicht meiner schlechten Taten und das schwerere der guten, die ich unterlassen habe, mich deinem Anblick entzieht, will ich's trotzdem singen. Vielleicht trägt ein guter Geist meine Worte durch den Äther, bis er einen Dichter findet, der sie auf Erden wieder zum Leben erwecken kann.

*

Am nächsten Morgen erfolgte der Ausbruch einer starken Abteilung von Reitern unter dem Befehl der Ritter Landulf und Rainald von Aquin. Er ging in südlicher Richtung.
Markgraf Lancia selbst, an der Spitze von fünftausend Mann, machte sich an die Verfolgung. Er brauchte nahezu sieben Stunden, um den Feind einzuholen und zu stellen. Ein erbitterter Kampf folgte, der bis zum Abend andauerte. Schließlich setzte sich die zahlenmäßige Überlegenheit der kaiserlichen Truppen durch, und kurz vor Sonnenuntergang brach ein letzter wilder Angriff das Zentrum der Parmaer.
Landulf und Rainald von Aquin wurden gefangengenommen und mit ihnen die meisten der Überlebenden. Der Rest

zerstreute sich nach allen Windrichtungen. Viele wurden noch auf dem Rückwege getötet. Einige wenige schlugen sich nach Parma durch.

*

Aber eine Stunde nach dem Aufbruch Markgraf Lancias öffneten sich alle Tore von Parma gleichzeitig, und die Parmaer strömten hinaus. Zuerst die Ritter unter dem Grafen von San Severino; dann die Söldner zu Fuß und die Stadtwache. Dann die gesamte männliche Bevölkerung von Parma, von zwölfjährigen Jungen bis zu Greisen von siebzig und darüber. Und schließlich ganze Bataillone von Frauen aller Rang- und Altersstufen.

Wie Lavaströme fluteten sie nach Victoria hinüber. Die Verteidiger der neuen Stadt trauten ihren Augen nicht. Markgraf Lancia hatte es nicht für nötig befunden, einen Stellvertreter für die Zeit seiner Abwesenheit zu ernennen, und durch Streitigkeiten zwischen den Unterbefehlshabern wurde kostbare Zeit vergeudet. Aber die riesige Alarmglocke begann zu läuten.

Graf San Severino hatte sich einen Weg durch das nördliche Haupttor gehauen, und seine Ritter stürmten durch die Straßen der neuen Stadt, öffneten andere Tore von innen und verbreiteten wilde Verwirrung unter den Verteidigern auf den Mauern, die nicht wußten, nach welcher Seite sie sich zuerst wenden sollten. Dann brach die Flut der Parmaer ein und mit ihnen wildes, groteskes Entsetzen. Kaiserliche Ritter verschwanden unter förmlichen Klumpen von Weibern, zwanzig, dreißig an der Zahl, die sie von den Gäulen rissen und zu Tode prügelten. Hunderte von kaiserlichen Söldnern ergaben sich der Stadtwache, um nicht von den heulenden, kreischenden, halbverhungerten, halbverrückten Weibern in Stücke gerissen zu werden.

Als nichts mehr übrigblieb, an dem sie Rache üben konnten, wandten sich die Weiber sofort dem nächsten Ziele zu: Lebensmittel zu erraffen. Mit unglaublicher Geschwindigkeit brachen sie die schweren Tore der Schuppen auf und machten sich über die riesigen Mengen aufgestapelter Lebensmittel aller Art her, die gesamten Vorräte der kaiserlichen Armee, alle abgefangenen Transporte. Die Klügeren beschafften sich Pferde oder Maultiere und beluden sie mit allem, was sie nicht selbst tragen konnten – aber die meisten schleppten einfach weg, was sie zuerst in die Hände bekamen.

Dabei ging der Kampf in Victoria immer weiter, obwohl er an Heftigkeit stark nachgelassen hatte. Alle, die jetzt noch Widerstand leisteten, wurden von den erbitterten parmesischen Söldnern erschlagen, die mitansehen mußten, wie viele ihrer Kameraden bereits wacker plünderten, und ihre Wut an den eigensinnigen Narren ausließen, die sie an der Teilnahme am Beutemachen hinderten.

Mitten in diesem Stadium des Kampfes kam der Kaiser zurück.

In die silbrigen Klänge der Jagdglöcklein hinein hatte der eherne Laut der Alarmglocke von Victoria getönt – und sie läutete Sturm. Er verlor kostbare Minuten, bis sein bester Island-Falke auf den Handschuh zurückgekehrt war. Dann galoppierte er zur Stadt zurück, und mit ihm sein sechzehnjähriger Sohn Manfred, der bereits mit der Tochter des Grafen Amadäus von Savoyen verheiratet war, und etwa fünfzig Ritter mit Gefolge. Sie hatten natürlich keine Ahnung davon, daß Markgraf Lancia abwesend war, geschweige denn, daß die Parmaer die Stadt genommen hatten.

Ohne Panzerung, im Jagdanzug, brausten sie durch Victoria. Die Parmaer, wie die eigenen Soldaten, starrten mit offenen Mäulern, und die Reiter selbst hatten das Gefühl, das Ganze sei ein schrecklicher Traum.

Dann schrien ein paar Soldaten: »Der Kaiser! Der Kaiser!« und nach einem Augenblick ungläubigen Zögerns liefen Freund und Feind um die Wette auf sie zu.

»Weg von hier«, befahl Friedrich. »Folgt mir! Bleib an meiner Seite, Manfred!« Es war leichter gesagt, als getan. Geschosse flogen von allen Seiten, Karren, Soldaten, kreischende Weiber versperrten den Weg. Die Gefolgsleute ritten alles nieder, was sich ihnen in den Weg stellte, und deckten den Kaiser mit ihren Leibern. Schon in den ersten paar Minuten fielen acht – dann mehr und mehr. Die Überlebenden ritten wie die Teufel – sie schmolzen rasch, aber ihre Pferde waren die besten der Welt, und sie hieben sich einen Weg aus der Stadt hinaus, der Kaiser, den Isländer noch immer auf dem

Handschuh, Prinz Manfred und vierzehn Reiter. Sie verschwanden in der Richtung nach Borgo San Dominico. Der Zwischenfall hatte etwas Gespenstisches, und lange Zeit waren sich die Parmaer nicht recht darüber klar, ob es wirklich geschehen war. Von dem Augenblick, in dem der Kaiser auftauchte, bis zu seinem Verschwinden, vergingen keine zehn Minuten. Die meisten der Plünderer hatten ihn überhaupt nicht gesehen.
Sie hatten die berühmten sarazenischen Tanzmädchen gefunden, die Eunuchen und die Käfige mit den Tieren.
Graf San Severino gab Befehl, sie alle auf Karren zu laden und nach Parma zu führen. Den Entdeckern der Tanzmädchen gegenüber mußte er freilich seinen Befehl mit ein paar kräftigen Hieben mit der flachen Schwertklinge Nachdruck verleihen, und Feldhauptmann de Amicis grinste breit. »Ich glaube nicht, daß es sich darum handelt, ihre Jungfräulichkeit zu retten«, lachte der Graf. »Aber ich habe Befehl gegeben, die Stadt anzuzünden, und ich will keine Nachzügler haben. Außerdem hat das Gesindel auf die Weise weniger zu beichten.«
Er schickte eine Abteilung verläßlicher Leute nach dem Schatzhaus. Dort wurde der kaiserliche Rat Thaddäus von Suessa gefunden und getötet. Dann kamen sie wieder heraus, schwer beladen mit ganzen Säcken voll gemünztem Gold und Silber. Die Stadtsöldner, die ihnen folgten wie die Hyänen dem Löwen, fanden immer noch mehr vor, als sie wegschleppen konnten.
»So 'was hab' ich noch nie gesehen«, stammelte einer der Ritter der ersten Abteilung. »Hier – seht euch das an: sechs Säcke voll mit Juwelen.«
Plünderer zogen sich die kaiserlichen Staatsgewänder an, einer schwang das kaiserliche Szepter, ein anderer rollte das königliche Siegel von Sizilien mit dem Fuß vor sich her, weil er keine Hand frei hatte.
Ein Krüppel, den sie »Corto Passo« nannten – ganz Parma kannte den armen Kerl mit seinen zwerghaften Beinchen –, hatte sich die Kaiserkrone angeeignet; sie wog fast so viel wie er selber, aber er taumelte damit davon, ein geradezu seliges Lächeln auf dem häßlichen Gesicht.

Aus einem Gebäude neben dem Schatzhaus trug ein langer Zug von Soldaten goldene Kelche und andere Altargefäße, die der Kaiser in Hunderten von Kirchen »sichergestellt« hatte.

Graf San Severino ließ alles auf den »Caroccio di Cremona« aufladen, den goldenen Siegeswagen des Kaisers. Ein ganzes Dutzend Esel war nötig, um das überladene Gefährt nach Parma zu ziehen.

Jetzt brannte es in Victoria lichterloh, und der Befehl zum Rückzug wurde ausgegeben. Männer, Weiber und Kinder wankten unter der Last ihrer Beute. Nur ein paar Befehlshaber hatten die Arme frei – weil sie ihre Beute umsichtigerweise auf Karren oder Maultiere abgeladen hatten. Eine halbe Stunde später strömte alles in die Tore der Heimatstadt, sehr zur Erleichterung San Severinos. Wenn Markgraf Lancia zurückgekehrt wäre, bevor sie die Mauern Parmas erreicht hatten, hätte der Tag noch ein böses Ende nehmen können.

Aber Lancia kehrte erst mitten in der Nacht zurück – in einer Nacht, die von den Flammen Victorias hell erleuchtet war. Es war viel zu spät, Löscharbeiten auch nur zu versuchen.

Am Morgen war Friedrichs neue Stadt ein Haufen glühender und rauchender Ruinen.

ically.

DRITTES BUCH

XII

IN DER TAVERNE ZUM HEILIGEN JANUARIUS IN NEApel schlugen die Wellen der Erregung hoch. Alles schrie, redete, lachte, schwatzte und schimpfte durcheinander – zuzuhören schien niemand.
Aber als sich die Tür öffnete und etwa ein Dutzend zerlumpte Gestalten eintraten, wurde plötzlich alles still. Dann erhoben sich die Gäste – selbst die mehr oder minder kräftig Angezechten – und machten das Kreuzzeichen. Die Neuankömmlinge brauchten das nicht zu tun... sie trugen es groß und schwarz auf die zerfetzten Röcke aufgenäht. Kreuzfahrer...
Jedermann in der Taverne wußte, wo sie herkamen. Am Nachmittag war die »Santa Maddalena« in den Hafen eingelaufen, mit über hundert Kreuzfahrern an Bord, und mit Windeseile hatte sich das Gerücht verbreitet, daß die Christenheit einen schweren Schlag erhalten hatte: König Ludwig von Frankreich und sein ganzes Heer war von den Moslems in Ägypten gefangengenommen worden – nicht weit von einer Stadt, die Daniette hieß. Nach Überwindung der schlimmsten Gefahren war es ihnen gelungen, sich von den Siegern loszukaufen – für einen förmlichen Strom von Gold. Und Damiette hatte den Moslems überlassen werden müssen.
Nun kamen die Reste der Armee zurück. Die »Santa Maddalena« war das erste Kreuzfahrerschiff, das Neapel anlief. Jetzt waren alle Streitigkeiten vergessen. Die Neapolitaner drängten sich um die Männer, die eher Bettlern als Soldaten glichen, bestellten ihnen Essen und Wein und ließen einen Hagel von Fragen über sie niederprasseln, bis Livio, der Wirt, auf den Schanktisch schlug und schrie: »Per Baccho, langsam, einer nach dem anderen. Sonst hört niemand was. Wo bleibt euer Verstand?«
Das half. Die Kreuzfahrer spalteten sich in kleine Gruppen von je zweien und dreien, jede von einem Kranz von Neapolitanern umringt. Nur zwei lehnten die angebotene Gastfreundschaft höflich, aber fest ab und zogen sich in eine Ecke zurück. Sie bestellten Wein und hörten ruhig zu, wie die anderen erzählten. Es waren grimmige Geschichten, von end-

losen Märschen und Ritten durch den glühenden Wüstensand, von Angriffen mit vergifteten Pfeilen und mit griechischem Feuer, von Araberschwärmen, so flink, daß sie auf Pfeilweite einen vollen Kreis um einen schwer gepanzerten Mann ritten, bevor der seinen Gaul wenden konnte; von Krankheiten, Hitze, Insekten und Heiden, und wie die besten Kämpen des christlichen Heeres so schwach geworden waren, daß sie gepanzert nicht mehr ohne Hilfe aufstehen konnten.

»Und dabei habe ich Dinge gesehen, die ich meiner eigenen Mutter nicht glauben würde«, sagte ein hohläugiger, grauhaariger Mann. »Ich bin aus Soissons, und unser Bischof war unser Führer, Herr Guido von Château-Porcien, ein so milder Herr, keiner Fliege konnte er etwas zuleide tun. Wenn wir ins Gefecht ritten, zog er das Schwert nicht, sondern deckte sich nur mit dem Schild – wir haben oft darüber gelacht. Wozu auf Kreuzfahrt gehen, wenn man keine Heiden totschlagen will? Aber als der Befehl kam, daß wir uns alle ergeben sollten, weil alles aus sei, und als viele von uns weinten und Gott priesen und die meisten nur dastanden und glotzten und nichts begreifen konnten – da ward mein kleiner Bischof ganz blau im Gesicht und schrie, er denke gar nicht daran, und er rufe unseren lieben Herrn zum Zeugen an, daß er seine Sache nicht im Stich lasse, zog sein Schwert und ritt mitten in die Araber hinein, er ganz allein, und schlug um sich, rechts und links, so lang wie man braucht, um drei Vaterunser zu sagen, bis sie ihn vom Pferd herunter bekamen und abschlachteten. Ich weiß ganz genau, was ihr jetzt denkt, aber wir waren zu Fuß und er war tot, bevor wir ihn hätten erreichen können, und obendrein hatten wir den Befehl, uns zu ergeben.«

»Wie haben euch die Heiden behandelt?«

»Es gab welche, die sich sehr schlecht benahmen, aber was konnte man anderes erwarten? Sind doch nun einmal arme Heiden. Sie brachten alle um, die zu krank waren, um laufen zu können. Aber viele waren doch recht anständig, für Heiden, mein' ich. Es gab sogar welche, die sich nicht besser hätten benehmen können, wenn sie getauft gewesen wären. Da war ein alter Sarazene mit einem wilden Bart und 'nem

langen, krummen Säbel; der mochte mich gut leiden, ich weiß nicht warum. Ich hatte eine Wunde über beide Knie weg und konnte nicht laufen und dachte, nun gute Nacht, jetzt bringen sie dich um, und es heißt, dann geht's gleich ins Paradies. Aber wie, wenn das am Ende nicht stimmte? Und ich dachte an ein paar Dinge, die man vielleicht doch nicht einfach damit wett macht, daß man sich von einem Araber die Gurgel abschneiden läßt – also kurz und gut, ich hatte Angst. Aber der alte Sarazene kam und brachte mir Essen und Trinken, und ob ihr's glaubt oder nicht, dreimal am Tag trug er mich auf dem Buckel nach dem Ort, wohin doch selbst der Kaiser zu Fuß geht – – –«
Alles brüllte vor Lachen.
»Dreimal am Tag war aber leider nicht genug«, fuhr der Kreuzfahrer fort. »Wir hatten alle die Ruhr. Ja, ihr lacht – hoffentlich bleibt's euch erspart, das kennen zu lernen. – Ja, noch einen Becher, danke, guter Freund. – Also unser armer kleiner Bischof war tot, und niemand konnte für ihn die Messe lesen, denn wir wurden alle weggetrieben – –«
»König Ludwig auch?«
»Ja, freilich. Hab' ihn mit eigenen Augen gesehen, bleich und ruhig und ohne ein Wort der Klage; aber man wußte, was er fühlte, und es machte einen so wild, daß man am liebsten den nächsten Sarazenen angesprungen hätte, um ihm die Eingeweide herauszureißen. Aber das Seltsamste war, daß der Sultan, dem wir uns hatten ergeben müssen, ermordet wurde.
»Von wem?«
»Von seinen eigenen Emirs – das ist das Heidenwort für Graf. Sie verschworen sich gegen ihn und räucherten ihn mit griechischem Feuer aus dem Haus, und als er floh, verfolgten sie ihn, und wo glaubt ihr, haben sie ihn erreicht?«
»Wie soll ich das wissen? Erzähl weiter.«
»Er warf sich in den Nil und schwamm um sein Leben, und sie fingen ihn und brachten ihn im Wasser um. Ein Emir riß ihm das Herz aus der Brust und ließ sich dann auf das nächste Schiff heraufziehen. Das war ein Gefangenentransportschiff, König Ludwig war darauf und ich auch.«
»Mann, das lügst du uns vor.«
Der Kreuzfahrer berührte das zerfetzte Kreuz auf seinem

Rock. »Ich sage die Wahrheit«, erklärte er ruhig. »Ich weiß, es klingt unglaublich, aber man gewöhnt sich an das Unglaubliche, da, wo ich herkomme. Der Emir ging stracks auf König Ludwig zu, die Hände noch ganz voll Blut, und sagte: „Was schenkst du mir dafür, daß ich deinen Feind erschlagen habe, der dich umgebracht hätte, wenn er länger am Leben geblieben wäre?" Der König sagte kein Wort, sah nur den Emir an, und der drehte sich weg. Das kann niemand aushalten, wenn ihn König Ludwig so ansieht. Man hält's einfach nicht aus. Ist ein Heiliger. Und wenn ihn der Papst nicht heilig spricht, nach allem was er durchgemacht hat, dann versteht der Papst sein Geschäft nicht, das sag' ich euch.«
»Und dann?«
»Wir dachten alle, jetzt sei unsere letze Stunde gekommen. Nun, da der Sultan tot war und kein Priester mit an Bord, beichteten wir einander, und ich hörte dem Sieur von Montignard die Beichte, ich, ein Bauernsohn aus Soissons, und gab ihm Absolution mit der Vollmacht, die der Herrgott einem Christen gibt, wenn's auf den Tod kommt und kein Priester da ist. Dann kniete ich nieder und beichtete ihm, und er gab mir die Absolution. Es wäre natürlich viel anständiger und gesitteter gewesen, wenn er hätte einem Herrn seines eigenen Standes Beichte ablegen können; aber er war verwundet und konnte nicht nach dem Vorderschiff gehen, wo der König mit seinen Edlen war. Er sagte, wenn's zum Beichten kommt und zum Tod, dann ist ein Bauernsohn genau so gut wie ein Ritter, vielleicht noch besser. Und wißt ihr, was das Seltsamste von allem ist? Als ich aufstand, hatte ich alles, was er gesagt hatte, vollständig vergessen. Nicht an die kleinste Sünde konnte ich mich mehr erinnern.«
Alles schwieg jetzt.
»Sie haben uns dann doch nicht umgebracht, wie ihr seht«, fuhr der Kreuzfahrer fort. »Die Emirs hielten sich tatsächlich an den Vertrag, den wir mit dem Sultan abgeschlossen hatten. Denkt euch: der Sultan hatte fünfhunderttausend Pfund Gold und die Stadt Damiette verlangt, und König Ludwig war einverstanden. Als der Sultan das hörte, rief er aus: „Bei meinem Glauben, dieser fränkische König ist ein freigebiger Mann, daß er bei einer so großen Summe gar

nicht zu feilschen versucht. Geht und sagt ihm, ich wolle mich mit vierhunderttausend zufrieden geben.'' Der König ließ alle Edlen für sich selber zahlen und zahlte aus seiner eigenen Tasche für die Mittellosen.«

»Ich wollt', ich wär' ein Franzose«, seufzte ein Neapolitaner. »Oder, daß der Kaiser wie euer Ludwig wäre.«

»Oder«, sagte ein anderer, »daß wir ein paar Emire in Italien hätten, die wissen, wie man mit einem Sultan umspringen muß –«

»Halt 's Maul, willst du uns alle ins Gefängnis bringen?«

»Wir sind doch unter guten Freunden hier –«

»Das kann man nie wissen. In Messina haben sie erst neulich Stücker hundertfünfzig gehängt, und wer weiß, ob sie nicht gerade an den Listen für Neapel arbeiten.«

»Bekommt er denn nie genug vom Hängen? Der große Aufstand ist doch nun wirklich vorbei – – –«

»Er scheint nicht der Meinung zu sein.«

»Ihr habt einen Aufstand in Italien gehabt?« fragte der Kreuzfahrer. »Erzählt. Bis jetzt hab' nur ich das Erzählen besorgt.«

»Freund, wir sind in den letzten Monaten und Jahren durch Hölle und Fegfeuer gegangen. Erst waren's Parma und ein halb Dutzend Städte oben im Norden, dann Reggio und Messina, und überall sind dann die Reiter des Kaisers durch Italien gefegt wie die Raubvögel. Wo du hinsahst, brannte was. Aber das Schlimmste kam, als die Parmaer den Kaiser geschlagen hatten und ihm sein Lager, oder seine Stadt, oder was es war, anzündeten und alle seine Kostbarkeiten eroberten. Da dachten sie, sie hätten den Krieg gewonnen.«

»Hatten's aber nicht, wie?«

»O Gott, nein. Das muß man dem Kaiser lassen: wenn's schief für ihn geht, wächst er und wächst und wird schrecklicher als je. Gerade war er erst mit dem nackten Leben davongekommen, er und eine Handvoll Leute, und knapp eine Woche später hatte er wieder ein Heer, das stärker war als zuvor. Die großen Fürsten kamen ihm natürlich zu Hilfe, und Eccelino von Romano und sein Sohn Enzio und sein Sohn Konrad, den er zum König von Rom krönen ließ, und all seine anderen Söhne, deren hat er so viele, daß man gar nicht mehr mit dem Zählen mitkommt. In Cremona haben sie sich gesammelt. Der Kaiser borgte sich zwölftausend Pfund Silber aus Pisa zu achtzig Prozent. Der griechische Kaiser schickte ihm Geld und die Deutschen schickten ihm Söldner. Piero della Vigna war von ihm abgefallen, als die Nachricht von der Niederlage kam, und er fing ihn lebendig. Della Vigna rannte sich rasch an der nächsten Mauer den Schädel ein – er war des Kaisers Kanzler gewesen und wußte nur zu genau, was ihm widerfahren würde.«

»Selbstmord?« fragte der Kreuzfahrer entsetzt.

»Ja freilich – aber ich weiß wirklich nicht, was schlimmer ist, die Hölle, oder vom Kaiser gefangengenommen zu werden, wenn man Verrat begangen hat.«

»Die Hölle dauert länger«, sagte der Kreuzfahrer kopfschüttelnd.

»Jedenfalls – der Kaiser eroberte Ravenna zurück und schlug fünf Führer der Welfenpartei, einen nach dem anderen, und sein Markgraf Pallavicini schlug die Parmaer, dabei fing er den Grafen San Severino und ließ ihn grausam hinrichten, den alten, die Schwester meiner Frau hat ihn oft gesehen, und er war ein sehr feiner Herr, sagte sie, und ein guter Herr. Doch da habt ihr's, man kann's mit dem Kaiser nicht aufnehmen.«

»Und damit war's zu Ende?«

»Mehr oder weniger. Der Kaiser hatte die Mark und die Romagna mit Cingoli und Spoleto zurückerobert. Das machte ihn wieder zum Herrn von Italien, und nun ließ er Listen aufstellen von allen, die gegen ihn gekämpft hatten, und die holte er sich. Das macht er immer noch. Erst heute morgen hab' ich wieder gehört, daß sich nicht weit von Neapel Truppen zusammenziehen. Ist natürlich alles streng geheim, aber es heißt, daß es gegen die von Aquin geht, oder vielmehr gegen die, die noch übrig sind. Ursprünglich waren sie alle für den Kaiser, aber dann sind sie doch auch abgefallen – zwei Söhne sollen in Verona im Gefängnis sitzen; die hat man in Parma oder bei Parma gefangengenommen, genau weiß ich's nicht.«

»Hör auf, Carlo, die Namen bedeuten doch unserem Freund hier nichts, wer hat schon in Frankreich das Wort Aquin gehört –«

»Hierzulande ist's ein großer Name. Und ich sage dir, ich *weiß*, es geht gegen Aquin und Roccasicca, der Mann meiner Schwester ist selber mit dabei. Er darf zwar nicht sagen wie, was und wo, aber heute nacht oder morgen früh marschieren sie, und das ist das Ende von Aquin.«
»Gut, gut, Carlo – aber nun laß unseren Freund hier weitererzählen, wie's in Ägypten zugegangen ist.«
»Will ich gern tun«, nickte der Kreuzfahrer. »Aber wo sind denn unsere Engländer hin?«
»Welche Engländer?«
»Die beiden Engländer, die mit uns auf der ,,Santa Maddalena" waren – ein Ritter und sein Knappe. War freilich kein großer Unterschied mehr zu sehen, sie trugen beide nur Lumpen. Sie sind mit uns hereingekommen – da drüben in der Ecke haben sie gesessen und kein Wort gesagt. Engländer sind entweder verrückt oder stumm wie die Fische, meistens beides. An Bord war's genau so. Aber gute Soldaten! Weg sind sie. Nun, mir soll's recht sein. Also die Emirs ließen den König und eine Reihe von Edlen nach Damiette zurückkehren, um das Lösegeld zu besorgen, und da mußten sie tagelang Gold wiegen. Als die Schatzmeister dem König berichteten, sie hätten das Gold so geschickt verteilt, daß die Säcke alle ganz voll aussähen, obwohl sie zehntausend Pfund Gold »eingespart« hätten, wurde er sehr zornig und bestand darauf, daß der fehlende Betrag nachgezahlt würde. Er ging nicht an Bord, bevor das nicht geschehen war.«
»Da hörst du's, Livio«, sagte ein Neapolitaner. »Nimm dir ein Beispiel daran. Volles Maß, Livio, volles Maß.«
»Habt ihr denn nicht gehört, was er uns erzählt hat?« fragte der Schankwirt stirnrunzelnd. »Er sagt doch, König Ludwig sei ein *Heiliger*.«

*

»Rascher, Robin«, sagte Piers. »Rascher!«
»Nicht auf diesen Gäulen«, knurrte Robin Cherrywoode. »Können froh sein, wenn wir überhaupt hinkommen.«
»Wir kommen hin. Wir müssen! Bist du blind, daß du nicht Gottes Vorsehung erkennst, die hier im Spiel ist? Wir kommen ausgerechnet hier an, wenn das Haus von Aquin in Gefahr ist – und wir hören davon, sobald wir auch nur den Fuß

an Land gesetzt haben. Und obendrein haben wir auch noch genug Geld, um die Gäule zu kaufen – – –«
»Gäule kann man immer irgendwie bekommen«, murmelte Robin Cherrywoode. Er hätte gern noch hinzugefügt, daß es der reine Irrsinn sei, wenn zwei Männer, die das Fieber hinter sich hatten und dazu die Strapazen einer langen Seereise, unbewaffnet und ohne Gefolge einer Familie zu Hilfe eilten, in deren Dienst sie nicht mehr standen, und der der Kaiser ganz offensichtlich Vernichtung geschworen hatte. Auch, daß es töricht war, von der Vorsehung Gottes zu schwatzen, nur weil jemand, ungefragt, von denen von Aquin erzählt hatte. Ein paar Fragen, an den richtigen Mann gerichtet, hätten ihnen die gleiche Auskunft verschafft. Höchstwahrscheinlich war hier durchaus nicht die Vorsehung Gottes im Spiel, sondern der üble Höllenwirt, zu dessen Reich auf Erden Tavernen und Schankwirte sowieso gehörten.
Aber was hatte es für einen Zweck? Seit dem Tag, an dem sie auf Roccasicca angekommen waren, blieb der Herr verhext. Und nun hatten sie in Neapel landen müssen, also nicht weit von Roccasicca. Es war kaum der Mühe wert, den Wanzen, Arabern, Läusen, Türken, Fiebern, griechischen Feuern und sonstigen Annehmlichkeiten des Kreuzzuges entronnen zu sein, um nun stracks in das nächste kaiserliche Gefängnis zu reiten. Aber freilich, ohne die kleine Dame wären sie wahrscheinlich gar nicht auf den Kreuzzug gegangen, sondern säßen bequem im fröhlichen England und – – –
»Herr – –«
»Ich hab' sie gesehen.«
Aber es war zu spät, um zu entkommen. Denn man befand sich hier nicht in der Wüste, wo man den Feind schon sah, wenn er noch weit, weit entfernt war, eine wirbelnde Sandwolke, die am bleiernen Horizont aufstieg, bis das Glitzern von Speerspitzen und der rauhe Schrei »Allah il Allah« bekundeten, daß hier ein Feind heranbrauste, der sich einen besseren Platz im Paradies damit verdienen wollte, daß er einen Giaur, einen Ungläubigen, tötete.
Hier kam der Feind einfach hinter ein paar Häusern hervor geritten, ein Dutzend Mann zu Pferde, von einem Ritter geführt. Sie versperrten die Straße.

Piers sah, daß sie kein Wappen über den Harnischen trugen. Nur ein Ritter führte drei sich duckende goldene Leoparden auf dem Schild.

»Halt, ihr beiden«, sagte der Ritter. »Wohin wollt ihr? Und woher kommt ihr?«

Bevor Piers antworten konnte, sagte Robin mit wehleidiger Stimme: »Wir sind Kreuzfahrer, edler Herr, wie Ihr zweifellos sehen würdet, wenn unsere Kleider nicht so zerrissen wären. Wir kommen aus Ägypten – –«

»Zu Pferde?« fragte der Ritter spöttisch.

»O nein, edler Herr, die Pferde haben wir in Neapel mit unserem letzten Geld gekauft, um rascher nach Hause zu kommen. Ist ein weiter Weg nach Frankreich, edler Herr. Wünschte, wir hätten's nie verlassen.«

»Frankreich –« – der Ritter zog die Brauen zusammen. »Untertanen des guten Königs Ludwig, wie? Reitet weiter.«

»Danke, danke, edler Herr«, sagte Robin. »Und mög' Euch Sieg und Ehre zuteil werden.«

Sie ritten weiter. Die Leute des Ritters ließen sie durch.

»Es sind noch mehr da drüben, hinter den Hügeln«, murmelte Robin. »Und auf der anderen Seite auch. Des Kaisers Leute.«

»Wer hat dir Erlaubnis gegeben, mit dem Ritter zu sprechen und ihm ein Pack faustdicker Lügen aufzutischen?« fragte Piers ärgerlich.

»Je nun, Herr, so wie wir jetzt aussehen, konnt' er's nicht wissen, daß Ihr vom gleichen Range seid wie er, und das ist vielleicht ganz gut, denn sonst hättet Ihr mit ihm reden müssen. Entweder hättet Ihr ihm die Wahrheit gesagt, dann würde er Euch womöglich als einen früheren Ritter von Aquin erkannt haben, und es wäre aus gewesen mit uns – oder Ihr hättet *auch* gelogen. Wenn aber schon gelogen werden muß, ist es besser, der Diener lügt als der Herr.«

Piers konnte ein Lächeln nicht verbeißen. »Aber, warum mußtest du ihm sagen, daß wir nach Frankreich ziehen wollen? Und wozu diesem Schurken Ehre und Sieg wünschen?«

»Er hätte uns sonst vielleicht aufgefordert, in die Dienste des Kaisers zu treten, Herr. Als Untertanen König Ludwigs sind wir davor sicher. Und was die Ehre und den Sieg betrifft, so fügte ich im stillen hinzu, „falls Ihr je auch auf Kreuzfahrt geht". Gegen Sarazenen darf er sich ruhig Sieg und Ehre holen, meint Ihr nicht, Herr?«

Aber Piers war nicht zum Scherzen aufgelegt. »Drei- bis vierhundert, wenigstens«, sagte er. »Nicht genug, um Roccasicca zu stürmen. Aber vielleicht ist das nur die Vorhut. Und sie halten an und kampieren, jetzt, in der besten Reitzeit. Sie warten auf etwas. Entweder auf Verstärkung, oder – – – wie weit ist es von hier bis nach Roccasicca, Robin?«

»Drei Stunden, auf einem guten Gaul. Vier und eine halbe auf diesen hier.«

»Das dürfte stimmen. Sie warten entweder auf Verstärkung oder auf – die Nacht. Vielleicht wollen sie bei Nacht angreifen. Rascher, Robin!«

*

Nach etwas über vier Stunden kam Roccasicca in Sicht. Wieder konnte Piers nicht umhin, die Stärke der Festung mit ihrem doppelten Ringwall und den stolzen Türmen zu bewundern – wie damals, als er sie zum erstenmal erblickt hatte. Roccasicca mit nur drei- oder vierhundert Mann nehmen zu wollen, war Wahnsinn. Aber wo blieben die Verteidiger? Er konnte weder Speere noch Hellebarden noch Armbrüste sehen. Da oben auf einem der Türme schien jemand zu stehen – oder hatte er sich geirrt? Hier war der Steilpfad zum Hauptor hinauf. Und wieder keine Wachen – – –

Es überlief ihn kalt. Wie, wenn die Festung bereits genommen wäre? Sollte er zu spät gekommen sein? Waren die Soldaten, denen sie begegnet, von der Eroberung zurückgekommen, statt auf dem Wege dazu?

Dann sah er, wie sich das Fensterchen in dem schweren Tor öffnete. Der Kopf eines alten Mannes kam zum Vorschein, und eine müde Stimme fragte, was er wolle.

»Ist die vieledle Gräfin von Aquin hier?«

»Die vieledle Gräfin ist vor drei Monaten gestorben. Wer seid Ihr, daß Ihr das nicht wißt?«

»Wir sind Kreuzfahrer und kommen aus Ägypten zurück«, sagte Piers mit schwankender Stimme. »Ist – ist die junge Gräfin von San Severino hier – – und der Graf?«

»Was kümmert Euch das?« fragte der alte Mann mißtrauisch.

»Lebt sie – ist sie gesund?« fragte Piers.
Sein Tonfall mochte den alten Mann überzeugt haben. »Sie lebt und ist gesund, Gott sei's gedankt.«
Piers atmete tief auf. »Dann meldet ihr, daß Sir Piers Rudde hier ist, ihr zu Diensten, falls sie so begehrt.«
Der alte Mann riß die Augen auf. »Jetzt erkenn' ich Euch erst, edler Herr – ich will Euch öffnen – gleich, gleich mach' ich auf.«
Aber es dauerte lange, bis sich die eine Seite des schweren Tores ächzend und stöhnend zu öffnen begann. Betroffen sah Piers, daß es der Alte hatte allein tun müssen. Wo waren die Wachen, die Söldner, die Ritter des Hauses?
Dem Alten standen Tränen in den Augen. »Tut gut, Euch wieder zu sehen, edler Herr – tut gut, Euch wieder zu sehen – – –«
Bevor Piers antworten konnte, sah er sie aus dem Hauptgebäude kommen, windschnell, ein Falter aus schwarzem Samt. Sie war da, bevor er sich stählen konnte, sie hielt seine beiden Hände und lächelte zu ihm auf, das Lächeln, das ihn durch Schlafen und Wachen verfolgt hatte, all die langen Jahre. Sie redete auf ihn ein, rasch, wild und voller Freude, und er hörte kein einziges Wort. Er starrte sie an, nicht gierig wie ein Verhungernder, sondern mit einer Art von ungläubiger Ehrfurcht; also du lebst, es gibt dich wirklich, meine Liebe, meine süße, heilige Liebe.
Langsam, langsam wurde das leise Murmeln zu Worten. Sie war in Schwarz – nie zuvor hatte er sie in Schwarz gesehen; ah, die Gräfin, natürlich! Was sagte sie? Er wußte, er mußte jetzt etwas sprechen, welche Formlosigkeit, er hatte sich nicht einmal vor ihr verneigt, und jemand hüstelte die ganze Zeit, es war Robin, und da kam jemand über den Hof, ein junger Mann, fast knabenhaft schlank, der Graf von San Severino. Sie wandte das Köpfchen nach ihm um, und nun hörte Piers sie sagen: »Ruggiero – es ist Piers! Sir Piers! Nun ist alles gut. Der heiligen Jungfrau sei's gedankt, nun ist alles gut.«
Ruggiero kam näher. Piers bemerkte, wie sich sein ängstliches Gesicht entspannte. »Willkommen auf Roccasicca, Sir Piers. Verzeiht, aber ich hab' Euch nicht gleich erkannt.«
»Kein Wunder«, hörte Piers sich sagen. »Ich sehe aus wie

eine Vogelscheuche und Robin auch. Aber so sieht König Ludwigs ganzes Heer aus – oder vielmehr, was davon noch übrig ist.«

Ruggiero nickte. »Wir haben davon gehört.«

»Ein Kreuzfahrer«, rief Theodora. »Also darum habt Ihr uns so plötzlich verlassen, als –« Sie brach ab. Erst jetzt ließ sie seine Hände los. Ein feines Rot stieg in ihr Gesicht bis zu den Haarwurzeln. »Freilich«, sagte sie hastig. »Da ist ja das Kreuz, an Eurem Rock. – Ich ich hab's nicht gleich gesehen.«

»Ist auch nicht mehr viel davon übrig«, sagte Piers. »Gräfin – Eure arme liebe Mutter – – –«

Theodora nickte, sie mied seinen Blick. »Sie starb sehr friedlich – wie eine Heilige. Wir waren alle dabei, Adelasia und ich und Mutter Maria von Gethsemane – so heißt Marotta jetzt. Alle ihre Töchter – und keiner ihrer Söhne.«

»Es ist also wahr, daß Graf Landulf und Graf Rainald – –«

»Sie sind in Verona. Als Gefangene. Das ist alles, was wir wissen. Und Ruggieros armer Vater – – –«

»Laß, liebes Herz«, sagte der junge San Severino. Er hatte Tränen in den Augen. »Ich bin froh, daß er ausgelitten hat – obwohl Gott allein weiß, wie viel er leiden mußte, bevor sie ihn sterben ließen.«

»Er war ein großer Herr«, sagte Piers. »Gott schenk ihm die ewige Ruhe.« Der Bann war nun gebrochen, und er begann sich umzusehen. »Wo sind Eure Leute?« fragte er.

»Ah ja, das ist – recht unverständlich«, sagte Ruggiero. »Ich – ich kann es wirklich nicht begreifen, gestern waren es noch über dreißig und –«

»Sir Piers«, unterbrach Theodora, »unsere Leute haben uns im Stich gelassen – das ist alles. Vor drei Wochen waren es noch zweihundert, mit drei Rittern. Aber *die* waren die ersten, die verschwanden, jeder unter einem anderen Vorwand. Die letzten dreißig sind gestern nacht geflüchtet. Mit den Frauen steht es genau so. Ich kann's ihnen nicht einmal verübeln – nach dem, was mit so vielen von uns geschehen ist.«

»Und Ihr habt die Leute gehen lassen?« fragte Piers grimmig.

San Severino wich seinem Blick aus. »Was konnte ich denn machen?« murmelte er. »Ich habe mit ihnen geredet – oh,

mehr als einmal, und ich hab' ihnen Geld versprochen. Aber ihre Furcht war stärker. Ich – – ich konnte sie doch nicht zwingen, zu bleiben, oder?«
»Ich fürchte nein«, sagte Piers. Er hatte Mühe, ruhig zu bleiben. »Das sind böse Nachrichten«, sagte er. »Wer ist noch auf Roccasicca?«
»Nur wir beide und der alte Paolo und Giulia in der Küche«, sagte Theodora, genau wie ein Kind, das einen törichten Fehler eingestehen muß.
»Wo sind Eure Schwestern?«
»Adelasia ist bei Mutter Maria von Gethsemane im Kloster bei Capua. Wir dachten, es sei besser, wenn sie nicht hier bei uns bleibt. Ich hatte Angst, der Kaiser könnte nach uns schicken. Davor hatten alle Männer Angst.«
»Sehr begreiflich«, sagte Piers trocken. Er räusperte sich. »Ihr müßt sogleich fort von hier«, sagte er. »Kaiserliche Truppen sind auf dem Wege hierher. Wir haben sie gesehen. Etwa drei- bis vierhundert Mann. Ich wunderte mich noch, warum es so wenige waren. Nun weiß ich, daß es viel zu viele sind. Sie scheinen nicht zu wissen, daß alle Eure Leute Euch verlassen haben, aber sie scheinen auch nicht allzuviel Widerstand zu erwarten. Ihr müßt fort.«
»Ja – – ja – –«, sagte Ruggiero mit unsicherer Stimme. »Aber – wohin?«
»Darüber sprechen wir später«, sagte Piers. »Jetzt holt alles, was Ihr an Wertsachen habt – aber nicht mehr, als Ihr selber tragen könnt. Laßt die beiden Bedienten gehen, wohin sie wollen, und macht Euch reisefertig. Rasch!«
»Wollt Ihr – wollt Ihr nicht mitkommen und Euch frische Kleider nehmen?« bat Ruggiero schüchtern.
Piers' Zorn legte sich. Der arme kleine Kerl – wie viel zu früh hatte ihm das Geschick allzu schwere Verantwortung auferlegt.
»Ich glaube, es ist besser, wenn wir die alten anbehalten«, sagte er. »Kreuzfahrer kommen durch, wo andere steckenbleiben. Aber Waffen – wenn ihr ein paar Helme, Schwerter und Schilde übrig habt – –«
»Oh, viele«, erwiderte Ruggiero schnell, »kommt und nehmt Euch, was Ihr nur wollt.«

»Und Pferde«, sagte Piers. »Ich hoffe, sie sind nicht alle gestohlen.«
»Die meisten, ja«, gestand Ruggiero. »Aber es sind schon noch einige da – freilich nicht gerade die besten. Etwa sechs oder sieben. Wir könnten ein Ersatzpferd mitnehmen – –«
Piers blickte nach der Sonne. »Noch zwei Stunden, bevor es dämmert«, sagte er. »Viel Zeit haben wir nicht mehr. An die Arbeit.«

*

Sobald Roccasicca außer Sicht war, begann Piers aufzuatmen. Bis zum letzten Augenblick hatte er befürchtet, die Soldaten könnten plötzlich auftauchen. Die Sonne sank jetzt rasch. Robin ritt voran, ein schwer beladenes Ersatzpferd am Zügel führend, dann folgten Theodora und Ruggiero und nach ihnen Piers, mit einem zweiten Ersatzpferd. Theodora hatte gebeten, ihren Schwestern in dem Benediktinerkloster bei Capua einen letzten Besuch abstatten zu dürfen, und Piers hatte nach kurzem Überlegen eingewilligt.
Capua war nicht weit, und irgendwo mußte man ja doch die Nacht zubringen. Im Kloster waren sie wenigstens sicher. Die Nonnen verrieten sie bestimmt nicht. Eine Herberge wäre in dieser Gegend viel zu gefährlich gewesen.
»Aber wohin gehen wir morgen?« fragte Ruggiero etwas kläglich. »Die Schlösser meines Vaters in Sizilien –«
»Unmöglich«, sagte Piers. »Man würde Euch ergreifen, bevor Ihr ankommt, und selbst wenn Ihr ankämt, würdet Ihr bereits kaiserliche Truppen dort vorfinden. Da hättet Ihr ebensogut in Roccasicca bleiben können oder in Aquin oder Monte San Giovanni. Ich muß Euch irgendwie nach Neapel schaffen – und an Bord eines Schiffes. Ich kenne alle Schiffe im Hafen, die Zeiten ihrer Abfahrt und die Reiseziele.«
»Italien verlassen«, flüsterte Theodora.
»Er hat recht, Liebstes«, sagte Ruggiero traurig. »Wir sind Verbannte.«
»Ich wollte, ihr wäret das«, sagte Piers fast schroff. »Vorläufig habe ich euch noch nicht in Sicherheit gebracht. Aber das können wir später alles im Kloster besprechen. Jetzt muß ich die Augen offen halten.«
Schweigend ritten sie weiter.

Plötzlich hob Robin die Hand, und sie sahen, wie er seine Pferde in die Lorbeerbüsche zur Linken drängte. »Folgt ihm – schnell«, flüsterte Piers, und sie gehorchten. Auch er trieb seine Pferde in die Büsche. Er konnte die Straßenkreuzung da unten erblicken, und da kamen sie wirklich, fünf, zehn, zwanzig – – etwa fünfzig Soldaten. Der Schein der untergehenden Sonne glühte auf ihren Helmen, daß sie Fackeln glichen. „Höllensöldner", dachte er grimmig. Sechzig – – siebzig – – hundert. Dann eine Weile nichts. Aber nun hörte er einen Hufschlag. Da kam der Ritter, der sie auf dem Wege aufgehalten hatte. Man vermochte gerade noch die drei Leoparden auf seinem Schild zu erkennen. Seine Reiter folgten ihm – fünfzig, siebzig, hundert – immer mehr. Zweihundert – – dreihundert – – vierhundert. Dann Schweigen. Der Hufschlag verhallte. Endloses Schweigen.
»Robin, halte Umschau! Gib dem Grafen das andere Pferd!« Nach einigen Minuten kam Robin zurück, breit grinsend. »Die Straße ist frei, Herr. Aber die sind in einer Stunde in Roccasicca. Gut, daß die Vögel ausgeflogen sind.«
»Bis die ankommen, sind wir längst in Capua. Vorwärts.«
Er sah, daß Theodora ihn anblickte, mit feuchten Augen und dem Ausdruck so zärtlicher Dankbarkeit, daß sich ihm das Herz verkrampfte. Mit übermenschlicher Anstrengung zwang er sich, weg zu sehen, und er sagte hart: »Achtet auf die Straße, Herrin – Ihr reitet ein schlechtes Pferd.«
Er hatte nur zu recht. Die gottverlassenen Schufte hatten nur ein halbes Dutzend elender Schindmähren im Stall gelassen, die nicht viel besser waren als die Karrengäule, die sie in Neapel gekauft hatten und auf denen Paolo und Giulia nach tränenreichem Abschied in ihre Heimatdörfer geritten waren.
Auf der Hauptstraße angelangt, ließ Piers sein Pferd in Galopp fallen. So schlecht die Tiere waren, bis nach Capua reichte ihre Kraft aus.
Sie betraten das Kloster Sankt Benedikts zwei Stunden vor Mitternacht. Zu Piers' großer Erleichterung befand es sich außerhalb der Stadt, so daß es nicht nötig war, ein Stadttor zu passieren, wo man Theodora nur zu leicht hätte erkennen können. Hier dagegen erwies sich ihre Anwesenheit als außer-

ordentlich hilfreich. Die guten Nonnen wollten sie nicht einlassen, bis eine von ihnen Theodora erkannte und Mutter Maria von Gethsemane holte, die ihre Schwester umarmte.
»Die kleine Dame ist gut aufgehoben«, brummte Robin. »Aber was sollen die Nönnlein mit drei Männern und sechs Pferden? Ich kann nicht im Chor mitsingen und die Gäule auch nicht.«
Aber im nächsten Augenblick erwies sich Mutter Maria von Gethsemane als Herrin der Lage. In einem Stall mit ein paar Kühen konnten die Pferde Unterkunft finden. Die Männer wurden in das Refektorium gebeten, wo sie an einem langen, schmucklosen Tisch Platz nehmen mußten. Nonnen schwärmten um sie herum wie die Bienen, brachten Essen und Wein und errichteten drei primitive Lagerstätten mit Decken und ein paar Kissen.
»Ihr werdet hier im Refektorium schlafen müssen, fürchte ich«, sagte Mutter Maria. »Selbst das ist natürlich gegen alle Regel, aber jetzt sind Ausnahmezeiten, ich kann euch doch nicht gut im Stall schlafen lassen, obwohl sich einmal Einer damit begnügen mußte, der von edlerer Geburt war als wir alle.«
„Sie sieht ihrer Schwester sehr ähnlich, wenn sie lächelt", dachte Piers. Aber sie hatte sich sehr verändert, seit er sie zuletzt gesehen hatte. Das lag nicht nur an der ernsten, schwarzen Benediktinerinnentracht. Ihr Gesicht war blaß und schmal geworden und ihre Hände wächsern, fast durchsichtig. Er begriff den feinen Sinn ihrer Worte nicht vollständig: die Benediktinerregel verlangte, daß jeder Besucher so empfangen wurde, als wäre er Christus selbst.
Dann kam Theodora mit Adelasia zurück, und alle aßen und tranken. Mutter Maria sah zu und füllte die Becher, sobald sie geleert waren.
Es bedeutete für Robin nichts Neues, am gleichen Tisch zu sitzen und zu essen wie sein Herr – während des Krieges im Heiligen Land war das oft genug vorgekommen. Aber sich von einer Nonne bedienen zu lassen, die eine Gräfin war, berührte ihn doch etwas eigentümlich.
Sobald sie ihr Mahl beendet hatten, sagte Mutter Maria: »Theodora, mein Liebes, du mußt jetzt zu Bett gehen – nein,

nein, keine Widerrede. Ich bin die Ältere und –«– wieder das bezwingende Lächeln – »– und hier unterstehst du meiner Amtsgewalt. Was du besprechen willst, hat Zeit bis morgen früh; dann bist du frisch und ausgeruht. Zeig ihr den Weg zur Zelle, Adelasia.«
Sie wartete, bis die Schritte verklungen waren. Dann wandte sie sich den drei Männern zu. »Im Norden brennen Feuer«, sagte sie ruhig. »Ich konnte sie von unserem kleinen Turm aus sehen. Es sind drei. Roccasicca, Aquin und Monte San Giovanni. Der Kaiser handelt rasch.«
Ruggiero riß die Augen auf. Piers nickte düster.
»Besteht eine Möglichkeit, euch außer Landes zu bringen?« fragte Mutter Maria. »Entweder nach Frankreich oder nach Spanien? Ein Oheim von dir lebt in Barcelona, Ruggiero, nicht?«
»Ja – – Mutter Maria.«
»In Neapel liegt ein Schiff, das am Freitag nach Barcelona fährt«, sagte Piers. »Freitag nacht. Ich hab' mich darnach erkundigt, bevor wir Neapel verließen. Aber wie bringen wir die beiden nach Neapel?«
»Wenn ihr nur nachts reist –«
»Dann kommen wir zu spät. Wir müssen morgen früh fort – so früh wie möglich.«
»Die Straßen nach Neapel sind voller Verkehr – und sowohl Theodora wie Ruggiero sind vielen Leuten bekannt –«
»Und der Kaiser hat überall Spione«, ergänzte Piers. »Ich weiß. Seit wir Roccasicca verlassen haben, überlege ich, wie ich sie unerkannt nach Neapel schaffen könnte.«
Robin hatte seinen dicken gelben Schnurrbart lange genug gekaut. Er räusperte sich. »Nach zwei Nonnen wird sich wohl niemand umsehen«, meinte er unschuldig.
»Was meinst du damit?« fragte Piers.
»Nun – der edle junge Herr ist nicht sehr groß. Er ist jung, und wenn er Frauenkleider trüge, könnt' man ihn leicht für ein Mädchen halten – wenn man nicht zu genau hinsieht«, fügte er hastig hinzu. »Und bei einer Nonne sieht man überhaupt nur ein bißchen Gesicht und die Hände – und auch die nicht oft – –«
»Robin – Prachtjunge« – Piers schüttelte sich vor Lachen.

»Du hast die Lösung gefunden. Bei allen – bitt' um Verzeihung, Mutter Maria. Ja, Robin. Es ist die beste Lösung.«
»Ich weiß wirklich nicht – –« Ruggiero lächelte etwas unsicher. Aber Mutter Maria nickte energisch.
»Ich glaube, Euer Mann hat ganz recht, Sir Piers. Kleider haben wir hier. Und ich kann Euch einen alten Wagen geben. Ihr und Euer Mann setzt euch auf den Bock. Niemand wird ein paar arme Nonnen beargwöhnen, die auf dem Wege nach Neapel sind. Es ist ein ausgezeichneter Gedanke. Die Tracht wird dir auch sehr gut stehen, Ruggiero.«
Der junge Mann errötete. »Freilich – wenn Ihr glaubt – –«
»Es gibt gar keinen Zweifel«, erklärte Piers fest. Irgendwie erfüllte ihn der Gedanke mit einer Art von Genugtuung, er wußte selbst nicht warum.
»Dann ist alles in Ordnung«, sagte Mutter Maria. »Adelasia kann ich hier behalten, bis alles ruhiger geworden ist.« Sie erhob sich und ging zur Tür. »Wenn ihr vernünftig seid, geht auch ihr schlafen«, sagte sie. »Gute Nacht. Gott segne euch.«
»Auch das ist ein guter Rat«, nickte Piers. Er stand auf und machte es sich so bequem wie möglich auf dem primitiven Lager. Es war erheblich besser als das kleine Loch von einer Kabine in der »Santa Maddalena«, in dem er die letzten Wochen zugebracht hatte. Ruggiero und Robin folgten seinem Beispiel. Die Aufregungen und Gefahren der letzten Stunden hatten den jungen Grafen so müde gemacht, daß er einschlief, sobald er sich nur ausgestreckt hatte. Das war ein Glück für ihn; denn sehr bald darauf begann Robin sein allnächtliches Schnarchkonzert. Es war ein förmliches Orchester, von kleinen unheimlichen Pfeiftönen bis zu einem tiefen, hohlen Rollen, ähnlich dem tiefsten Ton einer Posaune.
Piers war daran gewöhnt. Aber heute nacht konnte er nicht einschlafen. Wieder und wieder mußte er seine Gedanken verjagen, wilde, gebieterisch-drängende, häßliche Gedanken, eines christlichen Ritters unwürdig. Unwürdig und sündhaft. Sie war schöner als je. Wie oft hatte er sich vorzureden versucht, daß seine Phantasie ihr Bild zu einer Vollkommenheit gesteigert hätte, die es einfach nicht gab – wenigstens nicht unter Sterblichen –, und nun war dieses Bild zum Nichts erblaßt vor ihr selbst und ihrer leiblichen Schönheit. Der Blick,

den sie ihm geschenkt hatte, als sie den Soldaten entronnen waren – – Narr, das war Dankbarkeit, Dankbarkeit dafür, daß du sie und ihren hübschen Mann gerettet hast. Sie hätte dir denselben Blick geschenkt, wenn du ein buckliger Greis wärst. Nicht für einen Augenblick, nicht mit einem einzigen Wort hatte sie je die Grenzen überschritten; sie war und blieb die Herrin, die er zu seiner Dame erkoren hatte. Sie war rein, rein, rein. Willst du's etwa anders haben, du, mit deinen unheiligen Gedanken; willst du sie von den gleichen Dämonen verfolgt sehen, die dich anfallen? Willst du sie hinunter ziehen, in den Staub und Schmutz und dabei weiter vor ihrem Schrein beten?

Er stand auf. Leise schlüpfte er aus dem Refektorium und ging auf Zehenspitzen den dunklen, hochgewölbten Gang entlang und an der schweren Tür vorbei auf den Klosterhof. Das Mondlicht hatte die Fliesen in gleißendes Silber verwandelt. Die Blumenbeete in der Mitte schienen eine dunkle, formlose Masse. Enge Stufen führten auf die Mauer. Er erstieg sie und blickte um sich. Ja, die Feuer waren noch immer sichtbar, alle drei, die drei feurigen Klauen des kaiserlichen Adlers.

„Gerade noch zur rechten Zeit", dachte er. „O mein Gott, gerade noch zur rechten Zeit." Nun wußte er, daß er sie sicher nach Neapel führen würde. Undenkbar, daß er in der Stunde der Gefahr von Ägypten ankommen durfte, sie zu retten, um dann, in der letzten Minute, das Spiel doch noch zu verlieren.

Ein leises Geräusch. Er fuhr herum.

Mutter Maria sagte: »Ihr seid also doch unvernünftig.«

»Ich konnte nicht einschlafen, Mutter Maria. Aber Ihr selbst?«

»Ich brauche wenig Schlaf. Es brennt noch immer, wie ich sehe. Armes Roccasicca. Mutter hat es so geliebt – viel mehr als Aquin. Auch Theodora hängt sehr daran. Sagt es ihr lieber nicht – es würde sie zu traurig machen, und sie wird es ohnehin nicht leicht haben, das arme Ding. Ich wollte, ich könnte sie hier behalten wie Adelasia. Aber sie muß bei ihrem Mann bleiben, und ihn könnte ich nicht gut hier behalten« – ein leises Lachen – »nicht einmal als Nonne.«

»An ihm ist eine Nonne verlorengegangen«, sagte Piers trocken.
Sie antwortete nicht, aber ihr ruhiger Blick machte ihn verlegen. Nach einer Weile fuhr sie fort. »Mir tut es besonders um Monte San Giovanni leid.«
»Seid Ihr dort geboren?«
»Nein, wir wurden alle auf Roccasicca geboren. Und trotzdem – ich wurde dort geboren – in mein neues Leben.«
»Und macht es Euch glücklich – dieses neue Leben?«
»Erst jetzt weiß ich, was es heißt, glücklich sein. Wenigstens bin ich dem Glück so nahe, wie man es in diesem Leben sein kann. Solange man sich Gott nähert, wenn auch noch so langsam und unbeholfen –«
Sie brach scheu ab.
»Und – Ihr vermißt nichts?«
Diesmal lächelte sie vergnügt. »Ich beneide weder Adelasia um ihre Kleider noch Theodora um ihren Mann«, sagte sie. Dann, plötzlich wieder ganz ernst: »Mein Bruder Thomas hat mich gelehrt, mich nur mit dem höchsten Gut zufrieden zu geben und nach nichts Geringerem zu streben.«
»Mutter Maria«, zwinkerte Piers fröhlich. »Wo ist Eure Demut?«
»Gerade das *ist* Demut«, sagte die Nonne einfach.
Er schüttelte den Kopf. »Das versteh' ich nicht.«
»Überlegt – was bedeutet das, sich nur mit dem höchsten Gut zufrieden zu geben? Mit anderen Worten: Gott zu ersehnen, Gott selbst? Ihr müßt nur zuerst erkennen, daß Ihr auf Euch allein gestellt nichts seid, daß Ihr Ihn braucht, so dringend braucht, daß nichts anderes mehr zählt. Dann, daß Ihr Euch in dieser Not, dieser Armseligkeit nicht zu helfen wißt – daß Ihr auf die Hilfe eines Anderen angewiesen seid, auf Gottes Hilfe; dann, daß Ihr auf diese Hilfe kein Recht habt, nicht das geringste. Ja, schlimmer noch, daß Ihr dieser Hilfe nicht wert seid. Domine, non sum dignus. Und so leert Ihr Euer Selbst, bis nichts mehr übrig ist, keine Begierde, kein Wunsch, keine Hoffnung, außer Ihm allein. Ihr sterbt für die Welt, es ist nichts mehr von Euch da, außer dem, das Ihn erwartet. Ihr seid ein Gefäß, das Er füllen soll. Selbst unser Herr – als Mensch – leerte Sein Selbst auf diese Weise, gehorsam – Er

selbst! – bis zum Tode. Er hatte Demut, und Ihm müssen wir nacheifern. Aber es gibt keine Demut, solange Ihr nicht nach dem höchsten Gut trachtet.«

Nach einer langen Pause sagte Piers still: »Nun kenne ich die Aufgabe einer Nonne.«

»Oder eines Mönches – oder sonst eines guten Dieners Gottes, ob er einem Orden angehört oder nicht.«

Er schüttelte den Kopf. »Wie kann ein Laie diesen Weg gehen? Es würde ihm nie gelingen.«

Sie sagte lächelnd: »Es gibt kein Gelingen – nur Erfüllung.«

„Oder Fehlschlag", dachte er plötzlich bitter. War das der Unterschied zwischen ihnen beiden? War es nur der Unterschied zwischen Mutter Maria und Piers Rudde? Auf alle Fälle schuldete er ihr eine Abbitte.

»Ich hätte nicht sagen sollen, daß an Graf San Severino eine Nonne verlorengegangen ist«, sagte er, ihren Blick vermeidend.

»Es war keine glückliche Bemerkung«, gab sie zu. »Aber solche Bemerkungen machen wir leicht, wenn wir verwundet sind.«

»Verwundet?«

»Mein lieber Sir Piers – – –«

Eine Pause entstand. „Sie weiß es", dachte er, fast verzweifelt. „Sie weiß es. Liest man's mir denn schon an der Stirn ab?"

»Ihr seid ein Mann von Ehre, Sir Piers, und Gott muß Euch sehr zugetan sein. Vielleicht ist Euer Leben selbst die beste Antwort auf Eure Frage, wie es einem Laien gelingen kann, den Weg zu Gott zu finden. Demut verlangt Selbstaufgabe und die Bereitschaft zu dienen. Und ich glaube, Ihr erfüllt beide Forderungen.«

Er lachte bitter. »Nur gut, daß Ihr nicht seht, was in meinem Inneren vorgeht, Mutter Maria. Ich konnte nicht schlafen, weil ich die ganze Zeit – – «

Er brach ab, als sie die wächserne, fast durchsichtige Hand hob.

»Sir Piers – Ihr habt unter König Ludwig gedient, den alle Welt bereits zu seinen Lebzeiten einen Heiligen nennt. Stellt Euch vor, wir wären beide seine Unterführer. Mir gibt er die

Festung von Melun. Sie liegt nicht weit von der Hauptstadt entfernt. Es herrscht Frieden, und ich befehlige und verwalte seine Festung mit allem Eifer. Euch aber überträgt er eine seiner Festen im Heiligen Land, und Ihr müßt jeden Tag die Angriffe von Arabern und Sarazenen abwehren. Ihr seid verwundet. Die Lebensmittel sind knapp. Es gibt kaum genug Wasser, um Euren Durst zu löschen – und doch haltet Ihr aus. Wir tun beide unsere Pflicht, aber wer hat das größere Verdienst?«

Nun glänzte es wieder in seinen Augen. »Mutter Maria – Mutter des guten Rates – – Ihr habt ein Recht auf den Namen.«

»Ich bin Mutter Maria von Gethsemane«, erwiderte sie ernst. »Und soviel ich auch gebetet habe, der Kelch wird nicht an mir vorübergehen.«

»Aber – Ihr sagtet doch, Ihr seid glücklich!«

»In meinem neuen Leben, ja. Besonders weil es nicht mehr sehr lange dauern wird.«

»Mutter Maria – was meint Ihr nur?«

»Der Arzt sagt, ich würde nicht mehr lange leben.«

Piers sog scharf den Atem ein. »Er kann sich irren.«

Ein gutmütiges Lächeln dankte ihm für die wohlgemeinten Worte des Trostes.

»Versprecht mir, daß Ihr Theodora nichts davon sagen werdet – sie wenigstens soll in diesem Leben so glücklich sein wie möglich.«

»Dafür gäbe ich mein Leben.«

»Das glaube ich Euch«, sagte Mutter Maria. »Ihr versprecht es also?«

»Ja.«

»Später wird sie natürlich davon hören und vielleicht noch vorher – von Rainald und Landulf.« Das schmale kleine Gesicht war starr vor Schmerz. »*Das* ist der Kelch« flüsterte sie.

»Ich gehe gern – aber sie – an die Bestie ausgeliefert, im Gefängnis, lediglich um den zehnfachen Martertod zu erwarten – o Gott, sei uns gnädig.«

»Wenn sie noch nicht tot sind, könnte man etwas tun«, sagte Piers mit solcher Heftigkeit, daß sie ihn kopfschüttelnd ansah.

»Unmöglich! Sie sind im Hauptgefängnis von Verona.«

»Gleichviel wo sie sind«, knurrte Piers.

Aber sie seufzte nur. »Ich fürchte, sie sind jenseits aller menschlichen Hilfe. Und die Menschen leiden zu sehen, leiden zu wissen, die mir am nächsten stehen: das ist mein Kelch. Und in noch stärkerem Maße: Thomas' Kelch.«
»Thomas – – ich habe oft an ihn denken müssen.«
»Das geschieht jedem, der ihn kennt.«
»Aber warum – – warum leidet er noch mehr als Ihr?«
»Er hat mehr Liebe. Und Liebe ist das Maß echten Leidens. Zudem – er weiß von meiner Krankheit.«
»Ihr habt ihm geschrieben?«
»Nein. Aber er weiß es.«
In dem Schweigen, das folgte, konnte Piers sein eigenes Herz schlagen hören. Schließlich sagte die Nonne: »Und ich weiß, was er zu allem antwortet, was wir beide miteinander besprochen haben.«
»Was antwortet er?«
»Mittler zwischen Gott und Seele ist das Kreuz.«

*

Früh nachmittags, am Freitag, rumpelte ein mit zwei Maultieren bespannter Wagen durch die Straßen von Neapel dem Hafen zu. Er hielt erst, als er den Quai erreicht hatte, an dem die »Conchita« ihre Abfahrtsstunde erwartete, ein ziemlich großes Schiff, schwerfällig gebaut und sehr schmutzig.
Der Kutscher und sein Begleiter sprangen vom Bock. Aber als die beiden jungen Nonnen auch aussteigen wollten, hob der Kutscher die Hand: »Wartet noch ein Weilchen, liebe Mütter, laßt mich erst zum Kapitän gehen und das Geschäftliche für euch regeln. Nonnen werden dabei zu leicht betrogen, wenn der Kapitän kein guter Christ ist.« Gehorsam blieben sie sitzen. »Halt die Augen offen, Robin«, flüsterte der Kutscher und schritt auf das Schiff zu. Es dauerte fast eine halbe Stunde, bis er zurückkehrte.
»Alles ist in bester Ordnung«, sagte er und händigte der größeren der beiden Nonnen einen kleinen Lederbeutel aus. »Hier ist der Rest des Geldes, Mutter Beatrice. Nun hört zu: der Kapitän wollte euch zuerst nicht mitnehmen, er mochte keine Frauen an Bord und schien sich auch nicht viel aus Nonnen zu machen. Also sagte ich: „Macht Euch keine Sor-

ge, Ihr bekommt Euer Geld in guten echten Goldstücken."
Das überwand sein Vorurteil gegen Frauen; aber nun wollte er wissen, wieso arme Nönnlein in Gold bezahlen könnten. Also sagte ich ihm, daß Ihr aus guter Familie stammt, daß Euer Onkel ein Grande von Aragon sei – und wenn er Euch nicht heil und sicher in Barcelona absetzte, würde er erfahren, wie lang Don Pedro d'Alcantaras Arm ist. Gut, daß Ihr mir den Namen Eures Oheims genannt habt, Mutter Beatrice! Er wirkte wie ein Zauberwort.«
»Ihr seid der größte, beste, liebste Freund, den ich je gehabt habe«, sagte die kleinere Nonne.
Die größere stammelte: »Soll das bedeuten, daß ich die ganze Reise über so verkleidet bleiben muß?«
»Bis Ihr das Haus Eures Oheims betretet«, nickte Piers. »Nur so seid Ihr sicher. An Bord eines Schiffes gibt es immer rauhe, rohe Menschen, und Ihr habt keinerlei Schutz, Ihr und Mutter Lucia, als euer Nonnengewand und die Furcht des Kapitäns vor euerm edlen Onkel.«
Die größere Nonne seufzte tief auf. Aber Mutter Lucia sagte entsetzt: »Ja, kommt Ihr denn nicht mit uns? O Piers, Piers, kommt mit uns!«
Aller Spott war aus seinem Ton geschwunden, als er flüsterte: »Es kann nicht sein, Herrin. Es darf nicht sein. Gott segne Euch! Nun müßt Ihr an Bord gehen – nehmt Euer Bündel – hier ist das Eure, Mutter Beatrice.«
Er half ihnen beim Aussteigen und flüsterte ihnen dabei noch seine letzten Ratschläge zu. »Laßt niemand wissen, daß ihr Gold und Juwelen bei euch tragt. Befestigt eine Decke an eurer Kabinentür, so daß ihr sicher seid, daß euch niemand durch einen Spalt im Holz beobachten kann. Ein Seemann namens Miguel ist an Bord – ein großer, dunkler Bursche –, dem hab' ich ein Goldstück gegeben, damit er auf euch achtgibt. Hab' ihm auch gesagt, daß Don Pedro ihm die Haut abziehen läßt, wenn euch etwas geschieht. Aber er sah mir verläßlich aus. Vorsichtig, fallt nicht, und vergeßt nicht, daß ihr Schwestern seid, ihr beide.«
»Piers, Piers – – –«
»Gott sei mit Euch, liebste Frau.«
Er wandte sich ab und schritt zum Wagen zurück. Robin

hatte bereits wieder den Bock bestiegen. Piers setzte sich neben ihn, ergriff die Zügel und wendete so rasch, daß ein halbes Dutzend Leute nach allen Seiten auseinander springen mußten. Ihre Flüche folgten ihm den ganzen Quai entlang. Noch immer in Sicht der »Conchita« hielt Piers an. Es dauerte noch zwei Stunden, bevor das Schiff in See stach, und die ganze Zeit über saßen sie schweigend auf dem Wagen und warteten. Aber es kamen keine Soldaten.
Endlich begann sich die »Conchita« zu bewegen. Sie wurde kleiner und kleiner.
»Fort jetzt«, sagte Piers heiser.
»Freilich«, nickte Robin. »Aber wohin?«
»Du fragst wie die Nonne Ruggiero. Nach Verona natürlich.«
»Nach Verona? Wozu nur, Herr?«
»Um dem Gefängnis dort einen Besuch abzustatten.«
Als der Wagen wieder durch die Straßen von Neapel rumpelte, kaute Robin nachdenklich das Ende seines Schnurrbartes. Toll! Vollständig toll! Das einzig Gute dabei war, daß Verona auf dem Wege nach England lag.

XIII

DER KURIER mit der Geheimpost erreichte den Kaiser und sein Gefolge auf dem Ritt nach Süden.
»Du kannst bei uns bleiben«, sagte Friedrich. »Nimm seine Tasche, Manfred, und lies mir die Briefe vor. Zehn Goldstücke für den Kurier, wenn die Nachrichten schlecht sind; dreißig, wenn sie gut sind. Lies, Manfred – nein, gib mir einfach den Inhalt jedes Briefes kurz bekannt.«
»Vom Grafen von Caserta«, sagte Manfred. »Der päpstliche Legat Peter Capoccio hat versucht, Sizilien zu besetzen. Sein Angriff wurde abgeschlagen. Er verlor zweitausend Mann. Zwei seiner Neffen sind gefangen.«
Friedrich nickte; die starren Augen glänzten seltsam in dem blassen, schönen Gesicht. »Eine Hoffnung weniger, Heiliger Vater. Weiter, Manfred.«
»Konrad kommt«, sagte der Junge stirnrunzelnd. Die Söhne des Kaisers, alle von verschiedenen Müttern, liebten sich we-

nig. Manfred war nun achtzehn und Konrad sechsundzwanzig. Konrad hatte den Königstitel – König Konrad IV. – und blickte seitdem noch mehr als gewöhnlich auf seine Brüder herab.

»Er hat den rheinischen Feldzug beendet«, fuhr der Junge mürrisch fort, »und mit den Erzbischöfen am Rhein einen Waffenstillstand abgeschlossen.«

»Wieder gut«, nickte Friedrich. »Wenn Konrad einen Waffenstillstand abschließt, zieht er den Bischöfen das Fell über die Ohren. Der ist ein Schlauer! Weiter!«

»Avignon und Arles haben dem Kaiser neu gehuldigt«, sagte Manfred. »Und glaubwürdige Gerüchte besagen, daß der Papst den englischen König um Asyl in Bordeaux gebeten hat.«

»Das ist die beste Nachricht von allen! Fünfzig Goldstücke für den Kurier! Junge, weißt du, was das bedeutet? Nun, beinahe das Ende meines Kampfes gegen den Papst! Bordeaux! Dann bleibt ihm nur noch England und dann der Ozean. Zu den Fischen mit dem Nachfolger des Fischers! Nicht einmal der fromme Franzose kann das jetzt verhindern – der braucht ohnehin Jahre, bis er sich von der Tracht Prügel erholt hat, die ihm meine moslemitischen Freunde verabreichten. Das ist der Moment, Manfred, nun hab' ich ihn, wo ich ihn haben wollte. Der Rest ist kinderleicht. Berard – wo ist Berard?«

»Hier bin ich, mein Kaiser.« Der Erzbischof von Palermo hatte seine Diözese schon seit Jahren nicht mehr gesehen, seitdem er zusammen mit seinem kaiserlichen Herrn exkommuniziert worden war. Mit wahrer Hundetreue folgte er Friedrich überallhin nach. Nun war er ein sehr alter Mann geworden, der fast stets in einer Sänfte getragen werden mußte.

»Berard – schick den Brief ab, den wir neulich vorbereitet haben – den Brief an Herzog Albrecht von Sachsen. Wenn die sächsischen Maler nicht die schlimmsten Schmeichler der Welt sind, muß seine Tochter sehr hübsch sein.«

»Du wirst doch nicht schon wieder heiraten wollen, Vater?« fragte Manfred unwillig. »Diesen Monat wirst du sechsundfünfzig. Hast du immer noch nicht genug? Willst du noch mehr Söhne zeugen?«

Friedrich hielt sein Pferd an. »Du bist Prinz von Taranto und

Vikar von Italien«, sagte er scharf. »Worüber hast du dich zu beschweren – mit achtzehn Jahren? Ich leg' mir so viele Weiber zu, wie's mir paßt. Halt deinen Mund. Ich lasse mir diesen Tag von niemand verderben. Geh mir aus den Augen!«
Sehr blaß und sehr zornig wandte der junge Manfred sein Pferd und ritt zurück, sich der glänzenden Kavalkade anzuschließen, die dem Kaiser auf fünfzig Schritt Entfernung folgte.
»Der junge Teufel«, sagte Friedrich mit bitterem Lächeln. »Ich weiß, was er will – und was Konrad will. Was sie alle wollen. Sie gleichen einander sehr, meine lieben Söhne.« Er atmete schwer, sein Gesicht war gerötet. Plötzlich lenkte er sein Pferd an die Straßenseite, hielt an und erbrach sich. Ein würgender Krampf nach dem anderen schüttelte den mächtigen Leib. Und Friedrich sank im Sattel zusammen.
Nach einem kurzen Augenblick der Bestürzung erhob sich der Ruf »Arzt! Arzt!«, und Johann von Procida ritt eilig auf seinen Herrn zu, ein noch ziemlich junger Mann von großem Rufe. Brandrotes Haar quoll unter seiner schwarzen Samtkappe hervor. Er hatte das Gesicht eines hochgebildeten Affen. Nun half er dem Kaiser absteigen – niemand hatte in der ersten Verwirrung daran gedacht –, jedoch an der Art, wie er ihn dann stützen mußte, erkannten sie, daß es sich nicht um eine gewöhnliche Übelkeit handeln konnte. Das Erbrechen hatte ihm keine Erleichterung gebracht.
»Zwei Mann, unseren Herrn zu stützen«, rief der Arzt. Alles stürzte auf ihn zu. »Eine Sänfte«, befahl er.
»Die einzige Sänfte, die wir haben, trägt den Erzbischof.« Johannes von Procida stampfte mit dem Fuß. »Eine Sänfte, sag' ich, von Reiten ist keine Rede mehr. Laßt den alten Weihrauchschwinger aussteigen!«
Ritter und Höfling sahen sich an. An Friedrichs Hof durfte man einen Erzbischof beschimpfen, wie man wollte; Berard aber war ein persönlicher Freund des Kaisers.
»Holt ihn heraus!« schrie Johannes von Procida. »Ich brauche die Sänfte für meinen Herrn, ich bestehe darauf. Laßt den alten Aberglaubenverkäufer zu Fuß gehen!«
Der Kaiser selbst war nicht völlig bei Bewußtsein. Aber als Manfred mit allen Zeichen der Besorgnis zu ihm heranritt,

wandte er sein Gesicht ab, und Manfred zog sich wieder zurück.
Der alte Erzbischof war aus seiner Sänfte gestiegen. Er hatte die Worte des Arztes nicht gehört, und wenn er sie gehört hätte, würden sie ihn nicht sehr gestört haben. Er kannte Johannes von Procida und seine Ansichten. Ahnungslos trat er heran, bot Friedrich seine Sänfte an – und erschrak, als er das Gesicht des Kaisers sah. Es war gelblich, und die Augen schienen tief eingesunken. Er schien große Schmerzen zu haben und lehnte sich schwer an einen seiner Ritter. Sie mußten ihn zur Sänfte fast tragen, hoben ihn hinein und deckten ihn mit der Decke des Erzbischofs zu.
»Wer hat jetzt den Befehl?« brüllte Johannes von Procida. »Wer's auch ist, die Reise ist zu Ende! Wo kann ich für meinen Herrn ein anständiges Obdach finden?«
Aber es erwies sich, daß die nächste Stadt über zwei Reitstunden weit entfernt lag, und der Arzt schüttelte energisch den Kopf: »Das kommt nicht in Frage. Was ist das dort oben?«
Dort oben stand eine kleine Burg, deren Zinnen weiß über das Blaugrün der Olivenbüsche hinausragten. Niemand kannte sie oder wußte, wem sie gehörte.
»Was das auch sein mag und wem es auch gehört – dahin gehen wir«, sagte der energische Arzt. »Auf mit der Sänfte!«
»Ihr tut sehr befehlshaberisch, Messer Quacksalber«, sagte Graf Pietro Ruffo, der kaiserliche Stallmeister. »Meine Instruktionen – –«
»Euer Diener, edler Graf, zu jeder anderen Zeit«, unterbrach ihn Johannes von Procida, »es ist etwas geschehen, seitdem Ihr Eure Instruktionen erhalten habt. Ich bin für das Leben des Kaisers verantwortlich, und es ist in Gefahr. Ich wäre Euch dankbar und mein Herr sicherlich auch, wenn Ihr dafür sorgen würdet, daß wir auf der Burg raschestens Obdach finden.«
Das war so klar und klang so vernünftig, daß Ruffo sich darauf beschränkte, die Achseln zu zucken und einem Dutzend Rittern zu befehlen, zur Burg hinauf zu reiten und dafür zu sorgen, daß alles Nötige für die Ankunft des kaiserlichen Patienten vorbereitet wurde.
Sie jagten davon, der Rest der Kavalkade folgte langsamer

nach. Natürlich war es völlig unmöglich, auf einer so kleinen Burg Quartier für zwölfhundert Personen und sechshundert Pferde zu finden. Etwas später versuchte Ruffo ausfindig zu machen, wie lange es wohl dauern könnte, bis der Kaiser sich für die Weiterreise hinreichend erholt haben würde. Als Antwort zuckte der Arzt mit den Achseln. Also dann, wann durfte man mit dem Kaiser sprechen und ihn um Weisungen bitten? Wieder ein Achselzucken. Vielleicht heute abend. Oder morgen. Ruffo gab die magere Auskunft an die anderen Edlen weiter, und es wurde beschlossen, ein Feldlager da zu errichten, wo sie gerade standen, und auf des Kaisers Befehle zu warten.
Drei der vorausgesandten Ritter kamen zurück mit der Nachricht, daß Graf Torrani, der Herr der Burg, sich mit seiner ganzen Familie in Rom befinde und die Dienerschaft bereits die Räume für den erhabenen Patienten vorbereite.
Eine Stunde später lag der Kaiser im Bett. Er drehte sich ruhelos von einer Seite zur anderen. »Procida – – –«
»Mein Kaiser?«
»Hat man mich vergiftet, Procida?«
»Nein, Herr. Es sei denn, daß Ihr etwas gegessen habt, als ich nicht dabei war; doch das glaub' ich kaum. Ich habe alles gekostet, was Ihr zu essen und zu trinken bekamt.«
»Was – – ist es – – dann?«
»Ich weiß es noch nicht.«
»Mein Bauch brennt wie Feuer – und mein Kopf.«
»Dies wird Euch Schlaf bringen, Herr. Trinkt!«
Friedrich schluckte den Mohnsaft und schnitt dabei eine Grimasse.
Keine Schwellungen und keine entzündete Stelle... Aber er hatte wieder in den Sümpfen gejagt, einen Tag nach dem andern, und die Sümpfe waren gefährlich, die Brutstätte aller Arten von Fieber. Der Puls ging schnell und unregelmäßig. Johannes von Procida entschloß sich, beim Kaiser im Zimmer zu bleiben und niemand anderen hereinzulassen.
Nach etwa einer halben Stunde fiel Friedrich in Schlaf. Der Arzt saß vor dem Bett und beobachtete den Kranken. Der hehrste, herrlichste Geist auf Erden war ihm anvertraut. Schon als Knabe hatte er den Kaiser bewundert, wenn er

hörte, wie die Leute ihn für seine unglaublichen Taten segneten oder verfluchten. Seine schlimmsten Feinde hatten zugeben müssen, daß er unendlich klug sei. Intelligenz jedoch war es, was Johannes von Procida schon als Knabe am meisten bewundert hatte. Sehr bald fand er in der Folge heraus, daß sein Idol alle Priester haßte und verachtete und daß Friedrich nicht an die religiösen Dogmen glaubte, die Pater Filippo in der Schule lehrte. Pater Filippo und die anderen Patres hatten stets saure Gesichter gemacht, wenn er den Kaiser erwähnte. Aber auf seine eifrigen Fragen erteilten sie nur selten eine bessere Antwort als: »Das mußt du einfach glauben, wenn du ein guter Christ sein willst.« Du mußt – du mußt! Warum? Wenn all diese Dinge der Wahrheit entsprachen, warum wurden sie einem nicht erklärt? Und wenn sie nicht wahr waren, warum mußte man sie dann glauben? Der kleine Rotkopf wurde ein regelrechter Rebell auf der Schule, vor seinen Kameraden stellte man ihn als warnendes Beispiel hin, die ihn dafür natürlich geradezu vergötterten. Auf der Universität von Neapel und später in Toledo verlor er die letzten Reste seines Glaubens. Religion wurde ihm Aberglaube. Vernunft und Glaube mußten sich gegenseitig ausschließen. Ja, die Intelligenz eines Mannes stand in genauem Verhältnis dazu, wie wenig er glaubte.
Als er zum Leibarzt des Kaisers berufen wurde, war er strahlend glücklich. Er hatte die jungenhafte Bewunderung für den glänzendsten Geist des Jahrhunderts nie verloren, und selbst aus nächster Nähe enttäuschte ihn sein Idol nicht. Die geistreiche Schlagfertigkeit des Kaisers, seine ironischen Bemerkungen über die Narren in Chorrock und Stola, die kühne und listige Art, wie er mit ihnen umsprang, entzückten den jungen Arzt ebensosehr wie das geradezu phänomenale Wissen seines Herrn.
Der Kaiser schlief bis spät in den Morgen hinein und erwachte dann unter erneuten Schmerzen. Das Fieber war höher als zuvor, die Haut trocken und sehr heiß, die Augen erschienen verglast. Johannes von Procida ließ den Prinzen von Taranto und die anderen Edlen benachrichtigen, der Kaiser sei schwer erkrankt, und es würden mehrere Wochen vergehen, bis er sich erholt hätte.

Das Erbrechen wiederholte sich. Aber das Herz hielt noch unvermindert stand.
Der Arzt arbeitete wie ein Besessener. Umschläge mußten gemacht und alle zehn Minuten erneuert werden. Er holte sich zwei junge Weiber aus der Dienerschaft Graf Torranis für diese Arbeit und begab sich in das Nebenzimmer, das er in einen förmlichen Alchimistenturm verwandelte. Es gelang ihm, den Kaiser auch in der nächsten Nacht wieder zum Schlafen zu bringen, und bei Sonnenaufgang war das Fieber etwas gesunken.
Johannes von Procida entschied, daß er sich nun auch selbst ein paar Stunden Schlaf gönnen könnte. Kaum aber war er zu Bett gegangen, als ein furchtbarer, rauher Aufschrei ertönte. Er sprang auf und rannte in das Zimmer des Kaisers. Friedrich saß aufrecht im Bett, die Augen quollen ihm fast aus den Höhlen, sein Mund war verzerrt.
»Procida – Procida – – laß mich von hier fort bringen.«
»Beruhigt Euch, Herr, ich bitte Euch, beruhigt Euch. Was ist dann?«
»Weg von hier – – weg – – weg – –«
»Nein, nein, Herr, noch nicht. Ihr habt noch zu hohes Fieber, als daß Ihr reisen könntet. Warum denn auch nur? Mangelt es Euch hier an etwas, was – –«
»Narr! Armer Narr! Ach so – du weißt es ja nicht. Ein Betrüger ist das Schicksal – ein hinterlistiger Betrüger – –« Er begann zu lachen, ein heiseres, verzweifeltes Lachen, das nicht enden wollte.
»Was ist geschehen?« fragte der Arzt im Flüsterton. Die beiden jungen Dienerinnen waren so verängstigt, daß er seine Frage mehrmals wiederholen mußte, bis eine von ihnen in weinerlichem Tone antwortete: »Nichts, Herr, nichts, gar nichts. Er – der Kaiser fragte uns nach dem Namen der Burg, und ich nannte ihm den Namen. Da fing er an zu schreien – –«
Friedrichs schreckliches Gelächter dauerte noch immer an. Es endete in einem langgezogenen Stöhnen. »Ich sterbe – – ich sterbe – – –«
»Nein, Herr, nein«, protestierte Johannes von Procida. »Ich habe diese Art Fieber oft gesehen und behandelt. Ihr werdet nicht sterben – noch lange nicht.«

»*Sub flore*«, flüsterte Friedrich. »Michel Scotus hatte recht – *sub flore*. Ich sterbe *sub flore*. Weißt du, wie diese Burg heißt, Procida, weißt du es? Castello Fiorentino, hahahaha – Castello Fiorentino – – – –«
Ein Krampf ging durch seinen Leib, und er preßte beide Hände gegen den Magen. »All mein Lebtag – – hab' ich Florenz gemieden – bin nie – – hingegangen – – nie – Blumen über dem Kopf – – geduldet – – und sie bringen mich nach dem Castello – – Fiorentino – – –«
»Das glaubt Ihr doch nicht«, rief der Arzt entsetzt aus. »Das könnt Ihr nicht glauben, mein Kaiser – nicht Ihr!«
»Ich sterbe«, sagte Friedrich. »Ruf sie – herein – alle.« Er begann wieder zu erbrechen. Diesmal war es sehr schmerzhaft, da er in den letzten sechsunddreißig Stunden nichts gegessen hatte. Sobald er etwas Erleichterung gefunden hatte, wiederholte er seinen Befehl, und Procida mußte gehorchen. Einige Minuten später kamen sie herein, zu Tode erschrocken und tief erschüttert beim Anblick des Mannes, der noch gestern geradezu das Symbol der Kraft und Selbstsicherheit gewesen war.
Er begann eine Anzahl von Staatsdokumenten zu diktieren. Zum Erstaunen des Arztes schien sein Geist völlig klar und sein Denken präzis und folgerichtig.
Wie konnte er dann aber an eine so unsinnige Prophezeiung glauben?
Procida wußte natürlich, daß sich Astrologen und Okkultisten in der Umgebung des Kaisers befanden – aber da gab es ja auch sarazenische Tanzmädchen, wilde Tiere und Hofnarren; Friedrich liebte es nun einmal, mit jeder Art und Form des Lebens zu spielen, ohne irgendeiner von ihnen übertriebene Beachtung zu schenken.
Er war natürlich schwer krank, und es war durchaus möglich, daß er sterben mußte. Aber diese unlogische, unwissenschaftliche Idee, daß er sterben mußte, weil der Name dieser verdammten Burg die Prophezeiung seines Sterngluckers wahr zu machen schien, lähmte seine Willenskraft und damit die stärkste Hilfe für seine Genesung.
Aberglauben, Aberglauben – – nicht einmal der glänzendste Geist der Welt war frei davon. Oder – – sollte es wirklich

möglich sein, daß man einen Blick in die Zukunft werfen konnte? Daß es eine Art von Gedächtnis nach *vorwärts* gab, statt nur zurück? In Toledo befanden sich kluge Köpfe, die das für möglich hielten und damit experimentierten. Es ging leichter, sich das vorzustellen, als zu glauben, daß der Geist des großen Friedrich sich auf den gleichen Bahnen bewegte wie der Geist alter Weiber beiderlei Geschlechts. Vielleicht lag es einfach daran, daß der Kaiser mehr *wußte* – nicht, daß er an etwas *glaubte*. Selbst dann: dieses Wissen war schädlich, es verringerte seine Widerstandskraft. Aber – konnte Wissen wirklich schädlich sein? So lautete ja ein häufiges Argument der Aberglaubenverkäufer – sie schwatzten von einem Baum der Erkenntnis, dessen Frucht den Tod bringe. Aber die schwatzten eben, was sie wollten, wenn sie damit nur das Volk verdummen und beherrschen konnten.

Dokument nach Dokument wurde diktiert, geschrieben, unterzeichnet und versiegelt. Ehren, Titel und Machtstellungen wurden verliehen.

Procida verstand nicht viel von solchen Dingen, aber doch genug, um zu wissen, daß in diesem kleinen Raum ganz Italien in Machtsphären aufgeteilt wurde – jede unter einem anderen Sohn des Kaisers. Italien wurde das Familieneigentum der Hohenstaufen. Andere Briefe waren für die deutschen Fürsten, den König von Frankreich, den Herzog von Burgund, König Heinrich III. von England, den Emir von Tunis bestimmt. Stunde um Stunde ging es so weiter.

Friedrichs Stimme war jetzt schwach und heiser; manchmal sank sie zum Flüsterton ab. Aber seine Gedanken waren klar, und seine Hände schienen kühler, als hätte der nahende Tod das Fieber fortgeschreckt.

Schließlich – inmitten eines Briefes nach Spanien – schlief Friedrich ein. Einige der Edlen brachen in Tränen aus, sie hielten ihn für tot. Aber Procida schüttelte den Kopf und bat sie, das Zimmer zu verlassen. Sie gehorchten, stumm, hilflos, wie erschrockene Kinder.

Eine halbe Stunde später begann Friedrich unzusammenhängende Worte zu murmeln. Von Zeit zu Zeit lachte er kurz auf, oder er stöhnte. Das Fieber war in voller Kraft zurückgekehrt.

Einmal setzte er sich auf, ganz ohne Hilfe, und sagte mit klarer, metallischer Stimme: »Ich bin gekommen, das Gesetz zu erfüllen.«
Dann sank er zurück und murmelte wieder vor sich hin.

*

Nach vier Tagen rastlosen Kampfes wußte Procida, daß es keine Hoffnung mehr gab. Die Symptome waren klar: die Haut war feucht und klebrig geworden; das Gesicht hatte eine bläuliche Färbung angenommen; das Atmen fiel dem Kranken schwer, und nun begann das Herz auch zu versagen.
Friedrich blickte ihn an. Er war bei vollem Bewußtsein, und das Gespenst eines Lächelns lag um seine Mundwinkel. »Die Wahrheit, Procida – – hörst du? Die – Wahrheit. Wie – – viele – Stunden – habe ich – – noch?«
Die Zeit der Vorsicht war vorüber. Und man konnte diese Augen nicht betrügen.
»Nicht mehr viele, Herr.«
Friedrich nickte fast unmerklich. »Berard –«, sagte er. »Rufe mir – Berard.«
Mürrisch schickte der Arzt eines der Weiber ab, den alten Mann zu holen.
Aber als Erzbischof Berard mit einem zugedeckten Kelch in der Hand eintrat, gefolgt von zwei Akolyten, die einen Tisch mit Öl und Wasserkrüglein und zwei brennenden Kerzen trugen, sprang Procida auf die Füße und protestierte zornig, wenn auch mit unterdrückter Stimme.
»Still, Procida«, sagte Friedrich. »Deine Arbeit – ist beendet – die seine beginnt.«
Johannes von Procida starrte ihn entsetzt an. »Mein Kaiser – Ihr werdet doch nicht – ihr wollt doch nicht zulassen, daß er – – – Ihr könnt doch daran nicht glauben, nicht *daran*. Euer ganzes Leben lang habt Ihr doch – –«
Die starren Augen blickten ihn an und zwangen ihn zum Schweigen.
»Junger Mann«, sagte Friedrich, »nicht du bist es, der hier stirbt.«
Procida fiel auf die Knie. »Mein Kaiser, o mein großer Kai-

ser – ich hab' Euch immer geliebt und verehrt. Ihr wart das Symbol des Höchsten, das ich kannte – des Menschengeistes. Ihr wart der Gipfel der Aufklärung, kettenlos und frei! Ihr habt allen Lug und Trug des Aberglaubens durchschaut. Ihr wart der Kaiser des Geistes, des starken, mutigen Geistes. Laßt nicht von Euch sagen, daß Ihr in der Stunde, in der Ihr am Kreuzweg von Leben und Tod standet, den Phantastereien des sogenannten Glaubens erlegen seid – daß der größte Realist von uns allen den ärmlichen Trost der Illusion brauchte – – –« Er schluchzte jetzt.
»Mein armer Narr«, sagte Friedrich freundlich. »Das Höchste, was ein Mensch kennt – das – – nennen wir Gott. Ich war also dein Gott – – und nun – liegt dein Gott – im Sterben. Das ist – freilich ein grimmig und traurig Ding – – wenn Gott stirbt. Du hast recht – – ich stehe – – am *Kreuz*weg.« Er holte tief und schmerzlich Atem. »Arzt bist du«, sagte er fast flüsternd, »und weißt doch nicht – was Sterben – heißt. Es ist nicht – Furcht – es ist – der Anbeginn – – des Sehens. Sehen – ohne – – Illusionen. Glücklich – der Mann – – der's ertragen kann – – wenn es – so einen Mann gibt.« Wieder ein tiefer Atemzug. »Geh jetzt – guter – – Narr – – –«
Weinend floh Procida aus dem Raum, in dem sein Abgott vom Thron gefallen war.
Die starren Augen blickten auf den Erzbischof.
»Berard, alter Freund – deine Treue – – hat dir – – die Exkommunikation eingebracht. Sag mir – kannst du noch immer – gültig – – die Beichte hören und – – Absolution – – erteilen?«
»Ja – wenn es drängt und kein anderer Priester zugegen ist«, sagte der alte Mann mit zitternder Stimme. »Und diese Stunde wiegt alle Schmerzen auf. Ich kann Eure Beichte hören – und Euch das Viaticum geben. Die Priesterweihe bleibt immer gültig – wie sehr er auch gesündigt haben mag.«
Friedrich nickte. »Gut – – gut. Schick diese Kinder weg.«
Die Akolyten gingen schweigend hinaus.
»Wie lange bin ich hier, Berard?«
»Fünf Tage, mein Kaiser.«
»Fünf Jahre – – fünfzig Jahre«, sagte Friedrich. »Glaub's oder nicht: ich habe – – mein ganzes Leben – noch einmal

gelebt. Alles, was ich – tat und dachte – und sagte – – es gibt einem – – den Vorgeschmack der Ewigkeit. Und weißt du was? – – ich habe nur eine einzige Sünde – – begangen. Ich wollte wie Gott sein.«

Berard nickte. »Es gibt nur diese eine Sünde, mein Sohn. Keine andere. Adams Sünde. Das Gesetz in die eigenen Hände nehmen – selbst das Gesetz sein wollen. Zu sein wie Gott. Die Sünde unserer Vorfahren – und unsere eigene. Du bist Adam – – ich bin Adam.«

»Ich wollte – wie Gott sein«, flüsterte Friedrich. »Schon als Knabe, als ich arm war – und um mein Essen betteln mußte, in Palermo – schon damals – wollte ich Gott sein, mächtig – – allmächtig. Und als *er* mir zu Hilfe kam, der schreckliche alte Mann – –«

»Innozenz III. –«

»– – da haßte ich ihn dafür. Ich wollte ihm nichts – schuldig bleiben. Niemandem – – außer – mir selbst. Von Anfang an haßte ich ihn und alles – was er vorstellte. Er – und seine Nachfolger – – waren eins. Wie sonst – – konnte ich der Kaiser sein – – wenn ich nicht selbst – – die Macht war. Und immer – immer gab es einen alten Mann in Rom – – der hielt mir ein Gesetz vor Augen – und es war nicht *mein* Gesetz. Einer von uns – – mußte weichen. Aber er war – zäh, und als er starb – – kam ein anderer, so zäh wie – der erste – fünf Tage! Vor fünf Tagen erst dachte ich – – ich hab' ihn doch gewonnen, meinen Kampf. Und nun – sieh mich an – ich liege – – in meinem eigenen Kot – – wie der, als den – – – sie mich – – bezeichneten – – – – Herodes – – –«

Der Erzbischof hob den Kopf. Die Tränen liefen ihm über die Wangen. Ein Berg menschlichen Stolzes zerbröckelte vor ihm zu Staub und Schutt.

»Nicht wie Herodes«, sagte Berard sanft, »denn du bereust.«

*

Eine Stunde vor Sonnenuntergang gab der Kaiser den Geist auf.

Bald darauf erzählte man sich im ganzen Reich eine seltsame Geschichte: sie hatte ihren Ursprung in Sizilien. Ein Franziskanermönch sah den Kaiser an der Spitze einer Kavalkade von Rittern quer über den Himmel reiten und im feurigen Krater des Ätna verschwinden. Es war genau eine Stunde vor Sonnenuntergang, am Tag, an dem der Kaiser starb. Viele Leute glaubten die Geschichte, und viele glaubten sie nicht.

*

Zwei Tage später kam König Konrad auf Castello Fiorentino an, ein schlanker, braunhaariger junger Mann in goldener Rüstung. Er hatte blaßblaue, durchdringende Augen, einen festen, dünnlippigen Mund und ein vorspringendes Kinn. Er war kerngesund. Sein Gefolge war sehr zahlreich.
Schon nach einer halben Stunde hatte er fast alle Befehle des jungen Prinzen Manfred widerrufen. So ziemlich das einzige, was er guthieß, war, daß der Leichnam seines Vaters nach Palermo übergeführt werden sollte, wo ein prachtvoller Sarkophag aus rotem Porphyr – Friedrichs eigene Wahl – den Toten erwartete. Dann begann der junge König die Dokumente zu studieren, die der Kaiser in den letzten Tagen unterzeichnet hatte.
»Was ist das?« fragte er stirnrunzelnd. »Die Kirche soll all ihr Gut zurückbekommen, wenn sie sich bereit erklärt, dem Cäsar zu geben, was des Cäsars ist? Und alle Gefangenen sollen freigelassen werden, mit Ausnahme überführter Verräter? Unser glorreicher Vater kann nicht mehr er selbst gewesen sein, als er das unterzeichnete.«
»Er war es mehr als je zuvor«, sagte Erzbischof Berard fest. König Konrads Lächeln sah gefährlich aus. »Zum Glück für den Staat bin ich es, der zu entscheiden hat, ob die Kirche dem Cäsar gibt, was des Cäsars ist«, sagte er hochfahrend. »Und ich bin es auch, der darüber zu entscheiden hat, wer ein überführter Verräter ist und wer nicht. Jeder, der gegen unseren glorreichen Vater gekämpft hat, muß sterben. Und wir werden sehr sorgfältig darauf achten, daß sich unsere Schatzkammern nicht gleich zu Beginn unserer Regierung entleeren.«
»Die größte Sonne des Weltalls ist untergegangen«, sagte Prinz Manfred. »Ich kann an nichts anderes denken.«
»In unseren Herzen ist sie nicht untergegangen«, sagte König Konrad. »Wir werden Befehl geben, daß unsere Unter-

tanen zu dem großen Geiste unseres Vaters beten. Er war göttlich, und was göttlich ist, ist unsterblich. Still, Erzbischof – – wir haben nicht die Absicht, dogmatischen Einwendungen zuzuhören. Ein Thron im Himmel für unseren Vater – und Tod auf Erden allen denen, die Verrat gegen ihn begangen haben. So lauten unsere Befehle.«

*

König Konrad starb ein knappes Jahr später in Apulien, an der gleichen Krankheit wie sein Vater.

XIV

BRUDER THOMAS von Aquin las die Messe in der Kapelle des Klosters von St. Jacques auf dem Hügel der heiligen Genoveva in Paris. Er hatte weder Ministranten noch Gemeinde. Es war sechs Uhr früh an einem ziemlich kalten Tage, anfangs März. Die Kapelle glich einem Eiskeller. Aus den Händen des Mönchs wich alles Gefühl, wenn er sie längere Zeit hoch hielt, wie es der Ritus verlangte. Fast unmöglich war es, die Seiten des Meßbuches umzuwenden. Das Silber an Patene und Kelch schien bei der Berührung zu brennen. Draußen herrschte noch immer ein solches Dunkel, daß die beiden Kerzen auf dem Altar und der blasse Schimmer der ewigen Lampe die einzige Beleuchtung bildeten. Bruder Thomas hatte die Epistel und das Evangelium des Tages gelesen. Da es eine Feria-Messe war, fiel das Credo aus. Er fühlte sich stets ein wenig einsam, wenn er eine Messe eines Tages las, die keinem Heiligen gewidmet war, wie heute, am siebenten März.
Er dachte an das furchtbare Opfer auf dem Kalvarienberg, das er hier unblutig wiederholen durfte, und das Gefühl der Einsamkeit überkam ihn heute besonders stark – bis der Gedanke leise in ihm aufkeimte, daß er gerade diese Einsamkeit mit der des Ersten Opfers teilte.
Nun lag Freude in der Bewegung, mit der er die Patene und die Hostie ergriff. Er bat Gott, das Opfer anzunehmen, das er für seine Sünden und für die Sünden »aller, die hier zu-

gegen sind«, und für alle Christen, Lebende und Tote, darbrachte.

Er bemerkte nicht, wie sich die Tür öffnete und ein kleiner Mönch eintrat, dessen mächtiger Kopf in auffallendem Widerspruch zu dem winzigen Körper stand. Schweigend schlüpfte Magister Albert in die letzte Bank und begann zu beten. Sein Gesicht war tiefernst.

Bruder Thomas sah ihn nicht einmal, als er sich umwandte, um eine unsichtbare Gemeinde zu ermahnen, dafür zu beten, daß »sein und ihr Opfer Gott, dem allmächtigen Vater, angenehm sei«. Wie so oft, wenn er die Worte »Orate, fratres« in den leeren Raum sprach, dachte er an seine eigenen Brüder. Und wenn das geschah, betete er stets mit besonderer Inbrunst für sie, sobald er zu den »Gebeten für die Lebendigen« kam. Aber heute fühlte er sich zu seinem Kummer aller Inbrunst beraubt, als er, im Flüsterton, die Namen Landulf und Rainald aussprach; eine seltsame, flache Stille lag in der Luft, nein, nicht in der Luft, in seinem eigenen Herzen lag sie, und aus ihr heraus wurde der dunkle, bleierne Gedanke geboren, daß der Platz seiner Brüder nicht mehr hier war, sondern bei den Gebeten für die Toten, mit seinem Vater, seiner Mutter und Marotta, deren Tod ihm die Benediktinerinnen von Capua vor drei Monaten gemeldet hatten.

Er schüttelte den Gedanken ab und betete für seine Schwester Adelasia, für seine Schwester Theodora und ihren Gatten, für alles Volk von Aquin, Roccasicca und Monte San Giovanni, für Bruder Johannes von Wildhausen, den Generalmeister des Ordens, für Bruder Reginald von Piperno und Magister Albert, für seine franziskanischen Brüder, Frater Buonaventura von Italien und Frater Roger Bacon von England, für den Prior und die Brüder von St. Jacques und für das Volk von Paris und besonders für die alte Madame Fourchon, die ihre drei Söhne auf dem Kreuzzug verloren hatte und sehr krank war, und für den Studenten der Theologie Etienne Fripet, daß sein Gedächtnis und sein Geist gestärkt würden, damit er die Prüfung bestehen konnte – wie er es Madame Fourchon und dem Sieur Fripet nach der letzten Sonntagsmesse versprochen hatte.

Inzwischen hatten drei andere Brüder die Kapelle betreten

und begannen ihre Messen, und das Gemurmel ihrer Stimmen drang zu ihm wie die Trostworte guter Freunde in der Stunde der Not.
Dann näherte sich der Augenblick, in dem der fleischgewordene Gott auf den Altar heruntersteigen würde, unter der Form des Brotes und Weines, und als sich seine Hände über der Hostie bewegten und er die uralte Formel flüsterte, wurde alles andere zu nichts. Und Gott stieg herab, in süßer, ruhiger Freude, und erfüllte die Welt mit Seinem Segen und dem Vorgeschmack köstlichster Dinge, die nur in der Welt jenseits der Sinne erlebt werden konnten – der wirklichen Welt, von der das Erdenleben nur der Schatten ist.
Bruder Thomas betete an. Er bat, daß sein Opfer »von den Händen Deines heiligen Engels zu Deinem Altar in der Höhe getragen werde«, und er beschwor Gott, sich seiner Knechte und Mägde zu erinnern, »die vor uns dahingegangen sind« – und er flüsterte die Namen seines Vaters, seiner Mutter und Marottas und des alten Bruders Lotulf, der vor vierzehn Tagen gestorben war...
Aller Laut verstummte. Bewegung herrschte zwischen ihm und dem Himmel. Ohne die Augen zu erheben, sah er, wie sich das Dach der Kapelle in wolkige Fernen zurückzog. Alle Dunkelheit wich aus dem Bereich, in dem er lebte. Der purpurne Vorhang des Tabernakels erblaßte zu milchigem Weiß, und es zeigte sich ihm die strahlende Form eines Buches; die Schrift in dem Buche leuchtete und war lebendig. Und alles, was hier in Buchstaben geschrieben stand, waren Namen; zwei von ihnen konnte er lesen, und es waren die Namen seines Bruders Landulf und seines Bruders Rainald. Schon begann sich das Buch wieder aufzulösen, die Dunkelheit flutete zurück, und wieder waren die beiden Kerzen auf dem Altar und der blasse Schimmer der ewigen Lampe die einzige Beleuchtung.
Sich auf die Brust schlagend, wie die Liturgie es verlangte, betete Bruder Thomas, daß Gott ihm und allen andern Sündern aus der Fülle seiner Gnade einen Platz und Anteil gewähren wolle.
Nach der langsamen, ruhigen Majestät des Vaterunsers, des Gebets für die Erlösung vom Übel und für den Frieden, und

nach der dreifachen Anrufung des Lammes Gottes vollzog er die Kommunion mit dem Lamm Gottes.
Wenige Minuten später war er wieder in der Sakristei, wo andere Brüder sich für ihre Messe ankleideten. Er war gerade mit dem Ablegen der Paramente fertig, als Magister Albert eintrat. Der kleine Mann mit dem mächtigen Kopf wartete, bis zwei Brüder sich nach der Kapelle begeben hatten. Dann sagte er leise:
»Ich habe Nachrichten für dich, mein Sohn. Ernste Nachrichten.«
Thomas nickte. »Ich weiß es – meine Brüder sind im Himmel.«
Albert starrte ihn an. »Du wußtest das?«
»Ja.«
»Seit wann?«
»Seit – einer halben Stunde.«
Sie bekreuzigten sich beide.
»König Konrad hat sie hinrichten lassen«, sagte Albert.
»Landulf war rauh, aber er hatte ein gutes Herz«, sagte Thomas sanft. »Und Rainald war so begabt – es gab einmal eine Zeit, da hoffte ich aus ganzem Herzen, daß er einmal eine wirklich große Dichtung schreiben würde. Über die größten Dinge – vielleicht. Ich betete, es möchte so kommen – oft und oft. Nun wird er's im Himmel tun. Mutter und Marotta werden sich freuen.«
Albert drückte ihm stumm die Hand, wandte sich jäh ab und begann, sich für seine eigene Messe anzukleiden.
Thomas kehrte in die Kapelle zurück, zum Dankgebet, und begab sich dann in seine Zelle. Dann erst weinte er.

*

»Ja, jetzt könnt Ihr ihn sehen«, sagte Magister Albert. »Es tut mir leid, daß es gestern abend nicht möglich war – als Ihr ankamt. Es war die Stunde des großen Schweigens.«
»Ihr – – habt es ihm gesagt, Pater?« fragte Piers leise.
»Ja.« Albert sah an ihm vorbei. »Er weiß es. Nehmt Euren Knappen mit, wenn Ihr wollt: er wird sich sicher freuen, auch ihn wieder zu sehen. Die dritte Tür zur Rechten führt zum Garten. Da ist er jetzt.«

Piers verneigte sich unwillkürlich vor dem seltsamen, kleinen Mann mit dem riesigen Schädel. Er wußte nichts von ihm; aber niemand konnte Albert von Regensburg kennenlernen, ohne etwas von dem Zauber zu spüren, der ihn bereits zu Lebzeiten zu einer legendären Figur gemacht hatte.
Nur gut, daß er ihm so klar den Weg gezeigt hatte – es war leicht genug, sich in diesem Durcheinander von grauen und gelben Gebäuden zu verirren. Der Laienbruder, der sie eingelassen hatte, hatte sie durch ein ganzes Labyrinth von Korridoren, Türen, Gärten, Pflanzungen und Wegen geführt.
Der Garten zeigte wenig Grün – es war wohl auch noch zu früh im Jahr. Aber die Sonne schien mild, und ein Leuchten lag in der Luft, blaß und jungfräulich, ein erstes Sich-Regen: Vorfrühling.
Piers sah ein paar Mönche die vielen kleinen Wege auf und ab gehen; die einen lasen ihr Brevier, andere fingerten an einer Schnur dicker Perlen oder Kügelchen herum – er hatte das schon früher einmal gesehen, es war eine neue Weise, sich auf bestimmte Gebete zu konzentrieren. Keiner der Mönche sprach, und das sanfte Knirschen vom Kies unter ihren Füßen war der einzige hörbare Laut. Es war, als wenn man in einem Traumland spazieren ging, das mit der Außenwelt nichts, aber auch gar nichts zu tun hatte.
Der stattliche Bruder, der nun auf sie zuschritt, mit dem engen Kränzlein von glänzend braunem Haar, das bis auf ein Schöpfchen gerade in der Mitte auf beiden Seiten der Stirn unterbrochen wurde, war ein Fremder – bis Piers seine Augen sah. Theodoras Augen! Nein, doch nicht – aber sie glichen ihnen. Und ein Lächeln – unverändert – erhellte das ganze Gesicht. Es war noch immer ein junges Gesicht, obwohl nicht mehr das eines Knaben. Er sieht nicht aus wie ihr Bruder, dachte Piers; er sieht aus wie ihr Vater. Aber schon drängten andere Gedanken auf ihn ein, einer seltsamer und unbegreiflicher als der andere. Er ertappte sich beim Wunsche, dieser mächtige, milde Mann möchte sein eigener Vater sein – er fühlte, dies war irgendwie eine Heimkehr – als wäre er immer hier zu Hause gewesen; denn nun wurde er mit ausgestreckten Armen willkommen geheißen, als sei er seit langer Zeit erwartet worden. Er wäre am liebsten auf die Knie gefallen,

wie der verlorene Sohn. Am ganzen Körper zitternd, brach er in Tränen aus.

»Willkommen, lieber, guter Freund«, sagte Thomas. »Und Gott segne Euch für alles, was Ihr für meine Lieben getan habt.«

Blind vor Tränen, in übermäßigem Schmerz, stieß Piers hervor: »Vater – – Vater Thomas – – wo ist Gott? Wo ist Gott?«

»Sehr nahe – in diesem Augenblick.«

»Ich gab mir solche Mühe, sie zu retten, Vater Thomas« – mit gewaltiger Anstrengung zwang Piers seine Stimme zur Ruhe – »zweimal sah es so aus, als wenn ich sie herausbekommen könnte – wir hatten Geld aufgetrieben und den Gefängniswärter und seine beiden Hauptaufseher bestochen, aber sie nahmen das Geld und taten nichts; dann kam das Gerücht auf, daß der Kaiser auf dem Sterbebett eine allgemeine Amnestie erlassen hätte, gerade als ich fünfzig Mann gesammelt hatte, die bereit waren, mit mir das Gefängnis zu stürmen, und wir beschlossen, noch zwei Tage zu warten; und am nächsten Tag traf dann die Nachricht ein, daß König Konrad die Amnestie widerrufen habe; also stürmten wir, aber zu spät: sie waren bereits hingerichtet, und viele andere mit ihnen. Wir erfuhren das während des Kampfes. Dann kamen Truppen den Gefängnisaufsehern zu Hilfe, und wir mußten um unser Leben reiten.«

Er brach ab.

Nach einer Weile fragte Thomas ruhig: »Warum habt Ihr versucht, sie zu retten, Freund?«

»Warum?« Piers rang mit der Antwort. »Ich – ich war einmal ein Ritter Eures Hauses. Ich hatte den Schmerz Eurer Schwestern gesehen. Ich wollte ihnen weiteren Schmerz ersparen. Ihr hattet alle so viel verloren. Und Ihr waret im Kloster, und Graf San Severino war zu jung und mußte sich zudem um die Contessa Theodora kümmern. Die beiden sind wenigstens in Sicherheit. Ich erhielt Nachricht von ihnen in Verona – sie sind in Spanien angekommen.«

»Und das haben sie Euch zu verdanken«, sagte Thomas.

»Aber in Verona ist mir alles mißlungen – ich mußte euch alle enttäuschen.«

»Das ist nicht richtig«, sagte Thomas ernst. »Wenn ein Mann

alles getan hat, was in seinen Kräften stand, gibt es keinen Fehlschlag und kein Gelingen. Ihr habt Eure Mission erfüllt.«

»So – – so hat Eure Schwester gesprochen – Mutter Maria von Gethsemane.«

»Ja freilich; denn es ist wahr. Hört auf, Euch Vorwürfe zu machen, wo Euch keine Schuld trifft – und werft Euch lieber das vor, was Eure wahre Schuld ist.«

»Was für eine Schuld, Vater Thomas?«

»Ihr fragtet: Wo ist Gott? Was Ihr damit meint, ist: Warum hat Gott es zugelassen, daß Landulf und Rainald getötet wurden? Und vielleicht auch: Warum hat Gott mir nicht geholfen, sie zu befreien? Ihr fordertet, daß *Euer* Wille geschehe, im Himmel und auf Erden, weil das, was Ihr vorhattet, Euch gut zu sein schien. Aber Seine Wege sind nicht unsere Wege. Er wollte Landulf und Rainald in den Himmel aufnehmen.«

Piers ließ den Kopf hängen. »Ihr habt nicht gesehen, was ich gesehen habe, Vater Thomas. Italien steht unter der Herrschaft des Wahnsinns. Der große Adler ist tot, aber die kleinen sind fast noch schlimmer. Überall Tränen, Verzweiflung, Blutvergießen. Mein eigenes Leben kam mir so sinnlos vor. Es *war* sinnlos. Ich will es lieber gleich gestehen: ich kann nicht mehr recht glauben, daß es einen Gott gibt.«

»Sinnlos? Nein. Es ist keine Notwendigkeit, daß ich existiere«, sagte Thomas gelassen. »Es ist nicht nötig, daß Ihr da seid. Aber Gott muß da sein, sonst könnte nichts anderes existieren. Einer muß als Erster Leben und Dasein allen andern gegeben haben. Und dieser muß das Sein aus sich selber haben. Diesen Geber nun nennen wir Gott. Könnt Ihr das verstehen, oder wollt Ihr dem widersprechen?«

»Ich kann nicht widersprechen«, sagte Piers. »Aber es befriedigt mich nicht. Und es kann niemand befriedigen, der leidet.«

»Eure Frage lautet also nicht, ob Gott existiert, sondern warum es Leiden gibt. Aber woher stammt das Leid? – Daher, daß Teile, die zusammengehören, voneinander getrennt sind und an der Wiedervereinigung gehindert werden. Ein Schwerthieb trennt Gewebe und Flechsen und Sehnen, die zusammengehören, und verursacht damit Schmerzen. Oder zwei

Menschen, die sich lieben, werden voneinander getrennt und können nicht zusammenkommen.«

Wie aber, dachte Piers, wenn die Menschen, die zusammengehören, auf alle Zeit getrennt werden? Wenn die Schranken zwischen ihnen unübersteiglich sind, so hoch, daß ihnen ihre Zusammengehörigkeit nicht einmal richtig zum Bewußtsein kam – bis es zu spät war und sie beide ihr Leben vergeudet hatten?

Und er sagte: »Warum muß das aber geschehen? Warum muß das, was zusammengehört, getrennt bleiben? Ihr habt nicht erklärt, warum Gott die Trennung zugelassen hat.«

»Alles menschliche Leid«, sagte Thomas, »geht auf das ursprüngliche Übel zurück – die Trennung des Menschen von Gott.«

Piers blieb plötzlich stehen – und wurde sich dabei erst darüber klar, daß sie die ganze Zeit im Garten auf und ab gegangen waren. Er sah Robin in einiger Entfernung auf einer Bank sitzen. Den hab ich ganz vergessen, dachte er. Thomas las in ihm wie in einem Buch; er wußte: Piers hatte gar nicht gesehen, wie er und Robin sich froh zugenickt hatten, und noch weniger hatte er Robins besorgtes Zwinkern und Winken bemerkt, das besagen sollte: Ich bitt' Euch, tut etwas für den armen Herrn, es steht schlimm um ihn. Und nun meinte er leichthin: »Die Sonne wird ihm gut tun.«

Piers begann weiterzugehen. Nach einer Weile sagte er: »Die Trennung des Menschen von Gott... Das ist die Geschichte vom Fall im Paradies, nicht?«

»Ja.«

»Das ist sehr lange her, Vater Thomas. Was hat es mit Euch und mir zu tun?«

»Bei Gott gibt es keine Zeit. Es war gestern. Es wird morgen sein.«

»Das versteh' ich nicht.«

»Ihr werdet es sehr bald verstehen. Wir haben die Geschichte vom Fall des Menschen in der Genesis gelesen. Aber auch die Griechen und andere Völker erinnerten sich daran: sie nannten die Zeit des Paradieses „das goldene Zeitalter". Erinnert Ihr Euch an die Worte der Schlange: Eßt, und ihr werdet sein wie Gott! Wir aßen – und durch diesen Akt der Empö-

rung rissen wir uns von Gott los. Wir schnitten die Verbindung zwischen der natürlichen und der übernatürlichen Welt durch. Das war die Trennung.«
»Dafür wurden wir also aus dem Paradies vertrieben... und mußten leiden – und sterben. Das war die Antwort Gottes.«
»Nein, Freund. Es war die unvermeidliche Folge unserer eigenen Handlung. Aber Gott hat uns eine Antwort gegeben, und sie hieß Christus.«
Es folgte eine Pause. Piers seufzte, und in seinem Seufzer lag England und Foregay und die ungeduldig knarrende Stimme des alten Pater Thornton: »Agnus Dei, qui tollis peccata mundi – miserere nobis.« Und Mutter saß steif im Kirchenstuhl und las in einem Meßbuch, das sie auswendig konnte, und der kleine Piers wünschte sich dringend, daß alles vorbei wäre und daß man frühstücken gehen konnte.
Thomas sagte: »Unser Herr nahm den totalen Schmerz dieser Trennung auf sich. Mittler zwischen Gott und Mensch ist das Kreuz.«
Mutter Maria von Gethsemane, dachte Piers. Und Pater Thornton. Über zwanzig Jahre lagen zwischen den beiden, und doch stehen sie mir gemeinsam vor Augen. Vielleicht gibt es wirklich eine Welt außerhalb der Zeit – – –
»Das übernatürliche Leben war damit den Menschen zurückgegeben«, fuhr Thomas fort. »Und so ist Gott der fruchtbare Boden, auf dem die Menschensaat gedeiht. Drei Wurzeln hat die Saat, mit denen sie sich an den Boden klammert: die Wurzeln Glauben, Hoffnung und Liebe. Und alle drei sind Willensakte: der Wille, die von Gott geoffenbarte Wahrheit zu glauben – der Wille, auf die Verheißungen Christi zu vertrauen – und der Wille, in Gott das höchste Gut zu sehen – – –«
»Ich glaube, ich verstehe das«, sagte Piers schlicht. »Es ist wie der Treueid des Geschöpfes, der Liebe Gottes gegenüber.«
Da sah er wieder das unwiderstehliche Lächeln, das einen zum fröhlichen Mitwisser eines freudigen Geheimnisses ernannte.
»Nun könnt Ihr auch verstehen«, sagte Thomas, »daß Leiden bedeutet: unserem Herrn das Kreuz tragen helfen. Wenn

Ihr Ihn liebt – wie könnt Ihr auf das Leiden verzichten wollen? Kein Liebender will die Schmerzen seiner Liebe missen.«
»Wahr«, sagte Piers heiser. »Wahr.«
»Der Mensch liebt so viele Dinge«, sagte Thomas. »Reichtum – Macht – ein Weib. Aber wenn Ihr in einem Wort sagen wolltet, was der Mensch begehrt, gleichviel in welcher Form – was würdet Ihr dann sagen?«
»Das Glück«, meinte Piers nach kurzem Überlegen. »Der Mensch will glücklich sein.«
»Ja. Aber was ist Glück?«
»Ich – weiß nicht. Ich weiß, was es für mich ist – –«
»Es gibt also etwas, was Ihr mehr begehrt als alles andere?«
»Ja. Aber ich werde es nie besitzen.«
»Und wenn Ihr's hättet, wäret Ihr glücklich?«
»Ja, freilich. Aber –«
»Aber wenn Ihr es hättet und müßtet befürchten, daß es wieder von Euch genommen werden könnte – wäret Ihr dann noch immer glücklich?«
»N-nein. Wohl kaum. Jedenfalls – nicht ganz.«
»Sind wir uns also darüber einig, daß das Glück im Besitze des ersehnten Guten besteht – was es auch immer sei –, ohne jede Furcht, es zu verlieren?«
»J-ja. Ja.«
»Aber in unserem Erdenleben haben wir nicht nur die Furcht, sondern die Gewißheit, daß wir es verlieren werden; denn eines Tages müssen wir sterben. Also kann uns das wahre Glück – das vollständige, immerwährende Glück – hier nicht zuteil werden. Und das könnte auch gar nicht anders sein; denn immerwährendes, ewiges Glück ist nur ein anderer Name für Gott.«
Thomas' Augen glänzten. »Seht Ihr's jetzt? Die *Sehnsucht* nach dem immerwährenden Glück steckt noch immer im Menschen – in allen Menschen. Aber seit dem Sündenfall ist diese Sehnsucht mißleitet, und wie Narren halten wir bald dies, bald das für unser Glück: Gold, oder Macht, oder die Vereinigung mit einem anderen Geschöpf – dieweil es in Wirklichkeit nur in Gott selbst liegt. Die Liebe zu Gott ist der wahre Zweck des Menschen. „Liebe Gott – und tu, was

du willst", sagte Sankt Augustinus. Und unser Herr sagte: „Suchet zuerst das Reich Gottes, und alles andere wird euch dazugegeben werden."«

»Vater Thomas«, stammelte Piers. »Ich glaube, ich kann heute zum erstenmal im Leben *denken*. Geht nicht fort! Ich will sagen – laßt mich bei Euch bleiben. Laßt mich hier bleiben.«

»Es gehört zu unserer Tätigkeit hier«, sagte Thomas fröhlich, »den Menschen das Denken beizubringen. Überschätzt mir diese Fähigkeit aber nicht. Unser Glaube ist nicht auf menschliches Denken gegründet, sondern auf das, was Gott selbst uns gelehrt hat. Aber es ist gut, zu wissen, daß wir die Vernunft auf unserer Seite haben und nicht gegen uns, wie so viele falsche Philosophen uns glauben machen wollen.«

Eine Glocke begann zu läuten.

»Da ruft Er«, sagte Thomas mit tanzenden Augen. »Komm, Freund.«

Auch Robin erhob sich von seiner Bank und folgte ihnen. Von allen Seiten kamen Mönche, ruhig, ohne alle Eile, und doch rasch genug.

Piers sah, daß sie eine Doppelreihe bildeten, und hielt etwas zurück, um Thomas sich an sie anschließen zu lassen.

Robin holte ihn ein.

»Herr – – –«

»Ja?«

»Er sieht recht vergnügt aus. Ihr müßt ihn wohl getröstet haben.«

Piers blickte ihn sprachlos an. Dann, zum erstenmal seit Monaten, begann er zu lachen.

Sie betraten die Kapelle.

XV

»DARF ICH mit Euch sprechen, ehrwürdiger Vater?« fragte der junge Herr.

»Euer Diener, Messire, aber ich bin kein Priester – nur ein Laienbruder, und auch das noch nicht allzulange.«

»Kam mir doch gleich so vor, als trüget Ihr Euer Kleid eher wie ein Soldat – –«

»Ich bin den größten Teil meines Lebens über Soldat gewesen, Messire. Ihr habt scharfe Augen für einen so jungen Mann – Ihr seid doch noch kaum zwanzig.«
»Das ist wahr. Aber ich bin schon etwas, was Ihr nicht seid: verheiratet. Oh – ich fürchte, das hätte ich nicht sagen sollen. Es tut mir leid. Ich wollte Eure Gefühle nicht verletzen.«
»Das habt Ihr auch nicht getan.«
»Ich hoffe nicht. Als ich Euch vorbeigehen sah, unter so vielen fremdländischen Gesichtern, war ich froh – endlich ein Landsmann, dacht' ich.«
»So seid Ihr auch ein Engländer? Ich war nicht sicher.«
»Ja, freilich – und zum erstenmal in dieser erstaunlichen Stadt, Bruder – wie darf ich Euch nennen?«
»Jetzt heiß' ich Bruder Peter. So haben sie mich im Kloster genannt. Früher hieß ich Piers. Piers – –«
»Nein, sagt es mir nicht. Bruder Peter ist gut genug für mich. Wenn ich Euch dann sage, daß ich Edward heiße, dann soll das auch Euch genügen. Ah, nun müßt Ihr lachen – gut. Paris ist eine verwirrende Stadt. Kennt Ihr sie gut?«
»Ich lebe seit vier Jahren hier.«
»Ich wollte, Ihr könntet mir etwas von den Dingen zeigen, die ein Fremder allein nicht zu sehen bekommt – aber vielleicht gestatten das Eure Pflichten nicht, und ich habe Eure Zeit schon zu lange in Anspruch genommen –«
»Ihr seid sehr höflich, Messire Edward. Ich bin auf dem Wege nach der Universität – nein, nein, nicht um zu studieren, mein armer Kopf ist dafür nicht gut genug –, um einem unserer Patres diese Manuskripte zu bringen: er vergaß, sie mitzunehmen.«
»Ja, die schießen jetzt nur so aus dem Boden, diese Universitäten, auch bei uns in England – besonders, seit ihr Dominikaner bei uns gelandet seid, und die Franziskaner. Ich würde mir die eure gern ansehen, hab' schon oft von ihr gehört. Der Beichtvater des Königs hat sie gegründet, nicht?«
»Ja, Pater Robert von Sorbon. Sie nannten sie schon zu seinen Lebzeiten die Sorbonne, und das machte ihn immer ärgerlich. Er war ein großer und dabei bescheidener Mann. Und wenn er die jetzigen Lehrer an seiner Universität sehen könnte, wäre er sehr glücklich.«

»Aber ihr habt jetzt doch geradezu einen Krieg auf eurer Universität, nicht? Was schmunzelt Ihr? Doch ich halte Euch auf, Ihr müßt Euch auf den Weg machen. Darf ich Euch begleiten?«

»Es ist mir eine Ehre, Messire Edward. Ja, wir haben wirklich eine Art von Krieg hier – es ist seltsam genug. Ein paar Studenten gerieten in Streit mit ein paar guten Bürgern – beide Parteien waren voll des süßen Weins –, und das wäre an sich weiter nicht schlimm gewesen. Aber die Studenten banden auch mit der Stadtwache an, die den Streit schlichten wollte, und so wurden sie verhaftet. Der Rektor der Universität verlangte ihre sofortige Freilassung – und die wurde ihm verweigert. All das war vor langer Zeit schon einmal vorgekommen, und damals verließ die gesamte Universität mit über zehntausend Studenten in feierlichem Protest Paris – und die Behörden gaben nach. Aber diesmal gab es Zwiespalt auf der Universität selbst. Die säkularen Lehrer wollten Paris wieder verlassen – oder wenigstens die Universität schließen. Aber die Dominikaner und Franziskaner erklärten, sie würden nicht aufhören, Wissen zu verbreiten, nur weil sich ein paar Studenten auf ein Geplänkel eingelassen hatten. Sie drückten das alles viel besser aus, als ich es kann, aber darauf lief es wohl hinaus. Und nun sind die Mönche die einzigen, die weiter Unterricht erteilen – und das lag gar nicht im Sinne der säkularen Lehrer. Das ist Euer ganzer Krieg.«

»Da sind wir an der Universität. Darf ich mit Euch eintreten?«

»Ja, freilich, Messire Edward.«

»Lieber Himmel – da wird aber nicht wenig gelärmt!«

»Ja, es findet ein Quodlibet statt – unter Magister Alexander von Hales. Da fragt jeder, was er will – und der Magister muß alles beantworten. Was die manchmal für Fragen stellen…«

»Laßt mich einen Blick in den Saal da drüben werfen! Wer ist der Magister da? Ein Franziskaner, scheint's. Nie hab' ich einen feineren Kopf gesehen.«

»Das muß Frater Buonaventura sein – ja, das ist er. Der ist im Franziskanerorden, was Bruder Thomas im Orden Sankt Dominiks ist.«

»Und wer ist das?«

»Das Herz, Messire Edward.«
»Er sieht aus – er sieht aus, als wäre er ohne Erbsünde geboren.«
»Ja, Messire Edward. Es ist dasselbe mit Bruder Thomas, obwohl es schwer fiele, zwei verschiedenartigere Menschen zu finden.«
»Kennen sie sich?«
»Sind enge Freunde – die Leute sagen, einer wisse immer ganz genau, was der andere denkt, selbst wenn sie kein Wort miteinander sprechen.«
»Ich möchte am liebsten hier bleiben und Pater Buonaventura eine Weile zuhören.«
»Ich muß meine Manuskripte abliefern, Messire Edward.«
»Ja, freilich, das hab' ich vergessen. Vielleicht auf dem Rückweg – seht nur, die Menge da unten auf dem Platz! Was machen denn die da? Sind mindestens fünfzehnhundert. Ach ja – eine Protestversammlung – –«
»Nein, Messire Edward – das ist ein Vortrag von Magister Albert von Regensburg. So geht's bei dem immer zu. Er mußte seine Vorträge auf den Platz im Freien verlegen, weil kein Hörsaal ausreicht. Die Pariser haben sich schon so daran gewöhnt, daß der Platz überall Place Maubert genannt wird – Meister Alberts Platz. Der kleine Mann da auf dem Stuhl – rechts vom Brunnen –, das ist er.«
»Es ist der Anfang einer neuen Zeit.«
»Wie meint Ihr, Messire Edward?«
»Oh, nichts. Und ist Magister Albert auch ein so heiliger Mann?«
»Ich glaube schon, Messire Edward, obwohl viele es bezweifeln, weil er oft gefährliche Bücher studiert – über Alchimie und die Schwarze Kunst und ähnliche Dinge. Deshalb haben viele Angst vor ihm. Und da drüben ist noch einer, vor dem viele Leute Angst haben – –«
»Der mit dem ledernen Gesicht und den funkelnden Augen? Wieder ein Franziskaner – –«
»Und ein Landsmann von uns – Frater Roger Bacon.«
»Was setzt er denn dem anderen Mann da auf die Nase? Sieht aus wie zwei Eisenringe mit einem Griff an jedem – erklärt er ihm ein Marterinstrument?«

»Nein, Messire Edward. Freilich, es heißt, man bekommt leicht Kopfschmerzen davon. Es ist ein Ding mit geschliffenen Gläsern darin, damit er besser sieht.«
»Magie? Ein Franziskaner sollte sich doch damit nicht abgeben.«
»Ja, so genau weiß man's nicht recht bei Frater Roger Bacon. Sie sagen, er experimentiere mit allem, was ihm einfällt, und es fällt ihm dauernd etwas ein. Aber das Ding hat nichts mit Magie zu tun, er hat's mir einmal erklärt. In jedem der beiden Eisenringe steckt ein kleines Glasfenster, und das Glas ist auf eine bestimmte Weise geschliffen und poliert – so daß ein Mann, dessen Augen durch Krankheit oder hohes Alter getrübt sind, die Dinge wieder klar sehen kann. Meister Roger hat unserem alten Bruder Gudarich eins gegeben, und nun kann er wieder sein Brevier lesen, obwohl er hinterher immer Kopfschmerzen hat.«
»Und das hat Meister Roger erfunden?«
»Ich weiß es nicht bestimmt, aber er erfindet ständig Verbesserungen dafür. Das ist die vierte oder fünfte, die ich bis jetzt gesehen habe. Das Erfinden steckt ihm im Blut, heißt es – und in seinem Zimmer auf der Universität stinkt es immer dermaßen, daß niemand gern zu ihm geht. Aber ich glaube, es ist nicht nur wegen des Gestanks. Frater Roger ist ein Heimlichtuer, und ich möchte keinen Eid darauf leisten, daß er nicht vor jedem seiner Experimente die Hilfe unseres Herrn anruft. Einmal, mitten in der Nacht, ertönte ein furchtbarer Donnerschlag aus seinem Zimmer –«
»Guter Gott im Himmel – –«
»Ja – es dauerte ziemlich lange, bis die anderen sich getrauten, hinzugehen und nachzusehen, aber schließlich taten sie's doch. Sie fanden den ganzen Raum in einem Zustand vollständiger Verwüstung – als wäre ein halbes Dutzend widriger Dämonen darin herumgetrampelt, und Bruder Roger lag in einer Ecke, mit angesengtem Gesicht, verbrannten Händen und voller Blut. Er schwatzte etwas von einer großen neuen Erfindung, aber niemand fiel auf diese Täuschung herein, und der Rektor befahl, daß sein Raum gesäubert und alle giftigen Substanzen daraus entfernt würden. Sechs Wochen später stank es aber wieder genau so. Er hat natürlich nie

Geld – darf er ja nicht haben als Franziskaner – aber eine gewaltige Begabung zum Betteln ist ihm eigen, und schließlich bekommt er immer, was er will. Neuerdings hat er sich in die Mathematik vertieft, weil, wie er sagt, Gott selber auch darin ein Meister sei. Aber gestern erst sagte er zu Bruder Thomas, er sei überzeugt, er könnte ein Gestell zusammenfügen, mit dem ein Mann fliegen würde wie ein Vogel.«
»Er muß total verrückt sein.«
»Zweifellos, zweifellos – aber es ist eine hellseherische Verrücktheit. Magister Albert mag ihn besonders gut leiden, obwohl sie sich oft schrecklich streiten – über Dinge mit Namen, so lang wie die Kathedrale hoch ist. Bruder Thomas liebt ihn auch, aber der liebt alles, was Mensch heißt, glaube ich – außer, wenn einer ein Heuchler ist. Das kann er nicht vertragen.«
»Wo ist denn Euer Bruder Thomas?«
»Im nächsten Hörsaal – hier sind wir endlich.«
»Geht, liefert Eure Schreiberei ab, Freund – ich warte hier auf Euch.«
»Ich komme gleich wieder.«
»Es hat keine Eile. Ich höre inzwischen zu.«
»Meister Thomas – was ist die Definition von „Leben"?«
»Selbstbewegung. Das, was sich von selbst bewegt, lebt. Wir müssen sterben, um von Gott bewegt zu werden.«
»Meister Thomas, ich habe einen Freund, der in ständiger Gefahr ist, sich gegen Reinheit und Keuschheit zu versündigen. Er kämpft gegen seine niedrigen Begierden, aber sie scheinen eher zu- als abzunehmen.«
»Wenn ein großer Hund einen Mann von hinten angreift und der Mann sich umdreht, um mit dem Hunde zu kämpfen, kann er leicht zu Boden geworfen und zerrissen werden. Aber wenn er dem Hunde den Rücken kehrt und stetig weitergeht, wird das Tier von ihm ablassen. Sag deinem Freunde, er soll aufhören, gegen seine niederen Begierden zu kämpfen, da sie um so mehr zunehmen, je mehr Beachtung er ihnen schenkt. Sag ihm, er soll statt dessen mit aller Kraft an unseren Herrn denken, und er wird finden, daß sich seine Willenskraft weit über alles Eigene hinaus verstärkt.«
»Hier bin ich wieder, Messire Edward. Gehen wir?«

»Ich möchte am liebsten noch bleiben, aber dieser Mann macht mir den Kopf wirbeln, als trommelte mir ein Riese darauf herum.«

»Ihr seid wohl auch ein Soldat, Messire Edward?«

»Still – was fragt ihn der kleine Rotkopf da?«

»Meister – woher können wir wissen, daß es die Wahrheit wirklich gibt? Ich kenne einen Mann, der an allem zweifelt.«

»Du irrst; so einen Mann kannst du unmöglich kennen; denn ein Mann, der an allem zweifelt, müßte auch seine Zweifelsucht kritisch unter die Lupe nehmen. Er müßte seine eigene Existenz anzweifeln, aber wer tut das? Auch muß er zugeben, daß sein Leben in ständigem Widerspruch mit dieser Theorie steht. Daran zweifelnd, daß es Speise gibt, wird er essen. Die Haltung des vollständigen Zweiflers ist unmöglich; daher gibt es keinen vollständigen Zweifler. Wohl aber gibt es Leute, die sich vorreden, daß die Wahrheit nicht erkennbar sei, weil die Erkenntnis der Wahrheit ihnen moralische Verpflichtungen auferlegen würde. Pontius Pilatus fragte: „Was ist Wahrheit?" Kurz darauf verurteilte er einen Mann zum Tode, von dem er in Wahrheit wußte, daß er unschuldig war.«

»Meister, wie definiert man „Wahrheit"?«

»Wahrheit ist die Übereinstimmung zwischen Ding und Verstand. Und Irrtum ist die Nichtübereinstimmung zwischen beiden.«

»Aber können wir die volle Wahrheit über einen Gegenstand erkennen?«

»Nein. Nur Gott kennt sie. Aber das bedeutet in keiner Weise, daß unser Teilwissen der Wahrheit zuwiderläuft. Nimm an, du findest ein Stück Zinn auf der Straße. Wenn du denkst, „dies ist Silber", begehst du einen Irrtum. Aber wenn du denkst, „dies ist Metall", dann ist dein Gedanke richtig und wahr, und er bleibt wahr, obwohl du nicht weißt, daß ich dieses Stück Zinn verloren habe und daß es einmal ein Teil eines Bechers war. Ich anderseits weiß beides, und mein Wissen ist wahr, obwohl ich nicht weiß, daß du kommen und das Stück Zinn aufheben wirst. Gott aber weiß, was du weißt und was ich weiß, und alles, was es sonst noch über das Stück Zinn zu wissen gibt. Er weiß, woher es ursprünglich kam und wohin es am Ende aller Zeiten gehen wird – und alles, was

dazwischen liegt. Er kennt alle seine Eigenschaften, von denen uns viele gänzlich unbekannt sein mögen, und Er weiß genau, welchen Anteil es am Gesamtzweck des Universums hat. Und trotzdem bleibt dein schwaches Wissen und das meine im Einklang mit der Wahrheit. Hüte dich, Freund, vor dem Philosophen, der dir sagt, daß die Wahrheit nicht in den Bereich unserer Erkenntnis fällt. Was immer seine Philosophie sein mag, sie wird zum Verderben und zum Nichts führen, und von einem solchen Mann hat Sankt Paul gesagt: *„Hütet euch, daß euch niemand mit seiner Philosophie betrüge."*«
»Kommt, Bruder Peter. Mehr kann ich an einem Tage nicht verdauen. Ein großer, dicker Mann ist dieser Bruder Thomas, aber erstaunlich bleibt es doch, daß er die Last eines so gewaltigen Denkapparates tragen kann. Ich will lieber allein mit fünfzig Heiden kämpfen, als mich mit Eurem Bruder Thomas auf ein Wortgefecht einlassen.«
»Ja, es ist nicht leicht – besonders wenn man's nicht gewöhnt ist. Mein armer Kopf kommt bestimmt nicht mit. Aber es tut gut, zu wissen, daß wir solche Köpfe haben, um unseren Glauben zu verteidigen. Das macht's einem leichter, wenn einem selber Zweifel kommen. Ja, wenn es eitle Männer wären, die nur mit ihrem Wissen prunken wollten – – –«
»Euer Bruder Thomas ist also nicht eitel, wie?«
»Das einzige, was er von der Eitelkeit weiß, ist ihre Definition.«
»Erspart sie mir, ich bitt' Euch. Ich glaube Euch. Aber – aber Ihr sagt, Euer Kopf kommt nicht mit. Seid Ihr glücklich, wo Ihr seid?«
»O ja. Bruder Thomas hat mir das Denken beigebracht – soviel ich davon begreifen kann. Und mein Gemüt hat sich ausruhen dürfen. Beides war sehr nötig. Es gibt eine Menge Gartenarbeit für mich – und für Bruder Robin. Der war mein Knappe, als wir noch zur Welt gehörten. Nun sind wir von gleichem Rang, und ich muß oft denken, daß er der bessere Mensch von uns beiden ist – auf mancherlei Weise und nicht nur bei der Gartenarbeit. Er hatte keinen Grund, sich von der Welt zurückzuziehen – außer daß er da sein wollte, wo ich war. Und es kam ihn viel härter an, mich Bruder Peter zu nennen als mir das „Bruder Robin". Auch ließ er sich den Schnurrbart nicht gern abschneiden.«

»Und – gedenkt Ihr für den Rest Eures Lebens Bruder Peter zu bleiben? Ah, ich glaube, das war ein Seufzer. Habt Ihr die Gelübde abgelegt?«
»Nein. Man wollte nicht, daß ich das tue. Ich war gewillt – damals.«
»Vielleicht vertauscht Ihr eines Tages wieder die Gartenschaufel mit dem Schwert und das Ordenskleid mit dem Harnisch. Viel Freude bietet der Rücken eines guten Pferdes, und ich glaube nicht, daß Ihr zum Mönch geschaffen seid. Ihr habt die Gelübde nicht abgelegt. Das bedeutet, daß Ihr jederzeit gehen könnt, nicht wahr? Und ich könnte mir jemand vorstellen, der Eure Dienste gern annehmen würde, Sir Piers Rudde.«
»Ihr – kennt meinen Namen?«
»Ihr waret ein Ritter im Gefolge meines Oheims, des Grafen von Cornwall. Später fochtet Ihr auf dem Kreuzzug des Königs Ludwig, meines gütigen Gastgebers. Ich bin Edward Plantagenet.«
»Das wußte ich, mein Prinz. Ich hab' Euch in London gesehen, als Ihr noch ein Kind waret, Euch und Euren königlichen Vater – viele Male. Zu Anfang war ich meiner nicht ganz sicher, aber als Ihr mich batet, Euch Messire Edward zu nennen, dacht' ich mir, daß mein Prinz Paris auf seine eigene Weise zu sehen wünscht.«
»Ich bin Euer Schuldner für das, was Ihr mir gezeigt habt. Überlegt Euch, was ich zu Euch sagte. Und wenn Ihr jemals meine Hilfe braucht, laßt es mich wissen. Ihr werdet sie erhalten. Ich danke Euch. Lebt wohl, Sir Piers.«
»Gott segne Euch, mein Prinz. Und grüßt mir mein liebes England!«

*

Wilhelm von St. Amour, Kanonikus von Beauvais und Doktor der Sorbonne, saß tief zusammengesunken in seinem schön geschnitzten Armstuhl. Er war ein schmächtiger Herr mit scharfgeschnittenem, beweglichem Gesicht und kühlen, grauen Augen, in denen selten ein ironisches Glitzern fehlte.
Weder sein nüchtern aussehender Freund Christian, der ebenfalls aus Beauvais stammte, noch der massige Odo von Douai bezweifelten seine geistige Überlegenheit über alle Anwesen-

den – den Rektor der Sorbonne, Jean de Gecteville, nicht ausgenommen, der, in sein weites schwarzes Gewand wie in eine Gewitterwolke gehüllt, vor seinem gewaltigen Schreibtisch hockte.

»Ich möchte wissen, was der Papst tun wird«, sagte Jean de Gecteville.

»Mein lieber Freund«, näselte Wilhelm von St. Amour, »wir alle kennen Euer erstaunliches Talent, das Selbstverständliche zu sagen. Eure Predigten glitzern und schillern von Selbstverständlichkeiten, und damit habt Ihr Euch den Ruf der Zuverlässigkeit erworben. Wir möchten *alle* wissen, was der Papst tun wird. Wir haben die letzten sechs Wochen damit zugebracht, uns in ihn hineinzudenken. Ich wenigstens habe das getan. Das Unangenehme ist, daß der Heilige Vater mit seinen eigenen Widrigkeiten fertig werden muß. König Manfred hat sich auf vielerlei Weise als würdiger Sohn des großen Friedrich erwiesen. Er fällt dem Heiligen Vater wahrscheinlich noch mehr zur Last, als es sein Bruder Konrad tat, bevor der erfreulicherweise das Zeitliche segnete.

»Es heißt, Manfred habe ihn vergiften lassen«, warf Christian ein.

»Die gleichen Gerüchte gingen um, als Friedrich starb«, sagte Wilhelm achselzuckend. »Warum auch nicht? Es ist immer schwer, zu glauben, daß ein Tyrann eines natürlichen Todes stirbt. Ich muß zugeben, daß mir Friedrich trotz allem nicht ganz unsympathisch war. Er war ein prachtvolles Ungeheuer – die letzte große Verkörperung des Cäsarenwahns.«

»Wirklich?« fragte Jean de Gecteville sanft.

»Und was mehr ist, er war geistreich, Jean, und dafür kann ich einem Manne viel verzeihen. Wißt Ihr noch, wie er die Schiffe angreifen ließ, die mit all den Prälaten nach Frankreich und Spanien segelten? Es war wohl eine Untat; aber erinnert Ihr Euch an das, was er sagte, als ihm der alte Berard von Palermo Vorwürfe machte? „Was konnte ich tun? Sie wollten nun einmal nicht auf dem Wasser wandeln."«

Odo von Douai warf den Kopf zurück und lachte schallend. Die anderen blieben ernst.

»Ich möchte wissen, ob Ihr auf dem Wasser gewandelt wä-

ret, lieber Jean«, sagte Wilhelm. »Aber, um darauf zurückzukommen – in Italien steht es so schlimm wie je.«
»Und doch hat König Ludwig dem Papst die Bitte abgeschlagen, den Herzog von Anjou nach Italien zu schicken«, meinte Christian.
»Jedermann weiß, daß König Ludwig ein gutes Herz hat. Er wollte nicht, daß die Italiener mit Skorpionen gezüchtigt würden«, erwiderte Wilhelm freundlich.
Diesmal lachten alle.
»Alexander IV. ist noch ein Neuling auf dem Stuhl Petri, und er hat alle Hände voll zu tun mit dem kleinen Manfred«, fuhr Wilhelm fort. »Es kann schon sein, daß er jetzt keine großen Veränderungen innerhalb der Kirche will – und die Aufhebung der Bettelorden *wäre* eine große Veränderung, darüber besteht kein Zweifel. Also müssen wir ihm beweisen, daß diese Bettler nicht nur einen sehr beunruhigenden Einfluß ausüben, sondern geradezu eine Gefahr für das Leben der Kirche darstellen. Darum habe ich meine Schrift ,,Über die Gefahren der modernen Zeit" betitelt. Zu einer Zeit, in der die Kirche von außen angegriffen wird, kann sie sich solche zerstörerischen Umtriebe von innen nicht leisten.«
»Ich sag's nicht gern«, grunzte Jean de Gecteville, »aber es ist die glänzendste Anklageschrift, die ich je gelesen habe. Und Gott sei Lob und Dank, sie ist nicht zu geistreich.«
»Wir mußten lange genug warten«, sagte Wilhelm bitter. »Ich hätte darauf schwören mögen, daß uns die heiligen Bettler in den Rücken fallen würden, als die Universität auf die Unverfrorenheit der städtischen Behörden die einzig richtige Antwort gab. Aber das allein war nicht genug. Der Papst ist nicht Rektor der Sorbonne. Er versteht nicht, daß bei uns zuerst die Universität kommt. Die Weihwasserfrösche hätten ihr Spiel nur zu leicht gewinnen können: sie brauchten nur zu sagen – was sie ja auch prompt taten –, daß die Verbreitung des Wissens nicht gefährdet werden dürfe. Aber jetzt haben wir sie in der Hand.«
»Von fünfzehn Magistern sind neun Bettelmönche«, sagte Jean de Gecteville. »Es ist einfach unerträglich.«
»Nicht einmal für meinen eigenen Neffen konnte ich einen Lehrstuhl bekommen«, grollte Odo von Douai.

»Wir haben sie«, wiederholte Christian. »Damit meinst du die These des Franziskanergenerals über das „*Ewige Evangelium*", nehme ich an. Wie kommt Johann von Parma nur darauf, so etwas zusammenzuschreiben – und noch dazu in seiner Stellung?«

»Wen die Götter vernichten wollen, den schlagen sie zuerst mit Blindheit«, lächelte Wilhelm. »In der heiligmäßigen These steckt genug Ketzerei, um ein halbes Dutzend Bettelorden in Flammen aufgehen zu lassen. Die Dominikaner werden das Schicksal Ihrer braunen Brüder teilen, und damit sind wir sie beide los. Wie ihr wißt, habe ich in meiner These zuzugeben, daß sie einmal ihren Zweck erfüllten, und daß die Kirche weise und richtig daran getan hat, ihre Existenz eine Zeitlang zu dulden. Aber jetzt werden sie nicht mehr gebraucht. Bischöfe und Weltpriester sind die richtigen Hirten und Lehrer – nicht Mönche. Nächstens verlangen die noch, daß wir alle so leben sollen wie sie – von nichts. Ich muß sagen, ich weigere mich ganz entschieden, betteln zu gehen. Es ist in meiner Familie nicht Sitte. Und, glaubt mir, wir werden im Hauptquartier des Heiligen Vaters viele Freunde finden. Wenn die politische Situation anders wäre, hätte ich auch nicht den geringsten Zweifel über den Ausgang der Sache – so folgenschwer sie ist.«

»Wann sollen wir uns zur Reise fertig machen?« fragte Christian.

»Die Bettelorden haben ihre Einladung, vor dem Heiligen Vater zu erscheinen, heute erhalten – genau wie wir. Das einzige, worauf es ankommt, ist, daß wir vor ihnen an Ort und Stelle eintreffen. Nicht zu lange vor ihnen, aber genug, um ihnen einen heißen Empfang zu bereiten. Also lassen wir sie zuerst abreisen – «

»Ihr habt doch eben gesagt, es sei wichtig, daß wir zuerst ankommen«, sagte Odo, den schweren Kopf schüttelnd.

»Richtig, mein schlanker Freund. Aber es hat keinen Zweck, mehrere Monate vor ihnen einzutreffen. Ich glaube zwar nicht, daß sie den ganzen Weg zu Fuß zurücklegen werden – eine Einladung vom Heiligen Vater dürfte auch für solch engstirnige Fanatiker Grund genug für eine Dispensation sein. Aber trotzdem, wie werden sie wohl reisen?«

»Auf Maultieren«, lachte Odo.
»Richtig. Und meine burgundischen Pferde haben in ganz Frankreich nicht ihresgleichen. Laß sie abreisen – wir werden's ja sofort erfahren, wenn sie weg sind, denn sie müssen ihre besten Köpfe schicken, und die fehlen dann auf der Universität. Wir brechen einen Tag nach ihnen auf. Das heißt, wir treffen mindestens eine Woche vor ihnen beim Heiligen Vater in Anagni ein. Das genügt.«
»Alle Achtung«, sagte Christian. »Ihr habt an alles gedacht. Die Bettler sind verloren.«
»Amen«, ergänzte Jean de Gecteville.
»Ich kann die Brut nicht ausstehen«, sagte Wilhelm. Ich verabscheue ihre falsche Demut, ihr Asketentum – es ist weiter nichts als eine Art Wollust der Negation. Die wahnsinnige, unersättliche Neugierde Roger Bacons; die Art, wie sie alle vor dem kleinen Buonaventura zerschmelzen, und die phantastische Idee von Albert und Thomas, Aristoteles mit dem Katechismus zu füttern. Gute Nacht, Freunde – ich gehe, bevor ich mich gegen die Nächstenliebe versündige.« Und er verschwand.
»"Bevor" ist gut«, lachte Odo. »Aber es ist ihm wirklich Ernst damit, glaube ich.«
»Ja – bei all seiner Schärfe ist unser Wilhelm ein Idealist«, sagte Christian, »– abgesehen davon, daß er der klügste Kopf seiner Zeit ist.«
»Von mir aus soll er sein, was er will, wenn er uns nur die Bettelmönche vom Halse schafft«, sagte de Gecteville. »Auf die Universität kommt es an.«
»Freund, diese Sache reicht weit über die Universität hinaus«, sagte Christian.
»Das ist sicher richtig«, bestätigte de Gecteville.

*

Nichts tut bessere Dienste als Gartenarbeit, wenn ein Mann sich nicht von seinen Gedanken befreien kann – namentlich wenn sie sich im Kreis drehen. Bruder Peter arbeitete deshalb im Schweiße seines Angesichts.
Er sah nicht einmal auf, als Bruder Robin sich ihm beigesellte, und geraume Zeit werkten sie still und eifrig vor sich hin,

bis Bruder Robin das Geheimnis nicht mehr für sich behalten konnte, das ihm schier das Herz abdrückte.
»Es hat Sturm gegeben – gewaltigen Sturm. Wegen des Kriegszustandes mit der Universität.«
Bruder Peter brummte etwas Unverständliches.
»Der Bruder Küchenmeister sagt, es bestehe die Gefahr, daß der Orden aufgelöst werde – vom Papst. Er hat es vom Prior selber. Doktor Wilhelm von St. Amour hat eine Anklageschrift gegen den Orden verfaßt – auch gegen die Franziskaner – und sie dem Papst geschickt; die Sache soll sehr ernst sein.«
Bruder Peter grunzte etwas, worin der Name Wilhelm von St. Amour vorkam; der Rest war nicht zu verstehen, und wahrscheinlich entsprechend deutlich gemeint.
»Und nun hat der Papst den großen Wilhelm zu sich nach Anagni eingeladen und ebenso Magister Albert und Bruder Thomas, und morgen früh, nach der zweiten Messe, brechen sie auf.«
Bruder Peter häufte noch drei Schaufeln gute, fette, braune Erde auf. Dann hielt er inne und fragte: »Und der Feind? Ich meine – St. Amour. Wann bricht der auf?«
»Ich weiß nicht, Herr – Bruder Peter.«
Plötzlich rammte Bruder Peter seine Schaufel in die Erde, wie ein Soldat dem Feind das Schwert in den Leib rammt – und verließ den Garten. Fünf Minuten später stand er vor Magister Albert.
»Ich will dich nicht fragen, woher du das alles weißt«, sagte der kleine Magister mit müdem Lächeln. »Dazu hab' ich zu viele Jahre in Klöstern verbracht. Nein, wir gehen nicht zu Fuß, es würde zu viel Zeit in Anspruch nehmen, und Seine Heiligkeit hat es eilig. Wir nehmen für die Reise die Maultiere und den alten Wagen, der in einem von unseren Schuppen steht.«
Bruder Peter schluckte. »Dürfen Bruder Robin und ich kutschieren?«
»Keine schlechte Idee. Du bist nun vier Jahre hier – etwas Bewegung kann dir nicht schaden.«
»Danke, Vater Albert. Aber – der Wagen ist *sehr* alt und nicht sehr fest, und mit Kunigunde und Portiunkula steht es

auch nicht besser. Die Kunigunde ist fett und faul, und die Portiunkula sehr eigensinnig.«
»Das mag wohl sein, Bruder Peter, aber was soll man da machen?«
»Der Doktor St. Amour hat sehr gute Pferde, Vater Albert, ich habe sie selbst gesehen. Burgundische Zucht.«
»Doktor St. Amour hat eben Glück«, sagte Albert steif.
»Er wird lange vor uns ankommen und es gehörig ausnützen«, meinte Bruder Peter.
»Diese Möglichkeit ist mir nicht entgangen«, sagte Albert.
»Es ist sehr bedauerlich. Leider läßt es sich aber nicht ändern. Wir haben kein Geld, um Pferde und Wagen zu kaufen. Wir sind ein Bettelorden, Bruder Peter.«
»Jawohl, Vater Albert. Darf ich den Nachmittag frei haben, um – – um Reisevorbereitungen zu treffen?«
»Ja.«
»Danke, Vater Albert.«
Was hat er nur vor? dachte der kleine Magister, während sich die Tür hinter Bruder Peter schloß; irgend etwas führt er im Schilde, das ist sicher. Aber schon schweiften seine Gedanken wieder zu der schweren Gefahr zurück, in der sich der Orden befand. Es war ihm noch nicht möglich gewesen, ein Exemplar der Streitschrift »Gefahren der modernen Zeit« zu erhalten. St. Amour war ein mit allen Wassern gewaschener Gegner. Er hatte ein Exemplar dem Papst geschickt und ein zweites an König Ludwig. Der Papst hatte sein Exemplar dem Generalmeister des Ordens gegeben, dem verehrungswürdigen alten Umberto de Romanis – und der hatte es nicht gewagt, es nach Paris zu schicken. Es war ein sehr langes Dokument, und das Abschreiben dauerte geraume Zeit. Also hatte der Generalmeister lediglich zusammenfassend darüber nach Paris berichtet. Vor der Ankunft in Anagni konnten Albert und Thomas nichts tun. Und dort wartete dann bereits St. Amour – und er und seine Freunde in Italien würden auf sofortiges Handeln drängen.
Vom Brief des Generalmeisters abgesehen, lag nur noch die von St. Amour angegriffene These des Franziskanergenerals »Einleitung zum ewigen Evangelium« vor, und diese nicht gerade geglückte Schrift war nun wirklich ein Schritt in der

falschen Richtung. St. Amour würde das natürlich bis ins Letzte ausnützen.
Wenn der Angriff gelang, war es aus mit dem Werk des heiligen Dominik und des heiligen Franziskus; aus mit seinem eigenen Lebenswerk, dachte Magister Albert, dem Werk von Thomas und Buonaventura und Roger Bacon. Es war das Ende der glorreichen Hinkehr zur Armut Christi – – –
Das Ende des Ordens.
Den schweren Kopf auf die gefalteten Hände gestützt, betete Magister Albert inbrünstiger denn je, seit er vor über dreißig Jahren der Welt den Rücken gekehrt hatte.

*

Bruder Peter hatte das Kloster von St. Jacques bereits weit hinter sich gelassen. Als er den Palast erreichte, wandte er sich zur Linken und betrat den weiten Hof der königlichen Ställe. Dort suchte er sich einen Mann aus, der mehr goldene Klunker am Hut hatte als die anderen, und bat ihn, Seiner Königlichen Hoheit, dem Prinzen Eduard von England, eine Botschaft auszurichten.
Der Stallmeister musterte ihn scharf. Konnte ein Dominikanerbruder betrunken sein? Sie wässerten doch sogar das Bier im Refektorium, bis es nicht stärker war als Kamillentee. Oder was konnte sonst mit dem Mann los sein? Nun, es waren eben große Kinder, die die Wege der Welt nicht kannten.
»Dies sind die königlichen Ställe, Bruder –«, belehrte er herablassend.
»Ich bin weder blind, noch habe ich meinen Geruchssinn verloren«, unterbrach ihn der Mönch, vielleicht etwas weniger geduldig, als es sich für sein Kleid schickte.
»Der Palasteingang ist da drüben, seht Ihr das nicht? Und wenn es sich um eine Bettelei handelt, kommt morgen früh um acht Uhr wieder, wenn der König von der Messe zurückkommt. Da speist er jedesmal vierhundert Arme.«
»Freund, mögen mir die Heiligen Geduld schenken, und Euch etwas mehr Grütze im Kopf. Ich kenne den Unterschied zwischen einem Palast und einem Stall, und ich kenne die christlichen Gewohnheiten des guten Königs, Gott segne ihn. Ich will nichts von ihm. Alles, worum ich Euch bitte, ist,

daß Ihr jemand zum Prinzen Eduard von England schickt, der ein Gast des Königs ist, und ihn wissen laßt, daß Bruder Peter hier ist und sehr glücklich sein wird, wenn ihm der edle Prinz ein paar Minuten seiner Zeit schenkt.«
»Ihr – – Ihr wollt, daß Seine Königliche Hoheit hier nach den Ställen kommt – – Euretwegen?«
»Nun habt Ihr's erfaßt.«
»Es wird ihm nicht einfallen.«
»Von allein gewiß nicht. Darum bitte ich Euch ja gerade, ihm einen Boten zu schicken. Laßt ihn doch selbst darüber entscheiden, Freund.«
Der Stallaufseher räusperte sich und wollte losplatzen. Aber da erinnerte er sich rechtzeitig daran, daß der König eine geradezu unsinnige Vorliebe für diese Bettelmönche hatte. Sie durften manchmal sogar mit ihm speisen. Außerdem waren die Engländer bekanntlich ganz geschupfte Leute... Vielleicht fand man es in England völlig natürlich für einen Prinzen, wenn er sich mit einem Bettelmönch im Stall verabredete. Und auf alle Fälle schien es die einzige Möglichkeit, den Bettler in der Kutte loszuwerden.
»Also gut«, sagte der Stallaufseher. Er gab einem seiner Leute entsprechende Weisung – der Mönch hörte aufmerksam zu – und kehrte zu seinen Pflichten zurück.
Der Bruder begann sich die Pferde anzusehen und pfiff leise vor sich hin, während er von einem zum anderen schritt. Burgundische Zucht – dagegen war nicht so leicht aufzukommen. Er war noch immer dabei, stolze Köpfe und mächtige Glieder zu prüfen, als eine fröhliche junge Stimme erklang:
»Wo steckt mein Freund, der Bettelmönch?«
»Hier bin ich, Königliche Hoheit.«
Prinz Eduard sah ganz anders aus als Messire Edward. Statt eines einfachen, schwarzen Rocks ohne Pelzbesatz trug er ein Wams von kostbarem blauem Samt, mit Hermelin verbrämt, und einen Mantel von der gleichen Farbe und mit Saphiren besetzt. »Hätte nicht gedacht, daß ich Euch so rasch wiedersehen würde, Bruder Peter, aber es freut mich. Nun erzählt mir, warum Ihr mich am Tanzen mit den schönen Damen des Hofes hindert?«
Es klang nicht wie ein Vorwurf.

»Mein Prinz hat mir versichert, ich könnte zu ihm kommen, wenn ich seine Hilfe brauche – – –«
»Beim heiligen Glauben, das hab' ich gesagt. Was wollt Ihr von mir?«
»Ihr erinnert Euch an Meister Thomas von Aquin, auf der Universität – –«
Der Prinz lachte. »Es würde mir schwer fallen, ihn zu vergessen, selbst wenn ich's wollte. Seine Definitionen haben mich viele Stunden Schlaf gekostet.«
»Er muß nach Anagni reisen, zum Heiligen Vater. Sein Orden ist von den weltlichen Doktoren verleumdet worden. Sie verlangen seine Auflösung. Ich soll ihn nach Anagni bringen – in einem Wagen, der aussieht, als wäre er aus den Überresten der Arche Noah erbaut, und gezogen von zwei Maultieren, die genau dazu passen. Und Doktor Wilhelm von St. Amour hat einen schönen Wagen mit burgundischen Pferden – wenn er aber vor uns ankommt, wird er Himmel und Hölle gegen uns in Bewegung setzen.
»Charles«, brüllte der Prinz mit erstaunlicher Stimmstärke. »John!«
Seine Leute kamen gerannt, die Kappen in der Hand.
»Einen meiner besten Wagen – Reisewagen, keine Staatskarosse. Und zwei meiner eigenen Pferde – nehmt Falke und Sperber. Rasch.«
Charles und John rannten davon.
»Bei Unserer Lieben Frau«, sagte der Prinz, »dieser St. Amour wiegt vielleicht weniger und sicherlich nicht mehr als Meister Thomas, aber das soll ihm nicht viel nützen. Es gibt in ganz Frankreich kein Pferd, das es mit Falke und Sperber aufnehmen kann – mein Hengst Boreas ausgenommen. Ich wünschte, ich hätte jemand, mit dem ich wetten könnte. Glaubt Ihr, daß dieser Kerl, der St. Amour, hundert Pfund Gold gegen mich halten würde?«
»Ich möcht' es bezweifeln, mein gnädiger Prinz«, sagte Bruder Peter, der strahlte wie die Sonne am Mittag. »Gott segne Euch für – ah, ah, die herrlichen Tiere!«
Es waren Füchse, ebenso anmutig wie kräftig, und sie warfen die feinen Köpfe stolz zurück, als der Prinz sie streichelte.
»Das ist Falke – und das ist Sperber. Sie gehören Euch, so-

lange Ihr sie braucht – aber unter einer Bedingung: sobald Eure Sendung beendet ist, müßt Ihr sie mir selbst zurückbringen.«

Bruder Peters Augen leuchteten. »Ich bin nicht mein eigener Herr, wie Ihr wißt, mein Prinz. Aber sobald meine Sendung erfüllt ist, werde ich meine Oberen um Erlaubnis bitten, Falke, Sperber und Wagen wieder zu Eurem Dienst zurückzubringen – – und mich selbst dazu!«

»Bei meinem Glauben«, sagte Eduard, »das ist noch besser als eine Wette. Es gilt, Bruder Peter. Bezeugt Meister Thomas von Aquin meinen Respekt und sagt ihm, wir werden uns glücklich schätzen, ihn eines Tages in England zu begrüßen, wenn es seine Pflichten erlauben. Und sein Besuch wird nicht nur die Dominikaner in Oxford und London ehren, sondern das ganze Land.«

»Das ist das schönste Geschenk von allen, mein Prinz«, sagte Bruder Peter.

»Macht, daß Ihr fortkommt«, lachte Eduard, »und schickt mir den Schuft, der den schönen Namen der Liebe mißbraucht, dahin, wo er hingehört. Aber dafür wird Meister Thomas schon sorgen.«

Die Pferde waren inzwischen angeschirrt worden. Bruder Peter sprang mit einem Satz auf den Bock, nahm Charles die Zügel und John die Peitsche aus den Händen, schüttelte den Kopf vor lauter Entzücken, schnalzte mit der Zunge – und die edlen Pferde brausten davon, daß ein paar Stalljungen am Eingang hastig zurückspringen mußten.

Ein paar Minuten später rollte das Gefährt in den Klosterhof, und es war vielleicht nicht der reine Zufall, daß es genau vor Magister Alberts Fenster zum Halten kam. Der kleine Mann lehnte sich heraus.

»Was ist denn das, Bruder Peter?«

»Wagen und Pferde, die unserer Reisenden würdig sind, Vater Albert«, sagte Bruder Peter.

»Ich hoffe, Seine Hoheit der Prinz von England weiß etwas davon«, sagte Albert trocken.

»Er wünscht uns gute Reise. Aber woher wißt Ihr – –?«

»Du wirst gut daran tun, das Wappenschild des Prinzen abzunehmen«, schmunzelte Albert. »Wenn wir's so gut ma-

chen wie du mit deinen „Reisevorbereitungen", dann gewinnen wir.«
»Ich bürge dafür, daß wir vor Doktor St. Amour in Anagni ankommen.« Piers konnte vor Freude nicht stillsitzen.
»Das klingt nicht gerade nach Demut«, sagte Albert. »Aber es gefällt mir.«

*

Vier Kardinäle hatten den Vorsitz. Ihre langen, purpurroten Schleppen umflossen sie wie geschmolzenes Kupfer. In weitem Halbkreis vor ihnen wogte ein ganzes Ährenfeld von Geistlichen aller Art und aller Rangstufen, Weltklerus und Ordensbrüder, Prälaten, Äbte, Würdenträger der Kurie, Lehrer der Theologie und Philosophie. Rot und Schwarz herrschten vor – das Weiß der Dominikaner und das Braun der Franziskaner machten den Eindruck von Fremdkörpern. Es war der Zweck der Sitzung, ausfindig zu machen, ob sie Fremdkörper waren.
Die Delegation der Franziskaner bestand aus dem General, Johann von Parma, Frater Buonaventura, zwei Äbten aus Rom und Mailand und ein paar jüngeren Ordensbrüdern; die dominikanische Delegation aus dem Generalmeister, dem gebrechlichen alten Umberto de Romanis, Magister Albert von Regensburg und Thomas von Aquin. Die Brüder Peter und Robin saßen hinter ihnen, und es war ihnen nicht sehr wohl zumute. Die pompöse Versammlung schüchterte sie ein.
Magister Albert hatte Johann von Parma und Frater Buonaventura eingeladen, die Reise in dem raschen Wagen mitzumachen, der dem Dominikanerorden zur Verfügung stand. Die Franziskaner waren nicht reicher als ihre dominikanischen Vettern, und die Einladung war dankbar angenommen worden.
Von Doktor Wilhelm von St. Amour und seiner Delegation war keine Spur zu erblicken. »Wenn sie nicht fliegen können wie die Vögel, holen sie uns nicht ein«, hatte Bruder Peter versichert, und Falke und Sperber hatten seine Worte wahr gemacht.
Zur Belohnung hatte er für sich und Bruder Robin um die Erlaubnis gebeten, bei der Sitzung dabei sein zu dürfen. »Es

gibt keinen Engländer, der an einer richtigen Rauferei nicht seinen Spaß hätte«, bemerkte er. Magister Albert hatte beiden die Erlaubnis erwirkt.

Es war, als ob die Kurie beschlossen hätte, selbst »Falke« und »Sperber« an Geschwindigkeit zu übertrumpfen. Sie hatten kaum ihre Ankunft angemeldet, als auch schon ein Brief des Kardinals Eudes de Chateauroux eintraf, mit dem lakonischen Bescheid, innerhalb von sechsunddreißig Stunden vor dem kirchlichen Gerichtshof zu erscheinen. Es handelte sich dabei wohl nur um eine Vorverhandlung. Aber die konnte sehr leicht entscheidend sein. Sechsunddreißig Stunden – und sie hatten die Anklageschrift, die die Auflösung der Bettelorden verlangte, noch nicht einmal zu Gesicht bekommen, geschweige denn studiert.

In der Zwischenzeit hatte Umberto de Romanis sie mehrere Male abschreiben lassen. Er gab Magister Albert und Bruder Thomas je ein Exemplar. Sie empfingen es kniend und kehrten sofort wieder in ihre Zellen zurück.

Am nächsten Morgen um sieben Uhr früh betrat Bruder Robin mit einem Krug Wasser die Zelle von Bruder Thomas. Er fand ihn auf den Knien vor dem Kruzifix. Auf dem Schreibtisch lag das Exemplar der »Gefahren der modernen Zeit«, noch immer zusammengerollt. Das Bett war unberührt. Thomas hatte die ersten zwölf von den kostbaren sechsunddreißig Stunden im Gebet verbracht. Erst jetzt stand er auf, nickte Robin mit einem freundlichen, etwas zerstreuten Lächeln zu und setzte sich an die Arbeit. Auf die zwölf Stunden Gebet folgten zwölf Stunden Arbeit, und auf die folgten zwölf Stunden Schlaf.

Am Morgen der Verhandlung war er bereit. Und da saß er nun, vor den beiden Laienbrüdern, und wartete geruhsam, bis er aufgerufen wurde.

Magister Albert wirkte neben ihm kleiner als je; aber so stark war die magnetische Kraft, die in dem winzigen Körperchen steckte, daß niemand um ihn herum – Thomas ausgenommen – es fertigbrachte, stillzusitzen. Albert selbst rührte sich nicht. Der alte Generalmeister saß zusammengesunken da; seine Augen waren geschlossen.

Es begann, wie gewöhnlich, mit der Anrufung des Heiligen

Geistes und dem Gebet, das Gott um Schutz vor Irrtum anflehte.
Dann sprach Kardinal de Chateauroux, weißhaarig, rundäugig. Wie eine Eule sieht er aus, dachte Piers, aber nicht wie eine gutmütige.
Kardinal Johann Franciago neben ihm hatte ein freundliches, besorgtes, rundes Gesicht. Er schien sich sehr unbehaglich zu fühlen. Gerichtsverhandlungen lagen ihm wohl nicht. Man konnte ihn sich am besten vorstellen, wie er sich um Speise und Kleidung für die Armen bemühte, oder wie er als päpstlicher Legat einem übellaunigen Fürsten eine starke christliche Arznei gegen seinen schlechten Charakter verschrieb. Aber um den kleinen Mund lag ein Zug von Eigensinn: der milde Mann, der sich nicht gern für milde halten ließ; der gutmütige Mann, der stets befürchtete, daß seine Gutmütigkeit ausgenützt würde. Und er war wirklich aus diesem Grunde ein strenger Herr.
Kardinal Hugh von St. Cher, hochgewachsen, mager, knochig, mit einer ungeheuren Stirn über dunkeln, buschigen Augenbrauen, die Augen ständig halb geschlossen, mit langer, schwerer Nase und dünnen Lippen – der war nicht der Mann, dem man gern begegnete, wenn man ein schlechtes Gewissen hatte, dachte Piers.
Und Kardinal John von Ursini, kurz und gedrungen, mit einem Paar funkelnden schwarzen Augen, denen nichts zu entgehen schien, einer der besten Sachverständigen der Kirche für kanonisches Recht, mit messerscharfem Denkvermögen. Er war der jüngste der vier Richter.
»– – – und darum rufen wir in Verteidigung gegen die vorgenannte Anklageschrift auf: Bruder Thomas von Aquin, vom Orden der Prediger.«
Piers' Brust hob sich in einem unhörbaren Seufzer.
Thomas stand auf. Er hielt seine Notizen zusammengerollt in der Hand; es sah aus wie ein kurzer Stab oder ein Szepter. Dabei glich er durchaus nicht einem Heerführer oder Herrscher. Ein großer, dicker, freundlicher Mann sprach mit einer klaren, ebenmäßigen Stimme.
Piers verstand nicht einmal die Hälfte von dem, was Thomas sagte. Vier Jahre als Laienbruder geben einem Mann nicht

viel philosophisches oder theologisches Wissen. Aber er war den größten Teil seines Lebens Soldat gewesen. Er hatte gesehen, wie Ritterscharen in voller Rüstung aufeinander einritten und mit splitterndem Krachen zusammenstießen; er hatte die wilden, wütenden, blitzgeschwinden Angriffe von Arabern und Sarazenen erlebt und so manchen Einzelkampf zwischen Kriegsleuten, deren Kraft und Mut sie weltberühmt gemacht hatten.

Niemals aber hatte er erlebt, was er jetzt erlebte.

Ihm war – und nicht nur ihm allein –, als stünde zwischen Thomas und den vier Richtern ein gigantisches, rauchiges, wolkiges Gebilde, die Verkörperung der feindlichen Anklage. In dieses Gespenst hinein segelte der große, dicke, freundliche Mann Thomas und begann etwas, das man nur als methodische Abbrucharbeit bezeichnen konnte. Er schlug nicht darauf los. Er stieß nicht gewaltsam hinein. Er schien auch nicht im geringsten böse auf das Gespenst. Er zerlegte es nur. Er löste ein Stück nach dem anderen los und zeigte es den Richtern mit einer Miene, als bedauerte er, daß es von so schlechter Beschaffenheit war. Das Gespenst begann zu schrumpfen. Thomas holte ihm das Gehirn heraus – mit größter wissenschaftlicher Sorgfalt und Behutsamkeit – und wies formvollendet und objektiv nach, daß es voller Krebsgeschwulste war. Er schnitt fein säuberlich das Herz heraus und präsentierte es, so daß jeder sehen konnte, daß es kein lebendiges Organ war, sondern eine künstlich gefügte Masse kleiner Geschwüre. Wo immer in den »Gefahren der modernen Zeit« ein Zitat aus der Heiligen Schrift vorkam, pflückte er es heraus wie etwas Köstliches, das von seiner Umgebung beschmutzt worden war, und er schien es den Richtern zu Füßen zu legen, damit sie es wieder reinigten.

Dann fuhr er mit seiner ruhigen, freundlichen, systematischen Arbeit fort.

Piers brauchte die theologischen Ausdrücke nicht zu verstehen und den Gedankengängen nicht zu folgen, um zu sehen, wie die Schlacht verlief. Er sah Thomas' völlig unbeirrte Ruhe, seine wenigen, aber sehr bezeichnenden und beredten Gesten. Er sah, wie Kardinal de Chateauroux wieder und wieder nickte und dann jedesmal hastig innehielt. Kardinal

Franciago blies seine runden Backen auf wie ein Mann, der unter einem schrecklichen Druck steht. Kardinal Ursinis schwarze Augen schienen Löcher in den Sprecher bohren zu wollen. Nur Kardinal St. Chers langes, ernstes Gesicht blieb unbeweglich.

Die Abbrucharbeit ging unbarmherzig weiter. Der Name des Doktors Wilhelm von St. Amour wurde nicht genannt. Seine Persönlichkeit wurde nicht berührt. Nicht er, sondern seine Anklageschrift war das Ziel des Angriffs, und von dem gigantischen, rauchigen, wolkigen Gespenst waren nun nur noch Fetzen übrig.

Thomas schickte sich an, diese Fetzen in winzige Stücke zu zerreißen, und die Stücke dann zu Pulver zu zermahlen, alles das mit einer Art von behutsamer, engelhafter Geduld. Nicht ein einziges Mal erhob er die Stimme.

Zum Schluß glich er einem Mann, der ein Blumenbeet sehr gründlich von Unkraut gesäubert hat und nun findet, daß es auf dem Beet nie eine einzige Blume gegeben hat.

Darauf trat er zurück. Zwischen ihm und den Richtern lag keine Ruine, lag nicht einmal Schutt, sondern etwas wie ein kleines Häufchen Asche, ein paar Schimmelflecke – etwas, das man mit dem Besen wegkehren mußte.

Dann verneigte er sich vor den Richtern und setzte sich geruhsam wieder hin.

Kardinal de Chateauroux konnte nicht umhin, Kardinal Franciago anzublicken, und Kardinal Franciago ging es genau so. So trafen sich ihre Augen, und beide blickten rasch wieder weg. Piers mußte sich gewaltig anstrengen, um nicht über das ganze Gesicht zu grinsen. Bruder Robin, dem es genau so ging, starrte mit aller Kraft an die Decke.

Aber am schwersten hatte es Magister Albert. Er hatte jede Phase, jeden Augenblick der unheimlichen Schlacht verfolgt. Er hatte die Logik als Zerstörungswaffe arbeiten sehen, die personifizierte Logik – von einer Stärke, wie selbst er sie nie zuvor erlebt hatte. Er hätte aufspringen und den Schüler, der seinen Meister übertroffen hatte, umarmen mögen. Statt dessen mußte er stillsitzen und auf sein eigenes Stichwort warten. Es gelang ihm. Aber die Augen in dem mächtigen Schädel sprühten.

Endlich hatte sich Kardinal de Chateauroux erholt.
»Das Gericht wird nun Frater Buonaventura vom Orden der Minderen Brüder hören.«
Der schlanke junge Mönch, von dem bereits alles flüsterte, daß er ein Heiliger sei, trat vor und verneigte sich.
Über der Asche des Feindes begann er – nicht so sehr eine Rede, als ein Lied. Und dieses Lied hatte wenig mit den Anklagen gegen seinen Orden zu tun. Bruder Buonaventura kämpfte mit niemandem. Er pries Christus, der in Seinem Diener Sankt Franziskus Sein eigenes Leben der Armut neu geformt hatte. Sie war der kostbarste Schatz, diese Armut. Kein Wunder, daß sie Neider fand. Aber er bat, daß es seinen Brüdern und ihm erlaubt würde, sie zu behalten, denn im Dienste unserer lieben Frau Armut, der idealen Braut des heiligen Franziskus, blieben Herz und Geist frei für die Liebe zu Christus...
Johannes von Parma weinte. Das war das Lied des heiligen Franziskus, Gottes geliebten Narren, des Hofnarren des Himmels. Recht hatten sie, wenn sie sagten, daß er die Sprache der Vögel verstand; denn wie alle Vögel, so beherrschte auch er nur ein einziges Lied, das Lied der Liebe. Und der Tod allein konnte es zum Schweigen bringen.
Als Frater Buonaventura zu seinem Sitz zurückging, neigte Kardinal de Chateauroux den Kopf in der Richtung des Franziskanergenerals – es war eine sehr höfliche Geste: die Verteidigung des Ordens der Minderen Brüder war gehört worden. Dann rief er Magister Albert auf.
Der große »kleine Mann« brauchte nur wenige Minuten, um die ganze Versammlung in seinem Bann zu haben. Er allein erwähnte Doktor Wilhelm von St. Amour und seine Freunde – und auch er nur ein einziges Mal. Aber die Bemerkung war vernichtend. »Das ist die Art Leute, die Sokrates ein zweites Mal getötet haben«, sagte er.
Dann zauberte er das gewaltige Bild des Ordens in seiner Gesamtheit hervor. Die Arbeit, die jeden Tag in so und so vielen Klöstern, in so und so vielen Ländern verrichtet wurde. Bauten – Bücher – Predigten – Austeilung der Sakramente. Die Missionen – die bereits ausgesandten und die noch geplanten. Und er fragte, ob all das, das Lebenswerk des heiligen Do-

minik und seiner Söhne, zunichte gemacht werden sollte – und welche Werte die Ankläger der Kirche anzubieten hatten, um einen Verlust von solchen Ausmaßen aufzuwiegen – Als er sich setzte, blickte Johann von Parma auf, als erwartete er, daß nun auch er aufgerufen würde. Aber zu seiner Überraschung schüttelte Kardinal de Chateauroux den Kopf und erhob sich.
»Der Gerichtshof vertagt sich zur Beratung. Seine Heiligkeit der Papst wird über unseren Befund Bericht erhalten.«
Ein kurzes Gebet folgte. Dann verließen die vier Richter den Raum.
Piers sah sie an Thomas vorübergehen. Er glaubte zu sehen, wie Kardinal de Chateauroux ihm fast unmerklich zunickte; er war fast sicher, daß Kardinal Franciago ihm zuzwinkerte; und er hätte darauf schwören mögen, daß Kardinal Ursini nicht nur lächelte, sondern eine vergnügte Grimasse schnitt. Nur Kardinal St. Cher schritt stumm, unbewegt und tödlich ernst vorbei.
Nach einer Beratung von wenig mehr als einer Stunde berichteten die Richter dem Papst ihre gemeinsame Entschließung, daß weitere Verhandlungen nicht mehr nötig seien. Dann machte einer nach dem andern noch seine persönliche Aussage.
Und der Papst veröffentlichte eine Bulle, die die Anklageschrift »Über die Gefahren der modernen Zeit« als bösartig und verbrecherisch brandmarkte. Die Schrift wurde in der Anwesenheit des Heiligen Vaters öffentlich verbrannt.
Drei Tage darauf kamen St. Amour und seine Freunde in Anagni an.

*

»Christian von Beauvais, Odo von Douai und Jean de Gecteville haben schriftlich widerrufen«, sagte Umberto de Romanis.
»Und St. Amour?« fragte Albert.
»Hat sich geweigert, zu unterzeichnen.«
»Das bedeutet, daß er sein Lehramt verliert.«
»Ja – und Verbannung auf seine Besitzung in Burgund. Aber ich habe noch mehr Neuigkeiten für dich, mein Sohn. Johann von Parma ist von seiten der Kurie mitgeteilt worden,

daß seine Schrift „Einführung in das ewige Evangelium" Bruder Thomas von Aquin zur weiteren Berichterstattung übergeben werden wird.«

Albert verzog den Mund. Dann sagte er: »Ich verstehe. Sie wollen nichts auf den Vorschlag von St. Amour und seinen Freunden hin verdammen. Es ist eine außerordentlich höfliche Geste den Bettelorden gegenüber.«

»Der Orden der Minderen Brüder wird bald einen neuen General haben«, meinte Umberto de Romanis ruhig. »Vielleicht lautet sein Name: Buonaventura.«

»Er ist erst einunddreißig – aber sie könnten keine bessere Wahl treffen.«

»Bruder Thomas wird Magister der Theologie, sobald er nach Paris zurückgekehrt ist –« Der alte Generalmeister lächelte leise.

»Dann muß ich ihn auf diesen Schreck vorbereiten«, sagte Albert. »Alles, was mit Rang und Würde zu tun hat, kann er nun einmal nicht ausstehen.«

»Ich weiß, wie er darüber denkt.« Umberto de Romanis kicherte fröhlich. »Ich habe mein Bestes für ihn getan. Der Heilige Vater wollte ihn zum Erzbischof ernennen. Es hat mich große Mühe gekostet, es ihm auszureden.«

*

»Vater Thomas«, sagte Piers. »Ich komme, um mich zu verabschieden. Magister Albert hat mich und Bruder Robin freigegeben. Er sagt, Ihr kehrt auf dem Seewege nach Frankreich zurück. Und ich muß Prinz Eduard seinen Wagen und seine Pferde wieder bringen. Wie ich hörte, hat er Paris bereits verlassen. Ich werde ihn in London treffen.«

»Ihr tretet in seine Dienste?«

»Ja, Vater Thomas.«

Die runden schwarzen Augen blickten in die Ferne.

»Ich bin Soldat«, sagte Piers, »und habe mein Vaterland lange nicht gesehen. Und der arme Robin hat Heimweh, seit er die weißen Kreidefelsen der britischen Küste verschwinden sah.«

Noch immer keine Antwort.

»Ihr habt mir einmal etwas zitiert«, sagte Piers schüchtern.

»„Liebe Gott – und tu sonst, was du willst." Erinnert Ihr Euch nicht?«
Nun endlich lächelte Thomas. »Ich werde Euch vermissen«, sagte er einfach.
Piers begann zu strahlen. »Ich habe eine Einladung für Euch, Vater Thomas: Prinz Eduard bezeugt Euch seinen Respekt und läßt Euch sagen, er wird sich glücklich schätzen, Euch eines Tages in England zu sehen, wenn es Eure Pflichten gestatten. Und er sagt, es wird nicht nur für die Dominikaner in Oxford und in London eine Ehre sein, sondern für das ganze Land. Werdet Ihr kommen, Vater Thomas?«
»Ich hoffe ja«, erwiderte Thomas. Nun hatte er wieder *ihre* Augen.
Piers kniete nieder. »Ich bitte um Euren Segen, Vater Thomas.«
Die Stimme, die St. Amour ins Nichts geschleudert hatte, betete über ihm.
Piers erhob sich. »Kein Mann kann einen besseren Schild führen«, sagte er mit schwankender Stimme. »Vergeßt mich nicht ganz.« Und er eilte aus der Zelle.
Robin wartete auf dem Gang. »Einen Augenblick, Herr«, sagte er und lief in die Zelle, die Piers soeben verlassen hatte. Ein paar Minuten später erschien er wieder, war sehr rot im Gesicht und versuchte, an seinem Schnurrbart zu kauen, der nicht vorhanden war. Piers tat alles, um es nicht zu bemerken.
Aber als sie auf den winzigen Stall des Klosters zuschritten, sagte Robin heiser:
»Es gibt nur eins, was bei Vater Thomas unbegreiflich ist.«
»So: Was denn?«
»Daß er kein Engländer ist.«

VIERTES BUCH

XVI

»ONKEL, ONKEL – – –«
»Was ist denn jetzt schon wieder?«
»Onkel, ich kann nichts sehen –«
»Ist auch noch nichts zu sehen. Sie sind noch alle in der Kathedrale. Sei du nur hübsch ruhig und warte.«
»Ich möcht' aber die schönen Pferde sehen –«
»Alle Heiligen, laßt mich nicht die Geduld verlieren – du hast über eine Stunde lang auf meinen Schultern gesessen, und –«
»Gebt ihn mir, Sieur Galou.«
»Es wird Euch reuen, gute Frau, er ist schwer – hat mir ein ordentlich Loch in die Schultern gesessen. Da – sei aber vorsichtig – und zerdrück das schöne Sonntagskleid der guten Frau nicht mit deinen schmutzigen Beinen – –«
»Schöne Pferde – –«
»Ja – das sind die Wachen des Königs. Sag, weißt du denn auch, was sie heute für ein Fest feiern?«
»Natürlich weiß ich das: Fron – Fronleichnam.«
»Richtig! Und wer hat es uns geschenkt?«
»Der Heilige Vater.«
»Wieder richtig. Und wie hieß der Heilige Vater?«
Der Angeredete überhörte die Frage und drängte:
»Warum haben denn die Wachen keine Schilde, Onkel?«
»Schilde werden bei der Parade nicht getragen. Antworte auf die Frage der guten Dame, Jean, zeig, daß du was gelernt hast. Wie heißt der Heilige Vater?«
»Klemens.«
»Ja, so heißt der jetzige Papst, Klemens IV. Aber das Fest hat uns sein Vorgänger geschenkt, Urban IV. Und vor *dem* kam Alexander IV. – und vor dem wieder Innozenz IV. – lauter Vierte!«
»Wie gut Ihr unterrichtet seid, Madame – – –«
»Ich bin die Witwe Michard, Monsieur, Euch zu Diensten.«
»Ihr kennt Eure Päpste wie am Schnürchen. Aber vergebt mir, wenn ich Euch korrigiere: der Heilige Vater hat das Fest angeordnet, aber geschenkt hat es uns unser Magister Thomas von Aquin.«
»Nun ja – das kann man auch sagen.«

»Kann man auch sagen? So *ist es*, Madame. Ohne ihn wäre es ein kleines örtliches Fest da oben in Lüttich geblieben. Aber als unser Magister Thomas vor ein paar Jahren aus England zurückkam, rief ihn der Papst nach Italien und wollte ihn zum Kardinal ernennen für all die Arbeit, die er geleistet hat. Doch er sagte: ,,Danke tausendmal, Heiliger Vater, laßt mich lieber wie ich bin, ein roter Hut steht mir nicht." Sagt der Heilige Vater: ,,Es gibt auch zu viel Bescheidenheit", und Magister Thomas meinte: ,,Nein, das ist's nicht, im Gegenteil." ,,Wieso im Gegenteil", fragt der Papst. ,,Ich will viel mehr haben als den Kardinalshut", sagt Magister Thomas. ,,Ja was denn", fragt der Papst, ,,wollt Ihr vielleicht Papst sein, an meiner Stelle?" ,,Gott verhüt's", sagt Magister Thomas. ,,Das hätt' mir noch gefehlt. Nein, ich möchte, daß Ihr das Corpus-Christi oder Fronleichnamsfest zu einem Fest der ganzen Kirche macht, von nun an bis in Ewigkeit, per omnis saecula saeculorum", spricht er. Je nun, Papst Urban IV., Gott segne sein Andenken – der kam aus einfachem Haus, sein Vater war nur ein Schuster gewesen, genau wie ich –, und einfache Leute wissen, daß man immer handeln muß und feilschen, damit man bekommt, was einem zusteht und manches Mal auch ein bißchen mehr – also tat er so, als müßte er sich das doch sehr überlegen, und dann sprach er: ,,Magister Thomas", sagt er, ,,das ist keine Kleinigkeit, was Ihr da von mir verlangt, das ist ein gewaltig Ding – – aber ich will's Euch gewähren, jawohl, ich geb's Euch, jedoch unter einer Bedingung: Ihr müßt mir die Liturgie für das Fest schreiben."

,,Gut, Heiliger Vater", sagt Magister Thomas, ohne zu zögern, ,,es gilt, die Liturgie schreib' ich Euch gern." Und er freute sich darüber wie ein Schneekönig, weil's wieder was Neues zu tun gab, denn ihm ist nur wohl zumute, wenn er arbeitet, was ich von meiner Mutter Sohn nicht sagen kann. Und so, meine gute Witwe Michard – haben wir das Fronleichnamsfest bekommen.«

»Noch nie hab' ich so viele Menschen auf einmal gesehen – bis an die Seine herunter ist alles ganz schwarz davon.«

»Freilich – nicht jeden Tag bekommt man so viele Prinzen auf einem Haufen zu Gesicht, wie heute in Notre-Dame.«

»Die sollen hier sein, weil's bald wieder einen Kreuzzug gibt.«
»Was? Das glaub' ich nicht. König Ludwig – –«
»Ihr werdet sehn, er nimmt wieder das Kreuz.«
»Hat er noch nicht genug vom letztenmal?«
»Das ist sechzehn Jahre her, müßt Ihr nicht vergessen.«
»Seitdem ist er nicht jünger geworden. Und er sieht blaß aus. Er ist nicht gesund, scheint mir.«
»Nur keinen Kreuzzug mehr, um der Liebe Gottes willen –«
»Heul nicht, Mütterchen, hast ganze sechzehn Jahre lang gesegneten Frieden gehabt.«
»Ja, und warum? Weil wir die Ungläubigen in Schach gehalten haben, vom Kampf um die heiligen Stätten ganz abgesehen.«
»Aber die Heiden sind so weit weg – übers Meer. Warum sie nicht in Ruhe lassen? Das ist immer meine Meinung. Warum sie nicht in Ruhe lassen?«
»So redet Ihr, weil Ihr's nicht besser wißt, Mutter Culepin. Die Heiden sind nicht so weit weg, wie Ihr denkt. Halb Spanien halten sie besetzt, und das ist nah genug. Sie haben einen Ring um uns gezogen, von einem Ende der Welt bis zum anderen, und wenn wir den nicht von Zeit zu Zeit sprengen, erwürgen sie uns.«
»Ach was, laßt mich mit Politik in Ruhe.«
»Mutter Culepin – was würdet Ihr dazu sagen, wenn eine Menge beturbante Heiden nach Paris kämen und Ihr nicht in Notre-Dame zur Messe gehen könntet, weil sie eine Moschee für Allah und Mohammed daraus gemacht haben?«
»Redet doch keinen Unsinn, Maître Gaspard. Ich würde ihnen einfach mit der Bratpfanne auf den Turban hauen. Das täte doch jeder! Aber dazu kommt's ja nie im Leben!«
»Vielleicht nicht. Aber ist denn Notre-Dame heiliger als Bethlehem und Nazareth?«
»Diesmal hat er Euch, Mutter Culepin. Also nehmt Eure Bratpfanne und zieht mit auf den Kreuzzug.«
»Wer Moslems und Heiden und Ketzer treffen will, braucht deshalb gar nicht erst auf einen Kreuzzug zu gehen. Das kann er hier in Frankreich haben –«
»In Frankreich? In Paris kann er's haben. Und die gelehrten Herren sind manchmal die allerschlimmsten.«

»Habt Ihr das gehört, Herr Pater?«

»Ja, und es ist leider nur zu wahr. Das Moslem-Gift ist an der Arbeit. Ich habe hören müssen, wie Professoren an der Universität christlichen Schülern die averroeistische Ketzerei beibrachten: daß die Welt ewig sei, daß Gott nicht persönliche Unsterblichkeit verleihen könne, daß es so etwas wie die göttliche Vorsehung nicht gebe – – –«

»Was? Wozu denn beten wir dann alle?«

»Eben! Ganz richtig! Leider kann man ihnen aber nicht *beweisen*, daß sie Unrecht haben.«

»Kennt Ihr den Magister Thomas nicht, Herr Pater? Ich war oft in seinen Vorträgen und habe gehört, wie er mit den Brunnenvergiftern verfährt – oh, es war richtiger Spaß. Er hat sie noch jedesmal auf die Knie gezwungen.«

»Ich wünschte, er könnte es mit Magister Siger von Brabant aufnehmen – das ist der gefährlichste von allen. Seit Abelard hat es keinen solchen Dialektiker gegeben.«

»Magister Thomas hat ihn herausgefordert – öffentlich – und er hat nicht angenommen.«

»Vielleicht ist es besser so. Ich habe Magister Siger sprechen hören – ich kann mir nicht vorstellen, daß er in einem Argument den kürzeren zieht.«

»Ihr kennt eben Magister Thomas nicht, Herr Pater.«

»Es wäre viel besser, wenn sie alle das Debattieren ließen und zum einfachen Glauben zurückkehrten. Warum können sie denn den heiligen Männern der Vergangenheit nicht vertrauen – wie Sankt Augustinus und Sankt Gregor und Sankt Chrysostomus? Die wußten schon, was sie sagten.«

»Die sind aber nicht mehr hier, um zu verteidigen, was sie gesagt haben. Und selbst ein Heiliger braucht nicht unfehlbar zu sein.«

»Das nenn' ich eine kühne Sprache, junger Mann! Wo habt Ihr denn das her, wenn man fragen darf?«

»Von Magister Thomas, Herr Pater. Und er sagt, man kann die Vernunft nicht immer angekettet lassen. Gott hat sie uns gegeben, damit wir sie gebrauchen – aber freilich in der rechten Weise.«

»Bin nicht so sicher, ob das nicht sehr falsch ist, mein lieber junger Mann. Wenn ein Ding damit anfängt, daß man die

Heiligen anzweifelt – das ist ein gefährliches Zeichen. Weiß gar nicht, ob zwischen Magister Siger und Eurem Magister Thomas so ein großer Unterschied ist.«
»Geht lieber und hört ihn Euch an, Herr Pater. Ihr braucht ja nicht mit ihm zu argumentieren, wenn Euch dabei nicht wohl ist. Hört einfach zu – – –«
»Heute morgen hab' ich seine Messe gelesen – es ist eine wunderbare Messe. Wäre jammerschade, wenn das ein Ketzer wäre.«
»Wenn Magister Thomas ein Ketzer ist, dann bin ich auch einer.«
»Vorsicht, junger Mann, Vorsicht – – –«
»Da – –da – – – sie kommen heraus!«
Ohrenbetäubender Jubel ertönte, als die hochgewachsene, hagere Gestalt König Ludwigs im Mittelportal der Kathedrale sichtbar wurde. Aber wiederum fiel die Blässe des Königs auf, die von seinem rotsamtenen Wams und dem roten, mit Hermelin besetzten Überrock noch mehr hervorgehoben wurde. Wie gewöhnlich trug er einen altmodischen, formlosen Hut. Die Pariser wurden es nie müde, über diese Gewohnheit des Königs – und das Entsetzen der armen Königin Margarete darüber – ihre guten und schlechten Witze zu reißen.
Ein ganzes Heer glitzernder Gestalten folgte, zuletzt Prinz Philipp, der Sohn des Königs.
»Wer ist der große, blonde Herr in dem blauen Rock, Freund?«
»Weiß nicht – kann der Herzog von Anjou sein, der Bruder des Königs.«
»Du wirst doch einem fremden nicht falsche Auskunft geben wollen, Jacques! Der Herzog von Anjou ist jetzt gar nicht in Frankreich; sie haben ihn zum König von Sizilien gemacht, und er will jetzt dem König Manfred bessere Manieren beibringen.«
»So, so.«
»Ja – und da möcht' ich nicht gern mit König Manfred tauschen. Der edle Herr im blauen Rock ist Prinz Eduard von England und ein guter Freund unseres Königs.«
»Ich bin Euch sehr verbunden – –«

»Nicht der Rede wert, Freund. Man kann schließlich nicht alle Fürsten auswendig kennen, nicht wahr? Ein prachtvoller junger Herr, Prinz Eduard, und ein großer Kriegsmann, heißt es. Wird wohl herübergekommen sein, um an dem Kreuzzug teilzunehmen. Er hat gerade erst den Bürgerkrieg in seinem eigenen Lande beendet.«
»Da ist Bischof Tempier –«
»Das sind spanische Edle, nicht?«
»O die schöne Dame, ganz in Rot –«
»Das ist keine Spanierin. Die kommt aus Italien. Ich habe sie neulich mit ihrem Gatten zusammen bei der Messe gesehen – es ist der elegante junge Herr hinter ihr, mit dem schönen, lockigen Haar. Und weißt du, wer sie ist? Pater Lefebvre hat's mir gesagt: sie ist die Schwester von unserem Magister Thomas.«
»Von meinem Magister Thomas? Laßt sie mich sehen – bei Unserer Lieben Frau, die ist an Schönheit beinahe ein so großes Wunder wie ihr Bruder an Verstand.«
»Da, nimm das, für dieses Wort.«
»Was ist das? Was hat er dir gegeben?«
»Eine ganze Börse voll Gold! Sechs – acht – zehn Goldstücke!«
»Glücksjunge – was machst du damit?«
»Ich kann's gar nicht glauben – jetzt kann ich mir meine eigenen Bücher kaufen und wirkliches, gutes Papier – und in einem sauberen Bett schlafen – ich kann's einfach nicht glauben – – –«
»Du hast dich nicht einmal dafür bedankt –«
»Er ließ mir ja keine Zeit dazu – sprachs und war verschwunden. Und hier ist all das Gold – – –«
»Wer war's denn überhaupt?«
»Ich weiß nicht. Er sprach ohne Akzent, aber gekleidet war er wie ein Engländer. Vielleicht gehört er mit zum Gefolge Prinz Eduards.«
»Hast recht – er war in Blau, wie alle Engländer.«
»Aber warum? Warum soll er einem kleinen Pariser Studenten eine ganze Börse voll Gold schenken?«
»Die Frage kann dir wohl nicht einmal Magister Thomas beantworten.«

*

»Mein König«, sagte Prinz Eduard, »erlaubt, daß ich Euch meinen Vetter Henry von Almaine vorstelle – Lord Rudde of Foregay – – Sir Geoffrey Langton – –«
»Ich bin doch ein recht armseliger König«, sagte Ludwig mit seinem stillen, gewinnenden Lächeln. »Da treff' ich nun solch ausgezeichnete Ritter, und sie wollen mir nicht helfen, wenn ich gegen den Feind des Kreuzes ziehe.«
»Ich bedaure es nicht weniger als Ihr, mein König«, erwiderte Prinz Eduard. »Die Wunden, die uns der Bürgerkrieg in England geschlagen hat, sind noch zu frisch. Mein Vater will mich noch nicht gehen lassen. Aber in einem Jahr oder in zweien stoß' ich zu Euch, wenn's Gott gefällt, und ich hoffe nur, Ihr laßt mir noch ein paar von den verschnittenen Hunden übrig – mir, meinen Rittern und meinen Bogenschützen.«
»Euer Oheim, Cœur de Lion, hätte mir keine königlichere Antwort geben können – und ich höre, daß Ihr ihm auch in Taten gleicht.«
»König Richard«, sagte Eduard, »konnte einen eisernen Streitkolben mit einem Schwertschlag in zwei Teile spalten.« Der unverkennbare Neid in seinem Ton ließ Ludwig auflachen.
»Er war älter als Ihr, als er das fertigbrachte. Und als er so alt war wie Ihr, hatte er noch keine rebellische Stadt erobert. Ihr wart der erste auf dem Wall von Northampton, heißt es – und Ihr habt den jungen Simon de Montfort verschont.«
»Und dabei beinahe das eigene Leben eingebüßt, Herr König«, rief der junge Henry von Almaine.
»Dann kann Lord Rudde of Foregay nicht bei ihm gewesen sein«, sprach Ludwig. »Der hätte sonst die Gefahr abgewendet.«
»Es ist wahr«, sagte Lord Rudde, »ich war eine halbe Meile weit weg und hatte heiße Arbeit. Aber ich fürchte, meine Gegenwart würde nichts genützt haben. Ich war mit dem Prinzen zusammen, als er die Straße von London nach Winchester frei machte – das bedeutete, daß er den gefährlichsten unserer geächteten Ritter aus dem Wege räumen mußte – Adam Gurdon und seine Leute. Er glich eher dem Riesen Goliath als Adam. Aber mein Prinz bestand darauf, sich mit ihm auf einen Zweikampf einzulassen.«

»Adam Gurdon hatte ein Recht auf Zweikampf. Er war geächtet, aber von ritterlichem Geblüt.«
»Mein Prinz hatte Ritter genug für solche Zwecke.«
»Piers«, sagte Eduard, »gebt es zu, Ihr seid einfach neidisch. Er will immer alles für mich tun.«
»Dann hat er sich nicht viel verändert«, sagte König Ludwig. »Er tat die Arbeit von sieben Rittern, als er unter der Oriflamme bei Damiette kämpfte.«
»Mein Herr König erinnert sich – – –« sagte Piers erstaunt.
»Ich würde mich auch an einen viel geringeren Mann erinnern«, versetzte Ludwig ruhig. »Ihr wart Sir Piers Rudde, damals – und Ihr hattet einen englischen Knappen bei Euch, groß, mit einem blonden Schnurrbart –«
»Der ist jetzt ziemlich grau, Herr König, aber Robin Cherrywoode lebt und ist noch immer bei mir«, sagte Piers, und er schüttelte den Kopf in ehrlicher Bewunderung des königlichen Gedächtnisses.
»Ich hatte Glück«, lachte Eduard. »Er lief mir in die Arme, als ich zum erstenmal nach Paris kam. Da war er ein dominikanischer Laienbruder, er und auch sein trefflicher Robin. Der Orden gab sie beide frei, aber ich mußte mich auch noch mit meinem Oheim Cornwall verständigen, zu dessen Gefolgschaft er gehört hatte.«
»Ihr ein Laienbruder, Lord Rudde? Da wundert es mich, daß Ihr Euren Weg in die Welt zurückfinden konntet«, sagte Ludwig, und zum ersten Male schwankte seine Stimme ein wenig. »Ich selbst, wenn mich meine Pflicht nicht festhielte, wo ich bin – – mögt Ihr's nie bedauern, daß Ihr den Orden verlassen habt. Welchem Kloster gehörtet Ihr an? St. Jacques? Der Prior, Hugh von Soissons, nimmt heute mit an unserem Liebesmahl teil und mit ihm Magister Thomas von Aquin.«
»Ich kenne Magister Thomas gut, Herr König«, sagte Piers.
»Wie doch alle Gesichter strahlen, wenn nur sein Name fällt«, lächelte Ludwig. »Er ist ein großer Mann, und heute haben wir besondere Ursache, ihm dankbar zu sein. Übrigens ist auch seine Schwester heute bei uns, die Gräfin von San Severino, mit ihrem Gatten. Ihr kennt sie auch? Habt Ihr ihr bereits Euren Respekt bezeugt?«

»Ich sah beide bisher nur in der Kathedrale, Herr König.«
»Ich glaube, Ihr werdet sie im venezianischen Saal finden«, sagte Ludwig freundlich, und Piers verneigte sich. Zu Recht oder Unrecht fühlte er, daß der König in ihm las wie in einem Buch.
Der König begann sich mit Sir Geoffrey Langley zu unterhalten, und kurz darauf erschien Prinz Philipp, um ihm eine Reihe von flandrischen Edlen vorzustellen.
»Er wird alt«, sagte Eduard, als sie außer Hörweite waren. »Aber welch ein Mann! Ich wollte, ich könnte ihn sofort begleiten. Geht, sucht Eure Freunde auf, Piers, ich weiß, es drängt Euch, sie wiederzusehen, und nachher beim Bankett dürfte wenig Gelegenheit dazu sein.«
»Danke, mein Prinz.«
Wo war der venezianische Saal? Ah ja, der nächste. Piers fühlte, wie sein Herz heftig zu klopfen begann. Wie man doch lügen konnte, selbst wenn man die Wahrheit sprach! Er hatte ihr noch nicht in formeller Weise seinen Respekt bezeugt, er hatte sie nur während der Messe in der Kathedrale gesehen. Aber – das war ein Ereignis gewesen, mächtiger und aufwühlender als der Sturm auf Northamton. Und auch sie hatte ihn gesehen, und ihm ein Lächeln geschenkt, einen kurzen, wilden Herzschlag lang, bevor sie wieder zum Altar blickte, wo ihr Bruder die Messe las, deren Texte er selbst geschrieben hatte.
Und in dem einen Augenblick hatten sie sich wieder getroffen und waren einander nahe gewesen und froh, eines über das andere. Auf einen kurzen Augenblick, über gebeugte Köpfe und juwelenglitzernde Nacken hinweg, hatte er ihr sein ganzes Leben zu Füßen gelegt, und sie hatte daraufgeblickt und gesehen, daß es gut war.
Und hier war sie nun, und er konnte sie von nahe sehen. Eine einzige schmale weiße Strähne lief durch ihr Haar – ihr Bruder war schon ganz grau, das heißt, das Kränzlein Haare, das zu beiden Seiten der Stirn unterbrochen wurde, und das Schöpflein mitten über der Stirn waren grau; er hatte es sehen können, als Magister Thomas sich am Altar umdrehte und Könige, Prinzen und Bettler in seinen Segen einschloß:
»Dominus vobiscum.«

Sie war nicht viel jünger als Thomas.
»Piers! Sir Piers – aber nein, Ihr seid ja nun Baron geworden, ich bitt' Euch um Verzeihung. Ruggiero – hier ist Piers. Ich sagte dir doch, er war in der Kathedrale. Ich freue mich – ach, ich freue mich so sehr – –«
Ja, sie war verändert. Gereift, nicht gealtert, schlank und voll erblüht. Sie strahlte vor Freude.
Er riß sich von ihrem Anblick los, um Ruggiero zu begrüßen. Der noch immer jugendliche Mann war mit ausgesuchter Pracht gekleidet und lächelte liebenswürdig.
»Bei meinem Glauben«, entfuhr es Piers gegen seinen Willen, »wie anders Ihr beide aussseht als an dem Tag, an dem wir uns zum letztenmal sahen. Ich sehe sie noch vor mir, die beiden ehrwürdigen kleinen Nonnen, die die „Conchita" bestiegen.«
Theodoras Lachen klang ein wenig gekünstelt. Ruggiero lächelte kalt, fast feindselig. »Seitdem ist viel Zeit vergangen«, sagte er. »Ich höre, Euer Prinz schließt sich unserer Kreuzfahrt nicht an.«
»Wenigstens nicht gleich –« Piers warf ihm einen überraschten Blick zu.
»Bedeutet das – wollt ihr – beabsichtigt Ihr etwa selbst –«
»Ich beabsichtige nicht, ich *habe* das Kreuz genommen. Erstaunt Euch das, Lord Rudde?«
»Nicht von dem Sohn Eures Vaters.« Piers verneigte sich höflich. Er sah Theodora nicht an, aber er wußte nun, daß nicht alles war, wie es sein sollte, und daß es sehr schwer sein würde, mehr zu erfahren. »Seid Ihr aus Spanien angekommen?« fragte er leichthin.
»Nein, wir kommen von Roccasicca«, erwiderte Theodora. »Wir haben es wieder aufbauen lassen.«
»König Karl war sehr gnädig und hilfsbereit«, sagte Ruggiero steif.
Das war der Herzog von Anjou, natürlich – man mußte sich an all die vielen neuen Titel und Würden erst gewöhnen – den eigenen mitinbegriffen.
»Thomas ist auch eingeladen«, sagte Theodora, »aber ich weiß nicht, wo er sitzt, unter all den Hunderten von Gästen; es ist alles sehr formell – da, hört die Trompete.«

Ein Herold in buntem Waffenrock, mit den Lilien von Frankreich bestickt, gab schmetternd das Zeichen zum Bankett. Andere Herolde und Palastbeamte versuchten, die Gäste des Königs an ihre Plätze zu führen. Es war keine leichte Aufgabe, denn sie mußten es rasch tun und doch alle Höflichkeit und Form bewahren, auf die die Gäste Anspruch hatten.
»Ich glaube nicht, daß ich Gelegenheit haben werde, mit Thomas zu sprechen«, sagte Theodora. Ruggiero und Piers verneigten sich bereits vor einander. Sie sah, daß ihr Gatte ungeduldig wurde. »Ich werde ihn morgen früh in seinem Kloster besuchen«, fügte sie hastig hinzu. Piers sah ihre Augen aufflammen, als er sich vor ihr verneigte. Wie er den Kopf wieder hob, ging sie bereits neben ihrem Mann her und blickte gerade vor sich hin.
Es war Zeit, sich der Gefolgschaft des Prinzen anzuschließen. Aber da kam Eduard schon, von seinem Vetter und Sir Geoffrey gefolgt – natürlich, die Bankhalle war ja auf der anderen Seite des venezianischen Saals und die Gäste gingen dem Range nach, immer die geringeren voran und der König zuletzt, so daß sofort bei seinem Eintritt das Mahl beginnen konnte.
Erst jetzt fiel ihm ein, wie oft er sich seine erste Begegnung mit Theodora ausgemalt hatte – jetzt, da sie von gleichem Range waren, obwohl natürlich die Aquin und San Severino nicht nur viel älter, sondern auch mit königlichem und kaiserlichem Blut vermischt waren. Und nun schien das alles ganz nebensächlich zu sein.
Morgen früh ging sie ihren Bruder Thomas im Kloster besuchen. Auch Ruggiero hatte sich verändert. Er hatte etwas Auftrumpfendes, Eigensinniges – oder war das nur verletzter Stolz, weil er sich nicht gern an die Zeit erinnern ließ, in der er als »Mutter Beatrice« verkleidet war? Er hatte immer noch etwas vom verwöhnten Knaben an sich.
Die Bankhalle war von riesigen Ausmaßen. Der König saß unter einem Baldachin auf der einen Schmalseite. Etwa vier- bis fünfhundert Gäste saßen an endlos langen Tischen, auf denen zahllose Gerichte standen, halb verborgen unter kunstvollem Blumenschmuck. Ein Silberbecher, Messer und Löffel lagen vor jedem Gast, und zwischen ihm und seinem Gegen-

über lag eine Platte von getriebenem Silber. Diener in der königlichen Livree füllten die Becher, boten Gerichte an und parfümierten die Luft von Zeit zu Zeit mit kleinen, weihrauchgefüllten Spritzen. Die Stühle, obzwar kunstvoll geschnitzt, waren steif und gerade, zum heimlichen Bedauern der Bequemen, die es vorzogen, sich bei ihren Mahlzeiten auf Ruhebetten auszustrecken.

»Man sollte meinen«, seufzte die schöne Gräfin von Chatillon, »unser lieber König regiere über Sparta und nicht über Frankreich.«

Der Sieur von Joinville, der ihr gegenüber saß, streichelte seinen grauen Schnurrbart. »Möchte wetten, daß unsere lieben Ordensbrüder anderer Ansicht sind«, sagte er fröhlich. »Ach, die – die armen Leute, wie froh sie sein müssen, einmal ein gutes Essen vorgesetzt zu bekommen.« Und mit zierlichen Fingern trennte sie das leckere weiße Fleisch von der Brust eines prächtigen Pfauhahns, dessen Kopf und Schwanz samt allen Federn nach dem Braten sorgfältig wieder angesetzt worden waren – tauchte es in die fein gewürzte Sauce in der silbernen Schüssel in Form eines Schiffes und begann zu essen.

Über hundert solche Pfauen gab es auf den Tischen der Gäste. Die Musikanten auf der Galerie fingen an zu spielen, und solange der erste Hunger der Gäste nicht gestillt war, konnte man sie auch hören. Später – vom dritten oder vierten Nachfüllen der Becher an – wurde die Unterhaltung zu lebhaft dafür.

Piers dachte: Morgen wird sie Thomas im Kloster besuchen. Morgen früh. Hatte sie ihm das gesagt, weil sie ihn auch dort sehen wollte? Bedeutete das, daß hier eine Gelegenheit war, allein mit ihr zu sprechen? Seltsam, daß Ruggiero nicht mit ihr gehen wollte – oder bildete er sich das vielleicht nur ein? Vielleicht hatte sie nichts anderes gemeint, als sie ausgesprochen hatte.

Sie war unfrei – und ängstlich –, und das hatte etwas mit der Gegenwart ihres Mannes zu tun. Etwas stimmte nicht zwischen den beiden. Sie war in Sorge um irgend etwas – und konnte es in Ruggieros Anwesenheit nicht aussprechen. Und morgen ging sie ihren Bruder im Kloster besuchen. Ja, sie

wollte, daß er hinkam – aus einem bestimmten Grunde. Und dieser Grund war nicht Piers Rudde. Der Grund hatte etwas mit ihr und ihrer Ehe zu tun. Aber was konnte ihr da Piers Rudde nützen?
Es war begreiflich, daß sie ihren Bruder um Rat fragen ging, der nicht nur ihr nächster Verwandter, sondern obendrein auch noch der weiseste Mann seiner Zeit war. Und Ruggiero ging auf den Kreuzzug. Sollte –
»Piers! Piers!«
»– – – ja, mein Prinz?«
»Ich dachte schon, Ihr wäret eingeschlafen. Fünfmal hab' ich Euch gerufen. Ihr eßt nicht, Ihr trinkt nicht. Wir sind erst einen Tag in Paris, sonst würde ich sagen, Ihr hättet Euch verliebt.«
Piers brachte es fertig, zu lächeln. »Es ist viele Jahre her, seit ich mich zuletzt verliebt habe.«
»Das hat Euch zum geschworenen Weiberfeind gemacht, wie mir scheint. Ah, es hat keinen Zweck, es abzustreiten. Ich hab' es oft genug versucht, den schönen Frauen in England, die Lady Rudde of Foregay werden wollten, den Weg zu ebnen – nie ist es mir gelungen.«
»Mein Prinz –«
»Aber essen und trinken solltet Ihr wenigstens. Ihr seid ja so schlimm wie Magister Thomas – seht ihn nur an.«
Thomas saß in ziemlich weiter Entfernung, aber Piers konnte sehen, daß seine Gedanken noch viel weiter weg waren. Er saß fast unnatürlich gerade auf seinem Stuhl, ein kleiner schwarz-weißer Berg, und die ihm zugekehrte Seite der Silberplatte war noch unberührt. Er konnte Prinz Eduards Worte nicht gehört haben – und Theodoras auch nicht, obwohl sie und Ruggiero näher saßen: sie unterhielten sich beide mit einem Ritter und einer Dame, die Piers nicht kannte. Piers blickte zum Prinzen zurück und sah zu seiner Erleichterung, daß er nun mit dem König ins Gespräch gekommen war.
Zwischen ihm und dem Prinzen hatte sich eine Freundschaft entwickelt, die so tief verwurzelt war, wie es der Rangunterschied zwischen beiden zuließ. Sie hatten Freud und Leid, Enttäuschung und Triumph mit einander geteilt. Eduard

war ein Herr, dem zu dienen man stolz sein konnte – gerecht, mutig und freigebig –, aber seine Späße waren nicht immer vom besten Geschmack, besonders nachdem es ihm mißglückt war, aus Lady Edith Norham Lady Rudde of Foregay zu machen. Das hatte den Prinzen monatelang schwer verstimmt. Lady Edith Norham war ein reizendes Geschöpf, elegant, witzig und sehr reich. Es war unbegreiflich, daß ein Mann sich rundheraus weigern konnte, sie zu heiraten – – –
König Ludwig ließ sich den Becher wieder füllen – halb Wasser, halb Wein. Es gab einen alten Spruch: »Gieß Wasser in deinen Wein, nicht in deine Augen.« Ein Klosterspruch war das. Und er hätte wohl der Abt eines Klosters sein können, ernst und gütig, gerecht und barmherzig und voll christlicher Liebe, wie er war. Es bestand kein Zweifel darüber, daß er am liebsten ganz für Gott gelebt hätte, und daß nur sein Pflichtgefühl ihn dazu zwang, auf dem Thron auszuharren. Piers erinnerte sich, wie ihm Magister Thomas einmal ein Buch von Plato gezeigt hatte, in dem der Weise behauptete, derjenige sei der beste Herrscher, der nicht wirklich den Wunsch hatte, zu herrschen. Und eine Geschichte gab es: von dem geheimnisvollen Mönch, der Ludwig auf seinem Schloß in Hyères besucht und ihm gesagt hatte, daß noch nie ein Reich zugrunde gegangen sei oder seinen Herrscher gewechselt habe, außer wenn keine Gerechtigkeit im Lande herrschte. Der König verbrachte viele Stunden allein mit dem Mönch und beschwor ihn, bei ihm zu bleiben; aber der Mönch zog noch am gleichen Tag weiter und kam nie wieder. Jeder konnte sich mit einer Beschwerde an den König selbst wenden, vom Straßenbettler bis zum vornehmsten Adeligen. Aber niemand wagte das, wenn er nicht sicher wußte, daß er das Recht auf seiner Seite hatte.
»Und trotz aller Eurer Bürden«, hatte Eduard einmal zu ihm gesagt, »trotz Eurer ungeheuren Arbeitslast, Regierungsgeschäfte, Verwaltung, Überwachung aller Eurer Beamten, Rechtsprechung, öffentlicher und privater Wohltätigkeit, Audienzen, Empfängen, neuer Gesetzgebung, Familienfürsorge und hundert anderer Dinge mehr – trotz alledem findet Ihr noch täglich Zeit zu den Horas, zu zweimaligem Meßbesuch, Vesper und Komplet.«

»Nicht trotzdem«, antwortete Ludwig, »sondern gerade deswegen. Ohne das könnte ich nie mit meiner Arbeit fertig werden.«
Das riesige, goldene Banner Frankreichs hing über seinem Sitz. Piers mußte an die vielen Heiligenbilder denken, die er in alten italienischen Kirchen gesehen hatte, in byzantinischer Weise auf Goldgrund gemalt. Es gab viele, die von Ludwig als von einem Heiligen redeten, obwohl es sich nicht gehörte, das von einem Mann zu sagen, der noch nicht im Himmel war.
An der unteren Tafel saß Bruder Hugh von Soissons, der Prior von St. Jacques; er war unruhig, und seine Besorgnis stieg von Stunde zu Stunde. Der Prior war ein Mann von strengen Grundsätzen. Sein Lieblingsmotto war: »Alles zu seiner Zeit.« Wenn er betete, betete er. Wenn er arbeitete, arbeitete er. Und wenn er – einmal – zur Tafel des Königs geladen war, dann – nun, dann benahm er sich, wie man es von einem Gast erwartete. Er hatte gut gegessen, er hatte zwei Becher gewässerten Wein getrunken und mit der alten Madame de Nangis zu seiner Linken und dem Almosenier des Königs zu seiner Rechten höfliche Worte ausgetauscht.
Bruder Thomas dagegen tat genau das, was er so oft im Refektorium tat – er träumte. Und er versuchte nicht einmal zu verbergen, daß er träumte – er tat es ganz offen! Da saß er, fast überlebensgroß, mit halb geschlossenen Augen, und spielte von Zeit zu Zeit mit seinem Becher. Einmal hatte er etwas vor sich hin gemurmelt; aber als die arme gute Dame zu seiner Rechten ganz eifrig fragte: »Was habt Ihr gesagt, Pater?« hatte er ihr keine Antwort gegeben. Es war sehr peinlich.
Im Refektorium achtete Bruder Reginald von Piperno wenigstens darauf, daß er sein Essen zu sich nahm. Aber man konnte doch hier nicht gut über den Tisch greifen und ihn am Arm schütteln – hier, beim Bankett des Königs.
Nun machte er seltsame kleine Bewegungen mit den Fingern, als müßte er etwas abwägen. Glücklicherweise schien ihm niemand viel Beachtung zu schenken. Trotzdem – es konnte einen schon aufregen. Er hatte diese Gewohnheiten nun schon lange, aber sie schienen immer schlimmer zu werden.

Was Prior Hugh von Soissons nicht wußte, war, daß in der Bankettshalle eine Schlacht ausgefochten wurde – die Schlacht eines einzelnen Mannes. Wie so oft in der Welt der Gedanken – wie in der Welt der Tat – hatte es mit einem winzigen, kleinen Zwischenfall angefangen.
Die Gräfin von Chatillon hatte dem Magister Thomas ein Stück gebratenen Pfaus angeboten. Er hatte es dankend abgelehnt. Aber dabei hatte er den Pfau gesehen.
Pfauen. Hatte Magister Albert in seinem Buch »De avibus« nicht erwähnt, daß sie ursprünglich aus Persien stammten? Daß die Könige von Persien Tausende von ihnen in ihren Gärten hielten, wandelnde Blumenbeete, unglaublich schön anzusehen; nur ihre Stimmen waren sehr häßlich und – sie konnten nicht fliegen! Ein schillerndes, glitzerndes Geschöpf – bis seine Fehler offenbar wurden. Wie so vieles, was vom Osten herstammte, zum Beispiel die Gedanken des Mystikers, der das schlimmste aller Verbrechen begangen hatte: das Königreich des Himmels in einen weißen und einen schwarzen Teil zu spalten. Die Natur verdammte er als böse, als eine Schöpfung des schwarzen Königreichs. Damit beschuldigte er Gott, den »schwarzen« Gott, der Urheber des Bösen zu sein. Für ihn war die Ehe ein Laster – die legalisierte Unreinheit. Und dieser grauenhaften Ketzerei wurden immer wieder neue Kinder geboren. Schon Papst Leo I. im fünften Jahrhundert mußte einen Glauben bekämpfen, der, wenn er sich über die Erde verbreitete, das Ende der Menschheit herbeiführen mußte. Und um den gleichen Glauben zu bekämpfen, als er in den Albigensern zu neuem Leben erwacht war, hatte Sankt Dominik den Orden der Prediger gegründet – vor fünfzig Jahren. Die Anhänger des Manes sprachen von Reinheit – aber sie meinten Unfruchtbarkeit. Sie sprachen von Gott – aber sie meinten Satan. Die heiligen Schriften erhoben sich gegen sie wie das Schwert eines Erzengels. Die Ehe war durch die Gegenwart Christi beim Hochzeitsfest von Kana geheiligt worden. Der heilige Paulus hatte nicht nur einmal, sondern viele Male Zeugnis für sie abgelegt. Die menschliche Natur hatte ihren Erlöser in Christus gefunden, der »nicht verschmäht hatte, an ihr teilzunehmen«. Der Mensch hatte in Christus den Tod überwunden. Und so wie die Natur zu An-

beginn der Schöpfung gut gewesen war, als Gott alle Dinge betrachtete und sah, daß sie gut waren – so konnte sich nun die menschliche Natur zur Glorie der Auferstehung aufschwingen. Und der Unterschied zwischen Christen und Manichäern war der Unterschied zwischen Freude und Weh, zwischen Triumph und Verzweiflung.
Aber wie konnte man die Irrtümer dieser Ketzerei denen beweisen, die die Heilige Schrift nicht als maßgebend betrachteten? Wie konnte man ihnen zeigen, daß das Böse nicht war, was es zu sein schien – ein Sein von gleicher Stärke, vielleicht von gleichem Recht wie das Gute?
In diesem Stadium war es, als Prior Hugh von Soissons sah, wie sich die Finger des Magisters Thomas hin- und herbewegten, als wenn sie etwas abwägten. König Ludwig unterhielt sich noch immer mit Prinz Eduard. De Joinville lachte über ein Witzwort der hübschen Gräfin von Chatillon. Der Wein, mit Honig und Gewürzen gemischt, hatte alle Zungen gelöst. Die Musikanten auf der Galerie hörten auf zu spielen. Ihre beiden letzten Lieder waren bereits nicht mehr zu hören gewesen. Doch der Lärm, der sie übertönt hatte, war für Thomas unhörbar.
Sein... Wesenheit... Aber – aber besaß denn das Böse, das Übel überhaupt, eine Wesenheit? Was verursachte das Böse? Die Unvollkommenheit des Materials, oder des Instrumentes – ?
Das Böse konnte nicht aus sich heraus bestehen. Es bedurfte zu seiner Existenz des vorher existierenden Guten. Es war eine unvollkommene Abart des Guten, weiter nichts. Und an sich – aus sich selbst heraus – war es – – – *nichts*. Es hatte kein Eigenwesen. Keine Wesenheit.
Die Augen des Priors weiteten sich, zuerst in Erstaunen, dann in Entsetzen. De Joinville sah es zufällig und brach mitten im Satz ab. Erstaunt blickte die Gräfin de Chatillon in die gleiche Richtung und andere folgtem ihrem Beispiel. So entstand eine Art Insel des Schweigens und sie wuchs rasch. Binnen weniger Sekunden schwieg die ganze Tafel, die ganze Halle, obwohl niemand recht wußte warum – wie es so oft in großen Versammlungen vorkommt.
Das Entsetzen des Priors war nicht unbegründet; denn der

riesenhafte Bruder ihm gegenüber hob langsam seinen rechten Arm zum Himmel auf, und seine Hand schloß sich zur Faust – und zu was für einer Faust!
Und dann krachte diese Faust, wie die Keule des Herkules, mitten auf den Tisch herunter, daß er in seinen Grundfesten erzitterte. Teller und Becher klapperten, Saucenschüsseln fielen um, und der arme Prior rückte hastig mitsamt seinem Stuhl zurück, um einer Lawine gekochter Forellen zu entgehen, die quer über den Tisch schoß.
»Und damit wären die Manichäer erledigt«, donnerte Thomas.
Atemlose Stille. Dann hier und da ein leises Kichern. Niemand wagte, laut zu lachen. Alles starrte auf das ernste, ruhige Gesicht des Königs – alles, außer dem Schuldigen, der noch immer im Traumland zu weilen schien.
Ludwig blickte Thomas an. Er sah das breite Gesicht des Mönchs wie in Freude verklärt, strahlend, über alle Maßen glücklich und völlig ahnungslos darüber, daß er das Hofzeremoniell gröblich verletzt hatte.
Der König lehnte sich zurück. »Briancourt«, sagte er.
Der Name war den meisten Anwesenden nicht geläufig. Hatte der König nach dem Offizier der Wache verlangt?
Ein hagerer Mann in einfachem schwarzem Rock erschien und verneigte sich.
»Briancourt, geht zu Magister Thomas da drüben – und schreibt ihm den Gedanken auf, den er gerade gefunden hat, damit er ihn nicht wieder vergißt.«
Gehorsam ging der Sekretär die Tafel entlang, bis er Thomas erreichte. Und so stark wirkte die Persönlichkeit des Königs, daß selbst jetzt noch tiefe Stille herrschte.
Endlich wachte Thomas auf. Er sah Briancourt, die Schreibtafel in der Hand, neben sich stehen. Er kannte ihn. Briancourt flüsterte auf ihn ein. Thomas blickte auf den König und verneigte sich, dieser Berg von einem Menschen, mit der natürlichen Anmut und Eleganz eines großen Herrn. Der König senkte den Kopf. Piers sah es mit an. Er fühlte, seltsam genug, daß es zwischen diesem König, der ein Ordensbruder hätte sein können, und diesem Ordensbruder, der sich zum König eignete, ein tiefes, persönliches Verständnis gab. Sie

hatten etwas miteinander gemeinsam, das sie mit niemandem sonst im ganzen Saal teilten. Und das ließ alle anderen so klein wie Zwerge erscheinen – ja, es schien als gäbe es sie überhaupt nicht. Und quer über dieses Gefühl huschte im Zickzack, rasch wie ein silbriger Fisch, ein absonderlicher Gedanke, der mit alledem gar keinen Zusammenhang zu haben schien: der Gedanke, daß es im Himmel außerordentlich korrekt zugehen mußte.

In aller Ruhe begann Thomas dem Sekretär eine Folge von Gedanken zu diktieren, die das Böse vom Thron des Seins herabrissen, es aller Eigenrechte beraubten und zum Parasiten erniedrigten.

Nun kam die Unterhaltung wieder in Gang, zuerst etwas schüchtern, aber bald in voller Stärke.

Die Gräfin von Chatillon schüttelte das hübsche Köpfchen. »Bei meinem Glauben, das versteh' ich nicht. Es fing damit an, daß ich dem guten Bruder oder Magister, oder was er ist, ein Stück von diesem ausgezeichneten Pfauenbraten angeboten habe. Ein Stück Pfau! Auf was kann ihn das nur gebracht haben, möcht' ich wissen?« Und sie brach in ein jähes Gelächter aus.

Nicht ohne Mühe schluckte de Joinville die naheliegende Antwort herunter.

*

Als Theodora zur offiziellen Besuchstunde im Kloster von St. Jacques erschien, ließ man sie lange warten. Das verbesserte ihre Stimmung nicht. Wieder und wieder hatte sie sich am Tor umgeblickt, aber von Piers war nichts zu sehen gewesen. Hatte sie es ihm nicht klar genug zu verstehen gegeben, daß sie ihn hier erwartete? Und nun schien es, als ob sie auch ihren Bruder nicht zu Gesicht bekommen würde. »Ich werd' es ihm sofort sagen, hatte der Bruder Pförtner erklärt. Aber das war nun eine halbe Stunde her – so schien es ihr wenigstens. Sie begann in dem kleinen, kümmerlich möblierten Besuchszimmer auf und ab zu gehen.

Endlich öffnete sich die Tür – aber es war nicht Thomas, sondern ein blasser Mönch von etwa vierzig Jahren, der mit erschrockenen Augen eintrat.

»Ich bin Bruder Reginald von Piperno, vieledle Dame. Ihr

wartet auf Euren Bruder, Magister Thomas von Aquin – – –«
»Ich warte schon ziemlich lange auf ihn, Bruder.«
»Reginald – Reginald von Piperno. Ich weiß, Ihr habt lange warten müssen. Er – er ist in der Kapelle – er wird nun bald hier sein, denke ich. Wenn Ihr mich jetzt gütigst entschuldigen wollt – – –«
Bruder Reginald verließ etwas verstört die Stube. Theodora konnte das hastige Tappen seiner Füße auf dem Gang draußen hören.
Sie setzte sich auf einen der schweren, schmucklosen Stühle. Es war ihr nun selbst ängstlich zumute. Ob mit Thomas etwas geschehen war? Sie bekreuzte sich, murmelte ein rasches Ave, bekreuzte sich wieder, schob das energische kleine Kinn vor, saß kerzengerade da und wartete, nun auf alles gefaßt. Genau so hätte sich ihre Mutter unter solchen Umständen verhalten. Unvermerkt glich sie ihr immer mehr. Schritte? Ja – und diesmal nicht das hastige Tappen von Bruder Reginald. Sie sprang auf die Füße. Als Thomas eintrat, lief sie auf ihn zu, und die Worte stürzten nur so aus ihr heraus. »Da bist du ja, Gott sei Dank, was war denn nur? Ist dir etwas geschehen? Ist dir nicht gut?«
Er nahm sie bei den Händen. »Wieso? Es tut mir leid, daß du warten mußtest. Ich – bin in der Kapelle aufgehalten worden.«
»Gott sei Dank, daß du endlich doch gekommen bist; ich fürchtete schon, es sei dir etwas zugestoßen.«
Er drehte sich um und sah sie an. »Zum Fürchten liegt kein Grund vor«, sagte er langsam. Dann lächelte er leise. »Es tut mit leid, daß du warten mußtest«, wiederholte er. »Und nun habe ich nur noch wenig Zeit –«
Sie schnitt ihm eine Grimasse. »Ich werde mich beim Prior über dich beschweren« entschied sie, »und dann fällst du in Ungnade. Ich glaube, er hat es dir noch nicht vergessen, daß du versucht hast, ihn unter einem Berg von gesottenen Forellen zu ersticken und dem armen König Ludwig seinen besten Tisch kaputtzuschlagen! Lieber, Guter, nun blicke nicht auch noch reuevoll drein!«
Er schmunzelte. »Du bist immer noch nicht erwachsen, Theodora.«
»Sei du nur vorsichtig«, drohte sie, »sonst zitiere ich die Hei-

lige Schrift gegen dich. Wenn ihr nicht seid wie die Kinder –‹«
»Freches Mädchen.« Er lehnte sich vor. »Ich glaube wahrhaftig, du hast dir das Gesicht bemalt.«
»Wenn du's erlaubst – ja. Ist das eine Sünde?«
»Zu welchem Zweck tust du das?« fragte er ernsthaft.
»Meine Lippen sind zu blaß – ich bin überhaupt zu blaß. Ich habe nicht so viel Blut wie du, mein Lieber. Und ich möchte so hübsch aussehen wie möglich.«
»Du möchtest deinem Mann gefallen?«
»Ja«, sagte sie ruhig. »Ich möchte meinem Mann gefallen.«
»Das ist keine Sünde«, sagte Thomas nachdenklich. »Ich weiß, es gibt Spezialisten, die da nicht mit mir übereinstimmen – es sind sogar Kirchenväter darunter – – aber es kann nicht sündhaft sein.«
Jetzt tanzten ihre Augen. »Und wenn ich nun unverheiratet wäre? Wäre es dann sündhaft?«
Er dachte wieder ernsthaft nach. »Wenn der Grund dafür ein guter ist, muß es erlaubt sein«, entschied er.
Sie war gerührt. »Du bist der beste, liebste Bruder, den eine Frau haben kann. Zu denken, daß du für meine dummen Nichtigkeiten Zeit hast! Ich war sehr stolz auf dich, gestern in der Kathedrale. Angeblich stammt sogar die Hymne, die sie gesungen haben, von dir. Ich hab' angefangen, sie auswendig zu lernen – ich kann sie noch nicht ganz, aber es geht schon recht gut. Ich *muß* sie können – sie ist so voller *Freude*. Sit laus plena, sit sonora, sit jucunda, sit decora, mentis jubilatio – siehst du, das ist es, was ich an dir am meisten liebe; du bist wie ein Cherub, ein großer, dicker Cherub – – lach mich nicht aus! Mir ist es ganz ernst. Und du hast getan, was Rainald nicht tun konnte – was er vielleicht hätte tun sollen –‹«
»Rainald ist glücklich«, sagte Thomas ruhig.
»Du hast es an seiner Stelle getan – und für ihn«, sagte Theodora. »Ich weiß das.«
»Rainald ist glücklich«, wiederholte er. »Aber du – du bist nicht glücklich, Kleines. Warum nicht?«
Da war es eine Weile still.
»Das verstehst du nicht«, sagte Theodora. Plötzlich begann sie zu lachen. »Ich möchte wetten, das hat dir noch niemand geantwortet. Und doch – –« Ihr Lachen erstarb.

»Ein Student«, sagte er, »hat mich einmal gefragt, was nach meiner Meinung die höchste Gnade sei, die ich je von Gott empfangen habe, und ich erwiderte: daß ich immer jede Seite, die ich las, auch verstehen konnte.«
»Ich bin kein Buch«, sagte Theodora. »Ich bin eine Frau.« Sie schritt zum Fenster und drehte ihm den Rücken zu. »Du weißt, daß Ruggiero die Fahne des Kreuzes ergriffen hat«, sagte sie.
»Ja. Aber das – –«
»Er ist in Gottes Hand – auf dem Kreuzzug ebenso sehr wie an meiner Seite. Und wir sind eine Familie von Soldaten.«
»Das ist es also nicht – –«
»Nein, das ist es nicht. Oder – das ist wenigstens nur ein Teil davon. Aber – – warum hat er das Kreuz genommen? Es ist Gottes Wille, heißt es. Ruggiero ist ein guter, gläubiger Mann. Er ist auch ein guter Gatte – auf seine Weise. Ich sollte eine sehr glückliche Frau sein.«
Er wartete geduldig. Und es kam.
»Aber er hat das Kreuz nicht erwählt, weil Gott es will«, sagte sie leise. »Oder doch – nicht allein deswegen. Aber das weiß er wohl selbst gar nicht.«
Sie wandte sich um. »Er ist kein sehr mutiger Mann – er ist zart und verwöhnt, und er haßt alles, was brutal oder schmerzhaft ist. Das weiß er. Es war immer so. Sein Vater hat ihn oft deswegen gehänselt, und – nicht immer auf freundliche Weise. Das ging ihm nach – sehr. Aber er wußte, sein Vater hatte recht. Ein San Severino – und – – und feige – –«
Sie stampfte mit dem Fuß. Mehr als je glich sie ihrer Mutter.
»Und – weiß er, daß du das weißt?« fragte Thomas freundlich.
»Das ist es ja gerade« – sie biß sich auf die Lippen. »Ich – ich muß es ihm zu verstehen gegeben haben. Ach, es hat keinen Zweck, es zu verschweigen: ich *habe* es getan. Er hat es mir nie verziehen. Nicht im tiefsten Herzen. Er weiß, ich kann es nicht ausstehen, wenn ein Mann nicht mutig ist. Ich bin eine Aquin. Und nun hat er das Kreuz genommen – – –«
»– – – Weil er deine Achtung zurückgewinnen will – – –«
»Ja. Und seine Selbstachtung. Ich – ich bin sein Spiegel. Was er darin sah, gefiel ihm nicht. Er will das Bild ändern.«

Von irgendwoher kam der dünne Ton einer Glocke. Thomas stand mechanisch auf.
»Wenn ihm nun etwas zustößt –« Sie brach ab. »Du mußt gehen – nein, nein, sag nichts, bitte, bitte nicht. Bete für mich. Ich – leb wohl, Thomas.« Sie eilte aus dem Zimmer. Als auch er den Gang erreichte, war sie bereits verschwunden.
Sie lief die Treppenstufen hinab, überquerte den kleinen Klosterhof und war auf der Straße, wo ihr Wagen sie erwartete.
»Euer Diener, vieledle Dame«, sagte Piers.
Ihre Hand flog zum Herzen. »Ihr seid also doch gekommen.«
Er lächelte nur.
»Ich hätte Euch nicht darum bitten sollen«, murmelte sie.
»Das habt Ihr auch nicht getan«, erwiderte er.
»Nicht mit Worten, aber – es war töricht von mir. Schlimmer: es war nicht gerecht. Ach, ich weiß nicht, was ich tun soll.«
Sie hat geweint, dachte er. Er erbleichte. Unwillkürlich schlossen sich seine Finger um den Schwertgriff.
»Wer hat Euch weh getan, Herrin – sagt mir, wer Euch weh getan hat!«
Sie schüttelte den Kopf. »Niemand.« Sie brachte ein kleines Lächeln zustande. »Ihr sprecht, als wäret Ihr noch immer ein Ritter von Aquin.«
»Ihr habt nie aufgehört, meine Dame zu sein«, sagte er tonlos.
»Ich wollte, es wäre so«, murmelte sie. »Nein, mißversteht mich nicht – ich glaube Euch. Aber es ist nicht recht – ich kann Euch nie genug danken für alles, was Ihr schon getan habt. Ich – ich bitt' Euch um Verzeihung für die Worte meines Mannes, gestern – für seine Art mehr als für seine Worte. Er – liegt im Kriege mit sich selbst, und ich sorge mich um ihn – ich sorge mich um ihn mehr, als ich sagen kann.«
»Es ist also nicht er, der Euch weh getan hat«, sagte Piers.
»Nein, nein – ich sagte Euch schon – niemand hat mir weh getan.«
»Es gab einmal eine Zeit – da hieltet Ihr ihn für Euren schlimmsten Feind.«
»Ja –« Die Erinnerung machte sie lächeln. »Und Ihr mach-

tet Euch erbötig, ihn zu töten. Was waren wir doch damals für Kinder, Piers. Statt dessen habt Ihr den deutschen Ritter getötet, der sein Leben bedrohte; Gott segne Euch dafür. Ihr habt uns geholfen, zu entkommen, als alles verloren schien, und ich weiß, wie sehr Ihr Euch bemüht habt, auch Rainald und Landulf zu retten. Ihr habt wahrhaftig genug getan.«
Mit der Intuition des Liebenden wußte er, was sie nicht zu sagen wagte.
»Ihr seid um sein Leben besorgt, weil er das Kreuz genommen hat.«
Nun traten ihr wieder die Tränen in die Augen. »Er kommt nie wieder zurück«, sagte sie. »Ich weiß es.«
»Theodora – Herrin, wie könnt Ihr das aussprechen!«
»Er ist kein Soldat – er – ich weiß es einfach.«
Er nickte nachdenklich. »Ich nehme an«, sagte er, »wenn ich mit Prinz Eduard spreche, würde er mir wohl erlauben, schon jetzt mitzuziehen – statt erst später. Dann könnte ich auf ihn achten.«
Sie starrte ihn mit weit aufgerissenen Augen an. »Heilige Mutter Gottes – wie kann man an der Welt verzweifeln, wenn es Menschen gibt wie Euch und Thomas.«
»Thomas«, sprach Piers, »ist ein Heiliger. Ich bin nur ein gewöhnlicher Mann. Ich liebe Euch. Ich habe Euch immer geliebt – vom ersten Augenblick an, als ich Euch sah. Es war immer eine hoffnungslose Liebe. Aber wenigstens kann ich Euch dienen. Seid ganz beruhigt. Ich erwirke die Erlaubnis und ziehe mit. Es wird ihm nichts geschehen. Gott segne Euch.«
Er floh. Etwas weiter die Straße hinauf wartete ein Knappe auf ihn, zu Pferde, ein lediges Pferd am Zügel führend. Vielleicht war es Robin. Piers schwang sich auf, und die beiden ritten davon.
Theodora stand bewegungslos, sie wußte nicht wie lange. Dann bestieg sie, bleich und zitternd, ihren Wagen.

*

»Hier liegen eine Menge Notizen«, sagte Reginald von Piperno. »Es sind ganz neue darunter, glaub' ich; gehören die alle zur Summa? Oder zu etwas anderem?«

Thomas warf einen Blick hin. »Summa«, entschied er.
»Gut. Sehr gut«, sagte Reginald.
»Du freust dich immer, wenn etwas zur Summa gehört, Sohn, und wenn es nicht dazu gehört, machst du ein bekümmertes Gesicht. Warum nur?«
»Oh – ich weiß nicht – ich möchte die Summa eben gern beendet sehen.« Reginald schien verlegen. »Es ist eine so große Arbeit, wirklich die Summe der ganzen christlichen Theologie. Das können sie in Rom nicht einfach so dahingehen lassen. Du wirst sehen, sie werden dir den roten Hut dafür verleihen. Ja, ja, ich weiß, es liegt dir nichts daran. Aber trotzdem – du solltest auch an deine Familie denken. Es ist doch schließlich die größte Ehre und – – –«
»Von meiner Familie sind nur noch zwei Schwestern am Leben. Ich glaube nicht, daß es ihnen sehr viel ausmacht, ob ihr Bruder Kardinal wird oder nicht. Nur mein kleiner Bruder Reginald möchte das gern.«
»,,Ob es einer Frau erlaubt ist, sich das Gesicht zu schminken"«, las Reginald nicht ohne Erstaunen. »,,Daß die Deutung von Träumen erlaubt ist, wenn es sich darum handelt, größere Klarheit über die seelische Verfassung eines Kranken zu gewinnen" – – ,,Der Einfluß der Sterne wirkt stärker auf die Massen als auf das Einzelwesen" – – – ,,Das Verhältnis zwischen Arbeit und Vergnügen" – – «
»Das gehört alles zur Summa«, sagte Thomas, Er spielte mit einer frischen Gänsefeder und hielt die Augen gesenkt.
Reginald wußte, was nun kommen mußte, und rückte unbehaglich auf seinem Stuhl herum.
Es kam. »Reginald – wegen heute morgen in der Kapelle –«
»Ja –«
»Du hast – etwas gesehen – ja?«
»Ja«, sagte Reginald.
Thomas blicke auf.
»Reginald – mein lieber, lieber Sohn: versprich mir, niemand etwas davon zu sagen – niemand! – bevor ich sterbe.«
»Ich verspreche es«, sagte Reginald. Dann brach er in Tränen aus.

XVII

»SPRECHT MIR nach«, befahl der Mullah scharf: »Allah il Allah – we Mohammed rassul Allah.«
Die meisten der zweihundert Gefangenen brüllten etwas, was man wohl für die geheiligte Formel des Islam halten konnte, wenn man nicht zu genau hinhörte – um so mehr, als die ersten drei Worte klar und vernehmlich herauskamen.
Die Gefangenen hatten sich längst darüber geeinigt, daß es für einen Christen nicht sündhaft war, Gott als Gott zu bezeichnen. Zu bekennen, daß Mohammed Sein Prophet war – das war freilich ein ander Ding, und so stießen sie eben unartikulierte Laute aus, bis sie wieder zu dem Wort »Allah« kamen, das sie so laut wie möglich in die Luft schrien.
In Tunis, wo sie die ersten zwei Jahre ihrer Gefangenschaft verbracht hatten, hätte ihnen diese akustische Leistung wohl nicht viel genützt. Die gelehrten Imams des Sultans von Tunis hätten sich nicht so leicht täuschen lassen. Aber dort war nichts dergleichen von ihnen verlangt worden. In der Hauptstadt war ein Sklave ein Sklave, und ob er zum christlichen Gott oder zu einem Fetisch betete, war seinen Herren völlig gleichgültig.
Aber El Mohar war nicht Tunis.
El Mohar war eine winzige Oase – ein paar tausend Palmen, die Quelle und das Ksar, die Festung, die die Gefangenen um die Quelle herum zu erbauen hatten. Das war alles.
Es gab eine Garnison von siebzig Arabern unter ihrem Kaid, Omar ben Tawil, die sie bewachten, und eine Anzahl von Lehmhütten, in denen die Araber schliefen, bis die Festung fertig war. Die Gefangenen schliefen natürlich unter freiem Himmel und wurden jede Nacht zusammengekettet. Fast fünfzig von ihnen waren ums Leben gekommen, aber es blieben noch genug übrig, um die Festung fertig zu bauen.
Die Sache eilte nicht. Die fränkischen Giaurs hatten solche Prügel bekommen, daß es Jahre dauern würde, bevor sie ihren Angriff wiederholen konnten.
Kaid Omar ben Tawil hatte das selbst gesagt – und er kannte die Franken –; sein Großvater hatte unter dem großen Sal' ad Din gedient, und er selbst hatte bei El Dimiat gefochten,

das die Franken Damiette nannten – gegen den gleichen fränkischen Melek, der nun vor Tunis besiegt worden war.
Riesenkörper, diese Giaurs – aber so empfindlich wie Weiber. Allah atmete sie mit dem feurigen Atem der Wüste an und sie welkten dahin wie Blumen. Der fränkische König selbst war hingewelkt und gestorben und die Franken behaupteten nun, er sei ein Marabut, ein Heiliger, geworden.
Der Mullah war zweifellos ein sehr heiliger Mann, aber ein Narr war er doch, daß er diesen unbeschnittenen Hunden die Wahrheit des Islam beibringen wollte. Er hätte ebensogut versuchen können, Kamele oder Ziegen zu unterrichten. Freilich, das Unterrichtgeben gehörte nun einmal zu seinem Amt, und bei Allah war nichts unmöglich, obwohl der große Sal' ad Din gesagt hatte, ein Christ, der dazu bereit war, ein Moslem zu werden, sei ein schlechter Christ, und daß man von einem schlechten Christen nicht gut erwarten konnte, daß er ein guter Moslem wurde.
Kaid Omar grinste vor sich hin und kaute eine Handvoll Datteln, während er dem Mullah bei seiner täglichen Arbeit zusah. Sie hatten heute nicht sehr gut geantwortet, und so ließ er sie die Formel wieder und wieder aufsagen.
»Allah il Allah – wawawawawawa Allah!«
»Jetzt weiß ich, wie er aussieht, Mylord«, flüsterte ein langer Gefangener. »Hab' mich schon lange bemüht, es herauszufinden. In Nottingham hab' ich einmal eine uralte, schwarze Henne gesehen –«
»Still, Robin.«
»So sieht er aus. Wie eine Henne mit 'nem Bart –«
»Still doch – er sieht dich an –«
»Wünschte, er tät's«, knurrte Robin. »Aber es gilt wieder *ihm*.«
Piers stöhnte. Schon zweimal hatte sich der alte Priester, oder was er war, an Ruggiero herangemacht und ihn aufgefordert, die Formel allein auszusprechen. Ruggiero hatte sich geweigert, Gott segne ihn, aber in seinen Augen hatte die Furcht gesessen, und es war dem alten Mann nicht entgangen. Gewalt durfte er nicht anwenden – – der Kaid brauchte seine Arbeiter und ließ es nicht zu. Aber der Priester konnte ihn zu einer Antwort reizen, die als Lästerung oder als Beleidigung

des großen Sultans von Tunis betrachtet wurde, und dann mußte ihn der Kaid selbst bestrafen.
Robin hatte ganz einfach versucht, die Aufmerksamkeit des Mullah abzulenken – aber ohne Erfolg.
Piers biß sich auf die Lippen, als der alte Mann auf Ruggiero zuschritt und auf ihn einzuflüstern begann. Drohungen – vielleicht auch Versprechungen. Manchmal hatte die eine, manchmal die andere Methode Erfolg. Wenigstens fünf oder sechs Gefangene waren zum Islam übergetreten, seit der Mullah seine Anstrengungen begonnen hatte. Zuerst hatten sie »die Irrtümer der Vergangenheit zu widerrufen, besonders die Anbetung des Menschen Jesus und die Tatsache, daß sie drei Götter anerkannten statt eines einzigen«. Dann mußten sie feierlich die Glaubensformel ihrer neuen Religion aufsagen, dazu die erste Sure, das erste Kapitel des Koran. Schließlich wurden sie beschnitten. Damit hatten sie das Recht erlangt, den Turban zu tragen, und hörten auf, Sklaven zu sein. Kein »wahrer Gläubiger« konnte ein Sklave sein. Sie wurden entweder nach Tunis geschickt oder blieben hier, als Aufseher der andern. Man konnte sich getrost auf sie verlassen – sie beantworteten die Verachtung der christlichen Gefangenen mit dem schlimmsten Haß, den es gibt – dem Haß des Schwächlings, der sich schuldig weiß.
Piers wußte, wie müde und erschöpft Ruggiero war – erst vor einer Woche hatte er einen Verzweiflungsausbruch erlitten. Das kam in El Mohar häufig genug vor, war aber immer gefährlich. Es war zur Nachtzeit, und glücklicherweise hatten sie ziemlich nahe beieinander gelegen – mit nur zwei anderen zwischen ihnen – so daß sie auf ihn einreden konnten. Das tat er denn auch – und bekam ihn noch einmal herum – wie so oft zuvor. Aber Ruggieros Widerstandskraft war sehr geschwächt – und der alte Mullah wußte das.
»Er tritt vor«, flüsterte Robin.
»Bei Unserer Lieben Frau«, donnerte Piers, »zurück, Ruggiero.«
Der Mullah fuhr herum, seine Augen sprühten. »Wer hat dir erlaubt, zu sprechen, Giaur?« Er benutzte die Lingua franca, und Piers erwiderte in der gleichen Mundart. Er hatte sie schon auf seinem ersten Kreuzzug erlernt, und die letzten

beiden Jahre hatten ihm nur zu viel Gelegenheit geboten, sich zu üben.
»Schande über dich, o Mullah«, sagte er; »es wird von dir heißen, daß du nur Männer, die halb tot vor Müdigkeit und mehr als halb tot vor Entbehrung waren, für deinen Glauben gewinnen kannst. Laß diesem Mann doppelte Rationen geben und ihn einen Monat lang nur leichte Arbeit leisten – und dann frag ihn wieder und sieh, was er dir antwortet.«
»Hund und Sohn eines Hundes«, schnappte der Mullah. »Eine Hure hat dich von einem Galeerensklaven empfangen.«
»Was dem Burschen fehlt, ist jeder Sinn für Logik«, stieß Robin zwischen den Zähnen hervor. »Es kann doch nur entweder das eine oder das andere sein.«
Piers nickte. Sie waren nicht umsonst Laienbrüder im Kloster von St. Jacques gewesen.
Aber der Mullah gab nicht so leicht nach. »In wessen Namen hörte ich dich eben schwören?« fragte er laut. »War es nicht ein Weib? Jedermann weiß, daß die Männer von Frankistan zu Weibern geworden sind, seit sie in ihren götzendienerischen Gebräuchen so weit gegangen sind, ein Weib anzubeten – –«
»Mylord, es ist eine Falle, geht ihm nicht hinein, Mylord, er will ja nur –«
»– – und allen möglichen Unfug und Lügen über ihre Reinheit zu erfinden – –«
»Nieder mit dir«, sagte Piers mit seltsam ruhiger Stimme und stürzte vor. Im nächsten Augenblick schlossen sich seine Finger um den faltigen, alten Hals des Mullahs. Ein halbes Dutzend Araber versuchten, sich dazwischenzuwerfen, und Robin brach auf sie los wie ein toller Stier, schlug einen, der einen Dolch gegen seinen Herrn gezückt hatte, mit einem Faustschlag zu Boden und rang mit den anderen.
Es konnte natürlich nicht lange dauern. Zwei Minuten später war der Mullah wieder frei, Piers und Robin lagen in schweren Ketten, und dreißig Pfeile bedrohten jeden Gefangenen, der etwa so unvorsichtig war, ihnen zu Hilfe zu kommen.
Der Kaid schritt heran. »Diese beiden Männer werden ausgepeitscht«, sagte er mürrisch. »Dreißig Hiebe mit der Kurbatsche für jeden. Kamil und Achmed – ihr vollzieht das Urteil. Bist du mit den anderen zu Ende, Mullah?«

Sich den Hals reibend, begann der Mullah abermals auf Ruggiero einzureden. Aber dieser schien jetzt ganz anderer Stimmung zu sein. Er hob die Hand mit einer Gebärde stolzer Abwehr und trat zu den anderen zurück.
»So ist's recht!« schrie Piers. »Ich wünschte, Adam hätte sich im Paradies so benommen.«
Robin grinste breit. Der Kaid befahl scharf: »Dieser Mann erhält fünf Hiebe mehr.« Leise fügte er dann hinzu: »Achtet darauf, daß sie mir nicht arbeitsunfähig werden.«
Dann begannen sie. Der Kaid ließ die anderen Gefangenen zusehen – fünfunddreißig Hiebe nahmen nicht viel Zeit in Anspruch, und das warnende Beispiel tat ihnen gut.
»Du Narr«, sagte Piers, »wer hat dich geheißen, dich in meine kleine Unterhaltung mit dem geistlichen Herrn einzumischen?«
Robin grunzte nur.
»Tut mir leid, daß ich dich mit hineingezogen habe«, sagte Piers ruhig. Dann zischte die Kurbatsche auf ihn herab – eine Peitsche aus Rhinozeroshaut –, und er biß knirschend die Zähne zusammen.«
»Eins«, sagte der Kaid – »und eins. Zwei – und zwei.«
»Mit dem nimmt's noch mal ein böses Ende«, knurrte Robin. »Ihr wißt, wen ich meine, Mylord.«
»Freilich. Niemand darf sagen, was der gesagt hat – und leben. Werden schon einen Weg finden.«
»Drei«, zählte der Kaid – »und drei. Vier –«
Als er auf achtzehn angelangt war, sagte Piers mit lauter Stimme: »Keine Angst, Ruggiero – – keine Angst! Alles ist gut!« Dann wurde er ohnmächtig. Drei Hiebe später fiel auch Robin in Ohnmacht, ein guter Diener seines Herrn, immer bereit, ihm zu folgen, wohin er auch ging.
»Genug«, sagte der Kaid. »Es hat keinen Sinn, ein totes Kamel zu prügeln. Bringt sie in meine Hütte. Ich werde später entscheiden, ob sie den Rest der Hiebe bekommen oder nicht. Abdallah – führe die Gefangenen zur Arbeit. Bei der Kaaba, wir haben sowieso viel zuviel kostbare Zeit verloren. Jallah – vorwärts.«
Als Piers zu sich kam, fand er sich auf einem alten, verschlissenen Ruhebett sitzen, mit Kissen gestützt. Sein Rücken

schmerzte entsetzlich, und unwillkürlich fuhr er mit der Hand hin – und fand, daß er verbunden worden war.
Aufblickend sah er den Kaid auf einem anderen Ruhebett ihm gegenüber sitzen und einen Becher Scherbet schlürfen. Ah – und da war Robin, ein besorgter, ebenfalls bandagierter Robin, der bei vollem Bewußtsein war und – – ebenfalls Scherbet schlürfte.
»Gesegnet sei Unsere Liebe Frau«, sagte Robin.
Piers lachte ihn an und blickte dann wieder auf den Kaid.
»Ich mußte euch peitschen lassen«, sagte der Kaid rauh. »Du, der du ein Befehlshaber unter den Giaurs gewesen bist – du wirst das verstehen. Hier – trinke.«
»Du bist kein übler Mann, Kaid Omar ben Tawil«, sagte Piers höflich, bevor er den Becher ergriff und trank. Der Scherbet war lauwarm, aber nie hatte ein Trunk ihm besser gemundet. »Wenn jemand in deiner Gegenwart gelästert hätte, was *dir* heilig ist, du wärst ihm auch an den Hals gesprungen.«
»Ich habe Blut in den Adern«, sagte der Kaid. »Wir haben beide getan, was wir tun mußten. Du wirst den Rest der Streiche nicht erhalten – und dein Gefährte hier auch nicht. Er ist dir so treu wie der Mullah dem Koran. Mullahs«, fügte er langsam hinzu, »sind oft von engem Geist. Sie kennen nur eine Art Wahrheit – die ihre.«
Es war noch immer nicht leicht, Atem zu holen – die langen Striemen schmerzten bei der leisesten Bewegung.
»Eine Art Wahrheit«, sagte Piers. »Ich glaube, das hab' ich schon einmal wo gehört. Du glaubst, daß es mehr als eine Wahrheit gibt, o Kaid?«
»Es gibt zwei Wahrheiten«, belehrte ihn der Kaid. »Die Wahrheit der Religion und die Wahrheit der Philosophie. Wenn sie zu verschiedenen Resultaten kommen, so zeigt das nur die Mannigfaltigkeit von Allahs Welt.«
»Der Irrtum des Averroes«, sagte Piers.
»Ibn Roschd«, nickte der Kaid. »Ein weiser Alim in Tunis hat mich mit seinen Schriften bekannt gemacht. Aber du hast unrecht, Franke. Ibn Roschd hat nie einen Irrtum begangen, und auch sein Lehrer nicht, der Grieche – –«
»Aristoteles. Der hat sich auch manchmal geirrt«, sagte Piers.

»Und Averroes oder Ibn Roschd, wie du ihn nennst, lehrte, daß es nicht zwei Wahrheiten gibt, sondern drei: die Wahrheit des Philosophen, die bewiesen werden mußte, die Wahrheit des Theologen, die nur wahrscheinliche Argumente braucht, und die Wahrheit des einfachen Mannes, der da glaubt, was man ihm sagt, und damit zufrieden ist.«

»Allah!« entfuhr es dem Kaid. »Woher weißt du das alles, Franke? Ich wußte selbst, daß es noch eine dritte Art Wahrheit gibt, konnte mich aber nicht mehr erinnern, was für eine es war. Bist auch du ein Schüler von Ibn Roschd? Es gibt Männer, die in Frankistan seine Weisheit lehren, glaube ich –«

»Ja, die gibt es – und der bekannteste von ihnen heißt Siger von Brabant und lehrt in Paris.«

»Also ist es wahr! Allah sei gepriesen. Endlich beginnen sich die ungläubigen Nationen nach echter Weisheit umzusehen. Bald werden sie erleben, daß diese alle ihre falschen Glaubenssätze niederreißt und daß es Wahnsinn ist, der Ausbreitung des wahren Glaubens weiter Widerstand zu leisten. Als ich Ibn Roschd las, dachte ich: Wenn das nur die Ungläubigen lesen könnten – sie würden ihren Irrtum aufgeben, und es käme zu einer geeinten Welt unter der grünen Flagge des Propheten. Du bist ein Schüler dieses Mannes – Zikr –, wie nanntest du ihn gleich?«

»Siger von Brabant. Nein, Kaid, ich bin nicht sein Schüler. Aber ich bin jahrelang der Schüler eines christlichen Mullahs gewesen, der sowohl Aristoteles wie Ibn Roschd studiert und dabei ihre Irrtümer entdeckt hatte.«

»Unmöglich.«

»Er schrieb ein Kitab, ein gelehrtes Buch, darüber, das er Summa contra gentiles nannte; und er forderte Siger von Brabant zu einem geistigen Zweikampf heraus – auf der Schule der Philosophie in Paris und vor dem höchsten Imam der Stadt, Bischof Tempier.«

»Er wurde natürlich geschlagen.«

»So groß war die Macht seines Namens und der Ruf seiner Weisheit, daß Siger dem Kampf lange aus dem Wege ging. Aber schließlich mußte er sich seinem Gegner stellen, um nicht von seinen eigenen Schülern verlacht zu werden. Übri-

gens war er selbst ein außerordentlich gefürchteter Kämpfer, und es gab viele gelehrte Männer, die meinten, er habe in ganz Frankistan, ja im ganzen Abendlande nicht seinesgleichen.«
Die Augen des Kaid leuchteten. »Ich weiß, gelehrte Männer kämpfen mit ihrem Verstand wie ich mit der Lanze und dem Scimitar. Und obwohl dabei kein Blut fließt – oder doch nicht oft und nicht viel –, ist es trotzdem ein Kampf ohne Gnade. Was geschah?«
»Der Kampf fand statt – kurz bevor ich mich mit dem Heer des großen Königs einschiffte. Er dauerte sieben Stunden ohne Pause, und Siger wurde so vernichtend geschlagen, daß der hohe Imam, der den Vorsitz führte, seine Lehre für null und nichtig erklärte.«
»Bei der Kaaba! Bei allen Kalifen – dieser Mann Zikr kann die Lehren Ibn Roschds nicht gründlich gekannt haben, oder er wäre nicht besiegt worden.«
»Er kannte sie gut. Ich war selbst dabei. Siger lieferte einen guten Kampf. Aber auf der ganzen Welt gibt es keinen Menschen, der sich mit seinem Verstand gegen Thomas von Aquin behaupten kann und nicht den kürzeren zieht. Er schrieb noch ein anderes Kitab, in dem er die averroestische Theorie in kleine Fetzen zerreißt, besonders die Vorstellung, daß es nur einen einzigen Intellekt gibt, der sich in allen Menschen ausprägt.«
»Allah ist groß – davon wußte er also auch, dieser Mullah Thumasch – und auch du!«
»Ich habe die Krumen aufgelesen, die von seinem Tische fielen«, sagte Piers.
Der Kaid seufzte. »Diesen Mullah Thumasch muß man sehr rasch töten, wenn der Islam Frankistan von innen heraus erobern soll – aber ich gäbe meine zweitbeste Stute dafür, wenn ich ihn hier hätte und ihn ausfragen könnte, viele, viele Stunden lang. Bist du nun kräftig genug, um zu gehen, Franke?«
Piers stand auf – es schmerzte wie Feuer. »Ich kann gehen, Kaid.«
»Und dein Mann hier?«
Robin stand ohne ersichtliche Schwierigkeit auf.
»Es ist gut«, sagte der Kaid, »ihr werdet heute von der Arbeit ruhen und morgen wieder damit beginnen. Wenn ihr

mir bei allem, was euch heilig ist, schwört, daß ihr nicht versuchen werdet, zu entkommen, werde ich euch nachts unangekettet lassen.«
»Ich schwöre«, sagte Piers, »bei allem, was mir heilig ist, daß ich versuchen werde, zu entkommen, sobald sich die erste Gelegenheit dazu bietet.«
Der Kaid lächelte. »Schade... Aber ich hätte dasselbe gesagt, wenn ich dein Gefangener wäre. Geht jetzt – und seht zu, daß ihr nicht wieder den Zorn des Mullahs erregt.«

*

Als sie in dieser Nacht wieder zusammengekettet lagen, war Ruggiero zu weit weg, um mit ihnen sprechen zu können, aber er lächelte Piers zu und unternahm einen rührenden Versuch, das Kreuzzeichen zu machen – – die Kette war zu kurz.
»Er wird schwächer und schwächer«, murmelte Piers.
Robin nickte. »Es dauert nicht mehr lange mit ihm, Mylord.«
Piers stöhnte. »Ich habe versprochen, auf ihn zu achten, Robin – ich habe es versprochen – –«
»Ihr habt den Angriff damals nicht vorgeschlagen, Mylord. Ihr solltet nicht einmal daran teilnehmen! Habt Euch förmlich dazu gedrängt.«
»Was konnte ich denn tun? Ruggiero war dabei.«
»Wollt ihr wohl aufhören, zu schnattern, Gesindel«, bellte einer der Aufseher. »Vielleicht sind eure Rücken noch nicht wund genug!« Es war einer der christlichen Renegaten, ein Franzose. Für die Gefangenen galt die stillschweigende Vereinbarung, ihnen nie zu antworten, was sie auch sagten. Piers und Robin schwiegen. Ihre Rücken schmerzten sehr.
Aus ziemlich naher Entfernung kamen die Geräusche, an die sie nun völlig gewöhnt waren: das hohle, schrille Lachen der Hyäne, die vorsichtig in weitem Bogen um die Oase kreiste; das heisere Bellen der Schakale; das Stampfen der Pferde in ihrem langen, solide gebauten Schuppen. Die Pferde waren zu kostbar, um sie den Gefahren der scharfen Nachtluft Tunesiens auszusetzen.
Das schlimmste war, daß sich mit jedem neuen Tag die

Fluchtmöglichkeiten weiter verringerten. Zu Anfang, als die Arbeiten in El Mohar begannen, hatte Piers wirklich Hoffnung gehabt. Die Gefangenen waren ihren Wächtern an Zahl dreimal überlegen, und sobald man erst herausgefunden hatte, wer verläßlich war und wer nicht, konnte man einen regelrechten Aufstand organisieren. Aber die schwere Arbeit und das schlechte, unzureichende Essen hatten die Gefangenen körperlich und seelisch geschwächt, und selbst wenn der Aufstand gelang – was konnte man sich letzten Endes davon versprechen? Zwischen ihnen und Europa lag das Meer, und das Meer wurde von den schnellen arabischen Schiffen beherrscht. Das Meer war nicht weit – aber es war nur zu wahrscheinlich, daß sie wieder eingefangen wurden, bevor es ihnen gelang, in irgendeinem kleinen Hafen ein Schiff zu stehlen. Und die Strafe für Aufstand und Flucht war der Tod – kein besonders angenehmer Tod.

Ein Dutzend, vielleicht zwei Dutzend Leute unter den Gefangenen waren bereit, es trotzdem zu wagen. Die anderen nicht. Man konnte also keine Gelegenheit erzwingen – man mußte auf eine Gelegenheit warten.

Es gab natürlich die Möglichkeit, daß König Philipp von Frankreich Lösegeld für sie anbot – vielleicht sogar auch Prinz Eduard. Aber das war sehr unwahrscheinlich. Gerüchte waren durchgesickert, daß Prinz Eduard nun im Heiligen Lande kämpfte – bei Akkon. Es war nicht anzunehmen, daß er von der Gefangennahme seines Vasallen überhaupt etwas wußte. Und König Philipp war kein zweiter Ludwig. Selbst wenn er vom Schicksal der Männer wußte, die in dem letzten, sinnlosen Angriff vor dem großen Rückzug gefangengenommen worden waren – er mochte es längst wieder vergessen haben. Und für Leute, die nicht einmal seine Untertanen waren, tat er bestimmt nichts. Ein paar Draufgänger waren in Tunis entkommen – darunter der Sieur von Murailles, ein großer Herr und ein mutiger Ritter. Aber ob sie je Frankreich wieder erreicht hatten?

Man mußte warten, warten, warten. Vielleicht bot sich doch eine Gelegenheit. Aber Robin hatte recht. Selbst wenn sie kam: Ruggieros Kräfte waren erschöpft. Vielleicht war es besser, hier zu bleiben und mit ihm zu sterben, als nach seinem Tode zu entkommen. El Mohar war das Fegefeuer. Aber selbst das Fegefeuer war besser als die unerträgliche Hölle, vor Theodora stehen und ihr sagen zu müssen, daß ihr Ritter sein Versprechen nicht gehalten hatte und daß nun auch noch ihr Gatte dahingegangen war, wie vor ihm ihre Brüder.

*

Es war ungefähr drei Wochen später, als die Wache auf dem ersten fertiggestellten Turm des Ksar die Sandsturmwarnung gab.
Sofort trieben die Aufseher die Gefangenen von der Arbeit weg und ließen sie hinter der Mauer Deckung nehmen. Die Araber führten ihre Pferde in den Schuppen.
Der Kaid erstieg den Turm. »Ein Sandsturm, Yakub? Um diese Jahreszeit?«
»Sieh selbst, o Kaid. Es hätte auch eine rasche Karawane von vielen, vielen Männern sein können, aber die Karawanen von den Salzseen können es noch nicht sein, und dies hier kommt von Norden – –«
»Von Norden? Bei Allah, dein Vater war ein einäugiger Gesetzesbrecher, und deine Mutter hatte keine Nase. Was da in den Sandwolken schimmert ist Metall. Es sind Feinde!«
»Wie können es Feinde sein, o Kaid? Es ist doch gar niemand –«
»Zu den Waffen!« brüllte der Kaid. »Aufsteigen, ihr Söhne von Helden, ihr Erwählte Allahs, ihr glorreichen Schwerter des Islam – macht euch zum Kampf bereit, ihr abscheulichen Mißgeburten, ihr Aussätzigen, ihr samenlosen Krüppel, ihr Kot von höckerlosen Kamelen – Ali, mein Pferd.«
Er konnte nun den Feind sehen. Es waren fränkische Ritter, ganz ohne jeden Zweifel, riesige, gepanzerte Pferde und riesige gepanzerte Männer – einer schwang einen jungen Baum mit einer dreieckigen Flagge daran. Aber es schienen nicht mehr als fünfzig zu sein, obwohl sie eine gewaltige Sandwolke aufgewirbelt hatten. Hastig stieg er herab, und man brachte schon sein Pferd heran. Er stieg auf. Sich im Sattel wendend, sah er seine Leute vom Schuppen her auf ihn zu reiten.
»Jallah!« schrie er. »Es müssen entkommene Gefangene sein – wir sind zahlreicher als sie. Mir nach.«

Sie donnerten aus dem halb vollendeten Tor des Ksar, eine dicht gedrängte Masse von Roß und Mann, schreiend, wiehernd, schnaubend und die Waffen schwingend.
»Ich glaub's nicht«, sagte Robin, das Gesicht ein einziges Grinsen. Alle Gefangenen spähten nun über die Mauer. Da kam es heran, ihr Geschick, gepanzert, in dichte Staubwolken gehüllt.
»Blau«, sagte Piers atemlos. »Blau und – bei allen Heiligen, es ist die Flagge Eduard Plantagenets. Er ist aber doch tausend Meilen weg – bei Akkon. Ich träume. Ich träume.«
»Viel zu gut für einen Traum«, sagte Robin. »Ob diese Ketten nicht vielleicht doch zu etwas gut sein könnten, Mylord?«
»Du hast recht.« Die Ketten, mit denen sie nachts gefesselt waren, bildeten im Notfall keine schlechte Waffe. Er wollte es gerade den Gefangenen zurufen, als er eine fiebrig-heisere Stimme schreien hörte: »San Severino! San Severino!«
Er fuhr herum. Da sah er, wie Ruggiero sich wild auf den Mullah stürzte.
Er sprang ihm zu Hilfe – und wußte auch schon im gleichen Augenblick, daß er zu spät war; denn der heilige Mann hatte einen langen, krummen Dolch gezogen, und hinter ihm lief einer der übergetretenen Aufseher heran, die lange Peitsche in der Hand. Unter Ruggieros Ansprung stürzte der Mullah zu Boden, aber er hatte den Dolch nicht losgelassen und – – –
Außer sich, krachte Piers auf den Mullah herab wie ein Donnerkeil, schmetterte ihm die Faust ins Gesicht und riß ihn unter Ruggiero hervor. Nach dem Renegaten drehte er sich nicht einmal um – Robin wurde mit dreien seiner Art fertig, so geschwächt er war. Wieder und wieder schlug er mit der Faust auf den Mann ein, der die Reinheit selbst gelästert hatte – der den Mann getötet hatte, für dessen Sicherheit er bürgte. Erst als der Mullah dalag wie ein regungsloses Bündel, kam Piers taumelnd wieder auf die Füße und wandte sich Ruggiero zu. Er fand ihn auf Robins Schoß, und an dem Ausdruck auf Robins Gesicht erkannte er, daß es keine Hoffnung gab. Dann sah er, daß der Dolch des Mullahs tief in Ruggieros linke Brust gedrungen war.
Er beugte sich nieder: »Sieg«, flüsterte er. »Ihr habt gesiegt! Ihr habt gesiegt!«

Der Schatten eines Lächelns flog über Ruggieros Gesicht, das noch immer so jung, so knabenhaft war. Mit dem Ohr dicht an Ruggieros Mund, konnte Piers den Namen hören, der ihnen beiden so viel bedeutete und – fast unhörbar – die christliche Bitte um Vergebung. Dann setzte der Todeskampf ein, und Piers und Robin bekreuzigten sich und beteten die Gebete für die Sterbenden, die alle himmlischen Mächte anrufen, der scheidenden Seele zu Hilfe zu kommen.
Und Ruggiero starb.
Sie beteten noch immer, als der Boden unter ihnen zu zittern begann. Aufblickend sahen sie, was sie zu jeder anderen Zeit mit überquellender Freude erfüllt hätte. Gepanzerte Ritter auf gepanzerten Pferden strömten in den Hof des Ksar. Die Gefangenen um sie herum heulten, kreischten und sprangen auf und nieder wie Wahnsinnige. Und der große, schlanke Ritter in silberner Rüstung auf dem prachtvollen Fuchs – – –
»Mein Prinz«, sagte Piers. Die Tränen liefen ihm über das abgemagerte Gesicht.
Eduard Plantagenet stieg ab und umarmte ihn. Lange Zeit sprach keiner ein Wort. Dann fand Piers die Kraft zu sagen: »Ich dachte, Ihr wäret in Akkon, mein Prinz. Wie habt Ihr uns nur hier gefunden?«
»Ich war in Akkon. Wir besiegten die Belagerer und zogen bis nach Nazareth. Wir sind einfach auf dem Rückweg. Aber der Sieur von Murailles schickte uns Botschaft – –«
»Gott segne ihn dafür.«
»– daß Ihr bei den Tunesiern gefangen wäret und mit Euch eine Schiffsladung voll christlicher Männer. Da dachte ich, es wäre ein guter Gedanke, hier zu landen und mich nach Euch umzusehen – und bei der Gelegenheit eine Lanze zum Gedächtnis König Ludwigs zu brechen. Wir machten Gefangene, und die verrieten uns, wo man Euch finden könnte – und hier sind wir.«
»Das Gefecht ist gewonnen?«
Eduard lachte. »Es war kein Gefecht – nicht einmal ein Scharmützel. Sie hielten uns für nur etwa fünfzig an der Zahl – konnten die Hauptmacht nicht sehen, die hinter uns anrückte. Zuviel Sandwolken! Wir sind unser fünfhundert, und weitere fünfhundert decken uns den Rückzug an die See.

Acht große Schiffe haben Euretwegen haltgemacht, Lord Rudde! Wir haben den Hauptmann dieser Kerle gefangen, glaube ich –«

»Kaid Omar?«

»So nennt er sich. Hat er Euch schlecht behandelt? Bei meinem Glauben, wenn er das getan hat –«

»Nein, mein Prinz«, Piers lächelte müde. »Er ist ein sehr eifriger Student der Philosophie«, sagte er. »Nehmt ihn mit nach Frankreich, oder wohin wir segeln, damit er lernen kann, daß es nur eine Wahrheit gibt. Er ist ein guter Mann. Aber wir haben drei Renegaten hier und einen ungläubigen Priester – – –«

»Mit Verlaub, Mylord«, sagte Robin respektvoll. »Die drei Renegaten sind bereits an einem Ort angekommen, der noch heißer ist als Tunesien.«

»Der Mullah«, sagte Piers, »hat Unsere Liebe Frau gelästert.«

»Ist das etwa ein Kerl mit einem grünen Turban?« fragte ein junger Ritter aus dem Gefolge des Prinzen.

»Ja. Ich schlug ihn nieder, um meinen armen Freund San Severino zu retten. Leider kam ich zu spät.«

»Ihr habt ihn niedergeschlagen?« fragte der Ritter neugierig. »Mit der bloßen Faust? Der Kerl sieht aus, als wenn ihm hundert Gäule übers Gesicht geritten wären. Er ist tot, Mylord, sehr tot, außerordentlich tot – und wenn Ihr je im Turnier gegen mich anreitet, hoffe ich, Ihr werdet einen stumpfen Speer nehmen und nur einen Zehntel Eurer Kraft anwenden.«

»Ihr scheint uns hier nicht viel Arbeit übriggelassen zu haben«, lachte der Prinz. »Wir müssen unsere Pferde tränken – wobei mir einfällt, daß auch die Menschen durstig sein dürften –, und dann, glaub' ich, werden wir gut daran tun, dieses Königreich von Sand und Skorpionen zu verlassen, bevor der Sultan in Tunis aufwacht. Was ist denn mit Euch, Mann? Freut Ihr Euch nicht darauf, England wieder zu sehen?«

»Gott segne Euch für das, was Ihr an uns getan habt, Herr«, sagte Piers. »Aber für mich gibt es keine Freude mehr im Leben. Ich habe mein Wort nicht eingelöst!«

XVIII

BRUDER REGINALD von Piperno war vollständig glücklich. Sein Glück hatte begonnen, als er an der Seite seines Magisters und Freundes Thomas in Neapel einziehen durfte, und seitdem war alles gegangen, als ob er es sich so bestellt hätte. Der Einzug in die Stadt stellte einen Triumph ohnegleichen dar. Nie zuvor war ein neu ernannter Doktor der Theologie von Zehntausenden von Menschen empfangen worden, die auf allen Straßen Spalier standen, ihm Blumen und Handküsse zuwarfen und vor Begeisterung heulten wie die Wilden.

Thomas, natürlich, hatte sich umgesehen, als ob der ganze Trubel nicht ihm, sondern jemand anders gelten müßte, jemand, der hinter ihm her kam – vielleicht der Herzog von Anjou, oder vielmehr der König von Sizilien –, und er hatte sich höchst unbehaglich gefühlt.

Als ob es auch nur einen einzigen Menschen gäbe, der für den König von Sizilien in Begeisterung geraten konnte! Die Neapolitaner mochten ihn nicht leiden, obwohl er wirklich mit den letzten Hohenstaufen-Jungadlern kurzen Prozeß gemacht hatte. Es war von Mund zu Mund gegangen, was er König Manfred hatte antworten lassen, als ihm der ganz kurz vor der Schlacht bei Benevent einen Friedensboten schickte. Manfreds Truppen bestanden fast ausschließlich aus den Sarazenen der berühmten maurischen Kolonie seines Vaters bei Lucera.

»Bringt dem Sultan von Lucera diese Botschaft«, hatte König Karl grimmig gesagt: »Gott und das Schwert werden zwischen uns richten. Und entweder wird der Sultan mich ins Paradies schicken, oder ich schicke ihn in die Hölle.«

Woraus man ersehen konnte, daß Karl von Anjou sehr genau wußte, worum es ging. Seine Untertanen waren sich darüber weniger im klaren. Aber er hielt sein Wort: am Abend waren vierzehntausend Sarazenen erschlagen und König Manfred dazu.

Und als der junge Konradin, der letzte der Hohenstaufen, nach Italien kam, um Manfred zu rächen und das Reich seines Vaters Konrad und seines Großvaters Friedrich wieder

aufzurichten, schlug ihn Karl bei Tagliacozzo, nahm ihn gefangen und ließ ihn auf dem Marktplatz von Neapel hinrichten.
Die Neapolitaner waren ein fröhliches Volk. Sie machten sich nun einmal nichts aus Tyrannen, ganz gleich ob sie aus Deutschland oder aus Frankreich kamen. Sie vergaben es Karl von Anjou im Grunde nie so recht, daß er sie befreit hatte, obwohl sie ihm vielleicht verziehen hätten, wenn er sie dann auch von sich selbst befreit hätte. Davon war jedoch keine Rede.
Kußhände und Blumen hatte man für König Karl jedenfalls nicht übrig, und wenn jemand heulte, wenn er vorbeikam, so geschah es nicht aus Begeisterung.
Später hörten sie dann, daß der König sich sehr sorgfältig nach dem Grund der unglaublichen Beliebtheit eines einfachen Doktors der Theologie erkundigt hatte. Er wußte natürlich, wer Magister Thomas von Aquin war, und wer wußte das nicht? Er wußte nicht nur, daß die Edlen von Aquin die rechtmäßigen Besitzer einer halben Provinz nördlich von Neapel waren, sondern auch, daß Magister Thomas persona gratissima bei König Ludwig war, der damals noch lebte und der der einzige Mann auf Erden war, dessen Zorn Karl von Anjou fürchtete. Er schickte also einen sehr höflichen, ja honigsüßen Brief nach dem Dominikanerkloster, hieß Thomas willkommen, »den illustren neuen Magister der Universität von Neapel, dessen Ruhm über die ganze christliche Welt ausstrahlt, den Freund und Berater meines königlichen Bruders in Frankreich«, und versicherte, daß er »die Freude teilte, die meine neapolitanischen Untertanen beim Einzug ihres geliebten Lehrers in eine Stadt gezeigt hatten, die den stolzen und berechtigten Anspruch erheben konnte, seine Heimatstadt genannt zu werden«.
»Natürlich«, knurrte der alte Prior des Klosters, »wenn schon jemand beliebter sein muß, als er es ist, dann lieber ein Bettelmönch als einer, der sein Rivale werden könnte.«
Seit dem Tode seines großen, heiligmäßigen Bruders war nun seine Regierung strenger und bösartiger geworden. Es gab nun niemand mehr, vor dem er sich zu fürchten brauchte – mit Ausnahme des neuen Papstes, Gregors x. Es war der erste

italienische Papst nach drei Franzosen. Tebaldo Visconti von Piacenza war ein intimer Freund König Ludwigs gewesen. Nur mit den größten Schwierigkeiten hatte man ihn dazu bringen können, sich nicht am letzten, unglückseligen Kreuzzug zu beteiligen, sondern statt dessen in Lüttich zu bleiben, wo er Erzdiakon war, bevor er auf den Thron Petri berufen wurde.

Wenige Tage nach seiner Krönung hatte der neue Papst eine Enzyklika erlassen, die ein Allgemeines Konzil nach Lyon berief, wo die Frage des griechischen Schismas behandelt werden sollte. Das Konzil sollte am ersten Mai des folgenden Jahres beginnen, und heute war der sechste Dezember. Es bestand kaum ein Zweifel, daß Magister Thomas die Einladung zur Teilnahme erhalten würde, und diesmal würde man ihm den roten Hut geben, ob er ihn wollte oder nicht – genau wie es auch mit Frater Buonaventura geschehen war.

Und das war einer der Gründe, warum Bruder Reginald sich so hochgestimmt fühlte. Ferner reichte die Zeit bis zur Reise nach Lyon gerade aus, damit der Magister das tiefste, größte und glorreichste seiner Werke beenden konnte – seine Summa Theologica. Die ersten beiden Teile waren fertig, und nun arbeitete er am dritten und letzten Band, dem Teil, der sich mit dem Erlöser selbst befaßte, »De Christo«.

Und hier in Neapel brauchte er sich nicht dauernd mit den Irrtümern und falschen Argumenten anderer herumzuschlagen. Er brauchte nicht am Morgen Averroeisten zu bekämpfen und am Nachmittag Augustiner, bevor er sich an den Schreibtisch setzen konnte. Neapel war nicht Paris. Nur seine arme Schwester Theodora besuchte er von Zeit zu Zeit, deren Gatte auf dem Kreuzzug umgekommen war, der auch König Ludwig das Leben gekostet hatte.

Endlich, endlich hatte Magister Thomas die Hände für seine eigene Arbeit frei. Und alles, wofür man sorgen mußte, war, daß er alle Bücher bekam, die er benötigte, daß seine Schriftrollen in guter Ordnung waren, daß er mittags genug aß und daß tausend kleine Störungen des Alltags von ihm ferngehalten wurden. Besser konnte man es wirklich nicht haben. Es war wie im Paradies.

Natürlich gab es aber kein Paradies ohne Schlange.

Aber die neapolitanische Schlange war ziemlich harmlos. Sie hieß Bruder Dominik. Bruder Dominik war der Sakristan des Klosters, ein kleiner Mann, dessen dünne Lippen ständig ironisch zu lächeln schienen – aber vielleicht lag das auch nur daran, daß er keine Zähne mehr hatte und sich das nicht anmerken lassen wollte. Seit fünfunddreißig Jahren war er Sakristan des Klosters und der Sankt-Nikolaus-Kirche, und das bedeutete, daß er sich von niemand etwas dreinreden ließ. Man wußte, daß er selbst dem Prior sehr energische Antworten zu erteilen pflegte, und, was das schlimmste war, er verstand sein Amt so gut, daß er meistens recht hatte. Seine knopfartigen kleinen Augen waren überall, und nichts konnte ihnen entgehen.

Bruder Dominik war der einzige Mensch, den Bruder Reginald nicht recht von Thomas' Bedeutung überzeugen konnte. Wenn der Magister, tief in Gedanken versunken, nach der falschen Richtung marschierte und auf dem Klosterhof landete, statt im Refektorium, oder wenn er einen Augenblick zu spät zur Vesper kam, hob Bruder Dominik die haarlosen Brauen mit einem Ausdruck, der lebhafte Zweifel an dem Geisteszustand des großen Philosophen bekundete.

Dabei wußte er immer ganz genau, wieviel Freiheiten er sich herausnehmen und wie weit er gehen durfte. Man konnte ihn nicht fassen.

»Bruder Dominik – hast du heute morgen größere Meßgewänder für Magister Thomas ausgelegt?«

»Mitten in der Woche kann ich keine neuen Gewänder auslegen.«

»Aber Bruder Dominik, du weißt doch ebensogut wie ich, daß Magister Thomas ungewöhnlich groß und stark ist –«

»Dafür kann ich nichts, Bruder Reginald.«

»Ich habe nicht behauptet, du seist *dafür* verantwortlich. Aber für das Auslegen der richtigen Meßgewänder bist du es.«

»Sechster Dezember«, sagte Bruder Dominik. »Fest des heiligen Nikolaus, Schutzpatron der Kirche. Bischof und Bekenner. Weiß.«

»Ja, ja, ich habe ja nie bezweifelt, daß du deine Pflichten kennst. Ich wollte lediglich darauf hinweisen, daß Magister Thomas mehr als einmal sehr bei seiner Messe behindert war,

weil er Paramente tragen mußte, die wohl mir oder vielleicht sogar dir gepaßt hätten, aber nicht einem Mann von seiner Statur. Ich appelliere an – an deine Phantasie, deine Vorstellungskraft, Bruder Dominik – – und an dein gutes Herz. Bruder Thomas kann die Arme nicht ordentlich heben, wenn das Meßgewand zu eng ist.«
»Ich lege in dieser Kirche seit über fünfunddreißig Jahren Meßgewänder aus, Bruder Reginald – – –«
»Ja, ja, ich weiß, aber –«
»– darunter für feierliche Hochämter, bei denen Seine Eminenz der Kardinal-Erzbischof von Neapel zelebrierte – –«
»Aber was hat denn das damit zu tun, ich wollte ja nur –«
»– und viele andere Kirchenfürsten, und es hat nie Grund zur Beschwerde gegeben.«
»Ich habe mich nicht beschwert, Bruder Dominik. Ich habe lediglich einen Appell an –«
»Phantasie!« sagte Bruder Dominik. »Den Heiligen sei Dank, damit bin ich verschont geblieben. Gründlichkeit, Bruder Reginald – alle Einzelheiten im Kopf haben; nie etwas vergessen; immer wissen, wo alles ist oder sein sollte, wenn einem die Ministranten nicht dazwischen gepfuscht haben. Wenn ich Phantasie hätte, hätte ich meinen Posten schon vor fünfunddreißig Jahren verloren.«
Bruder Reginald gab es auf und kehrte zur Zelle seines Magisters zurück, um nachzusehen, ob alles für die Morgenarbeit hergerichtet war.
Bruder Dominik schlurfte nach der Kirche. Magister Thomas mußte jetzt mit seiner Messe fertig sein. Kerzen auslöschen, Buch zurück in die Sakristei, die Krüglein säubern und alles andere – die Tücher – Ordnung. Ordnung. Nicht Phantasie. Dann betrat er die Kirche. Zu seinem Mißvergnügen sah er, daß Magister Thomas seine Messe noch nicht beendet hatte. Er stand noch immer am Altar.
Dann fiel ihm auf, daß Magister Thomas selbst für seine Verhältnisse auf einmal ungewöhnlich groß erschien. So groß, daß sein Kopf sich in gleicher Höhe mit dem Fuß des Kruzifixes befand.
Bruder Dominik schloß daraus, daß etwas mit dem Kruzifix nicht in Ordnung sein mußte und daß Magister Thomas sich

auf eine Fußbank gestellt hatte, um hinaufzureichen und es wieder in Ordnung bringen zu können. Das war aber nicht seine Sache. Es war Bruder Dominiks Sache, und niemand anders hatte sich damit zu befassen.
Er näherte sich, nun ernstlich verärgert.
Dann sah er voll Verblüffung, daß Magister Thomas das Kruzifix nicht berührte. Seine Arme waren wie in Anbetung ausgestreckt.
Und erst jetzt bemerkte Bruder Dominik, daß er nicht auf einer Fußbank stand. Er – er stand überhaupt auf nichts.
Zwischen Thomas' Füßen und dem Boden war – – – Luft. Und die Luft zwischen seinen Füßen und dem Boden war fast eine Elle hoch. Man konnte die ganze Breite des schäbigen roten Teppichs sehen – und die weißen Marmorstufen. Man konnte die volle Breite des Altars sehen.
Bruder Dominik blinzelte. Das war doch unmöglich. Ein Mann konnte nicht in der Luft stehen. Aber Magister Thomas stand auch nicht auf Luft. Er – er – schwebte. Er schwebte in der Luft. Die Sohlen seiner Schuhe waren zu sehen – waren ganz zu sehen.
Phantasie, dachte Bruder Dominik in plötzlichem Schrecken. Ich bin mit Phantasie geschlagen. Aber der gesunde Menschenverstand in ihm lehnte sogleich jede Beziehung zwischen seinem kleinen Selbst und diesem schrecklichen Anblick vor ihm ab.
Bruder Dominik ächzte. Er machte einen Schritt zurück und wandte sich halb um. Aber er konnte nicht fort. Er mußte bleiben, ob er wollte oder nicht. Seine Füße machten kleine, sonderbar unsichere Schritte unter ihm, bis er an Ort und Stelle war – noch immer tief im Schatten, aber dem Altar viel näher, von der Seite her.
Und nun konnte Bruder Dominik das Gesicht sehen, das zu dem Schädel gehörte, und es war nicht mehr das Gesicht des Magisters Thomas. Es war langgezogen, und der Mund stand offen, die Augen glänzten in einem wilden, erschreckenden Licht. Es war nicht das Gesicht eines Mannes, der etwas über alle Maßen Schönes sieht. Es war das Gesicht eines Mannes, der zusieht, wie jemand, den er über alles liebt, über einen gähnend weiten Abgrund auf ihn zukommt, o komm, komm,

komm zu mir, aber falle nicht, falle nicht – nein, es war nicht, doch nicht ganz so.

Plötzlich war Bruder Dominik wieder sechs Jahre alt und hörte zum erstenmal im Leben die Geschichte Mosis – wie Gott ihm das Gelobte Land zeigt und zu ihm sagt: »Du hast es mit deinen Augen gesehen, aber du sollst es nicht betreten.« Und der kleine Dominik weinte, weil der arme Moses nach all seiner Arbeit und so viel Anstrengungen das Gelobte Land nicht betreten durfte.

So sah dieser Mann, der einmal Magister Thomas gewesen war, aus – wie der Mann, der das Gelobte Land sah und es nicht betreten durfte.

Und Bruder Dominik, noch immer klein, obwohl kein Kind mehr, nach zweiundsechzig Lebensjahren und fünfunddreißig davon als Sakristan von Sankt Nikolaus, biß sich fest in die Hand, damit man ihn nicht weinen hörte.

Thomas schwebte noch immer über den Altarstufen. Aber sein Gesicht veränderte sich. Von ungeheurer, überwältigender, schmerzgepeinigter Sehnsucht verwandelte es sich zu ungehemmter Ekstase. – Dann schlossen sich die ausgestreckten Hände zusammen. Er betete jetzt.

So hatte Bruder Dominik niemals jemand beten sehen.

Wie ein Kind, das seiner Mutter in die Arme lief, wie eine Braut, die zu dem Geliebten aufblickte, ein Mann, der einen Schatz entdeckt hatte, ein Held, der den Sieg vor Augen hatte, ein Aussätziger, der sich geheilt sah. Ein Mann wurde in eine andere Welt hinein geboren. So war es und doch ganz anders; denn Thomas wußte nichts von sich in diesem Augenblick. Schwebend glich er dem Mond, der im Sonnenlicht leuchtet.

Bruder Dominik fiel auf die Knie. Sein letzter bewußter Gedanke war, daß es ihm vielleicht um seiner kindlichen Tränen willen, die er um den armen Moses geweint hatte, jetzt gestattet wurde, diese Herrlichkeit zu sehen – – und daß er seitdem nichts, gar nichts getan hatte, das auch nur eine dieser Tränen aufwog.

Aber dann endete alles Denken vor dem, was nun geschah. Er hörte Worte. Klare Worte. Gesprochen vom Altar her. Vom Kruzifix auf dem Altar her.

»BENE SCRIPSISTI DE ME, THOMA, QUAM ERGO MERCEDEM ACCIPIES?«*

Und die Stimme Thomas' antwortete: »Nil nisi te, Domine.«**
Dann begann Thomas langsam, langsam wieder auf die Erde zu sinken.
Und auch Bruder Dominik ging es so, auf seine Weise. Er taumelte auf die Füße und taumelte aus der Kirche und in seine Zelle zurück.

*

Am frühen Nachmittag kam Bruder Dominik zu Bruder Reginald und erklärte, daß Magister Thomas in Zukunft immer die größten Meßgewänder bekommen würde, die er zur Verfügung hatte. Brauchte er sonst noch etwas: nichts? Also, für den Fall, daß er doch etwas brauchte, würde Bruder Reginald es ihn sofort wissen lassen?
Fassungslos stellte Bruder Reginald fest, daß es nun im Paradies keine Schlange mehr gab. Fassungslos – aber auch ein wenig mißtrauisch.
Als er eine halbe Stunde später mit einem Manuskript unter dem Arm – Sankt Bernhards Abhandlung über die Buße – zu Thomas in die Zelle kam, fand er ihn an seinem Schreibtisch, wie gewöhnlich. Aber auf dem Tisch lagen keine Papiere, keine Bücher, keine Gänsefedern – alles war weggeräumt, bis auf das Kruzifix.
»Ich – ich habe den Sankt Bernhard doch gefunden«, sagte er. »Ist sogar ein gutes, vollständiges Exemplar. Also wenn – –«
Er brach ab.
»Reginald«, sagte Thomas. »Reginald – du bist's doch, nicht?«
Bruder Reginald wurde blaß.
»Natürlich bin ich's«, sagte er. »Was ist denn – bist du – krank?«
»Nein – – – nein, Reginald. Nimm das Manuskript wieder, und bring es zurück. Und diese hier auch, da in der Ecke.«
»Zurück? Warum? Du brauchst sie doch für – «

---

* »Gut hast du geschrieben über mich, Thomas, was begehrst du zum Lohn?«
** »Nichts als Dich, Herr.«

»Nein. Ich werde nie wieder ein Manuskript brauchen.«
»Thomas! Du *bist* krank. Ich hole sofort den Prior. Du brauchst ein paar Tage Ruhe, mindestens eine Woche. Noch nie hab' ich dich so blaß gesehen, und – oh! Es – es ist wieder geschehen. Ich kann es sehen. Wie damals in Paris, als –«
»Still, Reginald – du hast mir versprochen, nicht davon zu reden, bis ich sterbe. Es wird nun wohl nicht mehr lange dauern.«
»Sag das nicht, Thomas, ich bitte dich, ich flehe dich an, sag das nicht. Du wirst dich ausruhen – du wirst wieder gesund werden und die Summa beenden und – –«
»Ich werde nie wieder schreiben, Reginald. Alles, was ich geschrieben habe, ist wie leeres Stroh – im Vergleich zu dem, was ich gesehen habe. Geh jetzt, lieber Sohn. Ich muß allein sein.«
Reginald ging. Nicht nur die Schlange – auch das Paradies war verschwunden.

*

Ganz so schrecklich war der Krieg gar nicht, wenn man erst einmal über das erste Grauen hinaus war, das einem der Anblick eines zerfetzten Menschenleibes verursachte. Sobald man wußte, wie herausgequollene Eingeweide aussahen und Gehirn und Lungenblut, war man über das Schlimmste weg. Und wenn es einen selbst betraf, nun, dann wußte man entweder nichts davon, oder man hatte Schmerzen. Aber Schmerzen – das war etwas, womit man sich auseinandersetzen konnte. Man biß die Zähne zusammen und atmete langsam und tief; oder noch besser, man opfert die Schmerzen auf; als christlicher Ritter trug man sein Scherflein zum Armenkasten des Himmels bei. Und wenn die Schmerzen *zu* stark wurden, dann verlor man das Bewußtsein, und alles war wieder in Ordnung.
Gefangenschaft war auch nicht so schlimm. Man möchte die Zeit später gar nicht missen mit all ihren Hoffnungen, enttäuschten und nicht enttäuschten. Man hält die Festung gegen Angriffe von innen. Der Sternenhimmel über dem Kopf, wenn man sich schlafen legt... Und die wilde, das Herz förmlich zerreißende Freude, wenn die Befreiung in Sicht kommt. Nur eins war furchtbar und unerträglich: das Leiden eines

geliebten Menschen. Das Leid, das man der Geliebten zugefügt hat – und das man nicht mehr ungeschehen machen kann. Man steht da und sieht zu, ein großer, ungeschlachter Tölpel, ein Ungeheuer.
Der Gedanke war für Piers ein ständiger Begleiter geworden. Er war mit ihm nach einem winzigen Hafen geritten, wo Prinz Eduards Schiffe warteten. Er war mit ihm gesegelt, zuerst nach Spanien, dann nach Frankreich. Er war mit ihm durch Italien geritten. Er saß hinter ihm im Sattel und stieß ihm wieder und wieder den Dolch in den Rücken.
Je mehr er sich Roccasicca näherte, desto schlimmer wurde es. Und als er ankam und erfuhr, daß die Gräfin von San Severino nicht da war, sondern in Magenza wohnte, einem Schloß ihrer Nichte, Francesca Cecano, atmete er erleichtert auf.
Er brachte die Nacht auf Roccasicca zu. Die Burg war nun wieder völlig aufgebaut, vieles hatte sich verändert – und doch: dies war der Saal, in dem er sie zuerst gesehen hatte – der Ringwall, auf dem er so oft Wache gehalten hatte.
Piers schlief sehr wenig. Er hörte ihre Stimme, ihr Lachen, hörte den Klang von Rainalds Laute – das Rauschen der Gewänder der alten Gräfin – Landulfs tiefe Stimme, die nach mehr Wein verlangte; auch Mutter Maria von Gethsemane war da, schwarzer Schleier und schmales, weißes Gesichtchen. Von den Lebenden aber nur sie – – sie, der er die Nachricht bringen mußte, die schmerzlichste Nachricht von allen, schlimmer noch als die vom Tod ihrer Brüder.
Es war eine böse Nacht. Schatten hingen über Roccasicca und drehten und wanden sich wie in Schmerzen.
Die aufgehende milde Februarsonne fand ihn völlig wach. Heute also. In ein paar Stunden konnte er in Magenza sein. Robin brachte die Pferde. Er sah nicht auf, als er seinen Morgengruß murmelte. „Grau", dachte Piers. „Er ist sehr grau geworden. Ein alter Mann." Er lächelte ihm zu.

*

Sie erreichten Magenza am Nachmittag.
Diener in der Livree der Cecanos halfen ihnen von den Pferden, jawohl, die Gräfin von San Severino war zu Besuch bei

der Herrin, Mylord würde den Damen sofort gemeldet werden.

Francesca Cecano erschien, eine schüchterne, besorgt aussehende junge Frau mit einem unruhigen Lächeln; die unvermeidlichen kleinen Höflichkeiten wurden ausgetauscht.

Die Vorhalle, reich und geräumig, dann ein Zimmer, in dem sich eine ganze Anzahl von Leuten verneigte, Ritter und Damen des Hauses, Dienerschaft. Francesca Cecano flatterte neben ihm her, mit ihrem schmerzlichen kleinen Lächeln; sie hatte natürlich längst alles begriffen, und auch Theodora mußte bereits wissen, daß er und Robin angekommen waren – allein.

Wieder ein Zimmer. Eine schlanke kleine Gestalt in Schwarz. Francesca Cecano murmelte etwas und floh.

Die kleine, schwarze Gestalt blieb unbeweglich.

Piers fühlte, daß sein Herzschlag den ganzen Raum ausfüllte. Es war die mutigste Tat seines Lebens, Schritt für Schritt vorwärtszugehen, bis er vor ihr stand. Dann ließ er sich auf die Knie nieder.

»Herrin, ich konnte mein Versprechen nicht halten...«

Keine Antwort.

Mit letzter Anstrengung zwang er sich, aufzusehen. Zum erstenmal wieder sah er das Gesicht der Frau, der er in Freiheit wie in Gefangenschaft leibeigen gewesen war. Sie war so schön wie je – und doch hatte sie sich abermals verändert. Ihr Gesicht war blutlos und schmal, die Augen unnatürlich groß und ihr Ausdruck –

Er begriff ihn nicht. Mitleid und Teilnahme und Kummer – und ein so herzzerreißender Schmerz, daß ihm der Atem stockte und die Kraft aus allen Gliedern wich. Und doch war es nicht alles. Dahinter – dahinter war noch etwas anderes, ein tiefes, feierliches Geheimnis, das er nicht teilen durfte. Sie stand vor ihm und war doch weit, weit fort – Länder und Meere lagen zwischen ihnen.

»Liebe Herrin – könnt Ihr mir nicht verzeihen? Ich – gab mir wahrhaftig die größte Mühe –«

Der blasse kleine Mund begann sich zu bewegen. Und er hörte ihre Stimme:

»Die Heiligen mögen Euch segnen. Euch trifft keine Schuld –«

Also war er freigesprochen – freigesprochen. Aber vor dem blassen, geisterhaften Schatten Theodoras floh alle Freude.
»Herrin – man kann nicht schöner sterben, als Ruggiero de San Severino gestorben ist.«
»Er – ist tapfer gestorben?«
»Ich habe nie eine mutigere Tat gesehen. Er griff, ohne Waffen, einen Ungläubigen an, der Unsere Liebe Frau gelästert hatte. Er warf ihn zu Boden. Aber der Ungläubige war bewaffnet, und ich kam um einen Augenblick zu spät.«
»Er ist mutig gestorben«, wiederholte sie tonlos. Wieder sah er den seltsamen, unerklärlichen Ausdruck auf ihrem Gesicht. Sie nickte vor sich hin, als hätte sie es erwartet – und als wäre gerade das das Schlimmste. Es war unbegreiflich.
Er begann von neuem. »Bald darauf wurden wir von meinem Herrn, Prinz Eduard Plantagenet, befreit. Euer Gatte erhielt ein christliches Begräbnis. Siebenhundert wackere Männer beteten an seinem Grabe. Es ist mit einem Kreuz versehen. Aber wir mußten das Grab und das Kreuz mit Sand zuschütten, damit es der Feind nicht finden und entweihen kann. Und Prinz Eduards Kapellan sagte, daß es für einen tapferen christlichen Ritter nur recht und billig wäre, wenn sein Grabkreuz unter dem Sand vergraben liege, genau wie das heilige Kreuz unseres Herrn dreihundert Jahre lang von Sand bedeckt war, bis die heilige Helena es wieder entdeckte und der Christenheit schenkte.«
Sie beugte den Kopf. Sie weinte nicht. Auf der ganzen Welt gab es nichts, was Piers so fürchtete wie ihre Tränen. Und doch fühlte er: es war ein schlimmes Zeichen, daß sie nicht weinte.
Wenn man nur wüßte, was sie dachte, wenn man nur helfen dürfte – – –
Endlich sprach sie. Es war fast ein Flüstern. »Lord Rudde – Piers – ich fürchte sehr, ich muß Euch etwas sagen, das Euch schmerzen wird. Und da ich selbst weiß, was Schmerzen sind, wünschte ich, der Kelch könnte an mir vorübergehen. Glaubt mir – es schmerzt mich ebensosehr wie Euch.«
Er stählte sich. »Was ist es, Herrin?«
»Piers – selten hat eine Frau so viel Grund gehabt, einem Manne dankbar zu sein, wie ich Euch gegenüber. Was ein

Mann von Mut und Ehre und Treue tun kann, das habt Ihr getan, und wenige könnten es Euch nachmachen – vielleicht keiner.«
»Herrin –«
»Es gab einen Tag, an dem Ihr mir die Ehre erwiesen habt, mir zu sagen, daß Ihr mich liebt. Es war eine Ehre, obwohl ich die Frau eines anderen Mannes war; denn an Eurer Liebe war nichts, was Gott mißfallen konnte. Euer Andenken und Euer Bild werden immer in meinem Herzen bleiben. Aber wir dürfen uns nie wiedersehen.«
Er stand auf, am ganzen Leibe zitternd. »Warum, Herrin – warum?«
»Diese Frage, mein sehr lieber Freund, kann ich nicht beantworten.«
»Weil ich Euch enttäuscht habe?«
»Nein! Nein, sag' ich Euch! Ihr habt mich nicht enttäuscht. Es ist – ich bin's, die – o heilige Mutter Gottes, hilf mir.«
Er starrte sie ratlos an.
Plötzlich wandten sie sich beide um. Vom Hof her kam ein dumpfes, donnerndes Geräusch. Wieder. Und wieder.
»Jemand ist am Tor«, murmelte Theodora. Mechanisch machte sie einen Schritt näher zum Fenster hin. »Es ist Thomas«, rief sie. »Thomas ist angekommen.«
Piers trat zu ihr. Zwei Reiter, auf Maultieren, waren in den Hof geritten, beide im schwarz-weißen dominikanischen Ordenskleid. Aber – der größere der beiden Brüder saß zusammengesunken im Sattel, und drei Diener versuchten, ihn herunterzuheben. Er schien sich nicht bewegen zu können. Es war, als ob die drei eine ungeheure Statue von ihrem Piedestal heben wollten. Ja, es war Thomas – jetzt konnte er sein Gesicht sehn. Er hatte die Augen geschlossen. Entweder war er krank oder hatte einen Unfall erlitten.
Piers rannte. So schnell er lief, sie hielt Schritt mit ihm, und beide erreichten die Vorhalle zusammen, gerade als Thomas hereingetragen wurde – von drei Dienern und dem zweiten Bruder, den sie jetzt beide erkannten: es war Bruder Reginald von Piperno.
Die schüchterne kleine Francesca Cecano flatterte heran.
»Bringt ihn in das Gästezimmer hier – tragt ihn nicht die

Treppe hinauf«, sagte sie mit überraschender Energie. »Luigi, hol sofort Messer di Guido, er ist unten im Dorf. Vorsichtig – haltet ihm den Kopf hoch.«
Eine Minute später lag Thomas lang ausgestreckt auf einem Ruhebett, und Reginald saß neben ihm. Piers winkte den Dienern, zu gehen. Theodora hockte sich zu Thomas' Füßen nieder und starrte aus großen Augen in das starre Gesicht des gefallenen Riesen.
»Was ist geschehen?« flüsterte sie. »Was hat er nur?«
»So ist er jetzt oft«, sagte Reginald traurig. »Am Fest des heiligen Nikolaus hat es angefangen, aber es wird immer schlimmer. Zuerst dauerte es immer nur eine Viertel- oder höchstens eine halbe Stunde. Aber diesmal sind es schon über zwei Stunden. Dem Herrn sei Dank, wir fanden ein paar gute Leute, die uns halfen, ihn im Sattel zu halten, sonst hätten wir das Schloß nie erreicht.«
»Kann er uns hören?«
»Nein, edle Dame. Seht – –« Mit sanftem Finger schob Reginald Thomas' rechtes Augenlid zurück. Nur das Weiße des Auges war sichtbar.
»Hier ist Messer Johannes di Guido«, sagte Francesca Cecano an der Tür.
Der Arzt war ein älterer Mann mit klugen Augen und höflichen kleinen Bewegungen. »Euer ergebener Diener«, sagte er mit einer kleinen Verbeugung, die allen Anwesenden gleichzeitig zu gelten schien. »Ich wäre den edlen Herren und Damen sehr verbunden, wenn sie mich kurze Zeit mit dem Kranken allein lassen würden.«
Alle verließen den Raum – Reginald sichtlich nur ungern.
»Aber was hat er nur?« wiederholte Theodora fassungslos.
Reginald schüttelte den Kopf. Er versuchte zu sprechen, brachte aber kein Wort hervor.
»Setzt Euch lieber nieder, Bruder Reginald«, sagte Piers. Er schob einen Stuhl heran – gerade noch zur rechten Zeit.
»Wenn wir einen Becher Wein für ihn haben könnten –«
»Hier ist Wein«, sagte Francesca Cecano. »Trinkt, Bruder Reginald – nein, noch ein wenig mehr – alles. So ist's besser.«
»Danke, danke«, sagte Reginald, äußerst verlegen darüber, daß man sich plötzlich mit ihm beschäftigte. »Danke – es

geht mir schon wieder ganz gut – wie stark dieser Wein ist!«
»Seid Ihr kräftig genug, uns mehr zu sagen?« fragte Theodora erregt.
»O ja, ja – gewiß. Aber ich weiß selbst sehr wenig, edle Dame. Wie ich schon sagte, es begann am Sankt-Nikolaus-Tag, am sechsten Dezember, obwohl das im Grunde natürlich auch nicht der wirkliche Anfang war – ach, Ihr erinnert Euch vielleicht, Gräfin – der Tag, an dem Ihr ihn in Paris besuchen kamt und warten mußtet – –«
»Natürlich erinnere ich mich. Ich dachte, er wäre plötzlich erkrankt. Ihr waret so offensichtlich besorgt und erregt –«
»Ja. Ja freilich. Auch das war nicht das erste Mal, obwohl es nie zuvor ganz so in Erscheinung getreten war wie an dem Tage – ich erzähle das alles sehr schlecht, fürchte ich, aber es ist nicht leicht, von solchen Dingen zu sprechen.«
»Von was für Dingen?« fragte Theodora, fast ungeduldig. »Wird man denn im Kloster nicht gepflegt, wenn man krank wird? Ich dächte doch –«
»O ja – gewiß – wenn es sich um eine Krankheit handelt – aber dies ist – dies – oh, ich darf nicht zuviel sagen, er würde es mir nie verzeihen. Ich habe es ihm versprechen müssen. Aber ich bin so besorgt um ihn. Er arbeitete am letzten Teil seines großen Werkes, und dann eines Tages, als er von der Messe zurückkam, war er ganz verändert und – und sah fast so aus wie jetzt, nur war er bei vollem Bewußtsein. Und er sagte, er würde nie wieder schreiben, kein einziges Wort, nach dem, was er gesehen hatte. Und er tat es auch nicht – er schrieb nicht mehr!«
»Nach dem, was er gesehen hatte«, wiederholte Theodora nachdenklich.
»Schrieb kein einziges Wort mehr«, stöhnte Bruder Reginald. »Das herrlichste von allen seinen Werken bleibt unvollendet. Und dabei ist er in einem Alter, von dem Plato sagt, daß ein Mann dann *beginnen* soll, ein Philosoph zu werden! Beginnen! Nur als der Brief des Heiligen Vaters kam, schöpfte ich wieder etwas Hoffnung.«
»Ein Brief vom Heiligen Vater?«
»Ja, er lud Magister Thomas ein, am Allgemeinen Konzil von Lyon teilzunehmen. Er war eigentlich nicht reisefähig,

aber er bestand darauf – also begannen wir die Reise frühzeitig und mit einer Dispens zum Reiten. Eigentlich hätten wir ja zu Fuß gehen müssen.«
»Das hätte noch gefehlt«, knurrte Piers vor sich hin.
»Die Einladung des Heiligen Vaters schien eine gute Wirkung auf ihn auszuüben«, fuhr Reginald fort. »Er sprach etwas mehr und schien ganz fröhlich und zufrieden. Der König von Sizilien kam, ihn zu besuchen, weil der Prior nicht erlaubte, daß Magister Thomas das Kloster verließ, bevor wir uns auf die Reise begaben.«
Theodora runzelte die Stirn. »Was mag der wohl gewollt haben?«
»Oh, das weiß ich – ich war mit dabei. Er sagte, er sei gekommen, um glückliche Reise zu wünschen, und er hoffe, Magister Thomas werde dem Heiligen Vater Gutes über ihn und seine Herrschaft berichten.«
»Ah – und mein Bruder?«
Der Schimmer eines Lächelns flog über Bruder Reginalds besorgtes Gesicht.
»Magister Thomas antwortete, er werde die Wahrheit sagen.«
Alles lächelte – aber da kam Messer Johannes di Guido zurück.
»Er ist jetzt wieder bei Bewußtsein«, erklärte er ernst.
»Was war es?« fragte Theodora rasch.
Der Arzt blickte Bruder Reginald an. »Es ist schwer zu sagen, edle Dame«, erwiderte er vorsichtig. »Es liegt nichts vor, was man als Krankheit im eigentlichen Sinne des Wortes bezeichnen könnte – und wenn es trotzdem eine Krankheit ist, dann kennen wir ihren Namen noch nicht.«
»Es ist keine Vergiftung, di Guido – oder?« fragte Theodora mit leiser Stimme.
Jedermann im Zimmer, der Arzt ausgenommen, wußte, worauf sie anspielte. Der König von Sizilien war zu allem fähig, wenn ihm seine Herrschaft gefährdet erschien.
»Nein, Gräfin«, sagte di Guido fest. »Es ist keine Vergiftung.«
»Aber was *ist* es dann?«
Wieder sah di Guido Bruder Reginald an. »Ich nehme an, es war nicht das erste Mal – ist das richtig, Bruder?«

»Es war nicht das erste Mal.«
»Ich dachte es mir. Er sprach nur wenige Worte, bevor er wieder zum Bewußtsein kam, aber sie verrieten mir genug, um zu wissen, daß es sich hier fast genau um das Gegenteil einer Vergiftung handelt.«
»Was meint Ihr nur, di Guido?«
»Wir betrachten einen Mann als vergiftet, wenn eine fremde Substanz in ihn eingedrungen ist, deren Wirkung schädlich, verderblich ist. Hier scheint es sich um das Gegenteil zu handeln.«
»Ihr sprecht in Rätseln, di Guido«, protestierte Francesca Cecano. »Warum könnt Ihr Euch nicht einfach und gerade ausdrücken?«
»Das tut er ja«, sagte Bruder Reginald leise.
Di Guido nickte ihm zu. »Ich will es erklären, so gut ich es vermag, Herrin. In der physischen Welt ist, was wir Gift nennen, meist nur im Sinne einer gewissen Menge, einer bestimmten Dosis zu verstehen. Eine kleine Menge der gleichen Substanz kann eine sehr gute Wirkung haben, wie zum Beispiel ein Becher Wein einem müden und erschöpften Mann wieder Kraft verleiht, während unmäßiger Weingenuß schädliche, vergiftende Folgen hat.«
»Was hat das alles mit meinem Bruder Thomas zu tun?« rief Theodora aus.
»In der Welt des Geistes und der Seele liegt der Fall anders«, fuhr der Arzt ruhig fort. »Da ist es nicht eine Frage der Quantität, sondern der Qualität. Eine böse Leidenschaft kann ein seelisches Gift sein. Aber – und hier liegt meine Schwierigkeit – wie sollen wir das Gegenteil nennen? Eine gute Leidenschaft, die höchste Form aller Leidenschaft, die Liebe zu Gott allein – –«
»Soli Deo«, murmelte Bruder Reginald.
»Aber er ist krank«, rief Theodora. »Er ist schwach – er war ohnmächtig. Wie könnte das die Wirkung –«
»Es könnte sehr wohl die Wirkung sein«, nickte di Guido. »Wir haben von auserlesenen Seelen gehört, deren Liebe zu Gott heißer brannte als das schlimmste Fieber; je größer die Liebe, desto größer das Leiden – und desto verzehrender. Und wenn Gott – der Geliebte – sich dem Geliebten offen-

bart hat, dann hat so eine Seele nur noch ein einziges Ziel: die Vereinigung mit dem Geliebten, so rasch als möglich. Solch eine Seele lebt dann auf Erden nur noch für den Tod.«
»Er wird – – sterben?« fragte Theodora, weiß bis in die Lippen.
»Ich weiß es nicht, Gräfin. Aber wenn er stirbt, stirbt er an seiner Liebe.«
Eine Pause entstand. Alle verstanden die gewaltige, ehrfurchteinflößende Bedeutung der Worte des Arztes.
Seltsamerweise war es Bruder Reginald, der zuerst wieder das Wort ergriff.
»Besteht irgendwelche Hoffnung, daß Magister Thomas sich noch einmal erholt? Daß wir die Reise nach Lyon fortsetzen können?«
»Der Arzt hat in einem solchen Falle nicht viel zu sagen«, erwiderte di Guido. »Nichts ist unmöglich.«
»Darf ich zu ihm gehen?« fragte Theodora hastig.
»Gewiß, Gräfin. Er ist ganz – vom Standpunkt des Arztes aus ist er völlig normal.«
Sie ließen sie allein gehen.
Thomas saß aufrecht im Bett, als sie eintrat. Er lächelte ihr zu.
»Mein Kleines, es tut mir so leid, daß ich dich erschreckt habe. Es war nichts. Du siehst, es geht mir sehr gut. Ich muß mich auch bei Francesca entschuldigen. Wo ist sie?«
Als sie sich auf den Bettrand setzte, sah er ihre Augen und wußte, daß sie unterrichtet war. Er begann mit den Fransen eines seidenen Kissens zu spielen und besah sich angelegentlich die Holztäfelung der Zimmerdecke.
»Thomas – lieber, lieber Thomas – ich weiß, ich bin selbstsüchtig, ich sollte dich nicht damit stören, jetzt schon gar nicht. Aber ich *muß* dich etwas fragen. Vielleicht ist es die Lösung für – alles.«
»Frage, Kleines.«
»Thomas – es klingt so töricht. Wie – wird man heilig?«
»Indem man heilig werden *will*.«
Sie sah ihn ungläubig an. »Man will es? Und das ist alles?«
»Das ist alles, was wir dazu tun können. Gott tut das übrige. Du mußt Gott nur genug lieben. Aber vergiß nicht: Liebe kommt aus dem Willen. Lieben ist Wollen.«

„Aber was kann man tun, wenn der Wille selbst gebrochen ist", dachte sie bitter. Und sie fragte: »Was ist im Leben am meisten begehrenswert?«
Er sagte sehr ruhig: »Ein guter Tod.«
Vielleicht hatte er recht. Sicher hatte er recht. Sie hatte sich das so oft gewünscht, wenn ihr die schlimmen Gedanken das Herz zernagten. Aber sie wußte nun, daß sie ihm nicht folgen konnte, daß er weit, weit weg war, auf dem Gipfel eines Berges, so hoch, daß sie die Luft dort nicht atmen konnte. „Ich habe mein Anrecht auf das Glück verloren", dachte sie. „Ich habe es verloren, als ich mich weigerte, meiner Liebe ins Gesicht zu sehen – und als ich mich dafür bestrafte, indem ich alles, was Ruggiero tat, mit dem verglich, was *er* getan hätte – er, nur ein einfacher Ritter, und doch – das Maß aller Dinge. Ich zwang sein Bild dem armen Ruggiero auf, um meinetwillen versuchte er, was seiner Natur zuwiderlief, und um meinetwillen ist er gestorben. Mea culpa, mea culpa, mea maxima culpa – – –"
»Mein Kleines –«
»Ja, Thomas.«
»Theodora, wir haben kein Anrecht auf Glück – weder hier noch im ewigen Leben. Es ist Gottes freie Gabe.«
»Thomas – woher wußtest du –?«
»Gottes freie Gabe, mein Kleines – aber Er ist sehr freigebig – –«
Das gewaltige Gesicht wurde von einem Lächeln erhellt, warm und rund wie die Sonne; die Freude an allem Guten war darin, ein Sprühfeuer von Klugheit, und man wurde zum Mitwisser eines freudigen Geheimnisses.
Dann schlossen sich die großen, schwarzen Augen, und der Kopf sank zurück. Auf einen Augenblick zuckte Furcht in ihr auf. Aber sein Atem ging regelmäßig und kräftig. Er schlief fest.

*

Am nächsten Tag ging es ihm etwas besser; er plauderte mit Francesca Cecano und schien froh und nicht im geringsten überrascht, als Piers zu ihm ins Zimmer kam. »Bruder Peter«, sagte er. »Aber nein – Ihr seid jetzt Lord Rudde, nicht wahr?«

»Bitte nennt mich weiter Bruder Peter«, bat Piers. »Ich trug nie einen ehrenvolleren Namen.«
Thomas fragte nach dem Kreuzzug und dem Tode König Ludwigs. Dann sagte er plötzlich: »Du warst dabei, als Ruggiero starb, mein Sohn, nicht wahr? Francesca sprach davon.«
»Ja.«
Der Heilige und der Ritter blickten einander an.
»Ich sagte es dir schon einmal«, sagte Thomas. »Es gibt weder Gelingen noch Fehlschlag, solange ein Mann alles tut, was in seinen Kräften steht. Abermals hast du deine Sendung erfüllt.«
Piers seufzte tief auf. »Vater Thomas – der Arzt sagt, in einigen Tagen könnt Ihr soweit sein – könnt Ihr weiterreisen. Darf ich mitkommen? Ihr geht nach Lyon – und ich bin auf der Heimreise nach England. Wir haben also den gleichen Weg und – –« Er brach ab.
Thomas nickte, schien aber nicht recht zugehört zu haben. Plötzlich sagte er: »Diesmal werden wir nicht Prinz Eduards besten Wagen zu unserer Verfügung haben, Bruder Peter.« Sein Schmunzeln war unwiderstehlich.
»Falke und Sperber«, grinste Piers. »Wißt Ihr, daß Magister Albert einen Augenblick ernstlich dachte, ich hätte Wagen und Pferde gestohlen?«
Als er das Zimmer verlassen hatte, stand er eine Weile still. Sein Mund lächelte noch, aber seine Gedanken liefen alle wirr durcheinander. Er ertappte sich dabei, zu denken: „Nur da drinnen scheint die Sonne", und schüttelte den Kopf über die krause Idee. Sein Lächeln erstarb. Er ging zu Theodora, ihr zu sagen, daß er Thomas nach Lyon begleiten würde.
Sie hörte mit gesenkten Augen zu.
»Wenn Ihr mir also gestatten wollt, hier zu bleiben, bis Magister Thomas kräftig genug ist, weiterzureisen – –«
»Das müßt Ihr nicht mich fragen«, sagte sie, noch immer ohne aufzusehen. »Dies ist Francescas Haus, nicht das meine.«
Piers richtete sich hoch auf. »Ich glaube, ich würde nicht einmal im Paradiese bleiben, wenn ich fühlen müßte, daß es Euch nicht genehm wäre.«

Sie sagte mit bitterem Lächeln: »Ich fürchte, ich habe im Paradies noch weit weniger zu bestimmen als auf Magenza.« Aber sie fügte rasch hinzu: »Wir sind beide recht töricht. Vergeßt, was ich gesagt habe.« Und nach einer kurzen Pause: »Es ist mir eine große Beruhigung, daß ich Euch an Thomas' Seite weiß.«
Er verneigte sich schweigend und ging. Der Rest des Tages verlief in bleierner Schwere.
Am nächsten Morgen ging es Thomas abermals besser, obwohl di Guido noch nicht recht zufrieden schien. Die beiden Tage darauf brachten weitere Besserung, und Thomas selbst entschied sich für die Weiterreise.
Es war ein herrlicher Morgen, als sie über die Zugbrücke ritten: Thomas und Reginald auf ihren Maultieren, dann Piers und Robin und schließlich Theodora, Francesca und di Guido, die beschlossen hatten, den Reisenden auf eine Stunde das Geleit zu geben und dann zurückzukehren. Sie kamen durch das Dorf Campagna, wo Männer die Kappen lüfteten und dunkeläugige Frauen ihre Kinder hochhoben, damit die Brüder sie segneten. Der Geruch von Holzfeuern schwebte in der sonnenwarmen Luft.
Dann kam offenes Land, Wiesen und sanfte Hügel, bläulichgrüne Olivenhaine.
Hinter einer Gruppe von Pinien erhob sich in einiger Entfernung der viereckige Glockenturm eines Klosters.
»Die Abtei Fossa Nuova«, erklärte Francesca Cecano. »Sie ist auf den Ruinen des Forum Appii erbaut – wo es schon zu Caligulas Zeiten Christen gab. Eine Abordnung von Forum Appii bewillkommnete den heiligen Paulus, als er nach Italien kam.«
»Welchem Orden gehört das Kloster?« erkundigte sich Piers mit höflichem Interesse. Er war gleichzeitig unwillig und froh, daß das lange, schmerzliche Schweigen zu Ende war.
»Es sind Zisterzienser.«
Plötzlich stieß Bruder Reginald einen leichten Schrei aus. Im nächsten Augenblick sahen sie Thomas im Sattel hin- und herschwanken. Piers spornte sein Pferd und war gerade noch rechtzeitig an seiner Seite, ihn am Fallen zu verhindern. Theodora langte eine Sekunde nach ihm an.

»Thomas – – lieber Thomas – was ist mit dir?«
Aber es war nur zu klar, was mit ihm war. Sein Gesicht war aschfahl, die Augen schienen tief eingesunken. Er konnte nicht sprechen. Di Guido stieg ab und trat an ihn heran. Ein Blick und er wußte Bescheid. »Die Reise ist zu Ende«, sagte er.
»Können wir ihn nach Magenza zurückbringen?« fragte Francesca mit unterdrückter Stimme.
»Ich hoffe«, erwiderte di Guido.
Aber da hob Thomas schwach die Hand – sie sahen, daß er versuchte etwas zu sagen, und warteten in gespanntem, ängstlichem Schweigen. Als er sprach, war es nicht mehr als ein Wispern: und doch hörten sie seine Worte ganz deutlich.
»Wenn unser Herr – mich besuchen kommt – – ist es besser, – Er findet mich – – in einem Kloster.«
»Bruder Reginald«, sagte Piers, »es wird am besten sein, denke ich, Ihr reitet rasch zur Abtei hinüber und setzt den Abt in Kenntnis. Robin wird Euren Platz an Magister Thomas' Seite einnehmen. Wir kommen langsam nach.«
Reginald nickte und gehorchte. Es war ein Ritt von höchstens zehn Minuten bis zur Abtei – selbst für ein Maultier. Die kleine Karawane folgte. Thomas zwischen Piers und Robin – di Guido führte das Maultier des Kranken am Zügel. Theodora und Francesca bildeten den Beschluß. Niemand sprach. Der Schlag war zu plötzlich gekommen. Aber die Natur selbst schien den Atem anzuhalten. Nur das hohle Klappern der Pferdehufe war zu hören. Sie brauchten fast eine halbe Stunde, um die Abtei zu erreichen, ein riesiges, weißes Gebäude – tief eindrucksvoll und doch von einer Art erhabener Heiterkeit, wie sie vielen Zisterzienserklöstern eigen ist.
Sie fanden das Tor weit offen stehen. Eine kleine Gruppe von Mönchen in weißen Kutten erwartete sie, und bei ihnen stand ein schwarz-weißer: Bruder Reginald. Nun begannen sie ihnen entgegenzukommen.
Noch ein paar Ellen, und di Guido hielt an.
»Theodora«, flüsterte Thomas. Sofort war sie an seiner Seite.
»Mein Kleines – es sind so viele – denen ich – deine Liebesgrüße – ausrichten werde. Vater – – und Mutter – und Rainald und Landulf – – und Marotta – – –«

»Thomas, Thomas – –« Sie hatte seine Rechte zwischen ihre Hände genommen. Die Hand fühlte sich leblos und eiskalt an.

»Gott segne dich, Kleines.« Plötzlich ergriff er ihre rechte Hand und legte sie in Piers' Rechte. Seine Stimme war klar und von fast normaler Lautstärke, als er sagte: »Ihm – vertraue ich dich an.«

Sie blickten einander in die Augen wie im Traum, zwei erschrockene Kinder, atemlos und zitternd. Keiner von ihnen konnte denken. Als sich endlich ihre Hände lösten, waren die Zisterzienser bereits dabei, Thomas vom Pferd zu heben und ihn auf eine Tragbahre zu legen, über die eine wollene Decke gebreitet war.

Piers sah Thomas erst Francesca segnen, dann di Guido und Robin.

Vier kräftige Mönche hoben ihre Last und trugen sie, mit den Füßen voran, dem offenen Tore zu. Sobald sie es durchschritten hatten, begann es, sich zu schließen. Ein Knarren zuerst – und dann ein kurzes, endgültiges Zuschlagen. Sie hörten es mit erstaunlicher Klarheit.

Eine Weile noch standen sie schweigend da. Dann, wie auf Verabredung, wandten sie sich alle um und machten sich auf den Weg nach Hause, nach Magenza.

*

Alle kamen sie Tag für Tag nach Fossa Nuova zurück – Woche auf Woche. Wenigstens einmal täglich kam di Guido nach Magenza, um Bericht abzulegen, wie es mit Thomas stand. Der Kranke war fast die ganze Zeit über mäßig bei Kräften und bei vollem Bewußtsein.

Der Arzt war tief bewegt von dem, was er gesehen hatte. »Sie sind würdig, daß er unter ihr Dach eingegangen ist«, sagte er. »Sie haben ihm die Zelle des Abts gegeben. Und alles, was in diese Zelle Eingang findet, bis ins kleinste, ist von geweihten Händen allein berührt. Selbst das Brennholz für ihn wird nur von solchen Mönchen gesammelt und zu ihm getragen, die die Priesterweihe empfangen haben, nicht von Laienbrüdern. Er merkte es und erhob Einspruch dagegen, aber die Mönche lächelten nur und machten es wie zuvor.

Sie lieben ihn, als wenn er vom Himmel zu ihnen herabgekommen wäre – statt um dorthin aufzusteigen.«
Niemand wagte es, ihn zu fragen, ob auch nur noch ein Schimmer von Hoffnung bestand.
Wenn Theodora nach Fossa Nuova ging, folgte ihr Piers in einem Abstand von drei Pferdelängen. Worte wurden zwischen den beiden nicht gewechselt. In Magenza, in Gegenwart anderer, sprachen sie miteinander, aber steif und förmlich. Wenn sie allein waren, brachten sie das nicht über sich. Wie so oft bei Menschen, deren Leben eine Nachfolge Christi ist, die zur Heiligkeit führt, bestand in allem eine Übereinstimmung zwischen Thomas' Worten und den Worten des Herrn. Oder so schien es wenigstens. Sein »ihm vertraue ich dich an« glich den Worten Jesu am Kreuz, als Er Seine Mutter der Obhut Seines Jüngers anvertraute. Ein geheiligter Auftrag. Ein heiliges Amt, das über gewöhnliche menschliche Beziehungen weit hinaus reichte. Aber freilich, die Worte Christi bedeuteten noch viel mehr als nur das – sie waren Sein Abschiedsgeschenk an die Menschheit.
Theodora durfte Fossa Nuova nicht betreten: keine Frau konnte den Fuß in ein Zisterzienserkloster setzen. Und Piers kam nicht einmal auf den Gedanken, ein Vorrecht zu beanspruchen, das Thomas' eigene Schwester nicht teilen konnte. Sie hielten, auf ihren Pferden, vor dem mächtigen Portal und warteten, bis einer der Mönche herauskam und ihnen Bescheid gab. Thomas wußte, daß sie jeden Tag kamen. Botschaft sandte er keine, aber sie fühlten ihn so nahe, als stünde keine Mauer zwischen ihnen.
Sie waren nicht allein. Die Nachricht hatte sich rasch verbreitet. Dorfbewohner kamen von Campagna und von anderen Ortschaften der Umgebung – schon in den ersten Tagen. Bald kamen auch die Städter, von Neapel und Rom, von Viterbo und Orvieto, von Cremona und Florenz und Genua – ja sogar von Mailand.
Der Prior des Klosters in Neapel war angekommen und viele Adlige aus allen Teilen Italiens, selbst wenn ihre Verwandtschaft mit Thomas nur auf einer Vetternschaft dritten oder vierten Grades beruhte. Nur Adelasia fehlte – sie war in Spanien, wo sie seit vielen Jahren glücklich verheiratet lebte.

Stets, wenn Piers und Theodora bei Fossa Nuova ankamen, fanden sie kleine Gruppen und viele, viele Einzelgänger vor dem Tore wartend vor.
Nur einmal – auf dem Wege nach Magenza zurück, als sie schon fast auf dem Schloß angelangt waren – wandte sich Theodora plötzlich zu ihm um und sagte mit schwankender Stimme: »Ihr habt mir nie gesagt, daß Ihr um Ruggieros willen grausam gepeitscht worden seid.«
Er wurde über und über rot. »Robin hatte kein Recht, Euch das zu sagen. Und es stimmt auch gar nicht. Wir wurden gepeitscht, weil ich dem Mullah, dem ungläubigen Priester, an den Hals sprang und Robin mir zu Hilfe kam – und ich griff den Mullah an, weil er Unsere Liebe Frau gelästert hatte.«
»Ich weiß, Piers. Aber er lästerte, weil Ihr versuchtet, Ruggiero an etwas Schrecklichem zu hindern.«
»Er hätte es auch so nicht getan, so schwach er war, nach allem, was er durchgemacht hatte. Ich werde mir Robin vornehmen. Wie konnte er nur –«
»Nicht, nicht, ich bitte Euch. Es war meine Schuld – ich habe ihn zum Reden gebracht, ich – wollte mehr wissen. Also ist er ebenfalls gepeitscht worden. Das hat er mir gar nicht erzählt. Ihr werdet ihn nicht schelten, ich bitte Euch sehr! Mir zuliebe!«
Ohne auf seine Antwort zu warten, spornte sie ihr Pferd an und ritt auf die Zugbrücke zu.

*

Auf Fossa Nuova beteten sie noch immer für Thomas' Genesung. Reginald konnte sich einfach nicht mit dem Gedanken abfinden, den großen Freund zu verlieren, den er seit seiner Priesterweihe betreut hatte. War er mit Thomas allein, so brach er in Tränen aus und stammelte, wie sehr er darauf hoffte, daß sie schließlich doch Lyon erreichen und damit »ganz sicher dem Orden Ruhm und Ehren bringen würden«. Thomas redete ihm zu wie einem Kinde. Gott hatte ihm gewährt, was er immer von Ihm erbeten hatte: daß er so aus der Welt scheiden durfte, wie er jetzt war. »Er hat mir Sein Licht und Seine Gnade frühzeitiger gewährt als anderen, so daß Er die Zeit meiner Verbannung abkürzen und ich um so

rascher zu Ihm kommen konnte.« Und als Reginald ihn kopfschüttelnd anstarrte, sagte Thomas tiefernst: »Er selbst in Seiner großen Güte hat mich das wissen lassen.« Dann schwiegen sie eine Weile. Die Märzsonne und der Frühlingswind trugen den süßen Duft von warmem Gras in die Zelle. Von der Kapelle her tönte der Gesang der Mönche.
»Wenn du mich liebst«, sagte Thomas gütig, »dann freue dich mit mir. Denn mein Glück ist vollkommen.«
Am gleichen Tage kamen vier Zisterzienser mit einer großen Bitte. Könnte er ihnen wohl seinen Kommentar zu der Krone aller mystischen Schriften geben, dem Liede der Lieder des Alten Testaments?
Er zog die Brauen zusammen. »Ich habe das Schreiben ein für allemal aufgegeben«, antwortete der Kranke.
Aber sie ließen nicht nach. Natürlich brauchte er nicht zu schreiben. Sie selbst würden jedes seiner Worte aufschreiben. Einer von ihnen, ein noch sehr junger Mann mit eifrigen Augen, wagte es, ihn daran zu erinnern, daß auch Sankt Bernhard bis zu seiner letzten Stunde gearbeitet habe.
Thomas lächelte. »Gebt mir den Geist Sankt Bernhards, dann will ich das gleiche tun.«
Aber die Idee hatte Wurzel gefaßt. Es sollte ein Liebeslied werden, *das* Liebeslied. Plötzlich stimmte er zu.
Die Mönche strahlten. Vielleicht war dieses erneute Interesse an der Arbeit ein Vorzeichen seiner Genesung. Vielleicht trug die Arbeit selbst zu seiner Heilung bei.
Er begann seinen Kommentar zum größten und schönsten aller Liebeslieder, das den Bund Christi mit Seiner Braut, der Kirche, im Himmel und auf Erden prophetisch verherrlicht. Wenn er einschlief, zogen sich die Mönche auf Zehenspitzen zurück und kamen am nächsten Morgen wieder.
Als er beim vorletzten, dem siebenten Kapitel, angelangt war und die Worte vorlas: »Komm, Geliebte, laß uns ins Feld gehen –«, fiel ihm das Buch aus den Fingern, und er wurde ohnmächtig.
Di Guido wurde geholt, und nach wenig mehr als einer Stunde kam Thomas wieder zum Bewußtsein. »Reginald«, sagte er mit klarer Stimme. »Die Sünden meines ganzen Lebens – – –«

Sie verstanden, daß er eine Generalbeichte ablegen wollte, und ließen ihn mit seinem dominikanischen Ordensbruder allein.
Kurz darauf wankte Reginald aus der Zelle, das Gesicht von Tränen überströmt. »Die Sünden eines fünfjährigen Kindes«, flüsterte er. »O mein Gott, in seinem ganzen Leben die Sünden eines fünfjährigen Kindes – – –«
Erst dann sah er, daß der Abt vor ihm stand, mit dem Viatikum, und hinter dem Abt in langer Doppelreihe die ganze Zisterziensergemeinde. Er kniete vor dem Allerheiligsten nieder und ließ sie an sich vorbei in die Zelle eintreten.
Von drinnen kam Thomas' Stimme, laut und stark und freudig: »Du bist Christus, der König der ewigen Glorie.«

*

Am sechsten März standen mehr Menschen als je zuvor vor dem Tor des Klosters. Die Nachricht war ausgegeben worden, daß Thomas im Sterben lag und die Letzte Ölung empfangen hatte.
Aber der Tag verging, und nichts weiter geschah. Als es dunkel wurde, begann sich die Menge zu zerstreuen.
»Ich bleibe«, sagte Theodora, als Francesca Cecano auf sie zutrat. »Geh du zurück, Francesca. Bitte! Ich muß bleiben.«
Francesca blieb noch zwei Stunden und kehrte dann ins Schloß zurück. Es war eine wolkige Nacht – nur wenige Sterne waren sichtbar. Hier und dort saßen und standen noch ein paar Menschen, ein alter Schäfer, ein paar junge Mädchen. Theodora setzte sich ins Gras. Sie konnte nicht mehr beten. Sie konnte nicht denken. Ihr Leben stand still.
Ein paar Schritte hinter ihr stand Piers, auf sein Schwert gestützt. In einiger Entfernung weideten die Pferde.
Durch das Dunkel schien das Kloster ungeheuer groß, als hätte es sich geweitet, um die Seele des sterbenden Riesen in sich zu bergen.
Piers mußte an die Worte des Abts denken – gestern, als der alte Mann selbst herausgekommen war, um Thomas' Schwester zu begrüßen.
»Seine größte Tat ist, daß er die Philosophie zu einer Waffe im Dienste Christi gemacht hat. Nicht nur, daß ihm die Syn-

these zwischen aristotelischer und christlicher Weisheit geglückt ist – er hat viel, viel mehr getan als nur das. Er hat der Philosophie selbst das Sakrament des Heiligen Geistes gespendet.«
Der Philosoph, der Theologe, der Metaphysiker, der Doktor. Wenn sie nur über alledem nicht den Menschen vergaßen – den liebenswertesten, gütigsten, herrlichsten Menschen, der Thomas war – –
Eine dünne Glocke kündete die Mitternacht.
Der siebente März – dás war der Tag, an dem Piers damals, vor so vielen Jahren, in Paris zu Thomas gekommen war, mit der Nachricht vom Tode seiner Brüder. Er war damals gekommen, zu trösten, und war statt dessen selbst getröstet worden.
Plötzlich begann eine andere Glocke zu läuten – und wieder eine – und nun fielen die großen ein, die man nur selten hörte. Die Nacht war voll der erzenen Klänge.
Theodora erhob sich.
Piers machte einen Schritt vorwärts.
Sie wußten beide – bekreuzigten sich und beteten, bis die Glocken ihr weithin schallendes Lied beendet hatten.
Dann ging Piers die Pferde holen. Theodora stieg wortlos auf, ihre Züge waren dunkel und feierlich.
Still ritten sie dahin. Aber nach einer Weile hielt Theodora ihr Pferd zurück, so daß Piers an ihre Seite kam. Plötzlich streckte sie ihm die Hand hin, und als er sie ergriff, ließ sie ihren müden Kopf auf seine Schulter sinken.
Er sagte leise: »Jetzt weiß ich – – –«
»Was?«
»Daß Thomas sein Werk im Himmel begonnen hat.«